The World Book of Love

DUMONT

Das Geheimnis der Liebe

Liebe. The World Book of Love versammelt das Wissen einer internationalen Riege von Forschern verschiedenster Fachrichtungen, die fundiert Auskunft geben über ein von Mythen besetztes Thema.

Dieses Buch ist ein Buch über Leidenschaft und Hingabe. Über Eifersucht und Missbrauch, Darwin, Speeddates und Gehirn-Scans. Über elterliche Liebe, Tiere, Freunde, Sex, Ehe und Scheidung, Schmetterlinge im Bauch und die Sorge um ältere Menschen. Aber vor allem über das Geheimnis der romantischen Liebe.

Herausgegeben von
Leo Bormans

The World Book of Love

Das Geheimnis der Liebe

DUMONT

Der Herausgeber **Leo Bormans** ist Journalist und Autor.
Im DuMont Buchverlag sind außerdem erschienen:
»Glück. The World Book of Happiness«
»Glück. The World Box of Happiness«

1. Auflage 2014
DuMont Buchverlag, Köln
Alle Rechte vorbehalten
Die Originalausgabe erschien 2013 unter dem Titel
The World Book of Love. Het geheim van de liefde
© 2013 Uitgeverij Lannoo nv, Leo Bormans und die Autoren
© 2013 für die deutsche Ausgabe: DuMont Buchverlag, Köln
Übersetzung aus dem Englischen: Sofia Blind
Lektorat: Sabine Bleßmann
Satz: Silke Rieks
Design: Kris Demey
Fotografien: Getty Images
Bildredaktion: Kris Demey
Mit Dank an Amoureus Lommel für die Fotografien:
S. 56 © Jacky Geboers; S. 75 © Robert Boons;
S. 102 © Leon van Ham; S. 337 © Jeroen De Wandel

Printed in Slovenia
ISBN 978-3-8321-6285-6
www.dumont-buchverlag.de
www.theworldbookoflove.com

„The autumn moved across your skin
Got something in my eye
A light that doesn't need to live
And doesn't need to die
A riddle in the book of love
Obscure and obsolete
Until witnessed here in time and blood
A thousand kisses deep."

Leonard Cohen

*Ich widme dieses Buch
all jenen Menschen auf der Welt,
die es nie lesen werden, die aber
hoffentlich die Kraft und Wärme
der Liebe erleben und teilen.*

Besonderen Dank an
Riet, Ine, Kasper, meinen Vater und meine Mutter,
meine Freunde und meine Familie,
Yves, Maarten, De Heerlijckyt van Elsmeren und
alle, die an diesem wunderbaren Projekt
mitgearbeitet haben.

Leo Bormans

Mehr Hintergrund, Aktuelles, Reaktionen und Kontakt:
www.theworldbookoflove.com und www.leobormans.be

Liebe. The World Book of Love
Eine Forschungsreise in das Herz der Menschheit

Wo Hollywood aufhört. *Liebe. The World Book of Love* wird Sie tief ins Herz der romantischen Liebe führen. Wie und warum verlieben wir uns? Wenn wir das Wort „Liebe" streichen würden, wären 90 % aller Bücher, Filme, Zeitschriften und Lieder verschwunden. Wir suchen sie zu Hause, auf der Straße und im Internet. Von morgens bis abends. Google liefert in einer Sekunde 8.930.000.000 Suchergebnisse für „Liebe". Das sind mehr als doppelt so viele wie für „Sex". **Und trotzdem folgt tödliche Stille**, wenn man Menschen bittet, etwas Bedeutendes, Entscheidendes und Grundsätzliches zum Begriff der Liebe zu sagen.

Bei allen kulturellen Unterschieden – die Liebe selbst hat es immer gegeben. Sie ist universell und kann viele Formen annehmen. **Sie ist ein extrem kraftvoller Gefühlszustand.** Aber wir alle wissen: Das Feuer brennt nicht ewig. Vor gar nicht allzu langer Zeit durfte man das Thema noch nicht an Universitäten erforschen: „Warum sollten wir Geld für Studien über etwas so Unnützes und Frivoles wie die Liebe ausgeben?", hieß es noch in den 1970er-Jahren. Die Zeiten haben sich geändert. Tausende von Soziologen, Psychologen, Anthropologen, Neurowissenschaftlern, Therapeuten und Sexualwissenschaftlern untersuchen weltweit zwischenmenschliche Beziehungen und die Frage, wie und warum romantische Liebe entsteht. Ihre Forschungen bringen uns dem Herzen der Menschheit näher.

Mehr als 100 der besten Wissenschaftler aus fast 50 verschiedenen Ländern teilen in diesem Buch ihr Wissen über die Liebe mit uns. Sie erzählen uns von Bindungen, Leidenschaft und Verbindlichkeit, von Eifersucht, Missbrauch und Spannungen – von Darwin bis zu Science-Fiction, **von verborgenen Geheimnissen bis zu unverblümtem Sex**. Sie erklären das System und entschleiern das Mysterium. In einer globalen, sich rasch wandelnden Welt können wir alle voneinander lernen. Vom Fernen Osten bis nach Nord- und Südamerika, von Europa bis Afrika. Elterliche Liebe, die Tierwelt, Ehe und Scheidung, Teenagerliebe und die Fürsorge für Ältere – die Welt der Liebe ist voller Wunder und Überraschungen, voll Schmerzen und Tränen, Verzweiflung und Hoffnung. Dieses Buch ist wie ein Spiegel oder ein Fenster, in dem Sie sich und Ihre Lieben sehen können.

Nach dem weltweiten Erfolg von *Glück. The World Book of Happiness*, das Herman Van Rompuy, der Präsident des Europäischen Rates, als Neujahrspräsent allen Staatschefs der Welt überreicht hat, habe ich zwei Jahre damit verbracht, die internationale Forschung zum Thema Liebe zu studieren. Es gelang mir und meinem Team, die besten renommierten Forscher und die bemerkenswertesten Nachwuchswissenschaftler zu gewinnen – sie alle beschreiben, was wir letztlich über die Liebe wissen. Wir baten sie, ihre Botschaft an Sie und die Welt in ungefähr 1000 Wörtern zu übermitteln. Sie sind davon überzeugt, dass wir lernen können, bessere Partner, Freunde, Eltern und Liebende zu sein. Ihre Einsichten basieren auf wissenschaftlich fundierten Erkenntnissen und machen es möglich, dass sich Ideen in einer globalen Vision universeller Liebe gegenseitig befruchten. Sie haben es geschafft, Information in Wissen zu verwandeln und Wissen in Weisheit. Ich danke ihnen allen aus tiefstem Herzen und hoffe, dass dieses Buch auf die eine oder andere Weise zu mehr Liebe und einer liebenswerteren Welt beitragen wird. **Wahrscheinlich werden ihre Worte Sie treffen wie Amors Pfeil.** Aber denken Sie daran: Amor ist der Sohn der Götter Venus (Liebe) und Mars (Krieg). Seine Pfeile sind getränkt mit Lieblichkeit und Streit, mit Harmonie und mit Missverständnissen.

Willkommen zu *Liebe. The World Book of Love*.

Leo Bormans
Autor und Herausgeber

live 2 love

love 2 live

Inhalt

16	**Elaine Hatfield & Megan Forbes** ...... USA	*Leidenschaftliche Liebe für immer?*
23	**Robert J. Sternberg** ...... USA	*Was heißt „Ich liebe Dich"?*
28	**Josip Obradović & Mira Čudina** ...... Kroatien	*Vorhersehbare Veränderungen*
30	**Donatella Marazziti** ...... Italien	*Das Liebeslabor*
34	**Hsu-Ming Teo** ...... Australien	*Ein Produkt des Westens?*
36	**Emil Man Lun Ng** ...... China	*Architekten für Liebe und Sex*
43	**Hanno Beck** ...... Deutschland	*Die Ökonomie der Liebe*
46	**Bella DePaulo** ...... USA	*Glückliche Singles*
48	**Julie Fitness** ...... Australien	*Intime Lügen*
52	**Mikhail Epstein** ...... USA / GB / Russland	*Die fünf Facetten der Liebe*
56	**Rodrigo Brito** ...... Portugal	*Von Körper zu Körper*
58	**Yong Huang** ...... USA / China	*Konfuzianische Liebe*
60	**Robert M. Gordon** ...... USA	*Die Liebespyramide*
64	**Susan Sprecher & Beverley Fehr** ...... USA / Kanada	*Mitfühlende Liebe*
66	**Peter B. Gray** ...... USA	*Darwins Schlafzimmer*
69	**Erica Hepper** ...... GB	*Die Achterbahn der Liebe*
74	**Stephen G. Post** ...... USA	*Vom Glück des Gebens*
76	**Bijay Gyawali** ...... Nepal	*Die östliche Perspektive*
80	**Frank Ochberg** ...... USA	*Das Stockholm-Syndrom*
84	**Guy Bodenmann** ...... Schweiz	*Liebe unter Stress*
86	**Wolfgang Glatzer** ...... Deutschland	*Sieben Grundsteine*
88	**Paul Verhaeghe** ...... Belgien	*Liebe heißt geben, was man nicht hat*
91	**Madoka Kumashiro** ...... GB	*Das Michelangelo-Phänomen*
94	**Lars Penke** ...... Schottland (GB)	*Was wir wollen*
96	**Paul J. Zak** ...... USA	*Die Chemie der Liebe*
100	**Charles T. Snowdon** ...... USA	*Tierische Liebe*
104	**Keith Oatley** ...... Kanada	*Liebe ist Liebe*
106	**Félix Neto** ...... Portugal	*Die sechs Farben der Liebe*
109	**Hilton Rudnick & Kety Pavlou** ...... Südafrika	*Schwarz und Weiß*
113	**Carlos Yela** ...... Spanien	*Freie Wahl?*
116	**Stephanie Cacioppo & Elaine Hatfield** ... Schweiz / Hawaii (USA)	*Liebe und Begehren*
120	**Cindy Meston** ...... USA	*Perfekte Partner*

124	**David Dalsky** ...... Japan	*Passive Liebe*
126	**Willem Poppeliers & Theo Royers** ...... Niederlande	*Jenseits der Scham*
130	**Rauf Yasin Jalali** ...... Pakistan	*Wir leben, um zu lieben*
134	**Frank Muscarella** ...... USA	*Liebe unter Männern*
137	**John K. Rempel** ...... Kanada	*Der Liebesmotor*
140	**Chris T. Burris** ...... Kanada	*Seifenblasen*
144	**Marek Blatný** ...... Tschechien	*Lebensgefahr überstehen*
146	**Alfons Vansteenwegen** ...... Belgien	*Verliebtheit ist eine Augenkrankheit*
149	**Andreas Bartels** ...... Deutschland	*Die Neurobiologie der Liebe*
154	**Ayça Özen** ...... Türkei	*Liebe und Konflikte*
156	**Benedetto Gui** ...... Italien	*Das Salz des Lebens*
159	**Mark Halstead** ...... GB	*Neugierige Kinder*
162	**Michel Meignant** ...... Frankreich	*Liebende Eltern*
164	**Bente Træen** ...... Norwegen	*One-Night-Stands*
168	**Sandro Calvani** ...... Vereinte Nationen / Thailand	*We Are The World*
172	**Charlie Azzopardi** ...... Malta	*Ihre Art von Liebe*
174	**William Jankowiak** ...... USA	*Universelle Liebe*
182	**Daniel Jordan Smith** ...... Nigeria / USA	*Igbo-Liebe*
186	**Christoph Wulf** ...... Deutschland	*Die Kultur der Leidenschaft*
189	**Elisabetta Ruspini** ...... Italien	*Sexuelle Orientierungen*
192	**Mia Leijssen** ...... Belgien	*Liebe dich selbst*
196	**Lisa M. Diamond** ...... USA	*Bisexuelle Orientierungen*
199	**Robert Neuburger** ...... Frankreich / Schweiz	*Liebe macht mich lebendig*
200	**Tamara Hovorun** ...... Ukraine / Polen	*Durch den Eisernen Vorhang*
204	**Gregory White** ...... USA	*Eifersüchtige Partner*
208	**Tina M. Lowrey** ...... USA	*Sechs Typen von Schenkenden*
210	**Rolando Díaz-Loving** ...... Mexiko	*Die Erzählung der Liebe*
212	**Zoran Milivojević** ...... Serbien	*Unsere Liebesformel*
215	**Elena Pruvli** ...... Estland / GB	*Heilige Regeln*
219	**Jean-Pierre van de Ven** ...... Niederlande	*In Therapie*
222	**Gurit E. Birnbaum** ...... Israel	*Sexuelles Begehren*
226	**Sally Farley** ...... USA	*Die Stimme der Liebe*
228	**A. P. Buunk** ...... Niederlande / Spanien / Uruguay	*Zerstörerische Eifersucht*
231	**Serena Anderlini-D'Onofrio** ... Italien / USA / Puerto Rico	*Ökosexuelle Liebe*
234	**Sunil Saini** ...... Indien	*Aus Liebe töten*
235	**Erich Kirchler** ...... Österreich	*Das Liebesprinzip*
238	**Daniel Perlman** ...... USA	*Einsam ohne dich*
242	**Christian Bjørnskov** ...... Dänemark	*Liebe dein Land*

244	Vid Pečjak ...... Slowenien	*Liebe auf dem Mars*
246	Ana Maria Fernandez ...... Chile	*Bedingte Liebe*
248	Gordon Mathews ...... Japan / China	*Was ist Ihr Ikigai?*
250	Sayyed Mohsen Fatemi ...... Iran	*Transzendentale Liebe*
253	Dirk De Wachter ...... Belgien	*Das ultimative Paradox*
258	Randy Hurlburt ...... USA	*Die vier Kräfte der Liebe*
260	Natsuyo Iida & Noriko Sakamoto ...... Japan	*Die Herausforderung der Liebe*
262	Lucy Hunt & Paul Eastwick ...... USA	*Partner von einzigartigem Wert*
266	Dmitry Leontiev ...... Russland	*Reife Liebe*
270	Oracio Barradas Meza ...... Mexiko	*Liebe in Lateinamerika*
272	Armand Lequeux ...... Belgien	*Das Glück des anderen*
274	Shahe S. Kazarian ...... Kanada / Libanon	*Der Humor der Liebe*
278	Roy F. Baumeister ...... USA	*Veränderung bringt Leidenschaft*
282	Mihaly Csikszentmihalyi ...... USA	*Berge von Liebe*
284	Sue Johnson ...... Kanada	*Emotionen im Fokus*
288	Habib Tiliouine ...... Algerien	*Liebe im Islam*
291	Yvon Dallaire ...... Kanada	*Glücklichere Paare*
294	Panos Kordoutis ...... Griechenland	*Liebe, Sex und Risiko*
298	Aimee Karam ...... Libanon	*Die unsichtbare Mauer*
300	Johan Karremans ...... Niederlande	*Auge um Auge*
304	Thomas d'Ansembourg ...... Belgien	*Der Hauch der Liebe*
308	Wilhelm Schmid ...... Deutschland	*Glücklich verliebt*
312	Harriet M. Phinney & Khuat Thu Hong ... USA / Vietnam	*Liebe in Vietnam: tinh cam*
314	Ayala Malach Pines ...... Israel	*Der Schatten der Liebe*
317	Jean-Didier Vincent ...... Frankreich	*Die Grundlage allen Lebens? Liebe!*
319	Martha C. Nussbaum ...... USA	*Die Intelligenz der Gefühle*
322	Kim Bartholomew ...... Kanada	*Der Funke ist erloschen*
326	Pascal Lardellier ...... Frankreich	*Liebe im Internet*
328	Jasmeet Kaur ...... Indien	*Lieben ist Sein*
332	Xiaomeng Xu ...... China / USA	*Die Zauberformel*
336	Martha Tara Lee ...... Singapur	*Sex in der Liebe*
338	Barbara L. Fredrickson ...... USA	*Wenn Ihr Körper sprechen könnte*
342	Kaarina Määttä ...... Finnland	*Liebe geht nicht in Rente*
345	Ellen Berscheid ...... USA	*Was wir über die Liebe wissen*

USA

„Leidenschaftliche Liebe und sexuelles Begehren gibt es in allen Kulturen der Welt."

Leidenschaftliche Liebe für immer?

Für ihre lebenslange interkulturelle Forschung zum Thema Liebe erhielt **Elaine Hatfield** bedeutende Wissenschaftspreise. Zusammen mit ihrem Ehemann Richard L. Rapson hat sie wichtige Studien über Liebe und Sex veröffentlicht. Von ihr stammt die Unterscheidung zwischen leidenschaftlicher und kameradschaftlicher Liebe. Mit **Megan Forbes** beantwortet sie die Frage: Währen sie ewig?

Endlich haben Wissenschaftler aus verschiedenen theoretischen Fächern – darunter (Sozial-, Kultur- und Evolutions-)Psychologie, Neurowissenschaft, Anthropologie und Geschichte – begonnen, Antworten auf einige der wichtigen Fragen über leidenschaftliche Liebe zu liefern. Sie bedienen sich dabei einer eindrucksvollen Auswahl von Methoden, von Untersuchungen an Primaten in der Wildnis bis zu sorgfältigsten Analysen von Hirnscans. Abgesehen von den modernen Wundern an Technik und Analyse, die für dieses Streben nach Erkenntnis aufgeboten wurden, konnten auch die Historiker einen wichtigen Beitrag leisten – durch das, was „Geschichte von unten" genannt wird. Statt nur das Leben von Königinnen und Königen zu untersuchen, wirft dieser Ansatz einen Blick „von unten" auf das Leben (und die Liebe) der Mehrheit, über demografische Daten, Architektur, medizinische Handbücher, Kirchenedikte, Liedtexte und gelegentlich auch Zeitschriften. Dank dieser riesigen methodologischen Bandbreite ist es Wissenschaftlern gelungen, vielfältige Antworten auf Fragen zu erarbeiten, denen vorausgegangene Forschergenerationen fasziniert (und ratlos) gegenüberstanden. Wir wollen hier einige von ihnen betrachten.

USA

Was ist leidenschaftliche Liebe?

Leidenschaftliche Liebe ist ein überaus machtvoller Gefühlszustand, der generell als extremes Verlangen nach der Vereinigung mit einem anderen Menschen definiert wird. Dieses komplexe Gefühl ist von ausgeprägten Höhen und Tiefen gekennzeichnet, außerdem durch die Neigung der Betroffenen, zwanghaft über die begehrte Person nachzudenken. Erwiderte Liebe (bei der das Objekt des Begehrens umgekehrt genauso fühlt) geht mit Erfüllung und Ekstase einher; unerwiderte Liebe (bei der das Objekt des Begehrens umgekehrt *nicht* genauso fühlt) ist oft mit Gefühlen der Leere, Angst oder Verzweiflung verbunden. Leidenschaftliche Liebe kann man auch „zwanghafte Liebe", „Vernarrtheit", „Liebeskrankheit" oder „Verliebtheit" nennen.

Wie eng sind leidenschaftliche Liebe und sexuelles Begehren verbunden?

In letzter Zeit haben Sozialpsychologen, Neurowissenschaftler und Physiologen begonnen, die Verbindungen zwischen Liebe, Begehren und Sexualverhalten zu erkunden. Sie haben herausgefunden, dass (zumindest im Westen und wahrscheinlich auch in vielen anderen Teilen der Welt) leidenschaftliche Liebe und sexuelles Begehren eng aneinander gekoppelt sind. Wenn junge Menschen leidenschaftlich (oder romantisch) verliebt sind, spüren sie fast immer sexuelles Verlangen nach dem oder der Geliebten. Natürlich müssen junge Leute nicht verliebt sein, um jemanden sexuell zu begehren. Das bezeugt sicher die Beliebtheit von Gelegenheitssex.

Wie lange hat die Liebe Bestand?

Leidenschaftliche Liebe ist eine flüchtige Emotion. Sie ist ein Hochgefühl, und man kann nicht für immer „high" bleiben. Schon kurz nach der Hochzeit zeigt sich, dass die leidenschaftliche Liebe stetig abnimmt, und lang verheiratete Paare geben an, dass sie nur „ein bisschen" leidenschaftliche Liebe füreinander empfinden.

Zum Glück hat dieses scheinbar düstere Bild vielleicht auch eine positive Seite: Man nimmt an, dass die kameradschaftliche Liebe den Platz der leidenschaftlichen Liebe übernimmt. Kameradschaftliche Liebe gilt als sanftes Gefühl, das sich aus Empfindungen von tiefer Zuneigung, Nähe und Verbundenheit zusammensetzt. Einige Forscher sind der Ansicht, dass die kameradschaftliche Liebe bei abnehmender leidenschaftlicher Liebe tatsächlich wächst. Dazu muss man jedoch sagen, dass zur Rolle der kameradschaftlichen Liebe in romantischen Beziehungen gegensätzliche – positive wie negative – Befunde vorliegen. Zum Beispiel liefert die gerade erwähnte Studie keinen Beleg für diese These: Hier berichteten Paare, dass sowohl romantische als auch kameradschaftliche Liebe im Lauf der Zeit tendenziell abnahmen (und zwar gleichermaßen).

Elaine Hatfield & Megan Forbes

Seit wann gibt es leidenschaftliche Liebe, und gibt es sie auf der ganzen Welt?

Die leidenschaftliche Liebe ist so alt wie die Menschheit. Den sumerischen Liebes-Mythos um Inanna und Dumuzi, in dem Inanna, die Göttin von Liebe, Sex und Krieg, sich den Hirten Dumuzi zum Liebhaber erwählt, spannen Geschichtenerzähler um 2000 v. Chr. Eine Zeitlang nahmen Anthropologen an, leidenschaftliche Liebe sei ein rein westliches Konzept, doch sind sich die meisten Wissenschaftler heute einig, dass es leidenschaftliche Liebe und sexuelles Begehren in allen Kulturen der Welt gibt.

Natürlich kann die Kultur einen tief greifenden Einfluss haben – darauf, wie Menschen die Liebe sehen, darauf, wie begierig sie nach derart stürmischen Gefühlen sind, und darauf, ob sie finden, eine Ehe sollte nur auf der Grundlage einer solchen Liebe geschlossen werden oder aber als Arrangement aufgrund praktischer Erwägungen.

Historiker haben außerdem gezeigt, wie tief greifend sich die Ansichten einer Gesellschaft zu Liebe, Sex und Intimität im Lauf der Zeit wandeln können. Nehmen wir China mit seiner uralten Kultur. Historische Aufzeichnungen beginnen vor 4000 Jahren mit der Xia- (oder Ersten) Dynastie. Sie belegen, dass Chinesen im Lauf der Zeit der romantischen und leidenschaftlichen Liebe sehr unterschiedlich gegenüberstanden, dem Wort „Liebe" sehr unterschiedliche Bedeutungen beimaßen, sehr unterschiedliche Charakterzüge ihrer Liebespartner wünschenswert fanden und ausgesprochen unterschiedlich mit der Frage umgingen, ob romantische Gefühle der Welt kundgetan oder im innersten Herzen getragen werden sollten.

Obwohl kulturelle Unterschiede zweifellos existieren, innerhalb einzelner wie zwischen verschiedenen Kulturen, ist die Liebe selbst universell. Aus der breiten Auswahl an Studien können wir schließen, dass Liebe viele Gestalten annehmen kann. Sie kann allumfassend und verzehrend oder sanft und nährend sein. Sie kann ewig währen oder davonflattern. Nur eines ist sicher: Sie existiert, und sie existiert überall.

Die Liebesformeln

→ **Leidenschaftliche Liebe ist ein überaus machtvoller Gefühlszustand, der generell als extremes Verlangen nach der Vereinigung mit einem anderen Menschen definiert wird. Sie ist eng mit sexuellem Begehren verbunden.**
→ **Sowohl leidenschaftliche als auch kameradschaftliche Liebe nehmen im Lauf der Zeit tendenziell (und gleichermaßen) ab.**
→ **Obwohl es kulturelle Unterschiede gibt, ist die Liebe selbst universell und kann vielfältig Gestalt annehmen.**

Elaine Hatfield ist Professorin für Psychologie an der Universität von Hawaii und ehemalige Präsidentin der Society for the Scientific Study of Sexuality. Für ihr wissenschaftliches Lebenswerk hat sie angesehene Forschungspreise erhalten (z. B. von der Association for Psychological Science). Zwei ihrer Bücher haben den Nationalen Medienpreis des US-Psychologenverbandes American Psychological Association gewonnen. Elaine Hatfield hat gemeinsam mit ihrem Ehemann Richard L. Rapson die Bücher: *Love, Sex, and Intimacy: Their Psychology, Biology, and History* (Liebe, Sex und Intimität: ihre Psychologie, Biologie und Geschichte) sowie *Love and Sex: Cross-Cultural Perspectives* (Liebe und Sex: interkulturelle Perspektiven) veröffentlicht. **Megan Forbes** ist Studentin des Master-Studiengangs Sozialpsychologie an der Universität von Hawaii. Ihre Forschungsinteressen gelten besonders der leidenschaftlichen Liebe, der Equity-Theorie, der Partnerwahl und virtuellen (Online-)Beziehungen.

USA

„Suchen Sie jemanden, der mit dem Wort Liebe ungefähr das Gleiche meint wie Sie."

Was heißt „Ich liebe dich"?

Wer Studien über die Liebe liest, stößt immer wieder auf seinen Namen: **Robert J. Sternberg**. Ein Kollege sagt über den Psychologen: „Beim Thema Liebe ist sein Name für mich so bedeutend wie der von Freud oder Maslow." Die „Dreieckstheorie der Liebe" gilt als eines der besten Erklärungsmodelle für den Begriff der Liebe. Inzwischen allerdings fügt Sternberg auch unsere persönlichen „Liebes-Geschichten" zu dem Dreieck hinzu, um die Bedeutung der drei beliebtesten Worte der Welt zu verstehen: „Ich liebe dich."

Oft sagen sich zwei Menschen, dass sie einander lieben – nur um später zu ihrem Bedauern herauszufinden, dass sie damit nicht das Gleiche meinen. Nachdem sie Zeit, Geld und vor allem emotionale Ressourcen in die Beziehung investiert haben, wünschen sie sich möglicherweise, sie hätten schon früher gemerkt, dass Liebe für jeden von ihnen eine andere Bedeutung hatte. Was meinen Menschen, wenn sie sagen „Ich liebe dich"? Nach meiner Duplex-Theorie der Liebe hat die Liebe viele verschiedene Bedeutungen. Ob die Liebesbeziehung eines Paares erfolgreich ist, hängt zu einem Großteil davon ab, ob diese Bedeutungen bei beiden Personen vereinbar sind.

Das Dreieck der Liebe

Der erste Teil der Duplex-Theorie ist ein Dreieck. Der Grundgedanke ist, dass die Liebe aus drei Grundkomponenten besteht: Intimität, Leidenschaft und Verbindlichkeit. Intimität umfasst Vertrauen, Fürsorge, Anteilnahme, Kommunikation, Verständnis, Empathie und ein Gefühl der Verbundenheit. Leidenschaft beinhaltet Aufregung, Energie, Begeisterung und das Gefühl, von der anderen Person magnetisch angezogen zu werden. Zur Verbindlichkeit gehört die Entscheidung, eine Beziehung einzugehen und über eine lange, vielleicht unbegrenzte Zeitspanne aufrechtzuerhalten, komme was da wolle.

Unterschiedliche Kombinationen von Intimität, Leidenschaft und Verbindlichkeit ergeben unterschiedliche Arten von Liebe. Wenn eine der drei Komponenten fehlt, ist es keine Liebe. Intimität allein betrachten wir normalerweise als gernhaben. Leidenschaft allein ist Vernarrtheit. Verbindlichkeit allein ist leere Liebe. Intimität plus Leidenschaft ohne Verbindlichkeit ist romantische Liebe. Intimität plus Verbindlichkeit ohne Leidenschaft ist kameradschaftliche Liebe. Leidenschaft plus Verbindlichkeit ohne Intimität ist verblendete Liebe. Und Intimität plus Leidenschaft plus Verbindlichkeit ist erfüllte oder vollendete Liebe.

Zeitlicher Verlauf

Die drei Komponenten der Liebe verlaufen nach unterschiedlichen Zeitplänen. Anfangs ist die Intimität eher gering. Wenn die Beziehung gelingt, wächst sie allmählich, wenn sie scheitert, nimmt sie ab. In einer geglückten Beziehung nähert sie sich schließlich einem Maximalwert. Mit der Zeit kann sie zurückgehen, wenn einer von beiden oder beide anfangen, Geheimnisse zu haben. Es ist, als öffne man eine Tür, die nur schwer wieder zu schließen ist.

Leidenschaft verläuft vergleichbar mit einer Sucht. Zunächst wird man bei jeder Begegnung mit der Person, der man verfallen ist, von intensiven Glücksgefühlen überschwemmt. Mit der Zeit können weitere Begegnungen zur Gewöhnung führen: Es entsteht nicht mehr das gleiche umwerfende Gefühl wie zu Beginn der Beziehung. Nach einiger Zeit pendelt sich die Leidenschaft möglicherweise auf einem niedrigeren Niveau unterhalb des anfänglichen Maximums ein. Verliert man die Person, kann das zu Entzugserscheinungen führen, ähnlich wie beim plötzlichen Absetzen einer suchterregenden Substanz, an die man sich gewöhnt hatte (Alkohol, Nikotin, Koffein usw.). Es dauert eine Weile, bis man diese Entzugserscheinungen überwunden hat.

Die Verbindlichkeit wächst in erfolgreichen Beziehungen generell im Lauf der Zeit und nähert sich irgendwann einem Maximalniveau an, zum Beispiel, wenn ein Paar beschließt zu heiraten. Wenn die Beziehung günstig verläuft, bleibt die Verbindlichkeit auf diesem Niveau oder wird möglicherweise noch größer. In gescheiterten Beziehungen kann sie ganz verlorengehen.

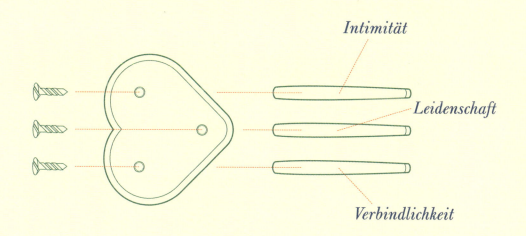
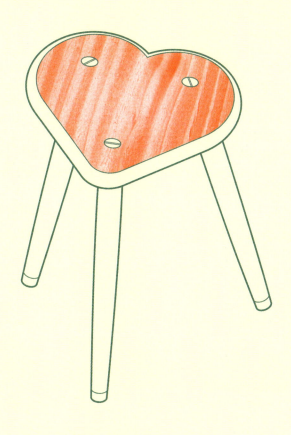

Mehr Befriedigung

Wir haben einen Fragebogen zusammengestellt, mit dem sich die drei Komponenten der Liebe in einer bestimmten Beziehung messen lassen. Unsere Untersuchungen zeigen, dass zwei Bedingungen zu mehr Glück und Befriedigung in der Liebe führen. Erstens sind Paare tendenziell umso glücklicher, je mehr Intimität, Leidenschaft und Verbindlichkeit sie erleben. Gleichzeitig gibt es aber einen dämpfenden Faktor: Paare sind auch in dem Maße glücklicher, in dem sie übereinstimmende Dreiecksmuster zeigen. Das heißt, Paare sind in der Liebe erfolgreicher, wenn beide sich ähnliche Gleichgewichte aus Intimität, Leidenschaft und Verbindlichkeit wünschen. Wenn die eine zum Beispiel viel Leidenschaft, aber nicht viel Intimität wünscht und der andere zwar viel Intimität sucht, aber Leidenschaft abwehrt, kann die Beziehung des Paares gefährdet sein.

Liebe ist eine Geschichte

Man könnte sich fragen, woher solche Liebes-Dreiecke stammen. Ihr Ursprung liegt in „Liebes-Geschichten". Beinahe von Geburt an sind wir zahlreichen, sehr unterschiedlichen Liebes-Geschichten ausgesetzt – über die Beziehung der eigenen Eltern, der Eltern von Freunden, in Büchern, im Fernsehen, in Filmen und natürlich im eigenen Leben. Jede „Geschichte" hat zwei Hauptfiguren, die ähnliche oder sich ergänzende Rollen spielen können. Die Geschichten entwickeln sich und können sich im Lauf der Zeit verändern. Menschen ordnen Geschichten zu Hierarchien. Mit anderen Worten: Sie haben nicht nur eine Lieblingsgeschichte, sondern eher eine Rangfolge von Präferenzen. Tendenziell ist man in den Liebesgeschichten glücklicher, die in der eigenen Hierarchie höher stehen. Wenn die Geschichte einer laufenden Beziehung in der Rangfolge nicht sehr weit oben steht, ist diese Beziehung bedroht, sobald einer der Partner jemanden kennenlernt, der eine höherrangige Geschichte verspricht. Geschichten können unterschiedlich angepasst werden, und einige gehen wahrscheinlich eher schlecht aus als andere.

Es gibt rund zwei Dutzend gängige Liebes-Geschichten, darunter die folgenden: a) Die Märchengeschichte, in der ein Prinz und eine Prinzessin „glücklich miteinander leben bis ans Ende ihrer Tage"; b) die Geschäftsgeschichte, in der zwei Handelspartner ihre Beziehung wie ein Geschäft mit Gewinnen und Verlusten betrachten; c) die Reisegeschichte, bei der die Partner zusammen durch die Zeit reisen und versuchen, auf dem gleichen Weg zu bleiben; d) die Polizeigeschichte, in der ein Partner den anderen ständig zu überwachen scheint; e) die Horrorstory, bei der ein Partner den anderen misshandelt; f) die Sammlergeschichte, bei der einer der Partner Geliebte sammelt.

Wir haben einen Fragebogen entwickelt, der jede der Liebes-Geschichten in einer bestimmten Beziehung misst. Unsere Untersuchungen zeigen, dass Paare am glücklichsten sind, wenn ihre

Geschichten positive Anpassungsreaktionen statt Ausweichmechanismen ermöglichen (z. B. Reisegeschichte versus Horrorstory) und wenn ihre Geschichten-Rangfolgen zusammenpassen – das heißt, wenn beide Partner gleiche oder ähnliche Geschichten höher bzw. niedriger bewerten.

Was folgt?

Wenn Menschen „ich liebe dich" sagen, meinen sie unterschiedliche Dinge. Sie werden mit jemandem am glücklichsten, der mit diesen Worten etwas Ähnliches meint wie Sie.

Die Liebesformeln

→ **Die Liebe hat drei Grundkomponenten, die in einem Dreiecksverhältnis stehen: Intimität, Leidenschaft und Verbindlichkeit. Unterschiedliche Kombinationen ergeben unterschiedliche Arten von Liebe.**

→ **Die drei Komponenten der Liebe verlaufen unterschiedlich. Je mehr Sie von jeder bekommen und je mehr Ihre Bilanz der Ihres Partners gleicht, desto glücklicher sind Sie.**

→ **Wir alle haben eine Rangfolge unserer bevorzugten Liebes-Geschichten im Kopf. Wir sind glücklicher, wenn wir eine Liebe erleben, die wir vorziehen, und wenn unsere Geschichten zusammenpassen.**

Der Psychologe und Psychometriker Professor **Robert J. Sternberg** ist Kanzler der Oklahoma State University (USA). Er war Präsident der American Psychological Association und gehört zum redaktionellen Beirat zahlreicher Zeitschriften, darunter *American Psychologist*. Sternberg hat einen B. A. der Universität Yale, einen Ph. D. aus Stanford und zehn Ehrendoktortitel von einer nordamerikanischen, einer südamerikanischen und acht europäischen Universitäten. Er ist Ehrenmitglied des Zentrums für Psychometrie an der Universität Cambridge. Zu seinen Forschungsschwerpunkten gehören höhere geistige Funktionen (darunter Intelligenz und Kreativität) sowie Liebe und Hass. Er ist Verfasser zahlreicher Artikel, darunter *A Duplex Theory of Love* (Eine Duplex-Theorie der Liebe), und Bücher, unter anderem *Über Liebe spricht man doch* und *Warum der Gärtner nie auf die Prinzessin hereinfällt*.

Vorhersehbare Veränderungen

Die Psychologen **Josip Obradović** und **Mira Čudina** haben die emotionale Entwicklung von fast tausend verheirateten Paaren analysiert: Was beeinflusst im Lauf der Jahre ihre Leidenschaft, ihre Intimität und ihre Verbindlichkeit? Machen Sie sich auf die vorhersehbaren Veränderungen Ihres Liebeslebens gefasst.

Zur Messung von Liebe verwendeten wir die bekannte Skala von Robert Sternberg, die Liebe in drei Komponenten aufteilt: Leidenschaft, Intimität und Verbindlichkeit. Wir definierten zahlreiche Variablen als mögliche Vorhersagefaktoren für die Intensität der Liebe und versuchten festzustellen, welche Charaktereigenschaften und Umstände die besten Prognosen über die Liebeserfahrung einer Person in der Ehe lieferten.

Veränderungen der Leidenschaft. Es gibt mehrere Charakterzüge und Beziehungsfaktoren, die die Leidenschaft in der Ehe steigern. Generell könnte man sagen, dass die eheliche Leidenschaft umso intensiver erblüht, je extrovertierter, umgänglicher, ausgeglichener und selbstsicherer die Partner sind. Außerdem sind jüngere Ehepartner leidenschaftlicher. Das Verhältnis von Leidenschaft und Ehedauer ist dagegen komplizierter: Zu Beginn der Ehe ist die Leidenschaft sehr stark, aber nach fünf Jahren beginnt sie abzunehmen. Im zehnten Ehejahr erreicht sie ihren Tiefpunkt und ab dem 15. steigt sie wieder, wobei sie nie wieder den beglückenden Grad der Jungverheirateten erreicht. Auch Kinder spielen eine Rolle: Nach der Geburt des ersten Kindes sinkt die Leidenschaft deutlich ab, verändert sich aber nach der Geburt des zweiten nicht mehr. Seltsamerweise wächst die Leidenschaft sogar bei Paaren mit drei Kindern. Die größte Leidenschaft erleben kinderlose Ehepaare.

Veränderungen der Intimität. Ähnlich wie bei der Leidenschaft bestimmen „gute" Charaktereigenschaften auch die Intimität. Extrovertierte, umgängliche und ausgeglichene Partner erreichen in der Ehe mehr Intimität. Das Gleiche gilt für hohes Selbstwertgefühl und äußerliche Attraktivität. Junge Ehepartner erleben große Intimität, die nach einer Weile abnimmt, dann aber wieder wächst. Auch die Geburt von Kindern mindert die Intimität, allerdings weniger als die Leidenschaft. Nach dem ersten Kind sinkt sie eine Zeitlang ab, steigt aber relativ rasch wieder. Die intensivste Intimität erleben kinderlose Paare.

Veränderungen der Verbindlichkeit. Extrovertiertheit und Verträglichkeit der Ehepartner tragen ebenso stark zur Verbindlichkeit bei wie Selbstwertgefühl und äußerliche Attraktivität. Junge Partner fühlen sich der Ehe stark verpflichtet, aber die Verbindlichkeit sinkt mit dem Alter stetig und erreicht zwischen dem 30. und dem 40. Geburtstag ihren Tiefpunkt. Danach steigt sie ziemlich schnell wieder. Es sieht so aus, als sei die Verbindlichkeit gering, wenn die Partner persönliche Probleme lösen und Entscheidungen über ihren zukünftigen Lebensweg treffen müssen. Eine ähnlich klare Beziehung gibt es zwischen der Verbindlichkeit und der Ehedauer. Zu Beginn einer Ehe ist die Verbindlichkeit sehr hoch, beginnt aber bald zu sinken und erreicht zwischen dem 6. und dem 15. Hochzeitstag einen absoluten Tiefpunkt. Danach wächst sie wieder und ist nach 25 Ehejahren viel höher als zu Beginn. Offensichtlich durchlebt man in der Phase geringer Verbindlichkeit schwierige Zeiten, klärt einige Themen und hinterfragt die Entscheidung zusammenzubleiben. Aber wenn es einmal beschlossene Sache ist, dass man beisammen bleiben möchte, wird die Verbindlichkeit mit der Zeit stärker. Die Geburt des ersten Kindes ist eine gewisse Bedrohung für die Verbindlichkeit, aber nach dem zweiten oder dritten Kind wird die Bindung an die Ehe sehr viel stärker.

Weder Leidenschaft noch Intimität oder Verbindlichkeit hängen mit dem Bildungsniveau zusammen. Wirtschaftliche Not dagegen bringt alle drei Aspekte der Liebe in große Gefahr.

Die Liebesformeln

→ **Die besten Ehekandidaten sind verträgliche, offene, extrovertierte, ausgeglichene und selbstsichere Menschen.**
→ **Seien Sie sich der Tatsache bewusst, dass Zeit und Alter Ihre Ehe verändern werden.**
→ **Unvorbereitet das erste Kind zu bekommen, kann herbe Einbußen an Leidenschaft, Intimität und Verbindlichkeit verursachen. Suchen Sie Unterstützung! Weitere Kinder stabilisieren die Lage und stärken die Verbindlichkeit sogar.**

Josip Obradović (B. A. in Psychologie, Ph. D. in Soziologie) ist Professor an der Fakultät für Kroatische Studien der Universität Zagreb (Kroatien). Er ist auf Familienpsychologie und die Soziologie von Ehe und Familie spezialisiert. **Mira Čudina** (B. A. in Psychologie, Ph. D. in Psychologie) ist emeritierte Professorin der Fakultät für Kroatische Studien der Universität Zagreb. Ihre Spezialgebiete sind Emotionen, Motivation und die Entwicklung Heranwachsender. Gemeinsam haben sie viele wissenschaftliche Artikel über den Verlauf von Ehen und vor allem deren Qualität verfasst, außerdem das nicht auf Deutsch erschienene wissenschaftliche Lehrbuch *Psychologie der Ehe und der Familie*.

ITALIEN

Das Liebeslabor

Die Psychiaterin **Donatella Marazziti** hat als Erste nachgewiesen, dass die romantische Liebe auf einer biochemischen Abweichung beruht. Die Welt war schockiert! Einige Kritiker warfen ihr vor, sie zerstöre die Poesie der Liebe und reduziere sie auf ein Spiel der Moleküle. Aber ihr Liebeslabor erkundet weiterhin Schritt für Schritt das Mysterium der Liebe und enträtselt dessen biologische Abläufe. Außerdem verliebte sich Donatella – in die Liebe. Das veränderte ihr Leben vollkommen. Hier ist ihre Geschichte.

Meine wissenschaftliche Begegnung mit der Liebe war ein glücklicher Zufall. Mitte der 1990er-Jahre interessierte ich mich sowohl für Zwangsstörungen als auch für Serotonin und war auf der Suche nach einem physiologischen Modell, mit dem ich beides bei großen Gruppen untersuchen konnte. Eines Tages merkte ich plötzlich im Gespräch mit meinem Chef: **Romantisch Verliebte ähneln Patienten mit Zwangsstörungen** – beide denken immer und immer wieder über das gleiche Thema nach. Daher beschloss ich, einen Serotoninmarker im Blut zu messen und fand heraus, dass er bei den Patienten und den romantisch Verliebten im gleichen Maße abnahm. Ich muss gestehen: Diese Ergebnisse lagen schon 1996 vor, aber ich wartete mit der Veröffentlichung bis 1999, um sie noch mehrfach zu überprüfen. Meine Zweifel waren allerdings nicht wissenschaftlicher Natur, denn die Experimente waren korrekt. Aber ich war mir der möglicherweise großen Auswirkungen bewusst, zeigten sie doch zum ersten Mal, dass einem typisch menschlichen Gefühl wie der romantischen Liebe eine biochemische Abweichung zugrunde liegen könnte.

Ich fühlte mich stark genug, es mit den Problemen aufzunehmen, die mein Artikel vielleicht aufwerfen würde, und sandte ihn an die Zeitschrift *Psychological Medicine*, die Thema und Ergebnisse lobte und den Aufsatz kurz darauf zur Veröffentlichung annahm. Wie vermutet war das Medienecho auf meinen Artikel riesig, und ich musste auf der ganzen Welt in Fernsehsendungen auftreten und Interviews geben. Zusammenfassend kann man sagen, dass die meisten Kommentare positiv waren; nur eine Minderheit behauptete, ich wolle die Poesie der Liebe zerstören und sie auf ein Spiel der Moleküle reduzieren. Allerdings wusste und weiß ich: **Die Liebe ist nicht „nur" das Ergebnis verschiedener molekularer und biologischer Systeme, sondern „auch".**

Außerdem bin ich sicher, dass sie nicht weniger schön und erstaunlich wird, wenn man sich der Tatsache bewusst ist, dass einige biologische Systeme an ihren Ausdrucksformen beteiligt sind. Und ich wollte zeigen, dass die besondere Denkweise von Patienten mit Zwangsstörungen zwar die gleichen biochemischen Abweichungen zeigt wie das Denken romantisch Verliebter, aber dass Liebe offensichtlich viel mehr ist. Man muss den Boden der Wissenschaft nicht verlassen, wenn man annimmt, dass sie nur von einem einzigen Botenstoff abhängen könnte.

Journalisten

Auf der persönlichen Ebene musste ich mein Leben in einigen Punkten ändern. Ich traf viele Journalisten und redete vor Nicht-Wissenschaftlern, sodass ich meine Sprache anpassen musste, um verstanden zu werden. Daraus lernte ich: **Manchmal ist es wichtig, auch außerhalb des wissenschaftlichen Umfelds Wissen zu verbreiten und Aufmerksamkeit zu wecken.**

So beschloss ich, ein Buch zu schreiben, das alle wissenschaftlichen Erkenntnisse über die Liebe zusammenfassen sollte – das gab es damals noch nicht. Schon seit meiner Kindheit hatte ich gern geschrieben. Durch eine Reihe unerwarteter und glücklicher Umstände fand ich einen großartigen Verleger, der mein erstes Buch unter dem Titel *La Natura dell'Amore* (Die Natur der Liebe) veröffentlichte; es wurde in mehrere Sprachen, aber nicht ins Deutsche übersetzt. Dann schrieb ich noch ein Buch, *E vissero per sempre gelosi e contenti* (Und sie lebten für immer, eifersüchtig und glücklich), Bertrachtungen über die Eifersucht.

Neurohormone

Auf der wissenschaftlichen Ebene wurde Liebe mein Hauptinteresse, das sich ausweitete, bis es auch Eifersucht, Bindungsverhalten und soziale Beziehungen umfasste, weil diese Basismechanismen entscheidend für das menschliche Wohlergehen sind. Neben dem Serotonin ermittelten wir bei romantisch Verliebten die Werte einiger Neurohormone und kamen zu dem Schluss, dass das Verlieben Stress auslöst, was sich an höheren Cortisolwerten zeigt. **Interessanterweise bewegte sich der Testosteronspiegel bei beiden Geschlechtern in entgegengesetzte Richtungen** – bei den Frauen nach oben, bei den Männern nach unten, als ob sich beide für eine Begegnung annähern müssten. Diese Befunde passen zu der Vorstellung, dass das Verlieben ein Basisgefühl ist, das für beide Geschlechter gleich verläuft. Gleichzeitig führte ich einige Untersuchungen an eifersüchtigen Testpersonen durch und stellte fest, dass zwanghaft Eifersüchtige einen niedrigeren Serotoninspiegel haben. Außerdem merkte ich, wie komplex und wenig erforscht die normale Eifersucht ist. Sie ist auch ziemlich heterogen; wir haben mindestens fünf Typen identifiziert.

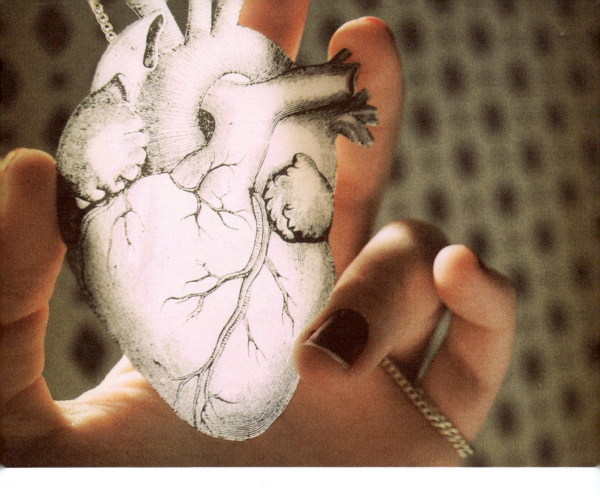

Der nächste Forschungsschwerpunkt war das Neuropeptid Oxytocin. Wir brauchten einige Zeit, um eine verlässliche Messmethode dafür zu finden, aber inzwischen nutzen wir sie täglich. **Oxytocin hat etwas mit der Angst zu tun, die zu romantischen Bindungen gehört**, das zeigt unsere wichtigste Publikation zu diesem Thema – es wird gebraucht, um beim Zusammensein mit dem Partner entspannt zu bleiben. Damit war offensichtlich, dass es vorteilhaft ist, sich zu verlieben, zu lieben und mit jemandem eine Bindung einzugehen. Im Hinblick auf die Hirnfunktionen könnten einige der Vorteile der Liebe der Produktion von Neurotrophinen zu verdanken sein, die zum Überleben, zur Differenzierung und zur Funktion von Nervenzellen beitragen. Interessanterweise fanden wir heraus, dass eines dieser Neurotrophine, der sogenannte Wachstumsfaktor BDNF, im Zusammenhang mit dem Bindungsverhalten steht, allerdings bei beiden Geschlechtern unterschiedlich. Es scheint, als ob hohe BDNF-Konzentrationen nur bei Frauen mit der Eigenschaft „schwache Vermeidungsstrategien" korrelieren; mit anderen Worten werden Frauen weniger schüchtern gegenüber dem Partner und generell offener für soziale Beziehungen. Eine meiner anderen Studien zeigte, dass Frauen sehr empfindlich auf Extrakte aus männlichem Achselschweiß (vielleicht die Pheromone?) reagierten – bis hin zu einer Änderung ihrer Serotoninspiegel und dem Auftreten von Anzeichen für Impulsivität und Fixierung. Aktuell sind in meinem Labor mehrere Studien zu weiteren biologischen Aspekten der Liebe im Gange, und die ganze Gruppe, mit der ich zusammenarbeite, teilt meine große, echte Begeisterung für dieses Thema. Ich kann sagen, dass ich mich in die Liebe verliebt habe.

Vorteile

Das Erforschen der Liebe hat mich auf persönlicher Ebene zutiefst verändert. Ich war gezwungen, mein Privatleben zu überprüfen und erkannte, dass ich großes Glück gehabt hatte. Ich hatte fantastische Eltern, die mir durch ihre Erziehung Selbstwertgefühl vermittelten und mir Freiheit und Wahlmöglichkeiten ließen. Mehr noch, mein Partner liebt mich so sehr wie ich ihn, seit dem lange zurückliegenden Beginn unserer Liebesgeschichte. Je länger ich die Liebe erforsche, desto stärker bin ich fasziniert und desto mehr Respekt empfinde ich. Ich glaube, **Lieben und Geliebtwerden ist die außergewöhnlichste Erfahrung, die ein Mensch machen kann** – aber sie erfordert Sorgfalt, Aufmerksamkeit, Wachsamkeit, Flexibilität und die Bereitschaft zur Veränderung. Wir sind von Natur aus bestens ausgerüstet, um Liebe zu entwickeln und alle ihre Vorzüge zu genießen: die tiefsten Freuden unserer Existenz. Und ich glaube, dass die Wissenschaft, indem sie ihre Rätsel erkundet und eines Tages vielleicht ihre biologischen Mechanismen entschlüsselt, uns erlauben wird, auf die beste aller möglichen Weisen zu lieben.

Die Liebesformeln

- → **Einem typisch menschlichen Gefühl, der romantischen Liebe, liegt eine biochemische Abweichung zugrunde, die der von Patienten mit Zwangsstörungen ähnelt.**
- → **Erhöhte Cortisolwerte beweisen, dass es Stress bedeutet, sich zu verlieben. Aber wie unsere Hirnfunktionen zeigen, ist es letztlich förderlich, zu lieben und Bindungen einzugehen.**
- → **Liebe ist eine außergewöhnliche Erfahrung, aber sie erfordert Sorgfalt, Aufmerksamkeit, Wachsamkeit, Flexibilität und die Bereitschaft zur Veränderung.**

Donatella Marazziti ist Professorin für Psychiatrie am Fachbereich für Psychiatrie, Neurobiologie, Pharmakologie und Biotechnologie der Universität Pisa (Italien), wo sie Medizin und Chirurgie studiert hat. Dort spezialisierte sie sich auch auf Psychiatrie und anschließend auf Biochemie. Sie hat nationale und internationale Preise gewonnen und gehört zum redaktionellen Beirat mehrerer Fachzeitschriften. Sie hat ungefähr 350 wissenschaftliche Aufsätze und acht Bücher verfasst, darunter zwei Bestseller und einen Roman.

AUSTRALIEN

Ein Produkt des Westens?

Es gibt nur sehr wenige Studien zur romantischen Liebe in nicht westlichen Gesellschaften, denn Anthropologen, Psychologen und Historiker haben schlicht angenommen, sie sei ein europäisch-amerikanischer Beitrag zur Weltkultur, der durch europäische Forscher und Kolonisatoren auf andere Teile der Welt übertragen wurde. Hsu-Ming Teo **erklärt: Sie alle liegen falsch.**

Von den 1950er- bis in die 1990er-Jahre vertraten US-amerikanische Wissenschaftler oft die Auffassung, Liebe gebe es nur in den USA und jenen Gesellschaften, deren Wertesystem sich aus der Kulturtradition Westeuropas ableitete. Auch viele europäische Wissenschaftler schlossen sich bereitwillig der These an, Liebe sei ein eher lokales Phänomen, das mit der Idee der höfischen Liebe ungefähr im 12. Jahrhundert in Südfrankreich aufkam. Damit folgten sie dem französischen Literaturkritiker Denis de Rougemont. In seinem bahnbrechenden Werk *Die Liebe und das Abendland* (1940) argumentierte Rougemont, dass sich die westliche Kultur von allen anderen unterscheide, weil sie die romantische Liebe erfunden und gefeiert habe – damit meinte er einen Liebesbegriff, der die geliebte Person idealisiert und Vorstellungen von Selbstlosigkeit, Freundschaft, Erotik und intensiver Leidenschaft vereint. Rougemont behauptete, die romantische Liebe sei später zu einem – notwendigen – Teil der ehelichen Liebe erklärt worden. Viele westliche Wissenschaftler des 20. Jahrhunderts glaubten, dass sich dieser Gedanke als Ideal und Lebenspraxis mit der westlichen Kultur auf der ganzen Welt verbreitet habe.

Rougemont stützte seine These auf die französische Troubadourdichtung, aber andere Historiker lehnten sie ab: Literarische oder musikalische

„Das Gefühl Liebe ist universell, aber die Ausdrucksformen und Rituale sind kulturspezifisch und verändern sich."

Belege seien kein Indiz dafür, dass etwas in einer Gesellschaft generell akzeptiert oder praktiziert werde. Der französische Historiker Philippe Ariès argumentierte beispielsweise in seiner *Geschichte der Kindheit*, dass es über weite Zeiträume der europäischen Geschichte wenig Belege für Zuneigung in Familien oder bei Paaren gibt. Englische Historiker und Soziologen stützten diese Auffassung; ihrer Vermutung nach kamen romantische Liebe und Gefühlsbindungen in der Familie erst im 18. Jahrhundert auf, als Begleiterscheinung oder vielleicht indirekter Auslöser der Modernisierung – der Industriellen Revolution wie der Agrarrevolution und der sozialen Veränderungen, die diese wirtschaftlichen Verschiebungen mit sich brachten. **Die Liebe wurde in den Dienst der These von der westlichen Einzigartigkeit gestellt und als kultureller Indikator für „Zivilisation" benutzt.**

In jüngerer Zeit bemühen sich Anthropologen vielfach – allerdings nicht besonders einfallsreich – darum, diese negative Bewertung nicht westlicher Liebe zu revidieren. Sie alle bewerten nicht westliche Gesellschaften weiterhin anhand der modernen westlichen Definition romantischer Liebe: Westliche Wissenschaftler definieren romantische Liebe anhand kultureller Normen und Begriffe des Westens, dann versuchen sie, sie in nicht westlichen Kulturen zu finden (oder auch nicht). Das ist insofern problematisch, als sich selbst im Westen Ausdrucksformen der Liebe und romantische Rituale im Lauf der Zeit wandeln. Heutzutage mögen rote Rosen und eine Schachtel Pralinen für Liebe und Romantik stehen; im alten Wales dagegen drückten junge Männer ihre Liebe zu einer Frau aus, indem sie auf ihr Kleid urinierten.

Es ist eine nützliche Erkenntnis für viele Wissenschaftler, dass Liebesgefühle zwar universell sein mögen, aber dass die Ausdrucksformen und Rituale romantischer Liebe kulturspezifisch sind und sich im Lauf der Zeit verändern. Diese Einsicht bietet einen Ausweg aus der Sackgasse der Frage, ob Liebe universell oder westlich ist; sie erlaubt der Forschung, stattdessen kulturhistorisch spezifische Erscheinungsformen der Liebe zu untersuchen.

Hsu-Ming Teo arbeitet als Kulturhistorikerin am Fachbereich für Moderne Geschichte der Macquarie University in Sydney (Australien). Sie hat kürzlich ein Buch und einen Zeitschriften-Sonderband über die Populärkultur der romantischen Liebe in Australien herausgegeben. Zu ihren Veröffentlichungen zählen *Cultural History in Australia* (Kulturgeschichte in Australien) sowie *Desert Passions: Orientalism and Romance Novels* (Leidenschaft in der Wüste: Orientalismus und Liebesromane). Sie hat den preisgekrönten Roman *Jadetöchter* geschrieben und gehört zum redaktionellen Beirat des *Journal of Australian Studies* und des *Journal of Popular Romance Studies*.

„Warten Sie nicht darauf, dass die Liebe Ihnen in den Schoß fällt."

Architekten für Liebe und Sex

Stellen Sie sich vor, Architekten und Ingenieure würden Häuser und Brücken auf der Basis von Märchen, Mythen, Tratsch und Geschichten bauen. Ihre Bauwerke wären eine Katastrophe. Aber genau das sind immer noch die Grundlagen für die wichtigsten Bausteine in unserem Leben: Liebe und Sex. **Emil Man Lun Ng** hat sein Leben lang die Architektur der Liebe erforscht. Weiß er, wie wir bessere Architekten unseres eigenen Liebeslebens werden können?

Dauerhafte romantische und sexuelle Liebe findet in der modernen Welt, im Osten wie im Westen, immer weniger Anhänger, das zeigt sich am schnellen Anstieg der Scheidungsrate, dem Alter bei der Eheschließung, dem Anteil kurzlebiger Sexualbeziehungen sowie am Sinken der Geburtenrate. Ein wichtiger Grund hierfür ist der Mangel an seriöser theoretischer und praktischer Ausbildung zum Thema Sex und Liebe. **Die Sexualerziehung an den Schulen ist in vielen Ländern schlecht genug, noch schlechter aber ist der Unterricht in der Liebe**, da sie schwieriger zu lehren ist und die Schüler angeblich von Fächern ablenkt, die für ihre zukünftige Karriere wichtiger sind. Außerdem gelten Liebesprobleme als nicht so unmittelbar gefährlich wie Sex, der zu Geschlechtskrankheiten, ungewollten Schwangerschaften und Sexualverbrechen führen kann. Insofern findet ein Großteil der Liebes- und Sexualerziehung der Menschen informell statt. Es gibt populäre Medien, Märchen, Legenden und erfundene Geschichten, die reichlich Mythen und Irrglauben verbreiten. Zum Beispiel enden fast alle Märchen und Liebesgeschichten mit einem Happy End bei der Hochzeit oder kurz davor und vermitteln so den falschen Eindruck, dass die Paare von da an ohne große Anstrengung „glücklich bis an das Ende ihrer Tage" zusammenleben können. **Legenden und Dichtungen über die Liebe verherrlichen alles, was mit Liebe zu tun hat**, auch Eifersucht, Hass, besitzergreifendes Verhalten, Selbstmord usw., was im wahren Leben zerstörerisch auf Liebesbeziehungen wirkt.

Irreführende Botschaften

Eine ernsthaftere alltägliche Erziehung zu Liebe und Sex kann auf populärer Philosophie, Psychologie und spirituellen Lehren basieren. Aber oft sind sie ebenso verwirrend oder irreführend. Sam Vaknin bezeichnet in seinem Buch über die Pathologie der Liebe romantische Liebe und Sex als Arten von Psychose oder Sucht. Ayn Rand nennt sie schlicht eine andere Form des Egoismus: „Was man in der Liebe sucht, verdient und mitnimmt, ist einfach das eigene, selbstsüchtige Glück." Die japanische Lehre des Shinjū oder Doppelselbstmords erhebt sie zu einem Zustand, der sogar Stalking, Gewalt und Suizid gestattet. Die christliche Bibel preist die Liebe weit jenseits aller menschlichen Fähigkeiten: „Sie verträgt alles, sie glaubt alles, sie hofft alles, sie duldet alles", unabhängig von den Umständen. Der Psychoanalytiker Erich Fromm versucht in seinem sehr beliebten Buch *Die Kunst des Liebens* die Liebe vom Sex zu reinigen, indem er dem sexuellen Aspekt nur eine Übergangsrolle im Wachstumsprozess der Liebe zu ihrer „höchsten" Form zuschreibt, die einfach aus asexuellem Altruismus oder Gottesliebe besteht. Viele andere Philosophien der Liebe erheben die Liebe in unerreichbare abstrakte und komplexe Höhen oder mystifizieren sie zu etwas Unlogischem, Unvorsehbarem und Unlenkbarem, wie Jennifer Smith in ihrem Buch *Die statistische Wahrscheinlichkeit von Liebe auf den ersten Blick:* „**Liebe ist die seltsamste, unlogischste Sache der Welt.**" Das impliziert – und viele Menschen glauben das –, dass es besser ist, die Liebe dem Glück oder dem Schicksal zu überlassen, oder sie einfach als Spiel oder Luxus zu betrachten.

Um Zuversicht und Zutrauen in dauerhafte Liebe und Sex wiederherzustellen, muss man all diese widersprüchlichen Botschaften beiseite schieben. Ja, lang andauernde Liebe und Sex sind schwierig zu erlangen, und es gibt immer Spielraum für Glück oder Schicksal, aber für welche Erfolge gilt das nicht? Eine langfristig erfolgreiche Karriere ist ebenso selten und braucht die gleichen Bedingungen, trotzdem erfinden wir keine komplizierten Theorien, die behaupten, der Wunsch danach sei eine Psychose, eine Illusion, ein triviales Übergangsstadium im Leben und so weiter. Das würde uns nur Gründe dafür liefern, nicht daran zu arbeiten. Dabei könnte eine schöne, langfristige Liebes- und Sexlaufbahn sogar wichtiger sein als eine erfolgreiche lebenslange Karriere im Beruf – bei ihr geht es schließlich um das Überleben der Spezies Mensch, nicht um das eigene Ich.

Fünf Prinzipien

Wenn wir annehmen, dass romantische Liebe und Sex eine weitere Laufbahn sind, in der wir Erfolg haben wollen, sollten wir die gleichen Methoden und Anstrengungen darauf verwenden, angefangen mit Intelligenz, harter Arbeit, Engagement sowie guten emotionalen und Alltagskompetenzen. Ohne hier ins Detail zu gehen, möchte ich fünf wichtige Prinzipien nennen:

1. Beginnen Sie früh im Leben, sich vorzubereiten: Arbeiten Sie an Ihrer Persönlichkeit, denn Sie werden positive Charakterzüge nicht nur für Ihre zukünftige berufliche Karriere brauchen, sondern auch für das Eingehen und Bewahren einer guten Liebes- und Sexbeziehung.

2. Finden Sie beizeiten heraus, was Sie wollen: Legen Sie Ihre Kriterien für die Idealbeziehung und den Idealpartner früh fest, so klar und konkret wie möglich. Halten Sie sich nicht an bestehende Muster, auch wenn die Tradition oder die Mehrheit sie vorgeben – jeder Mensch hat andere Bedürfnisse und Lebensumstände. Die Kriterien kann man hin und wieder bei veränderten äußeren Bedingungen ändern, allerdings nicht zu oft, damit (mögliche) Partner sich ebenfalls umstellen können.

3. Suchen und kontaktieren Sie Ihre(n) idealen Partner aktiv: Genau wie für einen guten Arbeitsplatz müssen Sie losgehen und suchen, statt darauf zu warten, dass die Liebe Ihnen in den Schoß fällt. Sie brauchen eine gute Beobachtungsgabe, Sensibilität, die Fähigkeit, Kontakte anzubahnen und die Weisheit, zu entscheiden, wann Sie durchhalten und wann Sie aufgeben sollten – friedlich und elegant.

4. Lernen Sie aus Fehlschlägen: Nur wenige haben bei ihren ersten Versuchen Erfolg, egal wie gut vorbereitet oder geübt sie sind. Lassen Sie Ihre Wunden rasch verheilen und schieben Sie die Schuld nicht auf andere. Überlegen Sie, was Sie besser hätten machen können, damit Sie beim nächsten Mal größere Erfolgschancen haben.

5. Achten Sie auf laufende Weiterbildung und Bewertung: Wie heutzutage bei allen Langzeitjobs sind sie auch bei langfristigen Liebes- und Sexbeziehungen entscheidend. Geist, Körper und Umwelt verändern sich in jedem Stadium eines Lebens und einer Beziehung. Intelligente, durchdachte Anpassungen sind nötig, um die Befriedigung in der Liebe zu erhalten.

Praktische Ausbildung

Bis sich auf der ganzen Welt der Nebel lichtet und eine praktische Ausbildung in romantischer Liebe und Sex beginnt, könnte es noch eine Weile dauern, aber in China geht der Trend schon jetzt dahin, dass die Massenmedien sie in die Hand nehmen. Fernsehsender strahlen in vielen Großstädten Sendungen zum Thema Partnersuche aus, bei denen Männer (oder Frauen) vor der Kamera ihre Kriterien für den Idealpartner beschreiben, sofort ein Dutzend Frauen (oder Männer) kennenlernen und im Erfolgsfall mit einer (oder einem) von ihnen ausgehen können. Diese Sendungen sind Dauerbrenner, die seit Jahren mit hohen Einschaltquoten laufen. China scheint mit seiner pluralistischen Kultur und seiner langen Geschichte einer praktischen, unvoreingenommenen Denkweise zu Sex, Liebe und Ehe führend zu sein, wenn es darum geht,

Liebesbriefe

Obwohl er das in modernen Gesellschaften vorherrschende monogame Eheprinzip scharf kritisiert und für ein pluralistisches System eintritt, ist Emil Man Lun Ng glücklich verheiratet, „seit über 40 Jahren mit einer einzigen Liebes- und Sexpartnerin (und unsere Liebe wächst immer noch)". Zum 40. Hochzeitstag hat er die Liebesbriefe veröffentlicht, die er 1969 bis 1972, während des Vietnamkriegs, aus Hongkong an seine Frau in Vietnam schrieb. Sie trafen sich zum ersten Mal und nur für eine Woche 1971 in Vietnam. Das Buch war in China sehr erfolgreich, als lebendiges Anschauungsmaterial dafür, wie man sich um eine Liebesbeziehung als lebenslange Berufung kümmern sollte.

den selbstgemachten Sex-Liebes-Rätseln zu entkommen – und den vielen ernsten Schwierigkeiten, die daraus entstehen.

Wir alle brauchen seriöse theoretische und praktische Erziehung zur romantischen und sexuellen Liebe. Einen Großteil unseres Wissens beziehen wir aus den Medien oder aus Märchen, Legenden und Geschichten. Sie würdigen Liebe und Sex zu einer Form der Psychose oder Besitzgier herab, verherrlichen sie so sehr, dass sogar zerstörerisches Verhalten wie Stalking, Gewalt oder Selbstmord gebilligt wird, oder überhöhen sie zu einem Heiligtum weit jenseits der menschlichen Möglichkeiten, das unabhängig von den Umständen alles „verträgt, glaubt, hofft und duldet". Sie reinigen sie, bis sie vollkommen asexuell wird, erheben sie philosophierend in unerreichbare Höhen der Abstraktion und Komplexität oder mystifizieren sie zu etwas Unlogischem, Unvorhersehbarem und Unbeherrschbarem, das besser dem Schicksal überlassen bleibt. Sie tun die Liebe als Unterhaltung oder Luxus ab oder erteilen in Redensarten und Platitüden praxisferne Lehren. In China wie in anderen Ländern geht der Trend dahin, Liebe und Sex nicht mehr in diesen verzerrten Sichtweisen zu betrachten. Sie gelten als eine weitere lebenslange Karriere, auf die wir all jene Sorgfalt, Rationalität und Geschicklichkeit verwenden sollten, die wir brauchen, um zu Architekten unseres eigenen Liebes- und Sexlebens zu werden.

Die Liebesformeln

→ **Viele der Lehren über die Liebe, die wir aus populären oder seriösen Quellen beziehen, sind irreführend und zerstörerisch.**

→ **Ein erfolgreiches Liebesleben braucht intelligente, praktische Zielsetzungen, gute Planung und unermüdlichen Einsatz, um zu funktionieren und zu gedeihen.**

→ **Wir alle brauchen eine seriöse theoretische und praktische Erziehung zur romantischen und sexuellen Liebe, um bessere Architekten unseres eigenen Liebes- und Sexlebens zu werden.**

Emil Man Lun Ng ist Honorarprofessor und stellvertretender Direktor des Family Institute der Universität Hongkong (China). Sein Erststudium schloss er 1977 an der Universität London ab. Inzwischen ist er Verfasser oder Koautor von mehr als 20 auf chinesisch und sieben auf englisch erschienenen Büchern sowie mehr als 100 Artikeln über Psychotherapie, Liebe und Sex. Er ist Gründungspräsident der Hong Kong Sex Education Association (1985) und der Asian Federation for Sexology (1990) und war Vorsitzender des 14. Weltkongresses der Sexualwissenschaft (1999). Er berät verschiedene lokale und internationale Regierungs- und Nichtregierungsorganisationen, darunter die Weltgesundheitsorganisation. Die Asian Federation for Sexology verlieh ihm den Titel Sexologist of Asia (1994) und die World Association for Sexual Health die Goldmedaille für Sexologie (2003).

DEUTSCHLAND

„Ein Kompromiss ist ein guter Schirm, aber ein schlechtes Dach."

Die Ökonomie der Liebe

Was können Ökonomen uns über die Liebe sagen? Viel. Sie erforschen, welche Suchstrategien nützlich sind, wie sich die Ehe ökonomisch auswirkt, warum eins plus eins drei sein kann und weshalb wir teure Eheringe austauschen. „Die Ökonomie der Liebe entzaubert das Wunder der Liebe nicht", versichert uns **Hanno Beck**. „Wenn wir sie geschickt anwenden, hilft sie uns, das Beste aus unserem Liebesleben zu machen."

Menschen suchen sich die Liebe und ihre Partner nach ihrem Bauchgefühl aus, könnte man vermuten, aber nicht über Formeln oder Mathematik. Das mag wohl stimmen, trotzdem wäre es verfrüht, den Gedanken einer Abwägung von Vor- und Nachteilen der Liebe zu verwerfen: Wenn sich der erste Sturm der Gefühle gelegt hat, kann man die eigene Entscheidung noch einmal überdenken – blinder Eifer schadet nur. Und warum sollte man eine im Eifer des Gefechts getroffene Entscheidung nicht verbessern, indem man sie (noch einmal) durchdenkt? Zumindest bei Entscheidungen von solcher Tragweite wie beispielsweise einer Heirat kann kurzes Nachdenken doch nicht schaden, oder? Also, soll man sich binden?

Warum (nicht) heiraten?

Was sind die Nachteile einer dauerhaften Beziehung? Erstens bedeutet eine feste Beziehung einen Verlust an Freiheit: In einer Partnerschaft muss man Kompromisse schließen, und ein Kompromiss ist etwas, das keine der beiden Parteien so gewollt hat – ein guter Schirm, aber ein schlechtes Dach. Ein zweiter Nachteil fester Beziehungen ist der Verlust von Alternativen: Als Single hat man die Freiheit, einen Partner zu suchen; für Verheiratete ist das keine Option – oder sollte zumindest keine sein.

Andererseits bietet eine feste Beziehung viele Vorteile. **Die gemeinsame Produktivität eines Paares erhöht sich in einer Partnerschaft.** Beide können sich auf das spezialisieren, was sie besonders gut beherrschen. Wenn zwei Partner mit unterschiedlichen Kompetenzen zusammenfinden, gibt es Spielraum für Spezialisierung. Beispielsweise übernimmt ein Partner die Hausarbeit (weil er oder sie diese Aufgabe besonders gut und gerne erledigt), der andere die Kindererziehung (weil er oder sie Talent im Umgang mit Kindern hat). Auf diese Weise wird die Leistung einer Lebensgemeinschaft maximiert. Dieser Gedanke stammt vom Ökonomen David Ricardo, der herausfand, dass die Arbeitsteilung zwischen Nationen die Gesamtwohlfahrt aller beteiligten Länder mehrt – und was für Länder gilt, gilt auch für liebende Paare. Aus diesem Blickwinkel hängen die durch Arbeitsteilung entstehenden Vorteile einer Beziehung davon ab, wie verschieden die Partner sind: je größer die Unterschiede zwischen beiden, desto größer die Erträge aus der Arbeitsteilung.

Darüber hinaus gibt es einen zweiten Vorteil fester Beziehungen: Intimität. **Eine Beziehung ist wie ein Unternehmen**, jedenfalls ökonomisch gesehen – sie nutzt notwendige Ressourcen (zwei Partner, viele Kompromisse und ein, zwei Körnchen Liebe) zur Produktion einer bestimmten Leistung. Im Fall der Liebe ist diese Leistung kein gut geölter Haushalt, sondern ein anderes einzigartiges Ergebnis – Intimität, Nähe und Wärme. Dieses überaus exklusive Produkt kann nicht über Märkte bereitgestellt werden: ein liebender, fürsorglicher Partner, der unsere Sorgen und Ängste versteht, und Vertrautheit, die nur in einer festen Beziehung entstehen kann, in der zwei Menschen einander verstehen und füreinander sorgen.

Ähnlich oder entgegengesetzt?

Mithilfe dieser Überlegungen können wir eine der wichtigsten Fragen in Sachen Liebe klären, nämlich die Frage danach, was eine gute Beziehung ausmacht: „Gleich und Gleich gesellt sich gern" oder „Gegensätze ziehen sich an"? Fangen wir mit dem Gedanken der sich anziehenden Gegensätze an, einem Arrangement, das wie gesagt die wirtschaftlichen Vorteile der Arbeitsteilung nutzt: Je ungleicher zwei Menschen, desto mehr Nutzen bringt ihre Partnerschaft über die Spezialisierung. So gesehen, ziehen Gegensätze sich an, weil sie große Vorteile aus ihrer Unähnlichkeit ziehen können, sogenannte Spezialisierungsgewinne. Wenn wir aber den zweiten großen Vorteil einer Beziehung betrachten, die Herstellung von Intimität, ist vollkommen klar: Gleich und Gleich gesellt sich gern. Wenn zwei Menschen sehr ähnliche Dinge fühlen, denken und mögen, werden viel weniger Kompromisse nötig, denn die Interessenkonflikte sind nicht so groß wie bei gegensätzlichen Partnern. Das ist eine wichtige Voraussetzung für das Entstehen von Harmonie und Intimität. Wer viel streitet, kann keine dauerhaft harmonische Beziehung erwarten. Das ist nun ein Problem: Die Gegensätze machen die Partnerschaft produktiver, Gleich und Gleich harmonischer – was ist aber für die Beziehung entscheidend?

Moderne Zeiten

Die Antwort auf diese Frage hat die moderne Technik: Staubsauger, Fertigmahlzeiten, Spülmaschinen – all diese Erfindungen haben es Alleinstehenden viel leichter gemacht, ihren Haushalt ohne Hilfe zu versorgen. Aus diesem Grund ist die klassische Ehe, bei der sich der Mann aufs Geldverdienen spezialisiert, während seine Frau den Haushalt führt, obsolet. Man lagert die komplexe Aufgabe der Haushaltsführung an den Markt aus, Spezialisierungsgewinne innerhalb der Ehe sind damit nicht mehr nötig. Insofern verliert die Idee einer arrangierten Ehe an Attraktivität, ihre Spezialisierungsgewinne nehmen ab und es wird weniger vorteilhaft, jemanden zu heiraten, der andere Fähigkeiten hat als man selbst. Die Vorteile der Idee „Gegensätze ziehen sich an" sind verschwunden.

Damit bleibt uns nur der Ansatz „Gleich und Gleich gesellt sich gern". **Die Produkte einer Beziehung (Intimität, Harmonie und Liebe) können weder Technologien noch Märkte liefern.** Nachdem Spezialisierung in der Ehe nicht mehr nötig ist und Harmonie und Liebe nach wie vor nur in einer festen Beziehung entstehen können, ist aus ökonomischer Sicht klar, dass dies der beste Ansatz ist. Ein Blick auf die Geschichte bestätigt diese Schlussfolgerung: Noch vor weniger als hundert Jahren war die arrangierte Ehe mit der üblichen Arbeitsteilung das gängige Modell; heutzutage wählen Menschen ihre Partner nicht wegen der Vorteile einer Spezialisierung, sondern aufgrund romantischer Gefühle. Die Partnerwahl ist heute kein Spezialisierungsthema mehr – sie ist eine Frage der Liebe.

Die Liebesformeln

- → **Zu den Nachteilen einer Ehe gehört ein Verlust an Freiheit und Möglichkeiten. Vorteile sind mehr Produktivität, Wohlergehen und ein einzigartiger Ertrag: Intimität, Harmonie und Liebe.**
- → **Durch die moderne Technik sind die Vorteile der Idee „Gegensätze ziehen sich an" verschwunden.**
- → **Aus ökonomischer Sicht ist klar, dass es heute der beste Ansatz ist, einen Partner zu suchen, der einem ähnlich ist.**

Hanno Beck ist Professor für Volkswirtschaftslehre an der Hochschule Pforzheim (Deutschland). Zu seinen Forschungsgebieten gehören Alltagsökonomie, Verhaltensökonomik, Medienökonomie und Finanzmärkte. Er hat zahlreiche Artikel zu verschiedenen Wirtschaftsthemen und ein erfolgreiches Buch über die Ökonomie der Liebe veröffentlicht, *Der Liebesökonom: Vom Kosten und Nutzen einer Himmelsmacht*. Seine persönliche Liebe gilt seiner Familie und seinen Freunden, seinem Hund und seiner Gitarre.

USA

Glückliche Singles

„Ich fand das Leben als Single immer großartig", sagt die Sozialpsychologin Bella DePaulo, „mit Ausnahme der ganzen Stereotypen und Diskriminierungen (ich nenne das Singlismus) und dem übertriebenen Hype um Ehe, Hochzeit, Verkuppeln und romantische Liebe (Matrimania)." Sie hat Liebe und Leben der Singles gründlich erforscht. Dabei fand sie kein Elend vor – im Gegenteil.

Ehe und romantische Liebe werden in den Medien und sogar in einigen akademischen Schriften in einem solchen Ausmaß gefeiert, dass ich annahm, ich stünde mit meiner Liebe zum Single-Dasein weitgehend allein. Andere wollten vielleicht ihr Leben als Alleinstehende aufgeben – ich nicht. Ich bin nicht deshalb Single, weil ich den richtigen Partner noch nicht gefunden habe oder weil ich Probleme habe. Ich mag das Leben als Single. Für mich ist es die sinnvollste und produktivste Lebensform. Ich bin aus tiefstem Herzen Single.

Als ich mit meinen Untersuchungen begann, verblüfften mich meine Befunde. Der Glaube, dass alleinstehende Menschen traurig, einsam und ohne Liebe leben und sich nichts mehr wünschen, als kein Single mehr zu sein, ist nichts weiter als ein Mythos. Solche Behauptungen sind krass übertrieben oder einfach falsch. Wissenschaftliche Daten liefern keine Beweise dafür. Einer der Gründe, warum es vielen allein lebenden Menschen so gut geht, liegt in ihrem wagemutigen, weit gefassten Liebesbegriff – so weit, dass er viel mehr als nur romantische Liebe umfasst. Singles ehren die vielen wichtigen Menschen in ihrem Leben nicht nur mit Worten. Verschiedene Studien haben gezeigt, dass Alleinstehende mit größerer Wahrscheinlichkeit als Verheiratete für ihre Geschwister, Eltern, Nachbarn und Freunde da sind.

Eines meiner Lieblingsbeispiele stammt von dem inzwischen verstorbenen Ted Sorensen – Ehemann, Vater und berühmt als Redenschreiber von US-Präsident John F. Kennedy. Als ihn die *New York Times* fragte, „War Ihre Arbeitsbeziehung zu JFK die große Liebesaffäre Ihres Lebens?", antwortete er: „Ja, natürlich." Sorensen war verheiratet, aber seine glühende Begeisterung für die Arbeit als Quelle von Liebe und Sinn sollte uns allen eine Lehre sein, unabhängig von unserem Beziehungsstatus. In der Tat hegen Singles vielleicht die größte Wertschätzung für Aufgaben, die ihre Seele berühren. Eine Untersuchung an Highschool-Absolventen zeigte, dass diejenigen, die bis Ende 20 Single blieben, sinnstiftende Arbeit bereits höher schätzten als diejenigen, die heirateten. Zehn Jahre später galt das unverändert.

Lee Virginia Chambers-Schiller hat den Haupttitel ihres Buches *Liberty – A Better Husband* (Die Freiheit – Ein besserer Ehemann) dem Tagebuch der im 19. Jahrhundert sehr erfolgreichen – und unabhängig lebenden – Schriftstellerin Louisa May Alcott entnommen *(Betty und ihre Schwestern)*. Chambers-Schiller schreibt über die alleinstehende amerikanische Frau in der Zeit von 1780 bis 1840, vor dem Bürgerkrieg, die „sich ihre Freiheit als

Bella DePaulo

„Die Liebe Ihres Lebens ist vielleicht eher ein ‚Was‘ als ein ‚Wer‘."

Autonomie wie auch als Zugehörigkeit ausmalte ... Ihre Freiheit ermöglichte es ihr, ihr Leben und ihre Fähigkeiten der Besserstellung ihres Geschlechts, ihres Gemeinwesens oder ihrer Angehörigen zu widmen." Für Generationen von Frauen und Männern, die sich der Idee der sozialen Gerechtigkeit verschrieben hatten, galt immer schon: **Die Bedeutung von Liebe und Leidenschaft ging und geht über Diamantringe und rote Rosen hinaus.**

Wer ist die Liebe Ihres Lebens? Vielleicht ist diese Liebe eher ein „Was" als ein „Wer"? Oder ist Ihre Liebe vielleicht groß genug für mehr als einen Menschen? Wenn Sie sich der Liebe in ihrem größten, umfassendsten Sinn öffnen, werden Sie Ihr Leben wahrscheinlich in seiner besten und bedeutungsvollsten Form führen.

Bella DePaulo (Ph. D., Harvard) ist Sozialpsychologin und Gastprofessorin für Psychologie an der Universität von Kalifornien (USA). Sie ist Autorin von über 100 wissenschaftlichen Veröffentlichungen und hat mehrere Bücher verfasst. Seit Jahren schreibt sie den Blog *Living Single* (Allein leben) für die Zeitschrift *Psychology Today*.

„Bei unserer Suche nach der ‚vollkommenen' Liebe könnten wir alleine enden, in einer sehr einsamen Welt."

Intime Lügen

Vertrauen und Treue werden in Beziehungen hoch geschätzt, aber in den meisten Fällen endet Ehebruch nicht mit einer Scheidung. Wir lernen, damit umzugehen. Die Psychologin **Julie Fitness** weiß, wie das geht: Liebe heißt, man muss sich entschuldigen – und zwar ehrlich.

Als ich in den 1980er-Jahren anfing, Sozialpsychologie zu studieren, war ich verblüfft, wie klein die Zahl wissenschaftlicher Untersuchungen zum wohl wichtigsten sozialen Umfeld des Menschen war: enge Beziehungen. Noch überraschender war, dass es fast keine Forschung über die Eigenschaften und Funktionsweisen des Bestandteils enger Beziehungen gab, den Laien sicherlich als wichtigsten ansehen würden: Gefühle. Seit damals wächst der Wissensstand der Psychologen über die Art, wie unsere Beziehungen zu anderen Menschen das Leben strukturieren, wobei Gefühle wie Liebe, Hass, Eifersucht, Freude, Ärger und Kummer dem Leben seinen Sinn geben.

Regeln brechen

Untreue ist nicht die einzige Form von Betrug, die in Beziehungen vorkommen kann, das belegen meine Studien. Menschen fühlen sich betrogen, wenn ihre Partner die Regeln einer Beziehung brechen, sei es durch Lügen, Misshandlungen, Illoyalität, Gedankenlosigkeit oder Unfreundlichkeit – jedes Verhalten, das einen Mangel an Liebe und eine Entwertung der Beziehung signalisiert. Wir haben auch gezeigt, dass jede Form von Betrug letztendlich vergeben werden kann. Vergebung ist aber ein Prozess, der Zeit, Geduld, Engagement und ein tiefes Verständnis für menschliche Gefühle und Schwächen braucht.

Julie Fitness

Liebevolle Anstrengung

Anscheinend helfen verschiedene Faktoren den Partnern dabei, ihren Weg durch die schmerzhaften Nachwehen eines Betrugs zu finden. Einer der wichtigsten ist, dass der betrügende Partner aufrichtig zerknirscht ist und seine Reue ausdrückt, was weit über verbale Entschuldigungen hinausgeht. Einfach das Wort „Entschuldigung" auszusprechen, gehört tatsächlich zu den billigsten – und sich am schnellsten abnutzenden – Methoden zum Erlangen von Vergebung. **Im Verhalten liegt der entscheidende Unterschied.** Im Prinzip muss eine Person, die Vergebung sucht, aktiv beweisen, dass sie ihren Partner liebt und bereit ist, hart zu arbeiten, um dessen Vertrauen wieder zu gewinnen und den angerichteten Schaden zu reparieren. Das kann Zeit brauchen, erklärte mir in einem Interview ein älterer Befragter, der vor drei Jahrzehnten seine Frau betrogen hatte. Es brauchte mehr als zwei Jahre geduldiger, liebevoller Anstrengungen und des offensichtlichen Engagements für sie und die Beziehung, bis ihr Vertrauen zu ihm wiederhergestellt war. Mehrere geschiedene Befragte, die keine Vergebung von ihren Expartnern erlangt oder diesen keine gewährt hatten, betonten denselben Punkt: dass man kurz nach dem Betrug das Gefühl hat, man finde keinen Ausweg aus Schmerz, Angst, Scham und Schuld,

und darauf reagiert, indem man die Beziehung beendet. Im Nachhinein glaubten allerdings einige aus dieser Gruppe, sie hätten sich durch den Schmerz hindurcharbeiten und eine Liebesbeziehung retten können, die ihnen (und oft auch ihren Kindern) wichtig war. Sie hatten nur nicht gewusst, ob und wie das überhaupt möglich war.

Genug geschämt?

Tatsächlich gibt es einen wichtigen Faktor, der Partnern dabei helfen kann, dieses Ziel zu erreichen – „emotionale Intelligenz" oder die Fähigkeit, die eigenen Gefühle und die anderer zu beachten, zu verstehen und zu steuern. Insbesondere ein spezieller Aspekt der emotionalen Intelligenz zeigte in meinen Studien einen starken positiven Zusammenhang mit dem Erlangen und dem Gewähren von Vergebung: die Fähigkeit der Befragten, eigene und fremde Emotionen genau zu erkennen, zu verstehen und in Worte zu fassen. Insgesamt zeigen die Ergebnisse: **Emotional intelligente „Täter" und „Vergebende" sind tendenziell besser gewappnet**, um einen Ausweg aus den vielen verschiedenen Gefühlen zu suchen, die eine Betrugserfahrung begleiten, und wieder zueinander zu finden. Zum Beispiel nahmen emotional intelligentere Schuldige korrekt wahr, dass ihre Partner tief verletzt und wütend waren und Anerkennung, Reue und einen Ausgleich für das Vergehen brauchten. Emotional weniger intelligente Täter dagegen schienen sich auf die eigene Scham zu konzentrieren und die Gefühle der Partner als Hass wahrzunehmen; damit handelten sie so destruktiv, dass sie den Schaden noch vergrößerten. Außerdem waren emotional intelligente Opfer anscheinend besser in der Lage zu beurteilen, wann sich ihr Partner „genug geschämt" und neues Vertrauen und Vergebung verdient hatte. Emotional weniger intelligente Opfer unterstellten ihren Partnern die schlimmste vorstellbare Motivation und ließen sich von ihrer Verzweiflung so überwältigen, dass sie annahmen, diese würde für immer anhalten.

Ehebruch

Ungefähr 10 % aller verheirateten US-Amerikaner (12 % der Männer und 7 % der Frauen) gaben an, im vergangenen Jahr Sex außerhalb ihrer Ehe gehabt zu haben. Dieser Anteil hat sich in den letzten 40 Jahren kaum verändert. Neuere Zahlen zeigen aber ein Ansteigen bei älteren (über 60 Jahre) und jüngeren (bis 35 Jahre) Paaren.

Zeichen der Anteilnahme

Insgesamt habe ich aus meinen Untersuchungen gelernt, dass es sehr schwierig ist, Liebesbeziehungen aufrechtzuerhalten, wenn schlimme Dinge geschehen – aber auch, dass der Preis des Aufgebens sehr hoch sein kann. Ironischerweise können wir bei unserer Suche nach der „vollkommenen" Liebe alleine enden, möglicherweise in einer sehr einsamen Welt. Uns klarzumachen, dass wir unvollkommen sind, dass wir und die, die uns nahe stehen, Fehler machen und dass die Kraft unserer Gefühle zeigt, wie stark wir Anteil nehmen, ist ein erster Schritt zur Vergebung und zum Kitten der Beziehung. Außerdem ist wichtig zu wissen: **Die Fähigkeit zum besseren Verstehen von Gefühlen kann erlernt werden**, und zu den Belohnungen für dieses emotionale Verständnis gehören mehr Empathie und Anteilnahme, sowohl für sich selbst wie für geliebte Menschen.

Die Liebesformeln

- → **Vergebung ist ein Prozess, der Zeit, Geduld, Engagement und ein tiefes Verständnis für menschliche Gefühle erfordert.**
- → **Einfach das Wort „Entschuldigung" auszusprechen, ist die billigste – und sich am schnellsten abnutzende – Methode zum Erlangen von Vergebung. Im Verhalten liegt der Unterschied.**
- → **Zu erkennen, dass wir unvollkommen sind und dass die Kraft unserer Gefühle zeigt, wie stark wir Anteil nehmen, ist der erste Schritt zum Kitten einer Beziehung.**

Julie Fitness (Ph. D. der Universität Canterbury, 1991) ist Professorin für Psychologie an der Macquarie University in Sydney (Australien). Zu ihren Forschungsinteressen gehören Emotionen, Betrug, Rache und Vergebung. Außerdem behandeln ihre Veröffentlichungen Themen wie die emotional intelligente Ehe und die Ursachen und Folgen familiärer Ablehnung. Sie ist Herausgeberin der Zeitschrift *Personal Relationships*.

„Die Hölle ist der Schmerz darüber, dass man nicht mehr lieben kann."

Die fünf Facetten der Liebe

„Liebe ist ein so vollständiges Gefühl, dass es fast wie Blasphemie wirkt, sie in ihre Bestandteile zu zerlegen", sagt der große kritische Denker **Mikhail Epstein**. „Die Mission der Liebe ist es, zwei Wesen zu einem zu vereinen. Aber genau aus diesem Grund ist es so wichtig zu begreifen, woraus die Liebe besteht und sie nicht nur als einen ihrer Bestandteile zu sehen."

Ein kleiner Junge sagte zu seiner Mutter, er habe sie ganz lieb. Sie korrigierte ihn: nicht ganz, sondern sehr. Er sagte wieder: Nein, ganz. Ich habe mein Spielzeugpferd und mein Spielauto sehr lieb, aber Dich habe ich ganz lieb. Da verstand sie, dass er alles an ihr liebte. Er liebte alles, was sie ausmachte. Das kann man als die wichtigste Eigenschaft der Liebe betrachten. Wir können fünf klar abgegrenzte Komponenten der Liebe unterscheiden: Begehren, Inspiration, Schmerz, Zärtlichkeit und Anteilnahme.

1. Begehren: Es ist der offensichtlichste, physiologisch bedingte und am häufigsten thematisierte Aspekt der Liebe. Begehren in der Liebe unterscheidet sich allerdings von anderen Arten körperlichen Begehrens, denn es kann unmöglich vollkommene Erfüllung finden: Sein Ziel ist unendlich. Mehr noch – Begehren strebt nicht nach Erfüllung, sondern danach, weiterzubestehen und zu wachsen. Liebe ist eher ein Kultivieren von Begehren als dessen Erfüllung.

Eine weitere Besonderheit des Begehrens in der Liebe ist die Bereitschaft zum Dialog mit dem Begehren des Gegenübers, anders als bei der Lust, die sich auf den anderen als Objekt richtet. Wahres Begehren lässt sich nicht rein physisch befriedigen, denn es hängt vom Willen, den

Wünschen und den Abneigungen einer anderen Person ab und steht im Dialog mit deren „Ja", „Vielleicht" und „Nein". **Ich begehre das auf mich gerichtete Begehren eines anderen Menschen.** Das ist die goldene Regel des erotischen Begehrens, das Gewalt ausschließt und mit der goldenen Regel der Ethik zusammenfällt: Man sollte andere so behandeln, wie man selbst behandelt werden möchte.

2. Inspiration: Wenn das Begehren die freudvolle und quälende Abhängigkeit von einer anderen Person ist, besteht die Inspiration in der Freiheit von der eigenen Identität – der Freiheit, zu einer Person zu werden, die wir nie zuvor waren. Für viele, wenn nicht die meisten Menschen ist Liebe die einzige Inspirationserfahrung ihres Lebens. Selbst wenn der Mensch ein Erdenwurm und kein Himmelssohn ist, kann niemand den Verliebten das Gefühl von Fliegen und Leichtigkeit nehmen. Kein Dichter und kein Künstler kann dem Geliebten das Wasser reichen, was diese erhebende Inspiration angeht. Liebe kann nur zwischen kreativen Persönlichkeiten entstehen – nicht, weil sie zusammen Gedichte oder Musik erschaffen, sondern weil sie sich selbst durch den Prozess der Liebe neu erschaffen.

3. Schmerz: Die Kraft der Liebe liegt in ihrer Möglichkeit, alles zu gewinnen oder alles zu verlieren – sie ist eine Wette auf die Unendlichkeit. Deshalb ist Leiden ein Teil der Liebe und wird manchmal sogar zum Synonym dafür: „Er leidet wegen ihr", er hat Schmerzen, durchlebt Qualen ohne sie. Warum bringen Liebeserfahrungen, selbst die glücklichen, immer das Gefühl oder zumindest die Vorahnung von Schmerz mit sich? Und warum ist ein schmerzliches Gefühl, das eine andere Person in uns weckt, so oft ein Anzeichen für aufkeimende Liebe?

Man gerät in vollkommene Abhängigkeit von der geliebten Person und wird sofort zu ihrem Gefangenen oder zu ihrer Geisel. Stellen wir uns vor, das Herz läge außerhalb des Körpers, verbunden nur über das dünne Band der Blutgefäße. Dann wäre der Organismus extrem empfindlich und verwundbar, den Launen seines ausgelagerten Herzens ausgesetzt. Es gibt keine Liebe ohne Schmerz, und zum Lindern dieses Schmerzes gibt es zwei Möglichkeiten: Man kann abstumpfen, weniger sensibel und liebevoll werden, oder man kann liebevoller werden, Blut vergießen und das außen liegende Herz mit diesem Blut sättigen, um es wieder stärker an sich zu binden.

4. Zärtlichkeit: Von den fünf Facetten der Liebe ist diese am schwierigsten zu beschreiben. Zärtlichkeit ist ein Akt des Sich-Verschenkens; sie gewährt der geliebten Person all das, was Begehren und Inspiration sich unersättlich angeeignet haben, und wacht gleichzeitig über jeden ihrer Schritte, um ihr Schmerz oder Schwierigkeiten zu ersparen. Zärtlichkeit ist der Versuch, den geliebten Menschen vor den Stürmen und Stößen einer feindlichen Umgebung und, noch wichtiger, vor den groben und gierigen Annäherungsversuchen des Liebenden selbst zu schützen.

5. Anteilnahme: Die Anteilnahme gilt den Schwächen des oder der Geliebten – Fehler, Leiden, Unwissen und Unfähigkeit. Es ist gefährlich, Anteilnahme mit Liebe zu verwechseln; noch gefährlicher wäre es aber, das Gefühl der Anteilnahme aus der Liebe auszuschließen. Liebe ohne Anteilnahme kann leidenschaftlich, inspirierend, zärtlich und romantisch sein, aber ihr fehlt das Gefühl für die Schwäche des geliebten Menschen, die sie mit ihrer Kraft stärken kann.

Manche sagen, Schwäche sei liebenswerter als Kraft, und dass wir mehr Zuneigung für schwache Individuen entwickeln, weil die größte Fähigkeit der Liebe darin liegt, dem oder der Geliebten alles zu geben, was wir besitzen. Das impliziert allerdings nicht, dass Liebe durch Schwäche geweckt wird; das Entscheidende ist, dass die Liebe Schwäche sogar in der Stärke wahrnimmt, und sobald man ihr verfallen ist, Mitgefühl zu entwickeln beginnt.

Nachdem wir uns in eine starke, gutaussehende, intelligente, glückliche Persönlichkeit verliebt haben, beginnen wir ihre Verwundbarkeit zu spüren, die sie vielleicht nicht wahrnimmt oder vor sich selbst verbirgt. Wenn unseren Umarmungen und Küssen diese untergründige Trauer über die Sterblichkeit des Geliebten, die Unausweichlichkeit der Trennung fehlt, ist der Geschmack unserer Liebe nicht voll ausgebildet. Sie ist ungesalzen, nicht mit dem Blut und dem Schweiß durchtränkt, den sterbliche Wesen teilen, wenn sie sich enger aneinander binden.

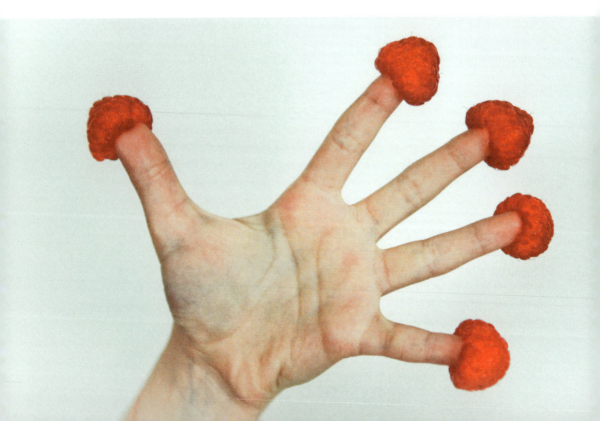

Vereinigung

Man kann unmöglich entscheiden, welche dieser fünf Komponenten am wichtigsten ist. Ebensowenig lässt sich sagen, welche von ihnen die Verliebtheit auslöst. Wahrscheinlich verläuft der Weg zur Liebe für Männer öfter über das Begehren, bei Frauen öfter über das Mitgefühl. Einige Menschen werden von der Inspiration geleitet, andere von der Zärtlichkeit. Egal, welche Facette zur Verliebtheit führt – zu Liebe wird sie erst dann, wenn sich Begehren, Inspiration, Schmerz, Zärtlichkeit und Mitgefühl vereinen. Ich definiere das Motto meines Privatlebens auf banal arithmetische Weise: **Alles, was zum Wachsen der Liebe beiträgt, ist gut, alles, was zu ihrer Zerstörung führt, schlecht.**

Während die Jahre vergehen, bleibt immer weniger Zeit, die man auf irgendetwas anderes als die Liebe verschwenden könnte. Streitereien, Vorwürfe, Auseinandersetzungen, Diskussionen … Es geht darum, sich rechtzeitig zu lieben, zu umarmen, aneinander zu schmiegen und Wärme zu verbreiten … Und eilen Sie sich, beeilen Sie sich unter äußerstem Einsatz mit dieser Liebe, bevor ihre Quelle in Ihnen versiegt, bevor Sie die Möglichkeit verlieren, sie zu leben. Nach Dostojewski ist die Hölle der Schmerz darüber, dass man nicht mehr lieben kann.

Die Liebesformeln

- → **Die fünf wichtigsten Bestandteile der Liebe sind Begehren, Inspiration, Schmerz, Zärtlichkeit und Mitgefühl.**
- → **Verwechseln Sie die Liebe nicht mit einem ihrer Bestandteile. Liebe wird nur dadurch Liebe, dass sie diese fünf Facetten zu einem vollständigen Gefühl vereint.**
- → **Alles, was zum Wachsen der Liebe beiträgt, ist gut, alles, was zu ihrer Zerstörung führt, schlecht.**

Mikhail Epstein ist Professor für Kulturtheorie und russische Literatur an der Emory University in Atlanta (USA), wo er seit 1991 lehrt, und Professor für Russisch und Kulturtheorie an der Universität Durham (GB). Er ist in Moskau geboren und zog 1990 in die USA. Sein Interesse gilt der praktischen Ausweitung und Anwendung der Geisteswissenschaften und wie sie kreativ zu ihren Untersuchungsfeldern beitragen könnten – programmatisch dargelegt in seiner jüngsten Publikation *The Transformative Humanities: A Manifesto* (Transformative Geisteswissenschaften: Ein Manifest). Er ist Autor von 29 Büchern und über 600 Artikeln und Essays; viele von ihnen wurden in insgesamt 17 Sprachen übersetzt. Mikhail Epstein hat verschiedene nationale und internationale Preise gewonnen, darunter den Liberty Prize für seinen herausragenden Beitrag zur Weiterentwicklung der russisch-amerikanischen Kulturbeziehungen.

PORTUGAL

Von Körper zu Körper

Die Liebe ist vielgestaltig und drückt sich auf viele verschiedene Weisen aus – je nachdem, wen wir lieben: Geliebte und Ehepartner, Kinder, Eltern und Geschwister, Kollegen und Mannschaftskameraden, vollkommen Fremde, das eigene Land oder sogar die ganze Menschheit. Sie kann heftig oder flüchtig und ungenau sein. Aber warum nennen wir all diese Gefühle „Liebe"? Der Psychologe Rodrigo Brito erforscht ihren gemeinsamen Nenner: unseren Körper.

Liebe ist der Überbegriff, mit dem Menschen alle Gefühle beschreiben, die sie dazu bewegen, persönliche Bindungen jedweder Art einzugehen und zu pflegen. Menschen erleben dieses Gefühl als den Wunsch (oder die Befriedigung), über ihre eigenen Grenzen hinauszugelangen und mit dem geliebten Menschen in einer „Vereinigung" zu verschmelzen (auch Fixierung, Bindung oder Gemeinschaft genannt). Diese Vereinigung ist vielleicht eine Idealvorstellung, aber im täglichen Zusammenleben drücken Menschen sie aus, indem sie sich entweder körperlich verbinden – direkt oder indirekt, auf sehr vielfältige Weise – oder indem sie Metaphern auf der Basis körperlicher Verbindungen verwenden. Wie sehen diese verschiedenen Formen also aus?

1. Zunächst gibt es die **direkte körperliche Verbindung**. Die Mutter-Kind-Bindung ist wahrscheinlich bei Menschen und vielen anderen Säugetieren am stärksten: Mütter sind sogar schon vor der Geburt körperlich mit ihren Kindern verbunden, danach stillen, küssen und liebkosen sie sie. Verliebte Partner haben das Gefühl, dass ihre Körper beim Liebesakt miteinander „verschmelzen" oder „eins werden". Küssen, Kuscheln, Umarmen und Berühren dienen als Ausdruck von Liebe (oder zumindest einer Form von Zuneigung) und zum Herstellen einer Gemeinschaft, und zwar in vielen Beziehungen: mit Liebespartnern, Freunden, Nachbarn, Kollegen und sogar Fremden. Und in vielen Gesellschaften der Menschheitsgeschichte galt „Blutsbrüderschaft" als unverbrüchliches Band, entstanden durch das Vermischen der ganz besonderen Körperflüssigkeit.

2. Es folgen verschiedene indirekte Formen körperlicher Beziehungen, die ebenfalls ein Gefühl der Verbundenheit mit anderen wecken, das zumindest irgendwie der Liebe ähnelt. Eine davon ist das **Teilen von Essen und Getränken**. Eine Mahlzeit für andere zuzubereiten und gemeinsam mit ihnen zu essen, vom selben Teller zu essen, zusammen zu trinken – für Menschen auf der ganzen Welt gelten diese Akte als verbindend und gemeinschaftsstiftend. Ähnliche Formen des Teilens gibt es beim Rauchen, etwa von Friedenspfeifen und Joints.

3. Eine weitere Form der Verbindung sind **stark synchronisierte Bewegungen** wie beim rhythmischen Tanzen oder militärischen Drill. Sie wecken bei den Beteiligten das Gefühl, ihre Körper gehörten zu einer einzigen, größeren Einheit, die sie alle umfasst. Ein faszinierendes Ergebnis psychologischer Experimente ist auch, dass bloße physikalische Wärme (höhere Lufttemperatur) uns das Gefühl gibt, sozial enger mit jemandem im gleichen Raum verbunden zu sein. Das lässt darauf schließen, dass uns jedes Anzeichen körperlicher Nähe (wie Wärme) als Signal einer sozialen Verbindung dient.

Vertrauen und Zuneigung

Bei den meisten dieser Formen körperlicher Kontakte, vor allem bei Mutter-Kind-Beziehungen und engen physischen Bindungen aller Art, darunter Sex, dient ein Hormon-Cocktail (am bekanntesten ist Oxytocin) als Vermittler mit mehreren Rollen: Er produziert Vergnügen, mehrt Vertrauen und Zuneigung und hilft, die Idee der engen Beziehungen im Gehirn zu „fixieren".

Natürlich definieren kulturelle Regeln, mit wem, wo und wie wir körperliche Verbindungen eingehen dürfen – Berührungen, Liebkosungen, Küsse, Sex (mit oder ohne Liebe), Stillen, gemeinsames Essen, Trinken oder Rauchen, Tanz oder sonstige Synchronbewegungen und alle anderen Formen direkten oder indirekten Körperkontakts. **Wir würden nicht alle Menschen auf die gleiche Weise und gleich stark lieben wollen.** Menschen in allen Kulturen fühlen generell mehr Liebe und Gemeinschaft innerhalb ihrer eigenen Familie als gegenüber anderen Menschen, und die Familie genießt tendenziell oder gar ausschließlich Vorrang gegenüber anderen Beziehungen. In ähnlicher Weise bekommen Liebes- und Ehepartner in vielen Kulturen das Exklusivrecht auf sexuelle Liebe. Aber nachdem es so viele verschiedene und verschieden starke Ausdrucksformen für Liebe und Verbundenheit mit anderen gibt, ist es relativ einfach, mehr Liebe auszudrücken: in weniger expliziter Form. Also, treten Sie körperlich in Verbindung! Haben Sie keine Angst vor Berührungen, Küssen und Liebkosungen (innerhalb der Grenzen dessen, was in Ihrer Kultur angemessen ist). Teilen Sie Liebe mit anderen. Kochen Sie für Ihre Familie und Freunde, essen und trinken Sie mit ihnen; pflegen Sie das Gefühl der Verbundenheit. Und feiern Sie Ihre Verbundenheit, indem Sie synchron oder eng mit anderen zu Ihrer Lieblingsmusik tanzen.

> **Rodrigo Brito** ist Dozent für Psychologie an der Universidade Lusófona in Lissabon (Portugal). Er hat an der Freien Universität Brüssel seinen Ph. D. abgelegt und in einem halben Dutzend verschiedener Länder gelebt, studiert und gearbeitet, wo er andere kulturelle Ausdrucksformen für Liebe und Zuneigung kennenlernte. Mit internationalen Kollegen aus Sozial- und experimenteller Psychologie prüft er Hypothesen, die sich aus anthropologischen Vorstellungen über universelle Strukturen sozialer Beziehungen ableiten, insbesondere Gemeinschaften und Bindungen.

Konfuzianische Liebe

Konfuzius lebte im 6. Jahrhundert v. Chr. „Aber seine Ideen entsprechen immer noch der Denkweise fast aller Menschen in Ostasien", sagt der Philosoph Yong Huang. Er ist Experte für die konfuzianische Vorstellung von Liebe: abgestufte Liebe.

Der Konfuzianismus fordert, dass wir bei der Familienliebe anfangen und diese dann auf andere ausdehnen sollten, aber das ist keine Eigenheit des konfuzianischen Liebesbegriffs – viele andere philosophische Traditionen würden dem ebenfalls zustimmen. Einzigartig am Konfuzianismus ist eher dessen Vorstellung von der abgestuften oder gestaffelten Liebe. Oft wird sie so verstanden, dass unsere Liebe für Familienmitglieder am stärksten sein und dann graduell absinken sollte, wenn wir sie auf andere ausdehnen. Sie meint aber, dass es unterschiedliche Arten von Liebe für unterschiedliche Moralobjekte gibt, denn unsere Liebe ist nur dann angemessen, wenn sie die Einzigartigkeit der verschiedenen Objekte unserer Liebe in Betracht zieht. Das sehen wir am deutlichsten an der Unterscheidung, die Meng-tzu (der berühmteste konfuzianische Denker außer dem Meister selbst) zwischen drei Arten der Liebe traf: „Der Edle mag Dinge, aber er behandelt sie nicht mit Menschlichkeit. Er behandelt das Volk im allgemeinen mit Menschlichkeit, aber er liebt es nicht wie seine Eltern." Und daraus den Schluss zieht: **„Der Edle liebt seine Eltern, behandelt das Volk mit Menschlichkeit und mag alle Dinge."** Hier sind Zuneigung, Menschlichkeit und Liebe nicht drei Abstufungen der Liebe, sondern drei verschiedene Arten von Liebe für drei verschiedene Moralobjekte: Dinge, Menschen und die Eltern.

Hass

Obwohl Konfuzius selbst den Begriff der „abgestuften Liebe" nicht verwendete, ist klar, dass in seiner Sicht unsere Liebe zu unterschiedlichen Moralobjekten unterschiedlich sein sollte, angepasst an ihren jeweils einzigartigen Gegenstand. Zum Beispiel behauptete Konfuzius: **„Nur der Sittliche kann lieben und hassen."** Mit anderen Worten ist der „Hass" aus konfuzianischer Sicht genau wie die „Liebe": eine Art von Liebe im eher allgemeinen Sinn. Auf der einen Seite ist es der grundlegendste Sinn des Menschseins zu lieben, insofern ist jedes menschliche Wesen, das lieben und hassen kann, ein liebendes Wesen; auf der anderen Seite hat „Hass" hier gar keinen Unterton von bösem Willen. Er bezeichnet eher das tiefe Bedauern darüber, dass einem geliebten Moralobjekt etwas fehlt und den starken Wunsch, dieser Person dabei zu helfen, ein guter Mensch zu werden.

Das Innere

Damit ist ein anderes einzigartiges Merkmal der konfuzianischen Liebe verknüpft. Jemanden zu lieben heißt nicht nur, für dessen äußeres Wohlergehen Sorge zu tragen, tatsächlich ist das innere Wohlergehen wichtiger. Wenn eine Person nicht tugendhaft ist, sollte ein wahrhaft liebender Mensch mit allen Mitteln versuchen, ihr dazu zu verhelfen, tugendhaft zu werden. Es gibt einen berühmten Ausspruch von Konfuzius, der oft als eine Variante der Goldenen Regel betrachtet wird: **„Was den Sittlichen anbelangt, so festigt er andere, da er selbst wünscht gefestigt zu sein**, und klärt andere auf, da er selbst wünscht aufgeklärt zu sein." Allerdings liegt hier etwas Einmaliges vor. Die Goldene Regel, wie sie gemeinhin in der westlichen Tradition verstanden wird, verlangt von uns, andere so zu behandeln, wie wir selbst behandelt werden möchten. Wenn wir selbst der Goldenen Regel folgen möchten, verlangt sie aber nicht von uns, dass wir auch andere dazu bringen. Wenn wir beispielsweise bedürftigen Nächsten helfen möchten, fordert sie nicht von uns, dass wir andere dazu bewegen, (ihren) bedürftigen Nächsten zu helfen. Konfuzius dagegen stellte klar: Wenn wir aufrechten Charakters sein, die Gerechtigkeit lieben, auf die Worte und den Gesichtsausdruck anderer Menschen achten und bescheiden sein wollen – dann sollten wir anderen dabei helfen, aufrechten Charakters zu sein, die Gerechtigkeit zu lieben, auf die Worte und den Gesichtsausdruck anderer Menschen zu achten und bescheiden zu sein. Kurzum: Wenn wir edle Menschen sein wollen, sollten wir anderen dazu verhelfen, edle Menschen zu werden; und wenn wir keine minderwertigen Menschen sein wollen, sollten wir anderen dabei helfen, keine minderwertigen Menschen zu werden. Nach Konfuzius' Auffassung ist dies die wahre Bedeutung der Liebe.

Yong Huang ist Professor für Philosophie an der Universität Kutztown in Pennsylvania (USA). Er hat fünf Bücher sowie über 100 Zeitschriftenartikel und Buchbeiträge verfasst und ist Herausgeber der Fachzeitschrift *Dao: A Journal of Comparative Philosophy* und der Buchserie *Dao Companions to Chinese Philosophy*.

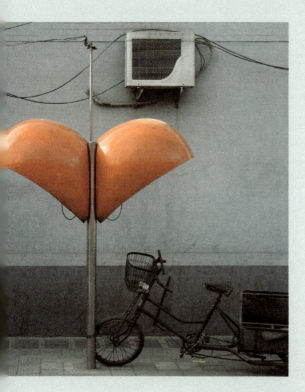

„Liebe und Zuneigung sind verschiedene Arten von Liebe."

USA

„Unsere Gene haben uns nicht darauf programmiert, verliebt zu bleiben."

Die Liebespyramide

„Wahrscheinlich sind menschliche Liebesbeziehungen das Komplexeste, was im bekannten Universum existiert", erklärt **Robert M. Gordon**. Der Psychologe hat die vorhandenen Theorien und Forschungsergebnisse durchforstet und keine Theorie gefunden, die alles erklären kann. So entwickelte er eine eigene umfassende Meta-Theorie, um romantische Liebe und ihre Schwierigkeiten zu verstehen: die Liebespyramide.

Was wir „Liebe" nennen, ist das Ergebnis mehrerer widersprüchlicher, irrationaler Kräfte. Bei eher gesunden Menschen sind diese Konflikte minimal und können mit Einsicht und allgemeingültigen Wertmaßstäben gelöst werden. Bei psychisch stärker gestörten Menschen sind Liebesbeziehungen konfliktträchtig und regressiv, oft geprägt von Egozentrik, Feindseligkeit und einer defensiven Grundhaltung.

Fünf Ebenen

Bei menschlichen Liebesbeziehungen gibt es fünf Hauptfaktoren: generell menschliche Eigenschaften, individuelle Eigenschaften, verinnerlichte Beziehungserfahrungen, Überzeugungen und das aktuelle Umfeld. Dieses theoretische Modell erklärt, warum Liebe so irrational sein kann. Liebesbeziehungen basieren primär auf primitiven Instinkten; dann kommt der Einfluss des Temperaments und der schlechten Erziehung im Elternhaus dazu. Sie unterliegen kulturellen Vorurteilen, Erwartungen und sind belastenden Situationen ausgesetzt. Die Liebe wird von allen Seiten attackiert. Stellen Sie sich diese fünf Faktoren als Pyramide vor, die von unseren gemeinsamen biologischen Instinkten bis zu unserer aktuellen psychischen Verfassung reicht.

1. Der Sockel der Pyramide hat den machtvollsten Einfluss auf unser Verhalten: die Gattungseigenschaften, das Ergebnis von Millionen Jahren der natürlichen Auslese. Sie definieren, wie wir (verglichen mit anderen Tieren) als menschliche Rasse lieben. Was wir als Menschen an einem Partner attraktiv finden, sind körperliche Merkmale und emotionale Auslöser, die einst mit Überleben, Schutz und Fortpflanzungsfähigkeit zu tun hatten. Sie halfen unserer Art dabei, Jahrmillionen zu überleben, haben aber wenig damit zu tun, ob die Liebe eines heutigen Paares überlebt. Eine Frau mag sich zu einem mächtigen Mann oder ein Mann zu einer schönen Frau hingezogen fühlen, aber diese Eigenschaften haben nichts mit der Fähigkeit zu tun, eine Liebesbeziehung aufrechtzuerhalten.

2. Die nächste Ebene sind die individuellen Eigenschaften. Wir alle werden mit unterschiedlichem Temperament und Charakter geboren. Forscher haben beispielsweise immer wieder bestätigt, dass Extrovertiertheit, Neurotizismus, Aggressivität und Impulsivität weitgehend erbliche Charakterzüge sind. Menschen, die zu aggressiv oder zu impulsiv sind, werden Probleme mit Intimität haben.

3. Dann folgen der Einfluss unserer Eltern, unserer frühesten Bindungen und der Familiendynamik. Diese verinnerlichten Beziehungserfahrungen werden ein unbewusster Teil der Persönlichkeit eines Menschen. Das Bindungsverhalten eines Kleinkinds wird wahrscheinlich in späteren Liebesbeziehungen unbewusst wiederholt. Eine sichere Bindung zu einer Person von hinreichend mütterlichem Verhalten und Eltern, die einem Kind beim Umgang mit Aggression und Sexualität helfen und ihm ein gesundes Selbstbild vermitteln, sind nur einige der zwischenmenschlichen Voraussetzungen für reife Liebe. Vernachlässigung oder Misshandlung in der Kindheit beschädigen die Persönlichkeit und die Fähigkeit, Vertrauen zu entwickeln. Eine von Natur aus widerstandsfähige Person kann trotz einer unglücklichen Kindheit vielleicht später durch Psychotherapie lernen, reife Liebe zu entwickeln.

4. Die nächste Ebene sind unsere aus gesellschaftlichen Normen und eigenen Liebeserfahrungen erlernten Überzeugungen. Nachdem wir uns zunächst als menschliche Tiere betrachtet haben, dann als Individuen mit angeborenen Charakterzügen und dann als das Ergebnis von elterlichem Erziehungsverhalten, betrachten wir jetzt die Phase von der späten Kindheit bis zum Erwachsenenleben und den Einfluss kognitiven Lernens. Menschen nehmen oft an, sie könnten Fehler bei der Partnerwahl vermeiden, indem sie jemanden heiraten, der einem familiären oder kulturellen Idealtyp entspricht oder das Gegenteil eines destruktiven Elternteils oder Ex-Geliebten darstellt. Das ist meist Aberglaube oder Vorurteil. Eine Beziehung ist wahrscheinlicher erfolgreich, wenn das Paar die gleichen Überzeugungen teilt und an Altruismus, Ehrlichkeit, Fairness und gegenseitige Anteilnahme glaubt.

5. Die letzte Ebene ist die aktuelle psychische Verfassung. Bestimmte Zeiten oder emotionale Umstände im Leben eines Menschen können zur Überidealisierung einer anderen Person

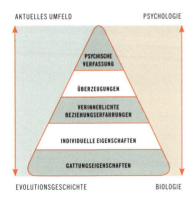

DIE 5 EBENEN	UNGESUNDE LIEBE	GESUNDE LIEBE
AKTUELLE PSYCHISCHE VERFASSUNG	Anziehungskraft basiert auf aktuellen Ängsten und Unsicherheiten	Anziehungskraft basiert auf Wertschätzung für die guten Eigenschaften des anderen
ÜBERZEUGUNGEN	Abergläubische, irrationale, ungerechte Überzeugungen und konkrete, selbstsüchtige Werte	Starkes Bewusstsein für Fairness und altruistische Werte
VERINNERLICHTE BEZIEHUNGSERFAHRUNGEN	Bindungsängste und schädliche Verinnerlichung von Elternfiguren verursachen Ängste, Störungen und Provokationen in intimen Beziehungen	Sichere Bindungen in der Kindheit und eine „hinreichend gute" Kindheit ermöglicht eine gesunde Fähigkeit zur anhaltenden Liebe
INDIVIDUELLE EIGENSCHAFTEN	Zu viel Aggression, Irrationalität, Egozentrik, Unzuverlässigkeit und defensives Verhalten	Eine gesunde Persönlichkeit hat die Fähigkeit zu dauerhafter Leidenschaft, Fürsorge und Bindung
GATTUNGSEIGENSCHAFTEN	Anziehungskraft beruht vornehmlich auf primitiven Reizen	Anziehungskraft beruht nicht in erster Linie auf primitiven Reizen

führen. Eine bestimmte Lebenssituation kann das Bedürfnis nach einer bestimmten Art von Beziehung wecken. Ändern sich die Umstände später, schwindet die Romantik. Liebe, die auf wahrer Wertschätzung der Eigenschaften des anderen beruht, ist mit größerer Wahrscheinlichkeit von Dauer.

Wenn man die Pyramide emporsteigt, bewegt man sich von der Evolutionsgeschichte bis zur aktuellen psychischen Verfassung. Alle Ebenen tragen zur Irrationalität der romantischen Liebe bei. Zu den Störfaktoren in Beziehungen zählen instinktive Auslöser, unreife Persönlichkeitszüge, destruktive verinnerlichte Bilder und Bindungstraumata, irrationale Überzeugungen über den anderen und ein stressbelastetes aktuelles Umfeld, das den Wert anderer verzerrt.

Persönliches Wachstum

Sich Verlieben ist etwas Instinktives. Mit der Überidealisierung der anderen Person dient es dazu, die Reproduktion und damit das Überleben der Gattung zu sichern. Wir sind genetisch darauf programmiert, einen Sexualtrieb zu entwickeln und einen begehrenswerten Partner zu finden. Allerdings haben uns unsere Gene nicht darauf programmiert, verliebt zu bleiben. Dafür brauchen wir Anteilnahme und Zärtlichkeit. Beides hängt von der emotionalen Reife einer Person ab, die das Ergebnis eines ausgeglichenen Temperaments und hinreichender elterlicher Fürsorge ist. Typischerweise steigen nach einer Phase der Idealisierung die Spannungen in einer Beziehung an. Die Intimität sinkt. Alte Verletzungen und Gefühle treten zutage. Wenn nicht emotionale Reife den Platz der anfänglichen Leidenschaft einnimmt, wird die Beziehung im Lauf der Zeit verdorren.

Liebesbeziehungen bieten uns die Gelegenheit, die Vergangenheit unbewusst zu wiederholen – oder an ihr zu wachsen. Wir alle können lernen, durch persönliches Wachstum besser zu lieben. Persönliches Wachstum braucht Zeit und harte Arbeit. Wir verdienen es uns durch Engagement, Offenheit für konstruktives Feedback, emotionale Einsicht in die eigenen Fehler, die Fähigkeit zur Anteilnahme und zur Reue, ein Gefühl der Verantwortung für die eigene Handlungsweise und Lebenssituation und den Willen, ein besserer Mensch zu werden.

Die Liebesformeln

→ **Liebesbeziehungen unterliegen fünf Hauptfaktoren: Gattungseigenschaften, individuelle Eigenschaften, verinnerlichte Beziehungserfahrungen, Überzeugungen und aktuelle psychische Verfassung.**

→ **Wenn man die Pyramide emporsteigt, bewegt man sich von der Evolutionsgeschichte zur aktuellen psychischen Verfassung. Alle Ebenen tragen zur Irrationalität romantischer Liebe bei.**

→ **Um die Liebe zu erhalten, brauchen wir Anteilnahme und Zärtlichkeit. Wir alle können lernen, durch persönliches Wachstum besser zu lieben. Das braucht Zeit und bedeutet harte Arbeit.**

Robert M. Gordon ist Klinischer Psychologe und Psychoanalytiker in den USA. Er ist Ehrenmitglied der American Psychological Association und gehörte viele Jahre lang ihrem Beirat an. Er war Präsident des Psychologenverbandes von Pennsylvania und erhielt dessen Preis für besondere Verdienste. Als praktisch tätiger Wissenschaftler hat er viele wissenschaftliche Artikel und Bücher verfasst, zu den Themengebieten Psychotherapie, Liebesbeziehungen, forensische Psychologie, Ethik und Persönlichkeitstests. Seine Arbeit zu Liebesbeziehungen hat er in zwei Büchern weiterentwickelt, *I Love You Madly* (Ich liebe Dich wie verrückt) und *An Expert Look at Love, Intimacy and Personal Growth* (Liebe, Intimität und persönliches Wachstum aus Sicht eines Experten). Wenn er nicht Psychologie praktiziert, liebt Robert Gordon Segelboote, Fliegenfischen und sein Motorrad.

Mitfühlende Liebe

Die aktuelle Forschung konzentriert sich auf eine Art von Liebe, die nicht nur Liebespaare erleben können, sondern auch andere Nahestehende (z. B. Familienmitglieder und Freunde) und sogar Fremde oder die ganze Menschheit. Susan Sprecher und Beverley Fehr **erforschen den Nutzen mitfühlender Liebe.**

Sozialwissenschaftler haben viele Arten der Liebe bestimmt und untersucht, auch wenn sich der Löwenanteil der Forschung auf die romantisch-leidenschaftliche und die kameradschaftlich-freundschaftliche Liebe bezieht. Mitfühlende Liebe ist als Haltung gegenüber einer anderen Person definiert, die Gefühle, Wahrnehmungen und Verhaltensweisen umfasst, die auf Fürsorge, Anteilnahme, und Zärtlichkeit ausgerichtet sind und dem anderen Unterstützung, Hilfe und Verständnis bieten. Mitfühlende Liebe teilt manche Eigenschaften verwandter Konstrukte wie der Empathie, der Agape-Liebe und der „mitfühlenden Ziele". **Diese Art von Liebe ist möglicherweise wegen ihres weitreichenden Nutzens einzigartig,** der sowohl aus dem Geben als auch aus dem Nehmen entsteht, und weil sie sich auf eine Vielzahl von Objekten richten kann, darunter auch das eigene Ich.

Fremde

Wir haben eine Skala zum Messen mitfühlender Liebe entwickelt, die „Compassionate Love Scale" (CLS). Ihre verschiedenen Versionen lassen sich zur Bewertung gegenüber verschiedenen Objekten einsetzen. Zu den Beispielsätzen der Version, die sich auf Fremde/Menschheit bezieht, gehören: „Ich verbringe viel Zeit damit, mich um das Wohlergehen der Menschheit zu sorgen", „Es fällt mir leicht, mit dem Schmerz (und der Freude) anderer mitzufühlen, auch wenn ich sie nicht kenne" und „Ich empfinde beträchtliche anteilnehmende Liebe für Menschen der ganzen Welt". Die anderen Versionen enthalten ähnliche Aussagen, beziehen sich allerdings auf eine bestimmte nahestehende Person (z. B. „Wenn ich sehe, dass X traurig ist, fühle ich das Bedürfnis, ihm/ihr eine helfende Hand zu reichen") oder Nahestehende generell (z. B. „Ich habe oft liebevolle Gefühle gegenüber Freunden und Familienmitgliedern, wenn sie mir bedürftig vorkommen"). Wir haben die Gültigkeit und die Zuverlässigkeit der verschiedenen Varianten empirisch belegen können.

Bei unserer Messung mitfühlender Liebe haben wir herausgefunden: Wer bei der mitfühlenden Liebe zu Fremden/Menschheit hohe Werte erzielt, gibt auch in seiner Selbsteinschätzung hohe Niveaus von Empathie, Hilfsbereitschaft, freiwilligem Engagement und Spiritualität/Religiosität an. Mitfühlende Liebe zu anderen hängt außerdem mit dem Gewähren sozialer Unterstützung zusammen. Es überrascht nicht, dass Menschen generell stärkere mitfühlende Liebe gegenüber Nahestehenden bekunden als gegenüber Fremden oder der ganzen Menschheit; die höchsten Werte treten auf, wenn die Befragung sich auf einen Liebespartner bezieht. **Die Erfahrung mitfühlender Liebe hängt positiv mit Zufriedenheit und Engagement in**

Susan Sprecher & Beverley Fehr

> *„Zentrale Merkmale der mitfühlenden Liebe sind*
> *Fürsorge, Vertrauen, Hilfe und Verständnis."*

einer Liebesbeziehung zusammen, ebenso wie mit anderen Formen der Liebe gegenüber dem Partner. Außerdem zeigt sich, dass Menschen mit hohen Werten mitfühlender Liebe eine Beziehung mit einfühlsameren Trennungsstrategien beenden.

Direkte Investitionen

In weiteren Untersuchungen haben wir überprüft, wie Laien das Konzept mitfühlender Liebe definieren. Wir baten die Teilnehmer, Merkmale mitfühlender Liebe aufzulisten. Danach sollte eine andere Gruppe die Bedeutung jedes dieser Merkmale bewerten. Als zentral für die mitfühlende Liebe wurden Fürsorge, Vertrauen, Hilfe und Verständnis genannt.

Es erscheint wichtig, Maßnahmen zu entwickeln, die diese Art von Liebe mehren, denn das Gewähren oder Empfangen von mitfühlender Liebe bringt vielfältigen Nutzen mit sich – sowohl nahestehenden Personen als auch ferner stehenden Dritten und sogar der ganzen Menschheit gegenüber. Mehrere Wissenschaftler haben begonnen, Interventionsstrategien zu erforschen. Wenn beispielsweise in streng kontrollierten Laborexperimenten das Gefühl sicherer Bindungen durch sogenanntes Priming verstärkt wird (z. B. über das Abrufen persönlicher Erinnerungen oder das Vorführen von Bildern unterstützender Interaktion), kann das zu stärkeren prosozialen Gefühlen (Empathie, Mitgefühl) gegenüber Bedürftigen führen. Dadurch verminderten sich auch Vorurteile gegenüber abgelehnten Gruppen. Feldstudien der Santa Clara University zeigen, dass humanitäre Exkursionen, bei denen man andere besser kennenlernt, die mitfühlende Liebe für andere steigern können. Bei Forschungen im medizinischen Umfeld erwies sich, dass Meditation die mitfühlende Liebe mehren kann.

Insgesamt möchten wir Menschen dazu ermutigen, diese Art von Liebe öfter und mit vielen anderen zu erleben. Das Wachstum mitfühlender Liebeserfahrungen ist eine direkte Investition in das persönliche und soziale Wohlergehen der Menschheit.

Susan Sprecher ist Distinguished Professor am Fachbereich für Soziologie und Anthropologie sowie Professorin am Fachbereich Psychologie der Illinois State University (USA). Ihre wissenschaftliche Arbeit konzentrierte sich in den vergangenen 30 Jahren auf Fragen zu engen Beziehungen und Sexualität, zuletzt auf die mitfühlende Liebe. Sie war Herausgeberin der Zeitschrift *Personal Relationships* und ist Mitherausgeberin mehrerer Bücher und Handbücher, darunter die *Encyclopedia of Human Relationships*. **Beverley Fehr** ist Professorin am Fachbereich Psychologie der Universität Winnipeg (Kanada). Sie ist die ehemalige Präsidentin der International Association for Relationship Research und war stellvertretende Herausgeberin des *Journal of Personality and Social Psychology*. Sie ist Mitherausgeberin des Buches *The Science of Compassionate Love: Theory, Research and Applications* (Wissenschaftliche Aspekte mitfühlender Liebe. Theorie, Forschung und Anwendung).

USA

Darwins Schlafzimmer

Charles Darwins Buch *Über die Entstehung der Arten* von 1859 hat die Biowissenschaften grundlegend verändert, denn es erklärt die Vielfalt des Lebens durch gemeinsame Vorfahren und Prozesse wie natürliche Auslese und erfolgreiche Fortpflanzung. Welchen Einfluss hat seine Theorie auf unsere Vorstellung von der Liebe? **Peter B. Gray** schaut sich die Liebe aus Darwin'scher Perspektive an.

In einer längeren Betrachtung zu den Vor- und Nachteilen der Ehe notierte Charles Darwin in seinem Tagebuch: „Mal' dir nur eine nette sanfte Frau auf einem Sofa aus, ein gutes Feuer im Kamin, Bücher und Musik vielleicht." Diese Vorstellung spricht nicht unbedingt von romantischer Leidenschaft. Aber aus Darwins Autobiografie und weiteren Selbstbetrachtungen können wir schließen, dass er tiefe Liebe für seine spätere Frau Emma und für ihre zehn Kinder empfand. Als seine geliebte Tocher Annie im Alter von zehn Jahren starb, litt er schweren Kummer.

Bonobos

Liebe dient dem höchsten evolutionären Ziel: der erfolgreichen Fortpflanzung. Bei Menschen bedeutet das, dass Liebe die Basis schafft für enge, dauerhafte Freundschaften, für die Leidenschaft eines verliebten Paares, für die Fürsorge einer Mutter gegenüber ihren Kindern und für die Bereitschaft eines Vaters, Opfer für seine Kinder zu bringen. Liebe wirkt wie ein emotionaler Klebstoff, der Menschen in Beziehungen aneinander bindet: Sie hebt den Sozialstatus eines Individuums (wie es viele Freundschaften tun, ob unter Heranwachsenden oder bei Erwachsenen am Arbeitsplatz). Sie formt langfristige soziosexuelle Bindungen (das typische Umfeld, in dem sich Menschen fortpflanzen). Und sie bewirkt die Hingabe von Eltern an ihre Kinder (vielleicht das größte Opfer an Eigeninteresse und der größte Einsatz, den Menschen überhaupt für andere bringen).

Evolutionäres Herumprobieren an festgelegten und dennoch veränderbaren physiologischen Eigenschaften – auf diesem Weg bedient sich die Evolution der Liebe, um den Fortpflanzungserfolg zu mehren. Unsere Physiologie ähnelt der anderer Lebewesen auf dem fruchtbaren Erdball der Evolution: **Wir sind genetisch und physiologisch fast identisch mit unseren nächsten lebenden Verwandten, Schimpansen und Bonobos, und dennoch lieben wir anscheinend teils ähnlich, teils anders.** Für Säugetiere beginnt die Physiologie der Liebe offensichtlich mit der Mutter-Kind-Bindung, bei der Hormone wie Oxytocin und Prolaktin und Botenstoffe wie Dopamin und Endorphine eine Rolle spielen. Sie funktionieren auf vielfältige Weise, wobei das Oxytocin die Kontraktionen des Uterus bei der Geburt und die Milchbildung beim Stillen erleichtert und einen positiven, ruhigen Gefühlszustand fördert – lauter Effekte, die die positive Wirkung des mütterlichen Verhaltens auf die Überlebensaussichten ihrer Kinder verstärken. Dopamin hat ebenfalls vielfältige Wirkungen, von denen viele eine unmittelbare Rolle für das Überleben spielen (z. B. beim Stillen), aber es trägt auch zur emotionalen Orientierung bei, indem es Belohnungsmechanismen auslöst, wenn sich jemand um Partner oder Familienangehörige kümmert.

USA

Testosteron

Die Physiologie der Paarbindung und der väterlichen Fürsorge hat sich wahrscheinlich im Gefolge der Steuerung mütterlicher Fürsorge entwickelt, wenn auch mit einigen spezifisch männlichen Veränderungen. Schließlich ist bei Säugetieren die mütterliche Fürsorge artspezifisch, während Paarbindung und väterliche Fürsorge eher ungewöhnlich sind und nur bei rund 5 % aller Säugetierarten vorkommen. Zu dieser paarbildenden, väterlichen Minderheit innerhalb der Klasse der Säugetiere gehören wir Menschen, nicht aber unsere nächsten lebenden Verwandten unter den Affen. Wahrscheinlich heißt das, **diese Beziehungen sind erst vor kurzer Zeit entstanden**, vermutlich in den letzten zwei Millionen Jahren bei unseren afrikanischen Vorfahren. Die gegenwärtigen Variationen männlichen Sozialverhaltens (z. B. bei Konkurrenzverhalten und Allianzenbildung unter Männern, Verhalten bei der Partnersuche, Eingehen langfristiger Paarbeziehungen, elterlicher Fürsorge) korrelieren mit unterschiedlichen Niveaus des männlichen Testosteronspiegels, wobei Männer mit Familie niedrigere Testosteronwerte haben als kinderlose Alleinstehende. Das illustriert die physiologische Anpassung von Männern an evolutionär entstandene Beziehungen. Unsere formbare Physiologie interagiert mit den gesellschaftlichen und ökologischen Eigenschaften unserer Umwelt (z. B. ob Polygynie erlaubt ist, ob Paarbeziehungen eher offen sind und ob Eltern genügend emotionale und materielle Ressourcen haben, um sich um ihre Kinder zu kümmern). Der detaillierte Ablauf variiert in verschiedenen Gegenden der Welt und in verschiedenen Lebensaltern, obwohl die Bandbreite dieser Schwankungen grundsätzlich menschenspezifisch und evolutionsbedingt ist. Doch am Ende läuft es nur auf die Liebe hinaus. Und deren Ziel, das haben wir von Darwin gelernt, ist die erfolgreiche Fortpflanzung.

Die Liebesformeln

→ **Liebe dient dem höchsten Ziel der Evolution: erfolgreicher Fortpflanzung.**
→ **Liebe wirkt wie ein emotionaler Klebstoff, der Menschen aneinander bindet und dazu bringt, sich um Partner oder Familienangehörige zu kümmern.**
→ **Paarbindungen und väterliche Fürsorge sind eher ungewöhnlich. Sie haben sich wahrscheinlich im Gefolge mütterlicher Fürsorge entwickelt.**

Peter B. Gray ist außerordentlicher Professor für Anthropologie an der Universität von Nevada in Las Vegas (USA). Seinen Ph. D. in Biologischer Anthropologie hat er an der Universität Harvard erworben. Er ist Mitherausgeber des Buches *Endocrinology of Social Relationships* (Endokrinologie sozialer Beziehungen) und unter anderem Koautor von *Fatherhood: Evolution and Human Paternal Behavior* (Vaterschaft: Evolution und väterliches menschliches Verhalten). Seine Arbeit konzentriert sich auf Evolution und Endokrinologie von Geschlechtsunterschieden, Sexualität und Erziehungsverhalten bei Menschen.

„Wir können den Alleinflug oder die Achterbahn zugunsten eines seetüchtigen Zwei-Personen-Bootes hinter uns lassen."

Die Achterbahn der Liebe

Wie entsteht eine stabile, gut laufende Liebesbeziehung? Warum erlebt die eine Freundin turbulente Dramen mit jedem neuen Partner, während die andere sich nur so wenig öffnen kann, dass sie nie über zwei Rendezvous hinauskommt? Die Psychologin **Erica Hepper** untersucht die Achterbahn der Liebe und ermittelt, welche Rolle unser persönlicher Bindungsstil spielt.

Das Leben wäre langweilig, wenn wir alle gleich wären, aber es kann harte Arbeit sein, die verschiedenen Wege zu verstehen, auf denen sich Menschen der Liebe annähern und sie erleben. Meine Forschung erkundet einen der möglichen Gründe für die tiefe Verwurzelung dieser individuellen Unterschiede: Weil das Gefühl einer Person dafür, wer sie ist (ihre Identität) und wie positiv sie über sich selbst denkt (ihr Selbstwertgefühl), in ihre Beziehungen eingebettet ist.

Psychologen nennen die Art, in der Menschen an nahe Beziehungen herangehen, unseren „Bindungsstil". Man nimmt an, dass unsere verschiedenen Beziehungserfahrungen beim Heranwachsen (z. B. mit den Eltern) unseren Bindungsstil und unsere Identität beeinflussen. Wenn wir den Bindungsstil einer Person kennen, wissen wir etwas darüber, wie ihre Identität und ihr Selbstwertgefühl von ihren Beziehungen als erwachsener Mensch abhängt. Während manche

Menschen sich selbst gut finden, egal was ihr Partner tut, fühlen sich andere wie auf einer Achterbahn, weil jedes Kompliment sie himmelhoch jauchzen lässt und jede Kritik sie am Boden zerstört. Den eigenen Bindungsstil zu kennen, kann helfen, zu verstehen, warum man manchmal in einer bestimmten Weise handelt, und sich über diese Instinkte hinwegzusetzen, wenn sie Streit verursachen könnten.

Jeder Bindungsstil besteht aus verschiedenen Abstufungen von zwei Dimensionen: Vermeidung von Nähe und Angst vor dem Verlassenwerden. **Vermeidung und Angst sind zwei Formen von Unsicherheit**, und wenn beide auf niedrigem Niveau liegen, fühlt man sich sicher. Menschen können hohe, niedrige oder irgendwo dazwischen liegende Werte von Vermeidung und Angst haben. Ich möchte erklären, was hohe oder niedrige Niveaus jeder Bindungsdimension bewirken, und was sie nach meinen Erkenntnissen für Ihr Selbstwertgefühl bedeuten.

Ein seetüchtiges Boot

Eine sichere Bindung bedeutet, dass Sie sich wohl dabei fühlen, wenn Ihnen ein Partner nahekommt und von Ihnen abhängt, und dass Sie darauf vertrauen, mit Ihrem Leben zurechtzukommen. Es heißt auch, dass Sie sich Unterstützung holen, wenn Sie sie brauchen. Menschen mit sicherem Bindungsverhalten haben tendenziell eher positive Beziehungen hinter sich. Daraus haben sie gelernt, dass sie etwas wert sind und Liebe verdienen, und dass Herausforderungen erfolgreich gemeistert werden können. **Relativ sichere Menschen haben ein tendenziell hohes Selbstwertgefühl**, das generell auf etwa gleichem Niveau bleibt und sich nach Erfahrungen von Scheitern oder Kritik schnell erholt. Das Selbstwertgefühl sicherer Menschen ist wie das Segeln in einem seetüchtigen Boot: Die Fahrt ist ziemlich ruhig, aber wenn Wellen kommen, ist das Boot stark genug, um damit fertig zu werden.

Im Alleinflug unterwegs

Starke Vermeidung bedeutet, dass man sich bei Nähe unbehaglich fühlt: Sie tendieren dazu, sich nur ungern zu öffnen oder anderen Menschen nahezukommen und vertrauen auf niemanden außer sich selbst. Menschen mit ausgeprägtem Vermeidungsverhalten hatten in der Vergangenheit oft weniger warmherzige, liebevolle Beziehungen; daraus haben sie gelernt, dass sie ihre Gefühle verbergen, auf Abstand bleiben und der Welt alleine gegenübertreten müssen, wenn sie wertvolle Menschen sein und Ablehnung vermeiden wollen. Insbesondere heißt das, dass das Selbstwertgefühl vermeidender Menschen davon abhängt, ihre Unabhängigkeit und ihren Erfolg beweisen zu können. **Menschen mit starken Vermeidungstendenzen sind oft ehrgeizig und stellen ihre Arbeit über ihre Beziehungen.** Ihr Selbstwertgefühl kann steigen,

wenn sie beim Sport, bei der Arbeit oder beim Erreichen persönlicher Ziele Erfolg haben, aber es wird nicht von anderen Menschen beeinflusst. Vermeidendes Selbstwertgefühl ist, als ob man alleine eine einmotorige Maschine fliegt – man ist getrennt von den anderen und muss hart arbeiten, um in der Luft zu bleiben.

Ein Alleinflug hat seine Schattenseiten, und Beziehungen mit stark vermeidenden Menschen sind häufig nicht sehr befriedigend. Es kann lange dauern, bis man die emotionalen Barrieren einreißt, besonders, weil das Selbstwertgefühl vermeidender Menschen darauf beruht, unabhängig zu sein – für sie fühlt sich Distanz bereichernd, Nähe dagegen bedrohlich an. Wenn Sie oder Ihr Partner stark zu Vermeidung tendieren, sollten Sie verstehen, dass es sich um eine Schutzstrategie handelt, und Geduld haben. In der Regel werden Menschen in einer Beziehung im Lauf der Zeit weniger vermeidend. Fördern Sie diesen Prozess, indem Sie versuchen, positiv zu reagieren, wenn Ihr vermeidender Partner sich öffnet oder Gefühle zeigt, und drängen Sie ihn oder sie nicht zu sehr.

Höhen und Tiefen

Ein sehr ängstlicher Bindungsstil bedeutet, dass man ständig befürchtet, von anderen verlassen zu werden – man leidet an Selbstzweifeln, braucht Bestätigung und möchte anderen zu nahe sein. Eher ängstliche Menschen hatten oft unbeständige oder überbehütende vergangene Beziehungen; daraus haben sie gelernt, dass ihre eigenen Bedürfnisse unwichtig sind, dass sie keine verlässliche Liebe verdient haben und dass sie ohne den Schutz anderer nicht zurechtkommen. Insbesondere heißt dies, **das Selbstwertgefühl sehr ängstlicher Menschen ist ziemlich gering und hängt von der Liebe und der Zustimmung anderer ab**. Wenn sie Zeichen von Liebe wahrnehmen – zum Beispiel ein Kompliment oder eine Umarmung –, steigt ihr Selbstwertgefühl immens, aber es stürzt in sich zusammen, wenn diese Zeichen abklingen oder sie irgendeinen Hinweis auf Ablehnung bemerken. Das Selbstwertgefühl sehr ängstlicher Personen ist wie die erwähnte Achterbahn: ständige Höhen und Tiefen.

Es überrascht nicht, dass ein Achterbahn-Selbstwertgefühl zu Achterbahn-Beziehungen führt: Sehr ängstliche Menschen tendieren dazu zu klammern, besitzergreifend und eifersüchtig zu sein, sie streiten sich mehr und trennen sich oft, um dann wieder eine Beziehung mit dem gleichen Partner einzugehen. Auch in diesem Fall braucht es Zeit, bis die Verhaltensmuster im Lauf einer Beziehung abklingen. Unterstützen Sie diesen Prozess, indem Sie einen ängstlichen Partner beruhigen und sich nicht unnahbar geben. Die gute Nachricht ist, dass Menschen in der Regel mit zunehmendem Alter in ihrem Bindungsstil weniger ängstlich werden.

Sichere Beziehungen

Natürlich werden die meisten Menschen ihre Erfahrungen weniger extrem als diese Beispiele finden oder sich in mehr als einem Bindungsstil wiederfinden – man kann auch starke Vermeidungstendenzen *und* starke Ängste haben. Aber zu verstehen, woher die Extremformen dieser Reaktionen stammen, kann uns helfen, entsprechende Tendenzen bei uns selbst und unseren Partnern zu erkennen – und freundlich zu uns und anderen zu sein, wenn wir sie erleben. Bei Streit und Stress fallen Menschen oft in ihren „Standard"-Bindungsstil zurück, selbst in einer sehr sicheren Beziehung. Wenn Sie bei sich selbst eine automatische Vermeidungs- oder Angstreaktion bemerken, atmen Sie tief durch und erinnern Sie sich daran, dass Sie nicht auf diesen Unsicherheitsinstinkt hören müssen. Der beste Weg, die Bindungssicherheit eines Partners zu stärken (und Vermeidung und Ängste zu mindern) ist es, ein sicherer Partner zu sein, der verlässliche Liebe und Unterstützung bietet. Im Lauf der Zeit können Partner einander dabei helfen, sichere Bindungen und ein stabiles Selbstwertgefühl zu erreichen und so den vermeidenden Alleinflug oder die ängstliche Achterbahn zugunsten eines seetüchtigen Zwei-Personen-Bootes hinter sich lassen.

Die Liebesformeln

→ **Ihr Bindungsstil setzt sich aus zwei Dimensionen zusammen: Vermeidung von Nähe und Angst vor dem Verlassenwerden.**

→ **Der Bindungsstil einer Person sagt uns etwas darüber, wie ihre Identität und ihr Selbstwertgefühl von ihren Beziehungen abhängt.**

→ **Partner können sich gegenseitig helfen. Der beste Weg, dem Partner mehr Sicherheit in einer Bindung zu vermitteln, ist es, ein verlässlicher Partner zu sein, der zuverlässig Liebe und Unterstützung bietet.**

Erica Hepper, Ph. D., ist Sozial-/Persönlichkeitspsychologin an der Universität von Surrey (GB). Sie gehört zum internationalen Beirat der Zeitschrift *Attachment & Human Development*. Das Erforschen von Beziehungen ist sozusagen ihre persönliche Mission. Sie hat als stark vermeidende Person einen ebenfalls stark vermeidenden Partner geheiratet, so war es sowohl erhellend als auch persönlich hilfreich, die Auswirkungen zu verstehen, die Bindungsstile auf nahe Beziehungen und Identität haben.

USA

Vom Glück des Gebens

„Von so etwas wie einer Therapie durch Helfen hörte ich zum ersten Mal von meiner Mutter. An meinen langweiligen ‚freien' Kindertagen sagte Molly Magee Post zu mir, ‚Stevie, warum gehst du nicht einfach raus und tust etwas für jemand anderen?'", erzählt Stephen G. Post. Er untersucht die Beziehung zwischen Liebe und Geben.

Meine Mutter sagte nicht etwa, „Stevie, geh und lies ein Buch", oder „Stevie, geh dein Zimmer aufräumen". Ich las sowieso viel und hielt mein Zimmer in Ordnung. So half ich also dem alten Mr. Muller auf der anderen Straßenseite dabei, Laub zusammenzurechen und Mr. Lawrence, seinen Bootsmast zu reparieren. Das fühlte sich ziemlich gut an. Ganz einfache Taten, aber sie verbinden psychologische Aspekte von Geist, Moral und Gesundheit zu einer harmonischen Gesamtheit – vielleicht sogar zu einer der wenigen universellen Wahrheiten.

In einer Gemeinschaft ist freiwillige Arbeit ein guter Weg, soziale Netzwerke wiederzubeleben. Freiwillige berichten eher von besserer Gesundheit, mehr Glück, weniger Angst, tieferem Lebenssinn, und sie schlafen sogar etwas besser. **Helfen wirkt wie ein Puffer gegen Hilflosigkeit und eine Bestätigung der eigenen Selbstwirksamkeit.** Ich kann das! Suchen Sie sich eine sinnvolle Aufgabe, verwenden Sie Ihre Talente und Stärken, um sich nützlich zu fühlen und vertrauen Sie darauf, dass die Freude darüber den Taten auf dem Fuße folgt – selbst wenn Sie sich anfangs nicht so recht inspiriert fühlen. Zur Zeit kommen viele Wissenschaftler zu dem Schluss, dass das Gehirn im Grunde ein soziales Organ ist, dessen Zellen und Verbindungen so vernetzt sind, dass Empathie entsteht und wir Freud und Leid anderer so empfinden wie bei uns selbst. Wer das Geben unterdrückt, unterdrückt das eigene Erblühen.

Freiheit der Liebe

Tugend belohnt sich selbst, sagt ein Sprichwort. Strecken Sie sie vor, ohne Rückzahlungsverpflichtung, und hoffen Sie, dass Sie andere damit inspirieren, „hinzugehen und desgleichen zu tun". Im Geben liegt Glück, ein innerer Nutzen für den Gebenden, der sich in Frohmut zeigt, darauf können wir uns ziemlich sicher verlassen. Anders ist es mit der Gegenseitigkeit. Wir können uns nicht darauf verlassen, sollten aber dankbar die Freundlichkeiten annehmen, mit denen andere sich erkenntlich zeigen wollen. **Wir müssen die „Eine Hand wäscht die andere"-Denkweise abschütteln**, die eine passende Gegenleistung fordert. Dieses eherne Gesetz der Gegenseitigkeit hängt wie ein Damoklesschwert über uns und verwehrt uns die innere Freiheit der unbeschränkten Liebe.

Anderen zu helfen kommt selten allein. Studien zeigen, dass damit eine innere Freiheit einhergeht, ein Gefühl von sinnvoller Handlungsfähigkeit, Freude, Hoffnung und Frieden. Liebe führt zu Spontaneität und befreit uns von bedrückenden Emotionen. Liebe weckt im Geliebten Freude und Begeisterung.

Stephen G. Post

Liebe heißt Hoffnung. Beständige Liebe bringt inneren Frieden und die Erfüllung, dass sie in ihrem ganzen Wesen Gewalt in Worten, Gefühlen, Absichten oder Taten ausschließt.

Leuchtstab

Im Jahr 2010 befragten die US-Krankenversicherung *United Healthcare* und die von ihr gesponserte Freiwilligen-Vermittlungsorganisation *VolunteerMatch* 4.500 erwachsene US-Amerikaner unter dem Motto *Do Good Live Well* – Gutes tun, gut leben. 41 % der Amerikaner leisteten ehrenamtliche Arbeit, im Durchschnitt 100 Stunden pro Jahr. **68 % derer, die im vergangenen Jahr freiwillige Arbeit geleistet hatten, gaben an, dass sie sich durch ihre ehrenamtliche Tätigkeit körperlich gesünder fühlten.** Außerdem berichteten 89 %, „die freiwillige Arbeit hat mein Wohlbefinden verbessert", 73 % sagten, „die freiwillige Arbeit hat meinen Stress verringert" und 92 % stimmten der Aussage zu „durch die freiwillige Arbeit habe ich das Gefühl, dass mein Leben einen reicheren Sinn bekommen hat". 72 % charakterisierten sich selbst als „optimistisch", im Vergleich zu 60 % der Nicht-Freiwilligen, und 42 % der Freiwilligen empfanden ihr Leben als „sehr sinnvoll", verglichen mit 28 % der Nicht-Freiwilligen. Es ist klug, zu tun, was man kann, um anderen wohltätig zu helfen!

„Geben Sie, wachsen Sie, leuchten Sie."

Dieses „Glück des Gebens", wie ich es nenne, hat heilsame Qualitäten. Innere Vollständigkeit, Nirwana, wahrer Frieden – sie alle sind mit Handlungen selbstloser Liebe verknüpft. Ein Leuchtstab ist ein durchsichtiger Plastikschlauch mit Substanzen, die durch eine chemische Reaktion Licht produzieren, wenn sie sich vermischen. Wenn eine Glaskapsel innerhalb der Plastikhülle zerbricht, leuchtet er. Das Zerbrechen ist ein Teil des Prozesses. Geben Sie, wachsen Sie, leuchten Sie.

Stephen G. Post ist Professor für Präventivmedizin und Gründungsdirektor des Center for Medical Humanities, Compassionate Care, and Bioethics an der medizinischen Fakultät der Stony Brook University (USA). Er ist Verfasser von 200 Artikeln und 17 Büchern über Liebe, Altruismus und Palliativpflege, darunter der Bestseller *The Hidden Gifts of Helping* (Die versteckten Gaben des Helfens).

„Liebe ist frei von Fixierung."

Die östliche Perspektive

„Da ich in der östlichen Kultur aufgewachsen bin und als Therapeut für fernöstliche Medizin und Klinischer Psychologe arbeite, ist meine Perspektive der ‚Liebe' stark von Hinduismus und Buddhismus beeinflusst", sagt **Bijay Gyawali**. „Aus deren Sicht ist Liebe die höchste Form des Glücks."

Ich nehme an, „Liebe" ist der am häufigsten gebrauchte und am häufigsten missverstandene Begriff der Welt, für den es zahllose Interpretationen gibt. Aber generell gilt die Liebe als positive Energie und Kraft. Sie ist eher subjektiv als objektiv und muss insofern erfühlt werden. Für mich ist Liebe die höchste Form von Glück. Mit anderen Worten: Liebe bringt Glück und Glück mehrt die Liebe.

Ich und meins

Wenn Menschen über „Liebe" sprechen, meinen sie normalerweise die Beziehung zwischen beiden Geschlechtern – Ehepartnern oder jungen Männern und Frauen –, aber auch zwischen Eltern und Kindern, Familienmitgliedern, Landsleuten und so weiter. In Wahrheit ist das nicht wahre Liebe, sondern eine Form der Anziehung und Bindung, die zwangsläufig Leiden und Hass mit sich bringt. Liebe ist etwas Universelles, das dem menschlichen Wesen in seiner Gesamtheit Frieden und Wohlergehen bringt. Sie ist frei von Fixierung, weit entfernt von Begriffen wie

„ich" und „mein". Sie ist grenzenlos und bedingungslos. Sie ist spontan und rein. Wahre Liebe bringt Glück, Zufriedenheit und Erfüllung. Nur wenn man sich in einer liebenden Geistesverfassung befindet, kann man jeden Menschen und jedes Wesen des Universums lieben, ohne Unterschiede. **Liebe vereint eher, als zu trennen.** Es gibt keine Logik in der Liebe, sie geschieht einfach. Liebe ist wie ein Strom, der aus einer nie versiegenden Quelle entspringt: dem reinen Herzen.

Ein auf das Wahrnehmen von „ich" und „mein" geprägter Verstand setzt uns enge Grenzen, statt uns universell zu öffnen. In einer solchen Geistesverfassung beschränken sich Menschen darauf, nur ihre Eltern, Partner, Kinder, Enkel, Verwandten und höchstens noch ihre Landsleute zu lieben. Das ist in Wahrheit eher Selbstsucht als Liebe. Wenn Menschen in einer Fixierung gefangen sind, sorgen sie sich grundlos, dass ihren Lieben Unfälle zustoßen könnten. Und wenn doch ein Unfall passiert, leiden sie schrecklich. Wenn sie wahrhaftig lieben würden, hätten sie inneren Gleichmut. Liebe fördert die innere wie die äußere Harmonie. Liebe, die auf Unterscheidungen zwischen „meinen" und „anderen" beruht, erzeugt Vorurteile. Menschen werden gleichgültig oder sogar feindselig gegenüber denen, die nicht zum Kreis ihrer eigenen Lieben gehören. Fixierung und Ungleichbehandlung sind Quellen des Leidens – für andere wie für uns selbst.

Karuna und *maitri*

Freundlichkeit und Mitgefühl sind die Formen wahrer Liebe. Sie entsprechen den Begriffen *karuna* und *maitri*, die in der hinduistischen und buddhistischen Philosophie verwendet werden. Gemäß dieser Philosophien hat *karuna* die Fähigkeit, das Leiden anderer aufzuheben, während *maitri* anderen Glück gibt. Es ist ein universelles Gesetz, dass es glücklich macht, sich um das Glück anderer zu kümmern. *Maitri* und *karuna* verlangen keine Gegenleistung. Sie sind nicht auf Eltern, Partner, Kinder, Verwandte, Mitglieder der eigenen Kaste oder Landsleute beschränkt. Sie erstrecken Liebe auf alle Menschen und alle Lebewesen. Bei *karuna* und *maitri* gibt es keine Ungleichbehandlung. Weil es keine Ungleichbehandlung gibt, gibt es keine Fixierung, und wo keine Fixierung ist, gibt es kein Leiden, keine Spannungen und keinen Schmerz.

Tatsächlich ist die „wahre Liebe" die wahre Natur der Menschheit. Sie liegt nirgendwo anders als in unserem Inneren. Jeder kann mit ein wenig Mühe die wahre Liebe erreichen, und zwar auf dem Wege der unangestrengten Anstrengung. Unangestrengte Anstrengung ist möglich, wenn man zum reinen Beobachter der inneren und äußeren Geschehnisse wird. Für dieses Beobachten ist Meditation essentiell. Meditation ist möglich, wenn wir ein einfaches und reines Leben führen.

Die Liebesformeln

→ Wenn es bei Liebe um Fixierung geht („ich" und „mein"), handelt es sich eher um Selbstsucht als um Liebe.

→ Liebe ist die wahre Natur der Menschheit und bringt zwangsläufig Glück mit sich. Freundlichkeit und Mitgefühl sind die Formen der wahren Liebe.

→ Liebe fördert innere und äußere Harmonie. Sie beschränkt sich nicht auf wenige Personen, sondern erstreckt sich auf alle Menschen und Lebewesen.

Bijay Gyawali ist Klinischer Psychologe und Akupunkteur aus Nepal. Sein Studium schloss er an der International University of Health and Welfare in Tokio (Japan) ab. Er ist Gründungs-Vizevorsitzender der Gesellschaft für Akupunktur, Akupressur und Moxibustion von Nepal, hat zwei Bücher über fernöstliche Medizin verfasst und arbeitet in Japan an seiner Doktorarbeit über die geistigen und gesundheitlichen Folgen des Bürgerkriegs in Nepal.

USA

„Lassen Sie sich nie von dieser Form falscher Liebe einfangen, sie ist weit weniger als das, was Sie verdient haben."

Das Stockholm-Syndrom

Ob geprügelte Ehefrauen, Opfer von Kindesmissbrauch oder Geiseln bei einem Überfall, einige von ihnen empfinden Gefühle für den Angreifer, die aussehen wie Liebe. Man nennt das „Stockholm-Syndrom". Der Psychiater **Frank Ochberg** ist ein Pionier im Bereich der posttraumatischen Belastungsstörung und hat lebenslange Erfahrung im Umgang mit Tätern und Opfern. Als Freiwilliger beim Roten Kreuz hat er Familien nach Erdbeben, Flutkatastrophen, Bränden und Flugzeugabstürzen geholfen. Er enthüllt das Prinzip hinter diesem falschen Liebesgefühl.

Manchmal entsteht Liebe unter bizarren, unerwarteten Umständen und wir Psychiater werden gebeten, das zu erklären. Das war Mitte der 1970er-Jahre der Fall, als die Bankangestellte Kristin Enmark sich in den Bankräuber Jan Erik Olsson verliebte, der sie sechs Tage und Nächte lang als Geisel in einem Tresorraum festhielt. Der Begriff „Stockholm-Syndrom" war geboren.

Dass wir ihn „Syndrom" nennen, liegt an drei Beobachtungen: starke positive Gefühle der Gefangenen gegenüber dem Kidnapper, erwiderte positive Gefühle vom Täter gegenüber der Geisel und Feindseligkeit beider gegenüber den für die Rettung der Geiseln und die Verfolgung des Geiselnehmers zuständigen Behörden. Ich arbeitete zu dieser Zeit als Psychiater im Dienst der Regierung mit dem FBI zusammen und bildete Verhandlungsführer für die Klärung von

Frank Ochberg

> ## Was ist das Stockholm-Syndrom?
>
> Ein Viertel aller Geiseln und Entführungsopfer scheint Empathie oder positive Gefühle gegenüber den Tätern zu empfinden. Einige versuchen sogar, sie zu verteidigen. Eine Minderheit verliebt sich in sie. Das nennt man „Stockholm-Syndrom", nach einem **Raubüberfall** in Stockholm (1973), bei dem Bankangestellte sechs Tage als Geiseln festgehalten wurden. Der Begriff wird auf viele andere Fälle unerwarteter Zuneigung angewendet und kann auch Gefühle späterer Generationen nach Beendigung der Kolonialzeit beschreiben, wie zwischen Indern und Briten oder Algeriern und Franzosen.

Vorfällen mit tödlichen Folgen aus, befragte Überlebende von Entführungen oder Geiselnahmen und war gelegentlich bei längeren Belagerungen beratend in der Kommandozentrale tätig, zum Beispiel als 1977 niederländisch-molukkische Terroristen Geiseln in einer Schule und einem Zug festhielten. Aus menschlicher Sicht begrüßten wir das Stockholm-Syndrom, weil dazu ein Band der Zuneigung auf Seiten des Geiselnehmers gehört und wir das zur Rettung von Leben nutzen konnten. Wir bildeten Verhandlungsführer dazu aus, die Entwicklung dieser Zuneigung wahrzunehmen und zu fördern.

Erlaubnis zu leben

Die Entwicklung des Syndroms erklärte ich wie folgt: Zuerst eine Phase plötzlicher, unerwarteter, erschreckender Gefangennahme. Schüsse fallen. Schreie ertönen. Das normale Leben wird auf den Kopf gestellt. Die Gefangenen dürfen sich nicht unterhalten, sich nicht bewegen, nicht zur Toilette gehen, kein Wort sagen. Wie Kleinkinder sind sie für ihre Grundbedürfnisse vollkommen abhängig von einer Elternfigur. Hinterher sagten mir viele, in unterschiedlichen Formulierungen: **„Ich wusste, dass ich sterben würde."** Sie dachten nicht nur, dass sie sterben würden. Sie wussten es. Aber im Anschluss an dieses Gefühl vollkommener Hilflosigkeit bekamen sie schließlich die Erlaubnis, sich zu bewegen, zu sprechen, zu essen. Diese „Geschenke des Lebens" wurden von der gleichen machtvollen, schrecklichen Figur verteilt, die sie in Gefahr gebracht hatte. Die Geiseln leugneten die Grausamkeit des Entführers. Stattdessen erfuhren sie die ultimative Güte: Sie durften am Leben bleiben.

Ich nahm an, dieses Gefühl (das mir in der Regel in zögernden Sätzen beschrieben wurde) sei so etwas wie Dankbarkeit, aber auch wie die unglaubliche Erleichterung beim Abklingen von

Schmerz oder Angst. Außerdem vermutete ich, dass diese Emotion der Vorläufer aller Arten menschlicher Liebe sei: Mutterliebe, Freundesliebe, romantische Liebe. Eine ehemalige Geisel, ein Mann, sagte über seinen jungen Kidnapper, „Er war wie mein Teenager-Sohn", und ich sah ihn warm lächeln, als er sich an seine väterlichen Gefühle erinnerte. Ein anderer sagte, „Sie gaben uns Decken, sie gaben uns Zigaretten. Man weiß, sie sind Mörder. Aber sie kommen menschlich rüber. Da muss man gegen ein Gefühl der Anteilnahme kämpfen." Wenn Alter und Geschlecht passen, kann die Verbindung zu einem Liebesverhältnis werden, wie anscheinend bei Kristin in Stockholm und der Erbin Patty Hearst gegenüber ihrem Entführer „Cujo" von der Symbionese Liberation Army.

Mächtiger Mensch

Wir erforschen die Dynamik von Belagerungszuständen und Geiselnahmen seit mehreren Jahrzehnten, und es kommt nach wie vor zum Stockholm-Syndrom – in Situationen, in denen Geiseln 1. verängstigt, 2. infantilisiert und 3. mit allem Lebensnotwendigen versorgt sind. Dazu muss 4. Zeit und Gelegenheit zum Entwickeln einer Bindung hinzukommen. Seit dieser eher seltene Umstand bekannt und breit publiziert wurde, wurde der Begriff Stockholm-Syndrom auf **viele andere Fälle unerwarteter Zuneigung, wie die Loyalität zu einem Sporttrainer, der seine Schützlinge missbraucht, oder die Toleranz einer geschlagenen Ehefrau** angewendet.

Diese paradoxen Bindungen zeigen Elemente des Stockholm-Syndroms: Ein mächtiger Mensch nimmt die Elternrolle ein und tut das mit tödlicher oder symbolisch tödlicher Gewalt. Die Bestrafung ist plötzlich, schwer und mit einem Verlust an Leben, Lebensfähigkeit oder Karrierechancen verbunden. Man kann sich nirgendwohin wenden (zumindest nicht in der Wahrnehmung dessen, der so vollkommen dominiert wird). Aber dann folgt eine Phase der Erleichterung. Es gibt einen Weg zum ersehnten Ziel. Es gibt ein Leben nach dem vermeintlichen Ende. Die traumatische Bindung, die auf diese Weise entsteht, ist jenseits aller Vernunft, und oft auch jenseits der bewussten Wahrnehmung.

Falsche Liebe

Für den geknechteten Überlebenden mag sich das wie Liebe anfühlen. Aber ich warne Sie, wenn Sie in dieser Form falscher Liebe gefangen sind: Sie ist nicht gesund und weit weniger als das, was Sie verdient haben. Mit Ihnen ist alles in Ordnung, auch wenn Sie in einer solchen Falle leben und es sehr schwer finden zu entkommen. **Ein Leben, das in emotionaler Hörigkeit verbracht wird, läuft in tragischer Weise falsch.** Viele sind entkommen, mithilfe von Freunden und Fachleuten aus Frauenhäusern oder Selbsthilfegruppen für Gewaltopfer. Bei einer subtileren, heimtückischen Gefangenschaft in feindseliger Arbeitsumgebung sind fachkundige Interventionen und rechtlicher Schutz notwendig. Die nötige Hilfe fängt mit dem Weg zu einem beschützten, sicheren Ort an und endet mit dem Erlernen von Selbstachtung und Selbstschutz.

Das Stockholm-Syndrom ist keine wahre Liebe. Es bietet vorübergehend Trost, wenn die Überzeugung, sterben zu müssen, sich in Hoffnung zu überleben verwandelt. Das Stockholm-Syndrom ist eigentlich für die Anwendung auf Geiselnahmen und Entführungssituationen gedacht, aber Elemente davon finden sich immer dann, wenn paradoxe Zuneigung entsteht, sobald ein Tyrann seinem Missbrauchsopfer eine Atempause gönnt. Denken Sie immer daran, dass Freiheit und Würde unser oberstes Ziel sind. Nur in Freiheit und Würde können wir reife, verlässliche Liebe erleben.

Die Liebesformeln

- → **Das Stockholm-Syndrom zeichnet sich durch starke, erwiderte positive Gefühle zwischen Gefangenen und Kidnappern und Feindseligkeit beider gegenüber außenstehenden Behörden aus.**
- → **Der Begriff wird auf viele andere Fälle unerwarteter Zuneigung angewandt, die auf starken Emotionen beruhen – der Erlaubnis zu leben, extremer Dankbarkeit, Erleichterung nach Todeserwartung usw.**
- → **Was sich wie Liebe anfühlt, ist keine wahre Liebe. Nur in Freiheit und Würde können wir reife Liebe erleben.**

Frank Ochberg ist Professor für Klinische Psychiatrie und war außerplanmäßiger Professor der Fachbereiche Strafrechtspflege und Journalismus an der Michigan State University (USA). Er ist Gründungs-Beiratsmitglied der International Society for Traumatic Stress Studies und erhielt deren höchste Auszeichnung für sein Lebenswerk. Gemeinsam mit Kollegen baute Frank Ochberg die Academy for Critical Incident Analysis, die gemeinnützige Organisation Gift From Within (für Menschen mit posttraumatischen Belastungsstörungen) sowie das Committee for Community Awareness and Protection auf (das auf Bedrohungen durch Serienmörder reagiert). Außerdem gründete er das Dart Center for Journalism and Trauma, um Journalisten beim Verstehen traumatischer Stresssituationen zu helfen – und Trauma- und Stressexperten beim Verstehen von Journalisten.

Liebe unter Stress

„Alltagsstress ist der geheime Feind der Liebe", sagt Guy Bodenmann. Er untersucht seit über 20 Jahren die Auswirkungen von Alltagsstress auf enge Beziehungen, und mehr als 2000 Paare haben an seinen Studien teilgenommen. Dabei gewährten sie Einblicke vom Arbeitsplatz bis in ihr Schlafzimmer.

Mein Hauptziel war, zu verstehen, über welche Mechanismen Alltagsstress die Liebe untergräbt und warum sich die Beziehungsqualität anfangs glücklicher Paare im Lauf der Zeit verschlechtert. Ein zweites Ziel war, auf Basis dieser Ergebnisse Strategien und Methoden für die Prävention und Paartherapie zu entwickeln. Unsere Forschungsergebnisse zeigen, dass Liebe einerseits oft von Stress unterhöhlt wird, andererseits oft wegen mangelhafter Bewältigungsstrategien des Paares zugrunde geht. Dies sind unsere wichtigsten Ergebnisse:

1. Negativer Alltagsstress. Häufige, geringfügige äußere Stressfaktoren und ihre Kumulation erhöhen die Wahrscheinlichkeit von Spannungen und Konflikten bei Paaren und untergraben positive Gefühle gegenüber dem Partner (z. B. Zuneigung, Zärtlichkeit, Liebe); sie führen zu einer langsamen, aber stetigen Entfremdung zwischen den Partnern und dem Verlust der Liebe.

2. Nicht achtgeben. Dieser Prozess findet oft unbewusst statt; Paare nehmen die schädliche Wirkung von Alltagsstress erst wahr, wenn er ihre Beziehungsqualität bereits ernsthaft beschädigt hat.

3. Einander verlieren. Chronischer äußerer Stress wirkt in vierfacher Weise negativ auf das Zusammenleben: a) weniger miteinander verbrachte Zeit führt zu weniger gemeinsamen Erfahrungen, schwächt das Zusammengehörigkeitsgefühl („Wir-Gefühl"), mindert die Offenheit zwischen den Partnern und gefährdet eine gemeinsame Bewältigung von Alltagssorgen; b) eine zunehmend negative Kommunikation, feindseliger Umgang miteinander und Rückzug – gängige Reaktionen gestresster Partner – vergiften das Paarleben und entfernen die Partner voneinander; c) ein höheres Risiko stressbedingter psychischer und körperlicher Probleme wie Schlafstörungen, sexuelle Funktionsstörungen und negative Stimmungen belasten die Partner und stören das Gleichgewicht zwischen ihnen; und d) negative Charakterzüge treten in Stresssituationen mit größerer Wahrscheinlichkeit zutage, weil es schwerer wird, sie zu tarnen (z. B. Starrsinn, Geiz, Dominanz, Intoleranz), und demontieren die vorher positive Sichtweise auf den Partner.

4. Und dann Scheidung. Ehen, die chronischem äußerem Stress unterworfen sind (Stress am Arbeitsplatz, mit den Nachbarn, mit den Herkunftsfamilien etc.), enden mit höherer Wahrscheinlichkeit in einer Scheidung. Äußerer Stress, der auf die Beziehung übergreift, ist insofern oft der Auslöser für die negative Entwicklung von Beziehungen und deren Auflösung.

5. Gemeinsam bewältigen. Andererseits gilt: Je besser die Partner in der Lage sind, miteinander dem Stress zu begegnen, desto bessere Chancen auf eine zufriedene, stabile Ehe haben sie. Unsere

Guy Bodenmann

offenbaren, einander zuhören, sich bemühen, die Erfahrung des Partners zu verstehen und versuchen, ihm oder ihr bei der Bewältigung einer schlechten Erfahrung zu helfen (indem sie Empathie und Verständnis zeigen, den Partner ermutigen und an ihn glauben) sind in ihren Beziehungen glücklicher.

8. Über Worte hinaus. Ein anderes wichtiges Ergebnis unserer Studien ist, dass Liebe eher mit gegenseitiger Unterstützung zusammenhängt (Paar-Bewältigungsstrategien) als nur mit positiver Kommunikation (Komplimente, Geschenke, Zeichen von Zuneigung gegenüber dem Partner), und dass die beiden positiven Aspekte stärkere Vorhersagekraft für die Liebe haben als feindselige oder negative Kommunikation.

9. Sich gegenseitig unterstützen. Gestresste Partner erholen sich sowohl auf psychischer wie auf physiologischer Ebene schneller von äußeren Belastungen, wenn der andere Interesse zeigt und Unterstützung anbietet. Der Cortisolspiegel, ein physiologisches Zeichen für Stress, sinkt schneller, wenn der Partner unterstützend handelt.

Studien zeigen, dass Paare, die Belastungen als beide betreffendes Problem definieren und sie zusammen bewältigen (indem ein Partner dem anderen hilft oder man gemeinsam mit dem Stress umgeht), häufiger von Liebesgefühlen, besserer Ehequalität, weniger Stresserfahrungen und einem höheren psychischen und körperlichen Wohlbefinden berichten.

6. Im Team arbeiten. Es hat sich gezeigt, dass Bewältigungsstrategien von Paaren unmittelbare Vorhersagekraft für die Zufriedenheit und Stabilität von Beziehungen haben; außerdem dämpfen sie die verbale Aggression zwischen Paaren, die oft infolge von Stress zunimmt. Die negativen Auswirkungen von Stress auf die Interaktion von Paaren und das Risiko verbaler Aggression werden durch gemeinsame Bewältigungsstrategien gelindert.

7. Erfahrungen teilen. Partner, die sich Stresserfahrungen in ihrem Alltagsleben gegenseitig

Guy Bodenmann ist Professor für Klinische Psychologie an der Universität Zürich (Schweiz). Stress und Bewältigungsstrategien von Paaren sind eines seiner Hauptforschungsgebiete. Er gehört zum redaktionellen Beirat zahlreicher internationaler Fachzeitschriften (darunter das *Journal of Social and Personal Relationships*) und hat das Präventionsprogramm Paarlife entwickelt.

„Alltagssorgen untergraben unsere positiven Gefühle."

DEUTSCHLAND

„Liebe ist gleichzeitig einschließend und ausschließend."

Sieben Grundsteine

„Aus soziologischer Sicht gilt Liebe nicht vorrangig als schönes Gefühl, sondern als soziale Beziehung. Sie richtet sich auf bevorzugte Mitmenschen und regelt deren Verhalten zueinander", erläutert Wolfgang Glatzer. Seine Ratschläge heben sieben Grundsteine des sozialen Zusammenhalts hervor.

Liebe ist eine Beziehung zwischen zwei Menschen (oder auch einer größeren Zahl), auf der Grundlage einer Vereinbarung, die diese Menschen autonom getroffen haben. Sie nimmt im täglichen Leben einen wichtigen Platz ein, weil sie die Beziehungen zwischen Menschen regelt. Durch Liebe wird in einem erheblichen Maß festgelegt, wer mit wem soziale Kontakte bestimmter Intensität und Intimität haben darf. Oft entstehen durch Liebe auch Konflikte, weil geliebte Menschen nicht selten bevorzugt werden und ungeliebte Menschen Benachteiligungen hinnehmen müssen. Liebe verträgt Ablehnung nur schwer. Manchmal schafft Liebe Frustration und Chaos, aber niemand möchte deshalb auf Liebe verzichten. Liebe ist einer der Grundsteine sozialen Zusammenhalts, die wir für unser Zusammenleben brauchen, aber ohne ergänzende soziale Einbettung käme sie nicht zur Entfaltung. Dazu gehören:

1. Wir können nicht ohne Vertrauen leben. Wir müssen vor allem darauf vertrauen können, dass unter normalen Umständen die Menschen in unserer Umgebung die Wahrheit sagen und nicht hinterhältig handeln.

2. Wir brauchen Verlässlichkeit. Es ist wichtig, dass wir unsere Versprechen halten und darauf vertrauen können, dass andere dies ebenso tun.

3. Wir können nicht ohne soziale Anerkennung leben. Wir wollen anerkannt werden, und andere erwarten Anerkennung von uns.

4. Wir brauchen Gegenseitigkeit in unseren sozialen Netzwerken. Wenn wir jemandem Güter, Dienstleistungen oder Aufmerksamkeit geben, erwarten wir, dass wir diese im Not- und Bedarfsfall ebenfalls (zurück-)erhalten.

5. Solidarität ist als Wert fundamental. Wir alle können im Lauf unseres Lebens in Not geraten und auf Hilfe angewiesen sein, und wir alle können in die Lage geraten, andere unterstützen zu sollen.

6. Sicherheit ist ein Grundbedürfnis der Menschen, und Individuen wie gesellschaftliche Institutionen haben die Aufgabe, sie zu gewährleisten.

7. Zu den grundlegenden Bedürfnissen der Menschen gehören Fairness und Gerechtigkeit; wenn sie den Erwartungen nicht genügen, entstehen individuelle wie gesellschaftliche Probleme.

Jedes Individuum zeichnet sich durch eine bestimmte Konstellation dieser Grundkomponenten

von Werten und Bedürfnissen aus. Jeder muss seinen eigenen „Cocktail" aus diesen Komponenten entwickeln, und jeder muss für sich definieren, welche Rolle die Liebe in diesem komplexen Umfeld spielen soll.

Die Funktion der Liebe ist durchaus ambivalent. Unter normalen Umständen ist Liebe ein Prinzip, das unsere Welt ordnet. Ordnung durch Liebe ist wichtig, weil es unmöglich ist, mit allen Menschen, die wir kennenlernen, enge persönliche Beziehungen aufrechtzuerhalten. Der Wirkungsmechanismus der Liebe führt dazu, dass die Welt strukturiert wird in Menschen, zu denen wir enge persönliche Beziehungen unterhalten und andere, die wir von der Teilhabe an unserem Leben mehr und weniger ausschließen. Man kann von sozialer Exklusion sprechen, wenn sich ein Paar verliebt und heiratet: mit dem Partner erfolgt eine soziale Inklusion und im Verhältnis zu den potenziellen Partnern um das Paar herum eine Exklusion. Liebe beinhaltet gleichzeitig den Zusammenschluss mit geliebten und bevorzugten Menschen und den Ausschluss von weniger oder gar nicht geliebten.

Meine Empfehlungen? Lieben Sie sich selbst, weil Sie einzigartig sind und weil Ihnen das gut tut. Lieben Sie Ihr Leben, weil es kostbar ist und nicht ewig dauern wird. Lieben Sie Ihren Partner, weil eine Liebesbeziehung etwas Schönes ist und jeder Mensch Liebe braucht. Lieben Sie Ihre Angehörigen. Es ist gut zu wissen, dass Sie eine feste Zugehörigkeit haben und für die Notlagen des Lebens ein Unterstützungsnetzwerk bereit steht. Lieben Sie aus Prinzip alle Mitmenschen, vor allem die Benachteiligten und sozial Schwachen. Alle Menschen brauchen von Zeit zu Zeit Barmherzigkeit und Solidarität und Sie könnten ebenfalls darauf angewiesen sein. Auch wenn Liebe zu den mächtigsten Gestaltungsprinzipien in unserem Leben gehört: Vergessen Sie nicht, dass Liebe nur eine von mehreren Grundlagen des Zusammenlebens ist.

Wolfgang Glatzer, Professor für Soziologie an der Goethe-Universität in Frankfurt am Main (Deutschland), hat verschiedene Bücher zum Thema Lebensqualität veröffentlicht. Er war Präsident der International Society for Quality of Life Studies und gehört zum redaktionellen Beirat der Zeitschrift *Journal of Happiness Studies*.

„Man muss jemanden sehr lieben, damit man ihn in Ruhe lassen kann."

Liebe heißt geben, was man nicht hat

„Neben dem Glück ist die Liebe so ziemlich das Wichtigste im Leben. Der Begriff beschwört schnell die Vorstellung von dem oder der ‚Richtigen' herauf, mit dem wir den Rest unseres Lebens teilen möchten. Aber die Wirklichkeit zwingt uns zu schmerzhaften Korrekturen", erklärt der Psychologe **Paul Verhaeghe**.

Das Misstrauen, das unser Leben gegenwärtig prägt, ist inzwischen merklich bis in unser Liebesleben vorgedrungen – wir versuchen, uns gegen die Möglichkeit abzusichern, dass der oder die „Richtige" unsere Erwartungen nicht erfüllt. Trennungen sind alltäglich, und viele Ehen werden heute mit einem juristischen Vertrag untermauert. Fast unbemerkt hat eine Reduzierung stattgefunden: von der Liebe zum Ehebündnis. Das geschieht in einem Umfeld, das Erotik und Liebe durcheinanderbringt. Genau diese Verwirrung schafft Unglück. Erotik zielt auf sexuelles Begehren, auf Anspannung und Erlösung. Bei diesem Vorgang ist die andere Person nicht so schrecklich wichtig – er oder sie ist eher Mittel als Ziel, und insofern letztlich austauschbar. In der Liebe liegen die Dinge genau umgekehrt: Die oder der andere steht im Mittelpunkt und wird oft überhöht zur abgöttisch Geliebten oder zum einzig Wahren, für den man alles zu opfern bereit ist. Sex spielt eine weniger wichtige Rolle und kann sogar als abträglich für die Erhabenheit der Liebe erlebt werden. Wie ist dieser enorme Unterschied zu erklären?

Das ist weniger schwierig, als es scheinen mag. **Das Grundmodell der Liebe ist nicht die erotische Beziehung zwischen Mann und Frau,** sondern die ursprüngliche Beziehung zwischen Mutter und Kind. Die Art, in der wir diese Beziehung erlebt haben, prägt alle unsere späteren Liebesbeziehungen. Insofern ist es überaus lohnend, sich die Grundeigenschaften dieser Bindung ins Gedächtnis zu rufen.

Paul Verhaeghe

Ausschließlichkeit

Zu Beginn ist die Liebesbeziehung zwischen einer Mutter und ihrem Baby ebenso umfassend wie ausschließlich. Selbst nach der Geburt bilden die beiden weiterhin eine Einheit – die Mutter bedeutet alles für das Kind und umgekehrt. Statt einer Beziehung zwischen zwei getrennten Individuen gibt es eher eine Art Vollständigkeit, eine In-sich-selbst-Abgeschlossenheit, bei der Außenstehende per definitionem Außenseiter sind. Die Person, die das am intensivsten wahrnimmt, ist der Vater. Jeder frisch gebackene Vater muss sich erst darüber klar werden, dass er jetzt Vater ist. Das gleicht das Gefühl aus, seine Frau – die Mutter geworden ist – verloren zu haben und aus einer Beziehung ausgeschlossen zu sein, die er kaum versteht.

Hier wird der Grundstein für etwas gelegt, das in Beziehungen Erwachsener unvermeidlich Schwierigkeiten produziert: (Anspruch auf) Ausschließlichkeit. Der andere soll alles für mich sein, und zwar nur für mich; jeder andere ist automatisch eine Bedrohung, von einem neuen Geschwisterchen für das Kind bis zur Schwiegermutter für die junge Mutter. Die Aufmerksamkeit des Elternteils für ein anderes Kind oder die Aufmerksamkeit des Kindes für eine andere Betreuungsperson ist unerträglich. **Rivalen werden nicht toleriert – man will und muss an erster Stelle stehen.**

Dieses Bedürfnis nach Ausschließlichkeit wird sogar noch wichtiger, wenn die allumfassende Beziehung zwischen Mutter und Baby von den Anforderungen des Alltags unterbrochen wird. Die körperliche Trennung wird allmählich auch zu einer geistigen Trennung, was zu einer zunächst unstillbaren Sehnsucht führt. Unstillbar, weil die ursprüngliche Vollständigkeit nie wieder hergestellt werden kann. Am besten habe ich das von einem Kleinkind ausgedrückt gehört: „Mama, ich wünschte, du wärst ein Pilz, dann könnte ich in dir wohnen."

Spiegel-Liebe

Sobald die ursprüngliche Einheit zerbrochen ist, verschiebt sich die Liebesbeziehung tatsächlich zu einem Verhältnis von Geben und Nehmen. **Was immer man gibt oder nimmt – es wird nie ausreichen, um die ursprüngliche Einheit wiederherzustellen.** Hier finden wir die Basis für eine einzigartige Eigenschaft der Menschen: die Kreativität, mit der wir immer weiter nach Lösungen suchen, die sich ständig wandeln, sobald wir einmal verstanden haben, dass es keine endgültige Lösung für unsere Sehnsucht gibt.

Die Voraussetzung für dieses Verstehen ist klar: Wir müssen uns von unserer Mutter lösen, um später anderswo eine neue Beziehung mit jemand anderem aufzubauen, die Raum für unsere eigene Individualität und die des anderen lässt. Wenn diese Loslösung nicht wirklich stattgefunden hat, wird die nachfolgende Liebesbeziehung sehr zwanghaft sein – ich werde verlangen, dass ich und nur ich die Sehnsucht des anderen erfülle, und dass der andere meinem und nur meinem Verlangen folgt. Das ist Spiegel-Liebe, die aus zwei Gründen zum Scheitern verdammt ist. Niemand kann eine solche Sehnsucht vollkommen erfüllen, und das von jemand anderem zu verlangen, heißt, die Rolle des anderen als anderer nicht anzuerkennen.

Illusion

Im Gegensatz dazu steht die reife Liebe. Die treffendsten Worte dafür habe ich von jemandem am Ende seiner Psychoanalyse gehört: „Man muss jemanden sehr lieben, damit man ihn in Ruhe lassen kann." Ihn oder sie in Ruhe lassen, nicht sofort das Begehren lähmen, indem man das innere Bedürfnis des anderen mit eigenen Inhalten füllt. Das heißt, man erlaubt jemandem, wirklich anders zu sein, und ermöglicht damit eine Beziehung, die auf Verschiedenheit beruht. **In der reifen Liebe empfängt man etwas Immaterielles** und verschenkt etwas, das man selbst nicht besitzt. Wie es der französische Psychoanalytiker Lacan einmal ausdrückte: „Liebe heißt geben, was man nicht hat."

Die Tragik unseres materialistischen Zeitalters liegt darin, dass wir in der Illusion aufwachsen, alles sei käuflich, der Wert einer Sache hänge von ihrem Preis und ihrer Verpackung ab und ein Vertrag biete eine Garantie. Liebe ist der lebendige Beweis des Gegenteils.

Die Liebesformeln

→ **Fast unmerklich hat eine Reduzierung stattgefunden, von der Liebe zum Ehebündnis, in einem Umfeld, das Erotik und Liebe durcheinanderbringt. Diese Verwirrung schafft Unglück.**
→ **Das Grundmodell der Liebe ist die ursprüngliche Beziehung zwischen Mutter und Kind mit ihrem Anspruch auf Ausschließlichkeit.**
→ **Wir müssen uns von unserer Mutter lösen, um später anderswo eine neue Beziehung mit jemand anderem aufzubauen, die Raum für unsere eigene Individualität und die des anderen lässt.**

Paul Verhaeghe ist Klinischer Psychologe und Psychoanalytiker. Er ist Professor an der Universität Gent (Belgien) und interessiert sich besonders für die Beziehung zwischen sozialem Wandel, Identität und psychologischen Problemen. Seine Bücher sind international erfolgreich; *Liebe in Zeiten der Einsamkeit* wurde in acht Sprachen übersetzt. Wenn er in seiner Freizeit nicht liest oder schreibt, mag er Gartenarbeit und Langstreckenlauf.

„Als Partner das Beste im anderen zutage fördern."

Das Michelangelo-Phänomen

„Im Lauf der Jahre haben meine Kollegen und ich herausgefunden: Liebe kann so gestärkt werden, dass Liebespartner einander dabei helfen können, sich zu der Person zu entwickeln, die sie gerne wären", erzählt **Madoka Kumashiro**. Entdecken Sie den Michelangelo in sich und dem Menschen, den Sie lieben.

In einem seiner Sonette umschrieb der große Renaissance-Künstler Michelangelo, dass er als Bildhauer die überflüssigen äußeren Steinschichten entferne, um die im Inneren des Marmorblocks verborgene ideale Form zu enthüllen. In vergleichbarer Weise unterstellt die Theorie des Michelangelo-Phänomens, dass auch Menschen manchmal einen begabten Bildhauer brauchen, der dabei hilft, die Idealform im Inneren freizulegen – das „ideale Selbst" oder die Art von Person, die man gerne wäre. Liebespartner sind oft am besten in der Lage, solche Bildhauer zu werden, denn sie haben über längere Zeit beträchtlichen Einfluss auf ihre Partner.

Allerdings können Liebespartner sowohl das Beste als auch das Schlechteste aus einem Menschen hervorholen, mit nachhaltiger Wirkung. Wenn Mary zum Beispiel gern mehr Durchsetzungsvermögen hätte, könnte Johns ermutigendes Verhalten dazu führen, dass sie sich allmählich wohler dabei fühlt, ihre Meinung zu sagen – selbst wenn er nicht dabei ist. Wenn John dagegen glaubt, dass Mary ewig schüchtern bleiben wird, wird er sich vermutlich so verhalten, dass sie sogar noch mehr Angst davor bekommt, ihre Ansichten zu äußern. **Die Erwartungen eines Partners sind wie eine selbsterfüllende Prophezeiung.** Partner können beim anderen bestimmte Eigenschaften hervorrufen und Haltungen und Verhaltensweisen zugunsten von dessen obersten Zielen beeinflussen.

Das ideale Selbst

Was passiert, wenn der Partner Eigenschaften freilegt, die man selbst wünschenswert, nicht wünschenswert oder unbedeutend findet? Unsere Forschungen zeigen, dass Menschen umso positivere Gefühle sich selbst und der sie verändernden Beziehung gegenüber entwickeln, je näher sie ihrem „idealen Selbst" kommen. Umgekehrt werden Menschen in Beziehungen, die unerwünschte oder unbedeutende Eigenschaften und Ziele hervorheben, vermutlich sich selbst wie dem Partner gegenüber weniger positive Gefühle entwickeln. Insofern zeigt sich, dass Liebesbeziehungen gestärkt oder geschwächt werden können – je nachdem, ob sich beide Partner in der Beziehung ihren Idealen eher näher oder eher ferner fühlen.

Es wäre naiv zu behaupten, dass beide Partner immer genügend Zeit, Energie und Motivation haben, um den anderen zu unterstützen, während sie ihre eigenen Ziele verfolgen. Tatsächlich können moderne Beziehungen besonders problematisch sein, weil beide Partner wahrscheinlich aktiv dabei sind, ihre eigenen anspruchsvollen Ziele zu verfolgen, während sie gleichzeitig versuchen, die Bedürfnisse anderer zu erfüllen, beispielsweise der Kinder. Oft ist es nötig, dass ein Partner – oder beide – beträchtliche Opfer bringt oder Ziele aufgibt. In solchen Situationen gilt: **Der Schlüssel zu einer Stärkung der Beziehung liegt in einer Lösung, die es beiden erlaubt, weiterhin ihre Ideale zu verfolgen.** Zum Beispiel haben Menschen oft mehrere Entwürfe einer wünschenswerten Zukunft, die jeweils auf alternativen Wegen erreichbar sind. Manchmal schwelgen sie auch lieber in Tagträumen über Phantasieziele, als diese aktiv zu verfolgen. In solchen Fällen ziehen Menschen vielleicht ein Ziel einem anderen vor, sind flexibel, was die Art der Zielerreichung angeht oder achten darauf, ihre Ziele mit Rücksicht auf das Wohlergehen ihres Partners zu verfolgen. Außerdem verändern sich wünschenswert erscheinende Charakterzüge und Ziele im Lauf eines Lebens; Beziehungen gedeihen im gleichen Ausmaß, in dem die Partner solche Veränderungen erkennen und ihr Verhalten daran anpassen.

Persönliches Wachstum

Das Michelangelo-Phänomen ist nicht die einzige Theorie, die dem Partner eine wesentliche Rolle bei der Suche eines Menschen nach persönlichem Wachstum zuschreibt. Wissenschaftliche Befunde, die unsere Ergebnisse ergänzen, zeigen, dass Liebe als Fixierung betrachtet werden kann: Ähnlich wie bei kleinen Kindern, die ihre wichtigsten Bezugspersonen als „sichere Basis" nutzen, von der aus sie persönliche Erkundungen unternehmen, scheint bei Erwachsenen der Partner als „sichere Basis" zu dienen, um diese Erkundungen fortzusetzen. Andere Studien lassen vermuten, dass das Wohlergehen in dem Maße steigt, in dem Menschen ihre psychischen Grundbedürfnisse decken können, darunter Autonomie und Zugehörigkeit.

Obwohl oft angenommen wird, dass diese Bedürfnisse einander widersprechen, zeigen wissenschaftliche Ergebnisse: **In den besten Beziehungen bieten die Partner Liebe und unterstützen gleichzeitig die Autonomie des anderen.**

Oft wird Liebe als Einschränkung für das eigene Ich und Zwang zu ungewollten Veränderungen gesehen. Unsere Forschungsergebnisse deuten darauf hin, dass in Liebesbeziehungen beide Partner das jeweils Beste aneinander zutage fördern und die Beziehung als solides Fundament für persönliches Wachstum und das Erreichen der eigenen Kernziele nutzen.

Die Liebesformeln

- → **Zu den besten Arten von Liebe gehört die, bei der Partner einander dabei helfen, die Personen zu werden, die sie gerne werden möchten.**
- → **Partner haben nicht immer die Zeit oder die Energie, wichtige Ziele des anderen zu unterstützen, und solche Ziele ändern sich im Lauf der Zeit, insofern ist es hilfreich, flexibel und aufmerksam zu sein.**
- → **Zu den menschlichen Grundbedürfnissen gehören sowohl Zugehörigkeit als auch Autonomie – Beziehungen profitieren davon, wenn beide Bedürfnisse einander ergänzen.**

Madoka Kumashiro ist Dozentin für Psychologie am Goldsmiths College der Universität London (GB). Bei ihrer Promotion wurde sie an der Universität von North Carolina in Chapel Hill von Professor Dr. Caryl Rusbult betreut, der Urheberin der Theorie des Michelangelo-Phänomens, und begann sich für eine Integration der bislang getrennten Themenbereiche von Selbstbild und engen Beziehungen zu interessieren. Sie hat viele Zeitschriftenartikel und Buchbeiträge über das „Selbst" in zwischenmenschlichen Zusammenhängen veröffentlicht.

SCHOTTLAND (GB)

Was wir wollen

Wenn man Singles fragt, wie ihr Partner sein sollte, können sie in der Regel ein ziemlich klares Bild entwerfen. Aber entspricht es ihrer letztendlichen Wahl? Der Psychologe Lars Penke untersucht, ob wir wissen müssen, was wir wollen.

Meistens passen geäußerte Präferenzen überhaupt nicht zur tatsächlichen Partnerwahl. Wenn die Teilnehmer von Speed-Dating-Partnerbörsen vor Beginn der Veranstaltung beispielsweise angeben, dass sie einen warmherzigen oder wohlhabenden Partner suchen, hat das nichts mit der Person zu tun, die sie für ein Wiedersehen aussuchen – trotz der erstaunlichen menschlichen Fähigkeit, diese Attribute innerhalb von Sekunden ziemlich genau einzuschätzen. In vergleichbarer Weise bekunden eineiige Zwillinge, die den gleichen familiären und genetischen Hintergrund teilen, sehr ähnliche romantische Präferenzen. Ihre Partner sind allerdings so unterschiedlich, dass es fast wirkt, als seien sie zufällig ausgewählt. Tatsächlich deuten Vergleiche mit zweieiigen Zwillingen darauf hin, dass die Partnerwahl fast der einzige Lebensbereich ist, bei dem die Unterschiede zwischen Menschen nicht zumindest teilweise auf genetischen Einflüssen beruhen. Für die bekundeten Partnerwahlpräferenzen oder andere psychische Merkmale gilt das nicht – sie alle sind zu einem großen Teil erblich.

Manchmal spiegeln einige dieser bekundeten Vorlieben die tatsächlichen Partner des oder der Betreffenden einigermaßen gut wider. Das gilt vor allem für eher triviale Eigenschaften wie das Alter oder für die bevorzugte Religionszugehörigkeit, ethnische Herkunft oder Bildung, die stark auf Einflüsse aus dem familiären und kulturellen Umfeld zurückzuführen sind. **Generell scheinen die Menschen aber nicht sehr genau zu wissen, was sie wollen, wenn sie sich verlieben.** Für Psychologen ist das keine Überraschung, denn sie wissen, dass Menschen nur sehr begrenzten Einblick in das haben, was bei Entscheidungen wirklich in ihnen vor sich geht. Außerdem muss die Partnerwahl – anders als die meisten anderen Entscheidungen im Leben – in der Regel beiderseits beschlossen werden: Es genügt nicht, dass ein Mensch jemanden findet, der seinen oder ihren Präferenzen entspricht; auch die andere Person muss interessiert sein. Und zuletzt ist es wichtig, zu verstehen, was die Menschen wirklich meinen, wenn sie angeben, dass sie einen „attraktiven" oder „liebenswürdigen und verständnisvollen" Partner wollen. Bleiben wir für einen Moment bei diesen beiden Beispielen.

Attraktiv

Für Männer wie für Frauen gehört äußere Attraktivität zu den wichtigsten Faktoren, die beim ersten Kennenlernen Interesse an einem Wiedersehen auslösen. Inzwischen verstehen wir recht gut, welche objektiv messbaren Merkmale Körper und Gesichter attraktiv machen – dazu gehören Symmetrie, Männlichkeit/Weiblichkeit, glatte Haut und insgesamt geringe Abweichungen von der Norm. **In realen Kennenlern-Situationen wird die wahrgenommene Attraktivität aber von vielen anderen Faktoren beeinflusst**, zum Beispiel vom verfügbaren Angebot an möglichen Partnern und davon, wen andere attraktiv finden. Außerdem kann die

> *„Wir sehen Menschen, die wir mögen, in einem warmen, positiven Licht."*

wahrgenommene Attraktivität eines möglichen Partners beträchtlich gesteigert werden – durch Verhaltensweisen, die Interesse und Kontaktbereitschaft signalisieren: Kleidung und Aufmachung, ein selbstbewusstes, aufgeschlossenes Auftreten, Flirtverhalten, Lächeln und Augenkontakt. Es könnte gut sein, dass diese oft sehr zielgerichtet eingesetzten Signale das sind, was Menschen wirklich meinen, wenn sie sagen, dass sie attraktive Partner bevorzugen.

Liebenswürdigkeit

In ähnlicher Weise gilt: Menschen suchen liebenswürdige, verständnisvolle, warmherzige und zuverlässige zukünftige Partner – diese Eigenschaften stehen immer wieder an der Spitze von Ranglisten bekundeter Präferenzen. Trotzdem tun sie sich nicht unbedingt mit jemandem zusammen, zu dessen allgemeinen Charakterzügen Verträglichkeit und Entgegenkommen gegenüber anderen gehören. Zum einen betrachten Menschen Zuverlässigkeit generell als eine besonders wünschenswerte menschliche Eigenschaft. Sie ist schlicht eine Voraussetzung für soziale Beziehungen, vor allem mit Fremden. **Menschen tendieren außerdem dazu, andere grob einzuteilen in Gruppen von gut und böse** oder Freund und Feind, und dann den Menschen, die sie mögen, übermäßig positive Eigenschaften zuzuordnen. Dazu gehört, dass sie dem gleichen Menschen offenkundig widersprüchliche Merkmale wie „bescheiden" und „durchsetzungsfähig" oder „anpassungsfähig" und „ordnungsliebend" zuschreiben; oft geht das mit Urteilen wie „warmherzig" und „liebenswürdig" einher. Menschen sehen Menschen, die sie mögen, einfach in einem warmen, positiven Licht. Außerdem gibt es Anzeichen dafür, dass Menschen gar nicht unbedingt Partner wollen, die jedem gegenüber liebenswürdig und verständnisvoll sind, sondern spezifisch ihnen gegenüber. Es scheint, als ob Menschen, die sagen, sie wollten einen liebenswürdigen und warmherzigen Partner, nicht unbedingt den allgemeinen Charakterzug „Verträglichkeit" suchen, sondern jemanden, der ihre Liebe erwidert.

Insgesamt gilt: **Die Aussagen von Menschen über das, was sie sich von einem Partner wünschen, liefern kein gutes Bild von demjenigen, den sie sich aussuchen** – besonders, wenn man die selbst bekundeten Partnerpräferenzen für bare Münze nimmt. Es scheint, als fehle den Menschen die Einsicht, warum sie sich in jemanden verlieben. Das heißt nicht, dass die Partnerwahl zufällig wäre, oder – wie schon behauptet wurde – nur ein Ergebnis von Nähe und Gelegenheit. Stattdessen scheinen viele subtile, aber dennoch funktionale Prozesse am Werk zu sein, wenn Menschen sich verlieben. Dazu gehören Anpassungen der Präferenzen an Umweltbedingungen und an die eigene Begehrtheit als Partner ebenso wie Verschiebungen der weiblichen Partnerwahlkriterien im Lauf des Menstruationszyklus, die sexuelle Anziehung und Anschlussmotive gegeneinander abzuwägen scheinen. Wir müssen das nicht vollständig durchschauen, um uns zu verlieben.

> **Lars Penke** ist Dozent am Fachbereich Psychologie der Universität Edinburgh in Schottland (GB). Er untersucht romantische Anziehung, Partnerwahl und Sexualverhalten aus evolutionärer Perspektive und setzt dafür verschiedene Methoden ein, wie detaillierte Verhaltensbeobachtungen und Speed-Dating-Versuchsanordnungen. Er ist Mitgründer des wissenschaftlichen Netzwerks Persönlichkeit und soziale Beziehungen.

„Das Rezept von Dr. Love?

Acht Umarmungen am Tag und das Wort mit L."

Die Chemie der Liebe

Im Jahr 2004 entdeckte sein Labor, dass die neurochemische Substanz Oxytocin in unserem Hirn bestimmt, wem wir vertrauen können. Das ging weltweit durch die Nachrichten. Seine Arbeit über Oxytocin und Beziehungen hat **Paul J. Zak** den Spitznamen „Dr. Love" eingebracht. Wie geht er damit um?

Meine neuesten Untersuchungen haben gezeigt, dass Oxytocin für tugendhaftes Verhalten verantwortlich ist: Es fungiert als „Moral-Molekül" des Gehirns. Dieses Wissen kann man verwenden, um die Grundlage von Zivilisationen und modernen Wirtschaftssystemen zu verstehen, Verhandlungen zu erleichtern und Patienten mit neurologischen und psychiatrischen Erkrankungen zu behandeln.

Bis ich mich daran gewöhnt hatte, „Dr. Love" genannt zu werden, dauerte es eine Weile. Meine Doktoranden hatten halb scherzhaft damit begonnen. Aber dann outete mich ein Journalist als

USA

„Dr. Love" – ich hatte ihn bei einem Zeitungsinterview umarmt. Ich war Dr. Love geworden. Als Wissenschaftler habe ich zehn Jahre mit der Suche nach den chemischen Substanzen verbracht, die den Menschen zu einem moralischen Wesen machen. Unser Naturell ist freundlich und grausam, großzügig und geizig, tolerant und herablassend, aber warum? Ich habe entdeckt, dass die neurochemische Substanz Oxytocin nach fast jeder sozialen Interaktion ausgeschüttet wird, selbst zwischen Fremden; sie bewirkt, dass Menschen spürbar mehr Anteil an anderen nehmen. Wow! Das sind wichtige Neuigkeiten.

Berührung

Ich hatte sogar eine Methode entwickelt, die Menschen in gefahrloser Weise künstlich hergestelltes Oxytocin zuführte und gezeigt, dass ich dieses anteilnehmende, moralische Verhalten aufdrehen konnte wie einen Gartenschlauch. Aber wir können nicht über Drogen eine mitfühlendere Welt erschaffen, also suchte ich gründlicher – auf welche andere Weise ließ sich der Oxytocin-Fürsorge-Hirnkreislauf in Gang setzen? Meine Mitarbeiter und ich fanden heraus, dass Berührungen Oxytocin freisetzen. Daher habe ich vor einigen Jahren ein kleines Selbstexperiment begonnen: Ich umarme jeden.

Wie sich gezeigt hat, muss ich nur ankündigen, dass ich jeden umarme, damit ein breites Lächeln auf dem Gesicht der Menschen erscheint und sie sich mir öffnen, als sei plötzlich Erleichterung (oder Oxytocin!) über sie gekommen. Ich merkte, dass jeder meiner Kontakte mit anderen Menschen besser wurde. **Wenn unser Hirn Oxytocin freisetzt, signalisiert das: Unser Gegenüber ist ungefährlich, wir können ihm trauen.** Ich spürte, wie meine Beziehungen reichhaltiger wurden und mein Leben glücklicher. Oxytocin fördert die Bindung an Liebespartner und die elterliche Fürsorge für den Nachwuchs, daher wird es manchmal „Liebeshormon" genannt. Wir nehmen am Leben anderer Menschen Anteil, weil wir eine Veranlagung für Liebe zu anderen haben.

Philia

Evolutionär gesehen, ist Oxytocin eine uralte Substanz im Gehirn. Das bedeutet, dass Liebe ein entscheidender Teil unserer menschlichen Natur ist. Wir brauchen Liebe, wir sehnen uns nach Liebe. **Aber man kann das eigene Gehirn nicht zur Ausschüttung von Oxytocin veranlassen** – genauso wenig wie man jemanden zwingen kann, einen zu lieben. Man kann sich nur um andere kümmern und deren Oxytocinproduktion anregen. Also – verschenken Sie Liebe. Und verschenken Sie sie wahllos. 95 % unter den Tausenden von Menschen, bei denen ich es versucht habe, haben positiv reagiert und ihrerseits Liebe gezeigt. Und die 5 %, die das nicht tun, brauchen Liebe wahrscheinlich dringender als alle anderen.

Lassen Sie sich von Dr. Love ein Rezept ausstellen: acht Umarmungen am Tag. Bieten Sie acht Menschen pro Tag an, sie zu umarmen, und Sie werden einen positiven Kreislauf von Zuwendung und Anteilnahme in Gang setzen – der erste Schritt zur Schaffung einer liebevolleren Welt. Das zweite Rezept lautet: Verwenden Sie das Wort mit L. Sagen Sie den Menschen in Ihrem Umfeld, dass Sie sie lieb haben. Für Freunde, Kollegen und Nachbarn heißt die Liebe, von der ich spreche, „Philia", was bedeutet, dass ihr Wohlergehen Ihnen wirklich am Herzen liegt. Nennen Sie sie ruhig beim Namen; es steckt solide Wissenschaft dahinter. Sobald Sie das tun, wird die Liebe auf vielfache Weise zu Ihnen zurückkehren.

Und all das fängt möglicherweise mit einer Umarmung an.

Die Liebesformeln

→ **Evolutionär gesehen, ist Oxytocin eine uralte Substanz. Liebe ist ein entscheidender Teil unserer menschlichen Natur.**
→ **Oxytocin fördert die Bindung an Liebespartner. Es wird durch Berührungen freigesetzt.**
→ **Verschenken Sie Liebe, sagen Sie anderen, dass Sie sie lieben: Der erste Schritte zu einer liebevolleren Welt.**

Paul J. Zak ist Gründungsdirektor des Center for Neuroeconomics Studies und Professor für Volkswirtschaft, Psychologie und Betriebswirtschaft an der Claremont Graduate University in Kalifornien (USA). Außerdem ist er Professor für Neurologie am Loma Linda University Medical Center. Ihm gebührt das Verdienst, den Begriff „Neuroökonomie" erstmals in einer Veröffentlichung verwendet zu haben, und er ist Vorreiter dieser neuen Disziplin. Paul Zak ist Verfasser des Bestsellers *The Moral Molecule: The Source of Love and Prosperity* (Das Moral-Molekül: Die Quelle von Liebe und Erfolg).

USA

„Affenpaare verbringen bis zu 20 % ihres Tages einfach damit, nebeneinander zu sitzen."

Tierische Liebe

Wissenschaftler hatten immer Angst davor, des Anthropomorphismus bezichtigt zu werden: der Projektion menschlicher Eigenschaften auf Tiere. Aber inzwischen sprechen sie offen über so etwas wie romantische Liebe im Verhalten von Tieren. **Charles T. Snowdon** ist ein bekannter Experte auf diesem Gebiet; er untersucht seit über 30 Jahren das Verhalten von Affen. Eine Liebesgeschichte über Springaffen, Marmosetten und Tamarine.

„I love you", sagte Alex, ein sprachkundiger Graupapagei, in der Nacht vor seinem Tod zu Irene Pepperberg, die über mehrere Jahrzehnte mit ihm trainiert und gearbeitet hatte. Die meisten Tiere können Liebe allerdings nicht über Sprache ausdrücken. Wie können wir dann feststellen, ob Liebe bei anderen Tieren (als dem Menschen) existiert?

Wenn Sprache fehlt, können wir zur Bewertung von Liebe auf das Verhalten achten. Das unterscheidet sich nicht wirklich vom Beobachten von Beziehungen zwischen Menschen, die eine andere Sprache sprechen und mit denen wir nicht kommunizieren können. **Manche Verhaltensweisen, die eine Liebesbeziehung anzeigen, erkennen wir leicht**: Sind Partner am liebsten zusammen, wenn sie die Wahl haben? Zeigen sie liebevolles Verhalten zueinander? Sind bei einer Trennung Kummergefühle und bei einer Wiedervereinigung Freude und

Erleichterung auszumachen? Schützen und bewachen sie ihre Partner in Gegenwart von anderen des gleichen Geschlechts? Bleiben sie über eine relativ lange Zeitspanne zusammen? Teilen sie miteinander oder beschenken sie einander?

Wenn wir diese Handlungen als Anzeichen von Liebe bei Menschen akzeptieren, warum sollten wir dann nicht die gleichen Kriterien auf andere Arten anwenden? Die große Mehrheit der Menschen lebt in monogamen Beziehungen, und bei monogam lebenden Arten sehen wir die engsten Gemeinsamkeiten im Liebesverhalten. Bei den Springaffen, einer kleinen Affenart aus Südamerika, sitzen Paare oft Seite an Seite, die Schwänze ineinander gezwirbelt. Wenn sie die Wahl zwischen ihrem Partner und einem anderen Tier des gleichen Geschlechts haben, wählen sie den Partner. Sie bevorzugen sogar dann den Partner, wenn sie zwischen ihm und dem eigenen Kind wählen können.

Marmosetten und Tamarine

Bei einer anderen Gruppe südamerikanischer Affen, den Marmosetten und Tamarinen, verbringen Affenpaare bis zu 20 % ihres Tages einfach damit, nebeneinander zu sitzen und einander zu pflegen, indem sie sich gegenseitig das Fell kämmen. Wenn sie für kurze Zeit getrennt werden, geben diese Affen klagend klingende Rufe von sich. Beim Wiedersehen rennen sie aufeinander zu, betreiben Fellpflege und werden oft sexuell aktiv. Marmosetten und Tamarine ähneln insofern den Menschen sehr, als sie häufig auch dann Sex haben, wenn das Weibchen nicht fruchtbar oder schwanger ist.

Diese Affen reagieren aggressiv, wenn sich Unbekannte nähern, und männliche wie weibliche Tiere arbeiten zusammen, um Fremde fernzuhalten. **Sie verbringen Zeit mit Kuscheln, Fellpflege und Sex**, nachdem sie Fremden begegnet sind. In freier Wildbahn bleiben Paare von Marmosetten und Tamarinen jeweils mehrere Jahre zusammen, wobei Trennungen nur in umweltbedingten Stressphasen stattfinden, wenn Paare ihre Kinder verloren haben. Die gleichen Ergebnisse finden wir bei anderen monogamen Primaten und bei Mäusen, bei denen ein Männchen und ein Weibchen über mehrere Jahre zusammenbleiben.

Marmosetten und Tamarine stoßen spezielle Rufe aus, wenn sie Essbares entdecken und teilen Nahrung bereitwillig mit anderen. Marmosetten haben spezielle Zähne, mit denen sie Löcher in Baumrinde nagen können, aus denen dann der Saft rinnt. Alle Familienmitglieder teilen sich den Saft, den die Arbeit eines Tieres zutage gefördert hat. Bei kontrollierten Experimenten in Gefangenschaft zeigte sich, dass diese Affen zusammenarbeiten, um das gemeinsame Problem der Futtersuche zu lösen, und diese Zusammenarbeit selbst dann fortsetzen, wenn ein Tier die ganze Nahrung bekommt. Sie spenden sogar Nahrung, indem sie ein Tablett herbeiziehen, das nicht ihnen selbst, sondern nur dem Partner Nahrung bringt.

Das Liebeshormon

Eine andere Form der Zusammenarbeit ist die Kinderbetreuung. Bei monogamen Tieren wird die Aufzucht der Kinder zwischen beiden Eltern aufgeteilt und koordiniert, wobei die Väter einen Großteil der körperlichen Arbeit des Tragens von Kleinkindern übernehmen, während die Mütter stillen. Väter springen auch beim Abstillen ein, indem sie den Babys feste Nahrung anbieten und sie vom Stillen bei der Mutter ablenken. Manchmal greifen die Kleinen sogar in den Mund des Vaters, um sich ihr Essen zu holen.

Viele hormonelle Umstellungen begleiten das Paarverhalten von Tieren. Bei einem winzigen Nagetier wie der Wühlmaus finden wir monogame Arten, die enge, langfristige Beziehungen mit ihren Partnern eingehen, aber auch polygyne Arten, bei denen langfristige Beziehungen selten sind. Monogame weibliche Wühlmäuse finden, wenn das Hormon Oxytocin im Gehirn vorhanden ist, sofort dauerhaft Gefallen an einem beliebigen Männchen in ihrer Nähe und gehen anderen Männchen aus dem Weg. Ein ähnliches Hormon namens Vasopressin hat eine ähnliche Wirkung auf monogame männliche Wühlmäuse. Bei monogamen Affen weisen Paare, die mehr Zeit mit Kuscheln, gegenseitiger Fellpflege und Sex verbringen, viel höhere Oxytocinwerte auf als weniger liebevolle Paare. Oxytocin wird „Liebeshormon" genannt und es scheint, als ob Körperkontakt und häufiger Sex bei diesen Affen wichtig wären für die Aufrechterhaltung dieses liebevoll wirkenden Verhaltens und des Hormonspiegels.

Enger Kontakt

Wenn Marmosetten Vater werden, führt das zu größerer Treue gegenüber ihren Partnerinnen und vielen hormonellen Umstellungen. Wenn man ihnen den Duft eines neuen Weibchens vorführt, reagieren Nicht-Väter mit sexueller Erregung und rasch steigenden Testosteronwerten – Marmosettenväter dagegen lassen die Reize neuer Weibchen kalt. Wenn man einem Vater den Geruch des eigenen Kindes vorführt, sacken seine Testosteronwerte innerhalb von wenigen Minuten ab, während sein Östrogenspiegel steigt.

Das enge Sozialverhalten, das zwischen Männchen und Weibchen monogamer Arten zu beobachten ist, ist selten bei Tierarten, die keine monogamen Beziehungen eingehen. Allerdings existieren selbst bei diesen Arten manchmal enge soziale Bindungen zwischen Müttern, Töchtern und Schwestern, in anderen Fällen zwischen Vätern, Söhnen und Brüdern. Es gibt engen Körperkontakt, gemeinsame Körperpflege, Nahrung wird geteilt und eine Trennung führt zu Beunruhigung. Wir können die Verhaltensweisen heterosexueller Liebe bei monogamen Partnern ebenso zwischen Brüdern und Schwestern anderer Arten beobachten.

Liebe ist nicht auf den Menschen beschränkt – wenn wir wissen, wie wir sie suchen müssen, finden wir sie auch bei vielen anderen Tieren.

Die Liebesformeln

- → **Die große Mehrheit der Menschen lebt in monogamen Beziehungen, und bei monogam lebenden Arten sehen wir die engsten Gemeinsamkeiten im Liebesverhalten.**
- → **Oxytocin wird „Liebeshormon" genannt, und es scheint, als ob Körperkontakt und häufiger Sex bei monogamen Affen wichtig wären für die Aufrechterhaltung des liebesähnlichen Verhaltens und des Hormonspiegels.**
- → **Liebe ist nicht auf Menschen beschränkt – wenn wir wissen, wie wir sie suchen müssen, finden wir sie auch bei vielen anderen Tieren.**

Charles T. Snowdon ist Professor für Psychologie und Zoologie an der Universität von Wisconsin in Madison (USA). Für seine lebenslange Arbeit zum Thema Affen ist er hoch angesehen. Seit über 30 Jahren untersucht er Paarverhalten, väterliche Fürsorge und Hormone von monogamen Affen. Gegenwärtig wendet er einige Konzepte und Methoden aus der Affenforschung auf die Untersuchung menschlicher Liebesbeziehungen an.

Liebe ist Liebe

„Viele Psychologen behaupten, Liebe sei gar keine Liebe, sondern in Wahrheit etwas ganz anderes. Manche schreiben, sie sei ein Rückfall in einen Zustand, den sie Fixierung nennen. Andere konzentrieren sich auf unsere Abstammung von den Affen. Ein drittes Konzept ist der soziale Austausch. All diese Ideen haben etwas für sich. Aber manchmal gilt: Liebe ist Liebe", sagt **Keith Oatley**.

Meine Kollegin Maja Djikic und ich haben über dieses Thema geschrieben. Liebe ist keine Liebe – außer, sie ist es doch. Oft, vielleicht besonders dann, wenn wir eine Zeitlang allein gewesen sind, fühlen wir eine Leere, einen Mangel an Sinn in unserem Leben. Dann treffen wir jemanden, der uns wunderbar vorkommt, der auf eine Weise zu leuchten scheint, die ans Göttliche grenzen kann. In Gegenwart dieser Person fühlen wir uns verwandelt, weniger mittelmäßig, lebendiger. Das kann so weit gehen, dass wir diesen Menschen geradezu verehren und seine Akzeptanz unserem Leben erst Sinn gibt. Gleichzeitig – wenn alles gut geht – hegt die andere Person ähnliche Gedanken und Gefühle uns gegenüber. Was können wir also tun? Wir können dieser Person unsere Liebe zum Geschenk machen. Vielleicht hatten Sie schon das Glück, geliebt zu werden, aber bedenken Sie: Das ist ein Geschenk. Die Liebe ist etwas, das auch Sie verschenken können.

So gesehen ist Liebe nicht wirklich etwas, das wir brauchen. Wir können sie gewähren, und wir schenken sie Sexualpartnern, Freunden, Familienmitgliedern oder unserem Nachwuchs. Wenn wir das Glück hatten, selbst Liebe gewährt bekommen zu haben, werden wir mit größerer Wahrscheinlichkeit genügend innere Stabilität und Sinnempfinden entwickeln, um jemand anderem Liebe schenken zu können. **Wenn Liebe Liebe ist, dreht sie sich nicht nur um uns selbst.** Sie beruht darauf, dass wir den anderen Menschen kennen. Oft ist Ärger ein Signal dafür, dass in einer Beziehung etwas schiefgegangen ist und sie repariert werden muss. Wenn wir uns ohne übermäßige Schuldzuweisungen herausarbeiten, lernen wir den anderen besser kennen.

Romeo und Julia

Patrick Hogan hat gezeigt, dass unter den Geschichten der ganzen Welt, in Gesellschaften aller Art, die Liebesgeschichte am häufigsten vorkommt. In ihrer prototypischen Form sehnen sich zwei junge Menschen nach Vereinigung, aber ein Vater ist gegen die Verbindung. In der tragischen

Version sterben die Liebenden, in der fröhlichen aber wird der Vater versöhnt und das Paar lebt – wie es in der Märchenwelt heißt – glücklich bis ans Ende seiner Tage. Die bekannteste tragische Liebesgeschichte ist *Romeo und Julia*, die schon alle Schritte zeigt, die nötig sind, um sich zu verlieben. Zunächst muss man offen sein für diese Erfahrung. Dann sieht man am anderen Ende des Raumes einen Fremden. Man fühlt sich angezogen. Vielleicht treffen sich die Blicke. Dann folgt eine Pause, in der die beiden möglichen Liebenden ihre Phantasien nähren. Nach der Pause gibt es ein Treffen, bei dem beide explizit oder unausgesprochen bestätigen, dass der andere die gleichen Schritte unternommen hat und genauso denkt und fühlt. Bei *Romeo und Julia* glaubt man sogar, dass Romeo Julia verehrt. Er streckt seine Hand aus, um sie zu berühren, und beginnt ein Sonett zu rezitieren – diese Gedichtform wurde speziell entwickelt, um Liebe ausdrücken zu können –, in dem er sagt, er sehe sie als Heilige. **Bei jedem weiteren Schritt wachsen die Projektionen.** Keiner der Liebenden weiß irgendetwas Handfestes über den anderen.

Die Verehrung wird wahrscheinlich nicht von Dauer sein, denn die andere Person ist ein menschliches Wesen mit eigenständigen Charakterzügen, Gewohnheiten, Wünschen und Bedürfnissen. Man muss also folgendes tun, während man verzaubert auf rosa Wolken schwebt: die Projektionen allmählich abbauen und damit anfangen, dem anderen die eigene Liebe nicht wie einem verehrungswürdigen Heiligen zu schenken, sondern wie einer Person, die aufgrund dessen verstanden und geschätzt wird, was sie tatsächlich ist. Viele Menschen haben diese Schritte des Sich-Verliebens niemals durchlaufen. Wenn Sie zu ihnen gehören, sollten Sie vielleicht dankbar sein. Es gibt andere (möglicherweise bessere?) Wege, Liebe für jemanden zu entwickeln. Anders als bei einem Großteil unserer Literatur, die von Konflikten handelt, geht es bei der Liebe darum, sich mit jemand anderem zu vereinen, um etwas zu tun, das keiner von beiden alleine schaffen würde – und vielleicht sogar: jemand zu sein, der keiner von beiden alleine sein könnte.

Die Liebesformeln

- → **Es gibt verschiedene Theorien der Liebe: Fixierung, Evolution oder sozialer Austausch. Aber Liebe ist manchmal Liebe – ein Geschenk.**
- → **Wahre Liebe beruht darauf, die andere Person so zu kennen, wie sie ist.**
- → **Verehrung und Projektion können Schritte auf dem Weg zu einzigartigem Verständnis und Wertschätzung für den anderen Menschen sein.**

Keith Oatley ist Psychologe und emeritierter Professor der Universität Toronto (Kanada). Er hat in Cambridge (GB) studiert und seinen Ph. D. am University College London abgelegt. Mit seiner Partnerin, der Entwicklungspsychologin Jennifer Jenkins, und Dacher Keltner ist er Koautor des Standardwerks *Understanding Emotions* (Gefühle verstehen). Seine drei Romane sind allesamt Liebesgeschichten, darunter *Der Fall Emily V.*, der 1994 den Commonwealth Writers Prize für den besten Erstlingsroman gewann.

Die sechs Farben der Liebe

In den 1970er-Jahren entwickelte der berühmte kanadische Soziologe John Alan Lee eine Typologie der Liebe, die als die „sechs Farben der Liebe" bekannt wurde. Seitdem verwendet Félix Neto diese Farben für seine weltweiten Forschungen zum Thema Liebe. Welchen Einfluss haben Geschlecht, Generation und Kultur auf die Liebe? Storge, Ludus und Eros geben uns die Antwort.

John Alan Lee benennt sechs Sozio-Ideologien oder Stile, die die Vielfalt menschlicher Liebe widerspiegeln. Er betrachtet diese Stile als natürliche Ergebnisse von Lernen und Erfahrung; außerdem sind sie wohl von Kultur und Gesellschaft beeinflusst. Seine vielen „Farben" der Liebe platziert er auf einem metaphorischen Farbkreis. Wie bei Farben gibt es primäre und sekundäre Liebesstile, und sogar tertiäre oder gemischte. Sechs voneinander unabhängige Liebesstile stehen im Zentrum. Zu den Primärstilen gehören Eros (romantische Liebe), Ludus (spielerische Liebe) und Storge (freundschaftliche Liebe). Aus Elementen von jeweils zwei dieser Primärstile entstehen die drei Sekundärstile: Pragma (pragmatische Liebe), Mania (besitzergreifende Liebe) und Agape (altruistische Liebe). Wie sehen die Ergebnisse meiner Forschungen aus?

> *„Der romantische Liebesstil kann die gesamte Lebensspanne umfassen."*

1. Geschlecht. Zwei geschlechtsspezifische Unterschiede bei den Liebesstilen habe ich durchgängig gefunden: Männer erweisen sich als ludischer (spielerischer) und agapischer (altruistischer) als Frauen, außerdem bekunden sie mit größerer Wahrscheinlichkeit die Bereitschaft, ihre eigenen Bedürfnisse für die ihrer Lieben zu opfern. Das könnte traditionellen Geschlechterrollen und gesellschaftlichen Normen geschuldet sein, nach denen Männer Versorger und Beschützer sein sollten. Die stärkere Präsenz von Agape bei Männern könnte daher rühren, dass sie eine stärker idealisierte, romantische Vorstellung von heterosexuellen Beziehungen pflegen.

2. Generation. Wir haben unsere Untersuchungen zu Liebesstilen auf die gesamte Lebensspanne erweitert, indem wir drei Generationen weiblicher Familienmitglieder nach ihrer Ansicht befragten. Die Befunde zeigen, dass sie bei den meisten Liebesstilen keine wesentlichen Gemeinsamkeiten haben: Also spielt bei Eros, Storge, Pragma und Agape die Generation eine signifikante Rolle. Studentinnen betonen eher die körperliche Seite der Liebe und ein äußeres Schönheitsideal, entsprechend der romantischen Liebe; sie erleben intensive Gefühle (ohne die fordernden Besitzansprüche der Mania) und sind in ihren Beziehungen selbstbewusster als ihre Mütter. Großmütter allerdings unterscheiden sich in Bezug auf die romantische Liebe nicht von ihren Töchtern und Enkelinnen. Das mag überraschen, wenn man bedenkt, dass Leidenschaft generell als im Alter weniger wichtig beschrieben wird. Es könnte auf die beschränkte

gesellschaftliche Sicht von Sexualität als bloßem Geschlechtsakt zurückzuführen sein. Während das Altern die körperliche Gesundheit und damit auch die sexuellen Ausdrucksmöglichen einschränken kann, beeinflusst es nicht unbedingt unseren romantischen Liebesstil. Eine aktuelle Studie zeigt, dass die romantische Liebesorientierung von Älteren ebenso intensiv erlebt werden kann wie von Erwachsenen mittleren oder jüngeren Alters. Solche Ergebnisse zeigen, dass Eros vielleicht keine so zerbrechliche, flüchtige Erfahrung sein könnte wie früher vermutet wurde. Sie legen nahe, dass der romantische Liebesstil die gesamte Lebensspanne umfasst und mehr ist als ein vor allem auf die Jugend beschränktes Phänomen.

3. Kultur. Eine bestimmte Auffassung von Liebe betrachtet sie als Kulturphänomen – als einen erlernten Affekt oder eine Verhaltensreaktion, die aus Erfahrungen und Kultur entsteht. Weil Kultur Bedeutung vermittelt und Erfahrungen formt, ist es wichtig, dass Wissenschaftler kulturelle Einflüsse auf Liebe und Beziehungen beleuchten. Wir haben untersucht, inwieweit das Modell des Liebesfarbkreises sich zur Erklärung von Daten eignet, die wir in einer Vielzahl von Ländern gesammelt haben – von Afrika (Angola, Kapverden und Mosambik), Asien (China-Macao) und Südamerika (Brasilien) bis nach Europa (Frankreich, Portugal und Schweiz). Die Befunde stützen folgende Hypothesen: a) Liebesstile, die starke Gefühle mit sich bringen, wie Mania, Eros und Agape, stimmen weitgehend interkulturell überein; b) Stile, die strengen Regeln unterliegen und entsprechend geringe Affekte beinhalten, wie Pragma, Storge und Ludus, hängen von kulturellen Einflüssen ab. Das allgemeine Bild, das diese Ergebnisse liefern, zeigt uns zwar interkulturelle Ähnlichkeiten bei den Liebesstilen, aber dennoch einige verblüffende und interessante Abweichungen.

Félix Neto ist Professor für Psychologie an der Universität Porto (Portugal). Zu seinen Forschungsinteressen zählt die Beziehung zwischen Kultur und Wohlergehen. Er hat 16 Bücher und ungefähr 250 wissenschaftliche Artikel über Sozialpsychologie und interkulturelle Psychologie veröffentlicht.

Die Farben der Liebe

Das Modell des kanadischen Soziologen **John Alan Lee** ist eine Typologie der Liebe, die viele Wege des Liebens unterscheidet, nicht alle ausschließlich romantischer Natur. Das Modell stellt sechs Typen vor.

TYP	BESCHREIBUNG
Eros	Steht für die romantische Liebe in ihrer gängigsten Form. Der Liebesstil ist von einem plötzlichen, starken äußerlichen Reiz des oder der idealen Geliebten gekennzeichnet. Es besteht der drängende Wunsch nach emotionaler Nähe und offene, intensive und leidenschaftliche Gefühle auszudrücken.
Ludus	Dem Eros fast entgegengesetzt, nimmt dieser Liebesstil Schönheit wahr, hängt aber nicht an einem geliebten Ideal. Ludus versteht die Liebe als unverbindliches, emotional abgeklärtes Spiel, zu dem generell mehrere Partner gehören. In gewisser Hinsicht ist dieser Liebesstil der romantischen Liebe am wenigsten ähnlich.
Storge	Eine sich langsam entwickelnde Freundschaft, die im Lauf der Zeit durch Freude an gemeinsamen Interessen und Aktivitäten auf natürliche Weise wächst und allmählich zu einer verbindlichen Liebe heranreift. Sie zeigt sich als ruhige, kameradschaftliche, behagliche Liebe mit einer gewachsenen Stabilitätsreserve.
Mania	Zwanghafte, unersättliche und intensive emotionale Verstrickungen sind charakteristische Eigenschaften dieses Typs. Ähnlich wie ludisch Liebende glauben manisch Verliebte, fast jeder könne der oder die Richtige sein; allerdings sind manisch Liebende, anders als ludische, nicht in der Lage, sich zu distanzieren und loszulassen. Weil sie daran zweifeln, ob sie begehrens- und liebenswert sind, sorgen sie sich intensiv und besitzergreifend um den geliebten Menschen.
Pragma	Diese logisch-pragmatische, vom gesunden Menschenverstand gesteuerte Perspektive der Liebe nehmen Menschen ein, die einen durchdachten „Einkaufszettel" der sozialen und persönlichen Eigenschaften ihres Partners abwägen. So wollen sie Vereinbarkeit gewährleisten und einen praktischen Ehepartner finden, der gut in ihr soziales Milieu passt.
Agape	Ein altruistischer, pflichtbewusster, freigiebiger und selbstloser Ansatz der Liebe. Agape ist eher ein Anzeichen für Willen als für Gefühle, eher Kopf als Herz: So Liebende sind zu tiefer Anteilnahme fähig und können Liebe ohne Anspruch auf Gegenleistung schenken, unabhängig von Vorteilen oder Schwierigkeiten.

„Liebesstil und Lebensstil sind verwandt."

Schwarz und Weiß

„Südafrika bietet mit seinem multikulturellen Charakter eine ungewöhnlich interessante Perspektive, um Aspekte der Liebe zu untersuchen", sagt der Psychologe Hilton Rudnick. **Der Frage, wie Schwarze, Weiße, Coloureds, Inder und Asiaten die Liebe in einer globalisierten Welt sehen, ist er mit seiner Kollegin** Kety Pavlou **nachgegangen.**

In Südafrika lebt ein Teil der Bevölkerung nach dem Standard eines Industrielandes, ein Teil nach dem eines Entwicklungslandes – Seite an Seite und sie beeinflussen einander kulturell. Für unsere Studie teilten wir die Bevölkerung in vier weit gefasste ethnische Gruppen ein (schwarz, weiß, „coloured" und indisch/asiatisch) und untersuchten die Kriterien, die sie bei der Partnerwahl verwendeten. Obwohl diese zersplitterten Gruppen zusammenleben, sind sie nicht voll integriert, aus historischen Gründen, in Folge ehemaliger Rechtsnormen (Apartheid) und in manchen Fällen auch aus freier Entscheidung.

Schwarze Südafrikaner sind mit 80 % die dominante Gruppe in Südafrika, die sich allerdings in eine Vielzahl von Stämmen, Sprachgruppen und regionalen Kulturen aufteilt. So argumentiert zum Beispiel der Psychologieprofessor Nhlanhla Mkhize, das afrikanische Ich sei pluralistisch und stehe ständig im Dialog mit dem Universum. Das dialogische Selbst wandle sich organisch, im Gleichklang mit Umweltfaktoren, und werde von sich überschneidenden Kulturen beeinflusst. Das Weltbild weißer Südafrikaner wird dagegen als weitgehend individualistisch betrachtet, während die ethnisch gemischte Gruppe der „Coloureds" in Südafrika schwieriger festzulegen ist. Die letzte Gruppe, Inder/Asiaten, betont tendenziell die Erhaltung ihrer eigenen Kultur und ist weniger empfänglich für konkurrierende Weltsichten und Ideologien. Wir wollten wissen, ob es bei der Partnerwahl Unterschiede zwischen diesen Ethnien gibt, und befragten fast 400 Studenten (Durchschnittsalter 23 Jahre) der Universität Johannesburg.

Romantische Liebe

Wir verwendeten Lees Modell der Farben der Liebe (siehe linke Seite). Die Typisierungen sind nützliche Beschreibungen, engen aber etwas ein. Alle Menschen sind reichhaltiger als ihr Typ, und es gehen Nuancen verloren, wenn man jemanden im Hinblick auf einen bestimmten Typ definiert. Trotzdem kamen wir zu interessanten Ergebnissen, als wir die Beziehung zwischen vorherrschenden Typen und ethnischer Zugehörigkeit untersuchten.

Eros, der Liebesstil, der am engsten mit der konventionellen romantischen Liebe zusammenhängt, wird von ungefähr 46 % der Weißen und „Coloureds" sowie 40 % der Schwarzen bejaht. Inder/Asiaten

dagegen befürworten eher den Agape-Liebesstil (28 %), Eros folgt auf dem zweiten Platz (25 %). **Die romantische Liebe wird in den meisten Kulturen Südafrikas eindeutig als idealer Weg der Partnerwahl betrachtet.** Agape, der vollkommen selbstlose, freigebige Weg, war insgesamt der zweitbeliebteste Stil (ungefähr 22 %). Unsere Untersuchungen zeigen, dass die meisten Menschen aller kulturellen Gruppen sich nach Romantik sehnen – nach persönlicher Nähe, Hingabe, körperlicher Anziehung und Intensität. Ludus, den Liebesstil, der romantischer Liebe am unähnlichsten ist, benannten nur 6 % der Befragten als bevorzugen Stil. Am höchsten war der Anteil in der Gruppe der Inder/Asiaten, wo er für 11 % der Stichprobe zutraf.

Neben kulturellen Unterschieden untersuchten wir auch, wie sich Männer und Frauen mit Blick auf die Liebe unterscheiden. Die Unterschiede waren deutlich, aber nicht sehr tief greifend. Wie zu erwarten, gehörten Männer signifikant öfter zum Typ Ludus als Frauen und waren eher auf Eroberungen als auf langfristige Liebe aus, allerdings nicht in dramatischem Ausmaß. In ähnlicher Weise waren Frauen häufiger für den Liebesstil Storge als Männer: eher gewillt, eine Liebe auf tiefer Freundschaft aufzubauen als Männer.

Wohlstand

Aus sozioökonomischer Perspektive gab es ebenfalls einen klaren, signifikanten Trend. Wir verwendeten fünf Kategorien (höher bis niedriger) für die sozioökonomische Gruppe, in der eine Person aufgewachsen war. In den ersten vier Kategorien gaben über 80 % der Befragten an, Liebe sei der Hauptentscheidungsfaktor dafür, wen sie heiraten würden. Nur in der letzten Kategorie, der Gruppe mit den größten finanziellen Schwierigkeiten, fiel dieser Wert dramatisch ab, auf ungefähr 55 %. Die gleiche Gruppe gehörte mit deutlich höherer Wahrscheinlichkeit zum Typ Ludus, was möglicherweise zeigt, dass bei finanziell angespannter Lage dauerhafte Beziehungen weniger im Zentrum stehen. **Sozial- und Wirtschaftsgeschichte sind bessere Vorhersagefaktoren als ethnische Zugehörigkeit oder Geschlecht**, wenn es um die Bedeutung der Liebe für die Partnerwahl geht – darauf deuten unsere Ergebnisse hin. Sie legen nahe, dass Liebesstil und Lebensstil miteinander verbunden sind und bei steigendem Wohlstand die Liebesehe stärker in den Vordergrund tritt.

Zufriedenheit

Betrachten wir die Ergebnisse insgesamt, gewinnen wir den Eindruck, dass die Globalisierung die Partnerwahlentscheidungen von Menschen in Entwicklungsländern beeinflusst. Während es klare Anzeichen dafür gibt, dass Partnerwahl in Afrika früher mit Kollektivismus, Pragmatismus, praktischen Gesichtspunkten und elterlicher Einmischung verbunden war, verschiebt sie sich: **Die schwarze Bevölkerung scheint sich stark in Richtung des westlichen Werts der Liebesheirat zu bewegen.** Nur die Inder/Asiaten weichen von dieser Praxis ab, allerdings sehen auch in dieser Gruppe die meisten Teilnehmer Liebe als Basis einer Ehe. Das mag oberflächlich eine befreiende Vorstellung sein, aber die Statistiken über gescheiterte Ehen sind wohlbekannt. Noch komplizierter wird das Thema durch die Ergebnisse einer unserer anderen Studien: Es gibt kaum Unterschiede in der Ehezufriedenheit zwischen Liebesheiraten, in denen die Partner selbst gewählt haben, und arrangierten Ehen, bei denen die Partner füreinander ausgewählt wurden. Die Ehegleichung ist kompliziert zu lösen, soviel ist klar. Aus westlicher Sicht steht die Liebe als Grundlage einer Ehe nicht zur Debatte. Trotzdem zeigt Lees Modell mit seinen vielfältigen Formen der Liebe, dass es viele Wege gibt, Liebe auszudrücken. Außerdem deutet es darauf hin, dass es zwar kleine (aber bedeutsame) Unterschiede in der Art gibt, wie Angehörige verschiedener Ethnien ihre Partner aussuchen – die allermeisten Menschen aber sehen romantische Liebe als Grundpfeiler der Ehe, mit allen Vor- und Nachteilen.

Hilton Rudnick ist Psychologe und ehemaliger wissenschaftlicher Mitarbeiter der Universität Johannesburg (Südafrika). Für seinen Ph. D. suchte er nach Verbindungen zwischen westlicher Psychotherapie und traditionellen Heilmethoden aus Südafrika. Er hat Artikel zu verschiedenen Themen der angewandten Psychologie in Fachzeitschriften veröffentlicht. Zur Zeit ist er Geschäftsführer des südafrikanischen Unternehmens Omnicor, das auf psychologische Dienstleistungen spezialisiert ist.
Kety Pavlou, Ph. D., ist Wissenschaftlerin und untersucht die Liebe aus kultureller Perspektive.

„Wir sind Primaten, mit etwas Kultur bekleidet."

Freie Wahl?

Ein Vater diskutiert mit seiner Tochter über deren Heiratspläne. Sie behauptet, „Ich weiß, was ich tue, und es ist meine eigene, freie Entscheidung." Der Psychologe **Carlos Yela** hat da seine Zweifel: In Liebesdingen sind wir weder so frei noch so rational, wie wir gerne glauben würden.

Wir sind nicht so frei, wie wir glauben, weil wir einer ganzen Reihe biologischer und soziokultureller Faktoren unterworfen sind, die außerhalb unserer Kontrolle liegen und uns oft nicht einmal bewusst sind. Wissenschaftliche Ergebnisse zeigen:

→ **Wir lieben wie „kostümierte Schimpansen"**: kleine Primaten, mit etwas „Kultur" bekleidet, die die „affektive Primärbindung", die sie mit anderen Arten teilen, weiterentwickelt und in ein komplexes Bio-Psycho-Sozio-Gemisch verwandelt haben, das wir „Liebe" nennen. Wir bleiben Mitglieder des Tierreichs, mit biologischen Bedürfnissen und neurochemischen Prozessen, die uns stärker beeinflussen, als wir uns vorstellen können.

→ **Wir lieben als Angehörige einer bestimmten Kultur.** In dieser lernen wir beispielsweise, welche Art von Liebe üblich (z. B. leidenschaftliche) und welche tabu ist (z. B. spielerische), und wie die Beziehung zwischen Liebe, Sexualität und Ehe (oder festen Beziehungen) aussehen sollte. Wir haben beispielsweise in Spanien festgestellt, dass die meisten Menschen Sex ohne Liebe missbilligen (vor allem Frauen, auch heute noch), genau wie Liebe ohne Sex oder Ehe ohne Liebe. Das galt und gilt zu anderen Zeiten der Geschichte oder in anderen Kulturen nicht.

→ **Wir lieben als soziale Wesen** und lernen im Lauf eines „Liebes-Sozialisierungsprozesses" (der mit Märchen beginnt), wie, wann, mit wem, warum und wo wir uns verlieben sollten, was das für uns heißt und welche Folgen es haben sollte. Leidenschaftliche Liebe bedeutet in verschiedenen Gesellschaften nicht das Gleiche (und hat nicht die gleichen Folgen).

Wir sind nicht so rational, weil unser Liebesverhalten (zu dem unsere Gedanken, Gefühle, Worte und Taten gehören) vielen Einflüssen ausgesetzt ist: Dazu gehören erstens Irrtümer in der Wahrnehmung des anderen, von kognitiven Verzerrungen bis zur Idealisierung beim Verlieben. Ein zweiter Faktor sind intensive Gefühle: Leidenschaft ist zumindest in der Frühphase ein Kernelement der Liebe. Drittens spielen romantische Mythen eine Rolle – absurde, unmögliche und/oder irrationale Überzeugungen darüber, was Liebe angeblich „ist" und „sein sollte", die wir kritiklos übernehmen und teilen. Die Liebe ist einer der wichtigsten Aspekte des menschlichen Lebens, und sie gehört zu den Bereichen, die am stärksten von Klischees, Mythen, Irrtümern und Missverständnissen vernebelt werden. Einige Mythen sind besonders schädlich, denn sie wecken unvernünftige Erwartungen, die früher oder später zu Enttäuschungen führen müssen. Dazu gehören:

→ **Der Glaube, dass Verliebtheit zwangsläufig in eine feste Beziehung mündet**; wir haben das den Ehe- oder Zusammenlebens-Mythos getauft.

→ **Der Glaube, dass wahre Leidenschaft ewig währt**, und dass Sich-Verlieben und Liebe im Prinzip das Gleiche sind: Wenn Sie nach 1000 Tagen (und Nächten) des Zusammenlebens nicht mehr den gleichen Taumel spüren, lieben Sie Ihren Partner nicht wirklich und Sie sollten die Beziehung abbrechen, egal ob sie befriedigend ist oder nicht. Hier treffen sich gleich zwei Mythen: von der ewigen Leidenschaft und der Gleichwertigkeit von Verlieben und Liebe.

→ **Der Glaube, dass man wahre Liebe nur für eine einzige Person empfinden kann**, inklusive körperlicher Anziehung und leidenschaftlichem Begehren. Wenn Sie sich von jemand anderem angezogen fühlen, lieben Sie Ihren Partner nicht mehr wirklich und sollten die Beziehung abbrechen, egal, wie befriedigend sie ist: der Ausschließlichkeitsmythos.

Im Umkehrschluss gilt: Wenn Unwissenheit, unrealistische Erwartungen und Missverständnisse die Ursache für so viel Leid in Liebesbeziehungen sind, könnte sich das Wissen um diese Prozesse als wirksames Werkzeug für Verbesserungen erweisen. Wir sollten nicht heiraten, bevor wir die „verliebte" Phase hinter uns gebracht haben. Wir sollten eine Beziehung nicht abbrechen, nur weil wir uns von jemand anderem angezogen fühlen. Wir sollten uns nicht trennen, weil die Leidenschaft abnimmt usw. Wenn man bedenkt, dass heute niemand mehr die Bedeutung und Notwendigkeit guter Sexualerziehung anzweifelt, sollten wir uns auch um gute „Liebeserziehung" kümmern. Zu den sozialen Verpflichtungen der Liebesforschung gehört der Versuch, das verfügbare Wissen auf die Lösung von persönlichen oder Beziehungsproblemen anzuwenden, ebenso wie auf die allgemeine Verbesserung von Wohlergehen und Lebensqualität der Menschen.

Die Liebesformeln

→ **Wir sind nicht so frei, weil wir unbewusst einer Vielzahl biologischer und soziokultureller Faktoren unterliegen: als Tiere, als Angehörige einer bestimmten Kultur und als soziale Wesen.**
→ **Wir sind nicht so rational, weil unser Liebesverhalten weitgehend unseren Wahrnehmungen, Gefühlen und romantischen Mythen ausgeliefert ist. Einige dieser Mythen sind schädlich.**
→ **Das Wissen um all diese Prozesse könnte sich als wirksames Werkzeug für weniger Fehlschläge und mehr Wohlbefinden in unseren Beziehungen erweisen. Wir sollten uns um gute „Liebeserziehung" kümmern.**

Carlos Yela (Ph. D. der Psychologie) ist ordentlicher Professor an der Universität Complutense Madrid (Spanien). Seine wissenschaftlichen Hauptinteressen liegen in der Sozialpsychologie, darunter die psychologische, biologische und soziokulturelle Analyse der romantischen Liebe. Er hat mehr als 30 Artikel in nationalen und internationalen Fachzeitschriften veröffentlicht und Beiträge zu internationalen Publikationen wie der *Encyclopedia of Applied Psychology* geliefert. Er ist der Autor von *El amor desde la Psicología Social: ni tan libres ni tan racionales* (Liebe aus Sicht der Sozialpsychologie: Weder so frei noch so rational).

„Was kommt zuerst: Liebe oder Begehren?"

Liebe und Begehren

Spezielle funktionelle Hirnuntersuchungen enthüllen Schritt für Schritt die Geheimnisse der Liebe. **Stephanie Cacioppo** baut auf der lebenslangen Forschung von **Elaine Hatfield** auf und analysiert detaillierte Hirnscans. Vor Kurzem wurde sie von der Association for Psychological Science in die Reihe der Rising Stars aufgenommen. Für das *World Book of Love* kombinieren beide ihre Erkenntnisse und entdecken das besondere Zusammenspiel von Liebe und Begehren. Was kommt zuerst?

Obwohl Liebe und Begehren zu den machtvollsten subjektiven Empfindungen gehören, die man im Lauf des Lebens erfahren kann, gibt es immer noch Debatten über Charakter und Ursprung der beiden Phänomene. Seit Jahrzehnten versuchen Forscher verschiedenster Fachrichtungen, diese beiden Empfindungen voneinander zu trennen. Mehrere Studien haben sowohl Verhaltensähnlichkeiten als auch -unterschiede zwischen Liebe und Begehren festgestellt. Aus psychologischer Sicht ist Liebe als komplizierter geistiger Zustand definiert, zu dem grundlegende und komplexe Emotionen ebenso gehören wie chemische, kognitive, belohnende und zielgerichtete Verhaltenskomponenten. Genauer formuliert, beschreibt die von uns entwickelte wissenschaftliche Definition leidenschaftlicher Liebe diese als „einen Zustand der intensiven Sehnsucht nach Vereinigung mit einer anderen Person. Ein komplexes funktionales Ganzes, zu dem Werturteile oder Einschätzungen, subjektive Gefühle, Ausdrucksformen, physiologische Abläufe, Handlungstendenzen und instrumentelles Verhalten gehören", während sexuelles Begehren am passendsten als „Verlangen nach sexueller Vereinigung" zu definieren ist.

Hirntätigkeit

Aus neurofunktioneller Sicht zeigen die Ergebnisse neuerer Studien zu Biochemie und Hirnaktivität an Menschen und Tieren, dass die beiden Phänomene Liebe und Begehren eng zusammenhängen. In letzter Zeit haben Neurowissenschaftler mit dem Sammeln von Daten begonnen, die

darauf hinweisen, dass diese Prozesse in verschiedenen Kulturen sehr ähnlich sein könnten. Zum Beispiel zeigen funktionelle Magnetresonanztomografie-Studien an Menschen: **Sowohl Liebe als auch sexuelles Begehren lösen vermehrte Aktivität in tiefer liegenden Hirnregionen aus, die mit Euphorie, Belohnungen und Motivation zusammenhängen, aber auch in jenen Bereichen der Großhirnrinde, die mit Selbstdarstellung und sozialer Wahrnehmung zu tun haben.** Die gleichzeitige Aktivierung tiefer liegender (subcortikaler), mit Emotionen verbundener Hirnregionen und höherrangiger Regionen der Hirnrinde, die komplexere kognitive Funktionen regeln (z. B. Körperwahrnehmung, Assoziationsleistungen und Selbstdarstellung) verstärkt das neurofunktionelle „Top-Down-Modell" zwischenmenschlicher Beziehungen und die mögliche Rolle, die frühere Erfahrungen für zukünftige Gefühle und Verhaltensweisen spielen. Interessanterweise existieren auch neuronale Unterschiede zwischen Begehren und Liebe. Insbesondere deutet ein von hinten nach vorn verlaufendes Aktivitätsmuster der Inselrinde vom Begehren zur Liebe an, dass Liebe eine abstraktere Vorstellung von angenehmem sensomotorischem Erleben ist als das Begehren. Bei einem genaueren Vergleich von Liebe und sexuellem Begehren zeigt sich abnehmende Hirnaktivität im ventralen Striatum, im Hypothalamus, in der Amygdala (Mandelkern), im somatosensorischen Kortex und im unteren Parietallappen. Diese Verminderung passt zu sexuellem Begehren als Motivationszustand mit einem sehr spezifischen körperlichen Ziel, während leidenschaftliche Liebe als abstrakteres, flexibleres und in Verhaltenshinsicht komplexeres Ziel gesehen werden könnte, das weniger von der körperlichen Gegenwart der anderen Person abhängt. Liebe geht mit einer stärkeren Aktivierung des ventralen Tegmentum sowie der hinteren Regionen des rechten Striatum einher – zwei dopaminreichen Regionen, die generell mit Motivation, Belohnungserwartung und Gewohnheitsbildung zu tun haben.

Gefühle und Vergnügen

Diese Befunde bekräftigen die Bedeutung spezifischer, zielgerichteter Anreize, wenn man sich gerne „Hals über Kopf verlieben" möchte. Die Aktivierung dieser tiefergelegenen, dopaminreichen Hirnareale während Erfahrungen leidenschaftlicher Liebe passt zu psychologischen Untersuchungen, die Liebe als befriedigende, positive und motivierende Erfahrung beschreiben. Interessanterweise zeigt sich: **Der vordere Teil der Inselrinde wird maßgeblich von Liebesgefühlen aktiviert, der hintere Teil von sexuellem Begehren.** Diese Entsprechung zwischen posteriorer versus anteriorer Inselrinde einerseits und sexuellem Begehren versus Liebe andererseits unterstreicht das neurofunktionelle Charakteristikum eines Aktivitätsverlaufs von hinten nach vorn, von affektiven, körperlichen Gefühlen hin zu einer letztendlichen Manifestation aller Gefühle. Das steht im Einklang mit der Ansicht, dass Liebe ein abstraktes Konstrukt ist und teilweise auf der mentalen Repräsentation von emotionalen Momenten beruht, die man in der Vergangenheit wiederholt mit jemandem erlebt hat. Dieses spezielle

Aktivitätsmuster weist darauf hin, dass Liebe auf einem neuronalen Schaltkreis für Gefühle und Vergnügen aufbaut und Regionen einbezieht, die mit Belohnungserwartung, Gewohnheitsbildung und Merkmalserkennung zu tun haben. Insbesondere die Gesamtaktivität innerhalb der Inselrinde, mit ihrem Posterior-Anterior-Verlauf von Begehren zu Liebe deutet an, dass Liebe eine abstraktere Form der angenehmen sensomotorischen Erfahrungen des Begehrens ist und aus diesen erwächst.

Nach diesen Ergebnissen kann man Begehren und Liebe auf einem Spektrum betrachten, das von Manifestationen affektiver, körperlicher Empfindungen bis zur Repräsentation von Gefühlen reicht, zu denen Mechanismen der Belohnungserwartung und Gewohnheitsbildung gehören. Obwohl Liebe keine Voraussetzung für sexuelles Begehren ist, deuten diese neueren Metaanalysen von Ergebnissen der funktionellen Bildgebung darauf hin, dass Begehren eine Voraussetzung für Liebe sein könnte. Ob dieses Begehren bewusst oder unbewusst sein muss, ist eine Frage, die in zukünftigen wissenschaftlichen Studien näher untersucht werden sollte.

Die Liebesformeln

- → **Liebe ist eine befriedigende, positive und motivierende Erfahrung.**
- → **Liebe ist eine abstraktere Manifestation angenehmer sensomotorischer Erfahrungen als Begehren.**
- → **Obwohl Liebe keine Voraussetzung für sexuelles Begehren ist, zeigen neuere funktionelle MRT-Studien, dass Begehren eine Voraussetzung für Liebe sein könnte.**

Stephanie Ortigue-Cacioppo ist Professeure assistante an der Universität Genf (Schweiz) und hat ihren Ph. D. in Psychologie und kognitiven Neurowissenschaften am Genfer Universitätsspital und an der Universität Savoyen (Frankreich) abgelegt. Ihre Arbeit konzentriert sich auf soziale Neurowissenschaft, Neurologie, implizite Wahrnehmung und vor allem auf das Bewusstsein während sozialer Interaktionen. Als Autorin von mehr als 50 wissenschaftlichen Beiträgen befasst sie sich vor allem mit Sozialpsychologie, Neurologie, insbesondere der Kognition und vor allem dem Erkennen von Hirn(aktivitäts)interaktionen im sozialen Kontext. Sie gehört zum redaktionellen Beirat von *NeuroImage* und war Chefredakteurin der Fachzeitschrift *Psyche*. Außerdem gehört sie verschiedenen Gremien dreier neurowissenschaftlicher Fachgesellschaften an, der Society for Social Neuroscience, der Cognitive Neuroscience Society und der Association for the Scientific Study of Consciousness. Zur Biografie von **Elaine Hatfield** siehe Seite 20.

USA

„Exotik ist erotisch, aber Ähnlichkeiten ziehen sich an."

Perfekte Partner

Einige Menschen entdecken die Liebe Tausende von Kilometern entfernt: Exotisch ist erotisch. Aber die meisten von uns heiraten jemanden von nebenan. In ihrem Labor untersucht die Psychologin **Cindy Meston**, was unseren Weg zur perfekten Partnerschaft beeinflusst.

1. Der Nähe-Effekt. Vertrautheit schafft Zuneigung. Ein gewisses Maß an Vertrautheit erzeugt Sympathie – egal ob gegenüber einer Person, einer Zeichnung, einem Wort in einer unbekannten Fremdsprache, einem Lied, einem neuen Produkt in der Werbung, einem politischen Kandidaten oder sogar einer unsinnigen Silbe. Oft ist Nähe der erste Schritt, um Zuneigung zu jemandem zu entwickeln: Wir heiraten Menschen, die in der gleichen Gegend wohnen. In Klassenzimmern mit festen Sitzplätzen entwickeln sich Beziehungen nach Maßgabe des Abstands, in dem die Schüler oder Studenten voneinander entfernt sitzen – wer einen Sitzplatz in der Mitte hat, wird mit größerer Wahrscheinlichkeit Bekanntschaften schließen als jemand, der am Ende einer Reihe sitzt. Bei alphabetischen Sitzordnungen werden diejenigen Freunde, deren Namen mit benachbarten Buchstaben beginnen. Je häufiger in einer Frühphase des Kennenlernens Kontakt stattfindet, desto positiver ist die Reaktion. Warum? Oft reagieren wir auf Menschen oder Dinge, die uns fremd oder neu sind, zumindest mit leichtem Unbehagen, wenn nicht mit einer gewissen Angst. Bei wiederholten Kontakten nehmen unsere Angstgefühle ab. Je vertrauter wir mit jemandem werden, desto besser können wir sein oder ihr Verhalten voraussagen und uns daher in der Nähe dieser Person wohler fühlen.

2. Der Exotik-Effekt. Der eben beschriebene Effekt widerspricht nicht der Tatsache, dass anfangs ein gewisses Maß an „Geheimnis" sexuell reizvoll sein kann. Sobald Menschen sich körperlich nahekommen, wird Blickkontakt entscheidend. Bei einer Laborstudie wurden 48 Männer und Frauen gebeten, einander während eines Gesprächs tief in die Augen zu schauen. Die Wirkung des gegenseitigen Blicks erwies sich als kraftvoll. Viele berichteten, dass der eingehende Blickkontakt mit einem Fremden des anderen Geschlechts intensive Liebesgefühle auslöste.

Zu viel Vertrautheit kann allerdings auch nach hinten losgehen. Anfangs positiv bewertete Charakterzüge können zum Ärgernis werden. Männer, die zunächst als „witzig und unterhaltsam" beschrieben wurden, werden „in der Öffentlichkeit peinlich". Reizvolle „Spontaneität" verwandelt sich in unattraktive „Verantwortungslosigkeit", „erfolgreich und zielorientiert" in „Workaholic" und „willensstark" in „stur".

Genau wie übermäßiger Kontakt das Feuer sexueller Anziehungskraft möglicherweise löscht, kann sein Gegenteil – Neuheit – die Flammen schüren. Der Psychologe Daryl Bem fasst das in dem Satz „Das Exotische wird erotisch" zusammen. Wann immer man College-Studentinnen bittet, die Eigenschaften zu benennen, die sie sexuell attraktiv finden, taucht tatsächlich unweigerlich „geheimnisvoll" auf der Liste auf.

3. Der Ähnlichkeits-Effekt. Zweifellos fühlen wir uns von Menschen angezogen, die anders sind als wir. Geht es allerdings tatsächlich darum, einen langfristigen Sexualpartner auszuwählen, ist „Gleich und Gleich gesellt sich gern" eher die Regel als die Ausnahme. Mehrere Studien zeigen, dass Ehemänner und Ehefrauen weitgehende Ähnlichkeiten zeigen, sowohl in Bezug auf ihre Ansichten über Glauben, Krieg und Politik als auch bei körperlicher Gesundheit, Herkunftsmilieu, Alter, ethnischer Zugehörigkeit, Religion und Bildungsniveau. Paare, die in einer Beziehung oder Ehe leben, ähneln sich in ihrer äußeren Attraktivität, und junge Ehepaare haben sogar ein ähnliches Gewicht! Die „Ähnlichkeitshypothese", wie Sozialpsychologen sie nennen, wirkt so stark, dass Beobachter negativ reagieren, wenn sie Paare sehen, deren Attraktivitätsniveaus nicht zusammenpassen. Dabei gibt es eine bemerkenswerte Ausnahme: eine schöne Frau und ein weniger attraktiver Mann. In diesem Szenario, das zu Evolutions-Hypothesen passt, unterstellen Menschen bei ihrer Beurteilung des ungleichen Paares dem Mann Reichtum, Intelligenz oder Erfolg.

Warum ziehen sich Ähnlichkeiten an? Ein Motiv dafür, dass wir jemanden suchen, der uns äußerlich stark ähnelt, ist die Angst vor Zurückweisung. Menschen ziehen diejenigen vor, deren „Wert als Partner" insgesamt dem eigenen ähnelt, die also auf dem Partnermarkt als ähnlich begehrenswert gelten. Hinter jemandem herzusein, der deutlich begehrenswerter ist als man selbst, ist bei Männern wie bei Frauen oft zum Scheitern verurteilt. Und wenn jemand es schafft,

USA

Der Achterbahn-Effekt

Das Forschungsteam des Meston Lab besuchte mehrere Freizeitparks in Texas, um zu untersuchen, ob das Achterbahnfahren, das die Aktivität unseres sympathischen Nervensystems* steigert, ein Mittel sein könnte, die sexuellen Reaktionen von Frauen zu verstärken. Die Wissenschaftler baten die Frauen, das Foto eines Mannes anzuschauen und dann in einem kurzen Fragebogen anzugeben, wie attraktiv sie den Mann fanden, wie gerne sie ihn küssen würden und wie groß ihre Bereitschaft wäre, mit ihm auszugehen. Obwohl allen das gleiche Foto eines durchschnittlich gut aussehenden Mannes vorgelegt wurde, zeigte sich: **Die Frauen, die gerade aus der Achterbahn kamen, fanden den Mann attraktiver** und als Ausgehpartner interessanter als die Frauen, die noch in der Schlange zum Achterbahnfahren anstanden. Anscheinend stieg die Attraktivität durch die von der Achterbahnfahrt verbliebene Aktivierung des sympathischen Nervensystems.

Pragmatiker, die einen Partner suchen, könnten sich fragen, ob die Ergebnisse der Achterbahnstudie heißen, dass sie bessere Chancen haben, wenn sie tanzen gehen als wenn sie cool in einer Bar herumstehen oder wenn sie ins Fitnessstudio und nicht ins Café gehen. Die Antwort fällt nicht eindeutig aus. In realen Rendezvous-Situationen kommt es darauf an, ob es anfangs zumindest ein gewisses Maß an Anziehung gibt. Falls das der Fall ist, gilt: ja, vielleicht. Aber wenn die Frau einen Kandidaten nicht im geringsten attraktiv findet, würde sie selbst nach einem Marathonlauf keine Verabredung wollen, geschweige denn Sex.

* Das sympathische Nervensystem mobilisiert das Nervensystem unseres Körpers zu einer Kampf-oder-Flucht-Reaktion.

einen begehrenswerteren Partner zu verführen, bringt das Kosten mit sich – zum Beispiel die Notwendigkeit, stets wachsam auf Nebenbuhler(innen) zu achten. Jemanden zu finden, der unsere Ansichten und Überzeugungen teilt, ist reizvoll, denn dadurch bekommen wir Bestätigung für das, was wir schon glauben. Ein Partner, der unsere Meinungen teilt, beweist uns, dass wir recht haben müssen. „Gleichgewicht" ist ein angenehmer Gefühlszustand, eine Empfindung von Harmonie, die entsteht, wenn zwei Menschen einander mögen und sich über ein Thema einig sind. Es ist viel einfacher, ein angenehmes Gleichgewicht zu erhalten, wenn von Anfang an über die meisten Themen Einverständnis herrscht. Und zuletzt ist Ähnlichkeit ein treffender Vorhersagefaktor für den langfristigen Erfolg einer Beziehung. Sie führt zu emotionalen Bindungen, Kooperation, Kommunikation, mehr Glück in der Partnerschaft und einem geringeren Trennungsrisiko. Auch wenn sich Gegensätze manchmal anziehen, gilt also bei der Partnerwahl: „Gleich und Gleich gesellt sich gern". Ich glaube, dass Liebe viel damit zu tun hat, das richtige „Gegenstück" zu finden – etwas sehr Individuelles, dass mit allen möglichen eigenen Erfahrungen aus der Vergangenheit zuammenhängt. Meine Lieblingsdefinition der Liebe stammt aus Platons *Gastmahl*, in dem Aristophanes die Liebe als die Wiedervereinigung mit der abgeschnittenen „wahren eigenen Hälfte" beschreibt.

Die Liebesformeln

- → **Nähe ist oft der erste Schritt, um sich von jemandem angezogen zu fühlen. Vertrautheit schafft Zuneigung.**
- → **Zu große Vertrautheit kann nach hinten losgehen. Das Exotische ist erotisch.**
- → **Obwohl sich Gegensätze manchmal anziehen, ist Ähnlichkeit oft ein Vorhersagefaktor für langfristigen Beziehungserfolg.**

Cindy Meston ist ordentliche Professorin für Klinische Psychologie an der Universität von Texas in Austin (USA). Sie leitet das Labor für Sexuelle Psychophysiologie, eines der wenigen internationalen Forschungslabors, die sich ausschließlich der Untersuchung weiblicher sexueller Gesundheit widmen, aus psychologischer wie physiologischer Perspektive. Ihre Forschungsergebnisse haben oft internationales Medieninteresse geweckt. Sie gehört den redaktionellen Beiräten mehrerer wissenschaftlicher Zeitschriften an, und sie ist ehemalige Präsidentin der Internationalen Gesellschaft für das Studium der Sexuellen Gesundheit von Frauen (ISSWSH). Sie hat über 100 Artikel für wissenschaftliche Zeitschriften und Buchbeiträge zum Thema weibliche Sexualität veröffentlicht und über 200 Fachvorträge über menschliche Sexualität gehalten.

Passive Liebe

„In engen Beziehungen steigern wir unser Selbstwertgefühl."

Wenn das Bedürfnis nach Liebe universell ist – welche Rolle spielt dann die Kultur bei der Entstehung seiner Ausdrucksformen? David Dalsky, **Experte für interkulturelle Psychologie, ist ins Herz der Liebe vorgestoßen und hat den japanischen Begriff des** *amae* **untersucht. Manche verstehen dieses Gefühl als kindlich, andere nennen es passiv.**

Wissenschaftler haben herausgefunden, dass das Bedürfnis, sich selbst gut zu finden, in Japan aus psychologischen, soziologischen und anthropologischen Gründen eine weniger wichtige Rolle spielen könnte. In der traditionellen japanischen Kultur (im Gegensatz zu westlichen Kulturen) werden Menschen von Kind an dazu sozialisiert, die Mitgliedschaft in einer Gruppe höher zu schätzen als die individuelle Selbstdarstellung; insofern wird das Ziel, Fehlschläge zu vermeiden, wichtiger als das Streben nach individuellem Erfolg. Einige Wissenschaftler argumentieren: **Japaner haben eine Grundmotivation zum Vermeiden von Fehlern.** Dafür geben sie alles, nicht für die Betonung ihrer eigenen Leistung.

Dagegen argumentiert eine andere Gruppe von Forschern, dass man das Beziehungsumfeld betrachten muss, wenn man positive Selbstbilder im heutigen Japan untersucht. Studien haben beispielsweise gezeigt, dass Japaner, die bei Aufgaben wie einem Universitätsexamen gut abschneiden, ihren Erfolg eher äußeren Umständen zuschreiben (z. B. „Ich muss Glück gehabt haben"), aber von ihren Freunden erwarten, dass diese ihren Erfolg auf innere Ursachen zurückführen (z. B. „Du bist ein intelligenter Mensch"). So führen Beziehungen indirekt dazu, ein positives Selbstbild zu stärken. Meine eigenen interkulturellen Untersuchungen legen nahe, dass Menschen auf eine einzigartige Weise durch Beziehungen positivere Gefühle für sich selbst entwickeln können: Wenn das Ich einer Person theoretisch das Ich einer anderen Person einschließt, was Ressourcen, Perspektiven und Identitäten angeht (d. h. Selbsterweiterung), können sowohl Japaner als auch Amerikaner ihr Selbstwertgefühl in engen Beziehungen durch den Austausch von Komplimenten verbessern. Ich nenne diesen Prozess „gegenseitige Selbstwerterhöhung".

Wie passen diese Erkenntnisse zu den Erscheinungsformen der Liebe in japanischen Beziehungen? Mit Blick auf den Beginn des Lebens können wir sagen, dass die Liebe zwischen Mutter und Kind an der Brust instinktiv verstärkt und vertieft wird – ein Phänomen, das eine lebenslange Bindung prägt. In einem Land wie Japan, in dem Gruppenziele Vorrang vor individuellen Zielen haben und gegenseitige Abhängigkeit das oberste Prinzip ist, können sich die Abhängigkeitsgefühle des Kindes bis ins Erwachsenenalter fortsetzen, mehr noch – sie können sogar die Gesellschaft durchdringen. Dieses Gefühl wird auf Japanisch *amae* genannt, frei übersetzt „Anlehnungsbedürfnis". *Amae* ist

David Dalsky

ein Gefühl, das in Japan für eine positive Haltung zur gegenseitigen Abhängigkeit steht. Es bedeutet, dass Menschen sich so kindlich benehmen, dass andere sich nachsichtig zeigen und ihnen erlauben, sich in Einklang mit ihrer Umgebung zu fühlen. Amae ist vor allem für die japanische Eltern-Kind-Beziehung charakteristisch und insofern schwer zu übersetzen, was nahelegt, dass es sich um ein rein japanisches Phänomen handeln könnte (obwohl einige Studien darauf hinweisen, dass amae auch in anderen Kulturen auftritt – selbst in westlichen wie Nordamerika). Wenn wir von den Japanern etwas über Liebe lernen wollen, könnte amae ein Schlüsselkonzept sein. Je nach Kultur kann Liebe sich unterschiedlich äußern: Was in einem Land wie kindisches Benehmen wirkt, kann in einem anderen Anpassungsverhalten sein. So lange Sie nicht in Extreme verfallen, sollten Sie keine Angst davor haben, sich zu stark auf andere zu verlassen, denn Liebe kann innerhalb der Bande gegenseitiger Abhängigkeit wachsen und genährt werden. Wenn Sie Ihr „inneres Kind" mit den richtigen Menschen üben lassen, kann das dazu führen, dass sich Ihr Selbstbild erweitert und Liebesgefühle entstehen.

David Dalsky ist außerordentlicher Professor am Zentrum zur Exzellenzförderung in der Hochschulbildung der Universität Kyoto (Japan), wo er Seminare über Kultur und wissenschaftliches Schreiben hält. Für seine Doktorarbeit zur interkulturellen Psychologie bekam er ein Stipendium des japanischen Erziehungsministeriums; die Arbeit erhielt eine lobende Erwähnung als herausragende Dissertation von der International Academy for Intercultural Research.

NIEDERLANDE

„Offenheit und Empfänglichkeit sind die Hauptzutaten einer Liebesbeziehung."

Jenseits der Scham

Drei von fünf Menschen haben am liebsten im Dunkeln Sex, sagen uns Studien aus aller Welt. Die meisten finden das einfach aufregend. Einer oder eine der fünf allerdings schämt sich für den eigenen Körper. Der Entwicklungspsychologe **Willem Poppeliers** organisiert weltweit Seminare, die darauf abzielen, diese oft aus der Kindheit stammende Haltung abzubauen. Mit **Theo Royers** ist er überzeugt: Jeder kann zu einer guten Sexualbeziehung kommen.

Auf den einfachsten Nenner gebracht: Eine dynamische, lebendige Beziehung ist gleich Liebe plus Begehren. Unser Liebesleben ist die Summe aus Lebenslust und Liebeslust. Die Lebenslust prägt die Beziehungskomponente unseres Liebeslebens, die Liebeslust die biologische Komponente. Zusammen bilden sie das kulturelle Päckchen, das wir gleich bei Empfängnis und Geburt mitbekommen haben. Damit die Liebe gut funktioniert, ist ein freies, sicheres sexuelles Umfeld nötig. Aber ohne sozialen und kulturellen Schutz kann ein menschliches Kind in keiner Gesellschaft überleben. Es braucht Wärme, Schutz, Liebe und Autonomie, um ganz zum Erwachsenen zu reifen, um im Erwachsenenalter eine befriedigende Partnerbeziehung einzugehen und im nächsten Schritt selbst Kinder zu versorgen. Jenseits von Schuldgefühlen, Scham und Angst. Dafür müssen fünf Grundbedingungen erfüllt sein:

1. Sich frei und sicher fühlen. Um zu sexuell reifen Menschen heranzuwachsen, müssen wir in unseren Körpern vollkommen präsent sein. Schuldgefühle bei körperlicher Erregung und Scham wegen unserer Körperteile gehören nicht hierher. Schon früh erleben Babys und Kleinkinder sexuelle Gefühle. Eltern sollten das akzeptieren und als etwas respektieren, das dem

Kind gehört. Sie müssen erkennen, dass diese sexuellen Kindheitserfahrungen notwendig sind, um zu einem sexuell gut integrierten Erwachsenen heranzuwachsen. Das Kind entdeckt, dass seine Sexualorgane ein wesentlicher Teil seines Körpers sind, auf den es stolz sein kann.

2. Zur Selbststeuerung fähig sein. Selbststeuerung ist der höchste Zustand der Intersubjektivität; ihre Kernkomponenten sind Imitation, Empathie und Mentalisierung. Die Fähigkeiten zur Nachahmung und zum Zeigen von Anteilnahme sind angeborene Eigenschaften. Indem Kinder andere nachahmen und sich in sie hineinversetzen, lernen sie, sich in ihr menschliches Umfeld einzufügen. Imitation und Empathie reichen allerdings nicht aus zum Erreichen voller Reife. Beispielsweise ist es eine bekannte Tatsache, dass bei Gewalt in Beziehungen genau die Empathie dazu genutzt wird, die verwundbarsten Stellen der Partners zu finden und zu treffen. Für Liebesbeziehungen braucht es mehr. Zu diesem Zweck erlernen Kinder Mentalisierung und Selbststeuerung. Mentalisierung ist die Fähigkeit, in einer Beziehung die andere Person als autonomes, selbst denkendes, fühlendes und handelndes Wesen zu sehen. Von diesem Blickwinkel aus können wir den anderen als Person mit einer eigenen Geschichte und eigenen Welt erleben, die sich von unserer unterscheidet.

3. Elementar: Berühren und Berührtwerden. Sexuelle Erfüllung durch Körperkontakt ist etwas ganz anderes als sexuelle Befriedigung. Befriedigung ist kurzlebig, sozusagen Masturbieren zu zweit. Sexuelle Erfüllung erwächst aus einer Liebesbeziehung, in der beide Partner in der Lage sind, sich einander voll und bedingungslos hinzugeben. Sie fühlen sich körperlich berührt, sowohl innerlich als auch äußerlich. Auf ihre jeweils eigene Weise fühlen sich Sexualpartner in ihrem Geist berührt (bewusst und dauerhaft), in ihrem Herzen (Zufriedenheit und Autonomie) und in ihren Sexualorganen (Begehren und Befriedigung), und dieses Gefühl teilen sie miteinander.

4. Das Weibliche und das Männliche entdecken. Weiblichkeit und Männlichkeit sind ein Kontinuum. Die Unterscheidung zwischen Männern und Frauen ist nicht absolut, und kann es in Wahrheit gar nicht sein. Wie wären wir sonst in der Lage, Liebesbeziehungen aufzubauen? In neurologischer und hormoneller Hinsicht ähneln Männer und Frauen einander stärker als gemeinhin angenommen wird. So kommen Oxytocin, Vasopressin, Testosteron und Östrogen bei beiden Geschlechtern vor. Insbesondere geht es darum, dass Männer das Weibliche in sich entdecken und Frauen das Männliche. Das gilt auch für homosexuelle Beziehungen.

5. Jede Entwicklungsphase respektieren. Viele Erwachsene sagen, dass sie sich die eigenen Eltern beim Liebesakt nicht vorstellen können. Tatsache ist aber, dass ihre Eltern ihre Liebe geteilt haben. Sexualität spielt in jeder Entwicklungsphase eine Rolle, aber jedes Mal in einer anderen Bedeutung und Ausdrucksform. In der ersten Phase des „Erwachens" braucht ein Kind die richtige Art von sexueller „Spiegelung" und Selbstwerterfahrung (Neugier, Unschuld, Aufregung und Regeln), aber keine Erwachsenen, die ihm ihre eigene Sexualität aufnötigen.

Vor der Pubertät lernen Kinder, dass Sexualität zu ihrer eigenen privaten Welt gehört und von Eltern respektiert wird. In der Pubertät und als Heranwachsende beginnen junge Leute zu erkunden und zu experimentieren, und sie lernen mithilfe ihrer Umgebung (Erziehende, Freunde und Lehrer), wie sich sexuelles Begehren und vertraute Liebe vereinbaren lassen. Die Eltern bleiben als Regelungsinstanz im Hintergrund: Die innere Sicherheit der ersten Phase setzt sich fort. In der Phase des Erwachsenenalters bilden sich Beziehungen, aus denen Kinder hervorgehen können. In diesem Stadium entdecken die Partner, dass Offenheit und Empfänglichkeit die Hauptzutaten einer Liebesbeziehung sind und dass es nicht nur darum geht, die beiderseitigen emotionalen und körperlichen Bedürfnisse zu befriedigen. In den nachfolgenden Stadien wachsen ihre eigenen Kinder heran und brauchen ihrerseits mentale, emotionale und sexuelle Spiegelung, um zu lernen, dass ihre Sexualität Teil ihrer Erfahrungswelt ist. Mit zunehmendem Alter und bis zum Tod bleibt die Neugierde auf Liebeslust erhalten, wobei der Wunsch nach Geschlechtsverkehr abnimmt und der nach Zuneigung wächst. Die Lebenslust wird eher verinnerlicht. Aber jede Art von Liebe ist immer eine Form von Lebenslust.

Die Liebesformeln

- → **Unser Liebesleben ist die Summe aus Lebenslust (Beziehungsaspekt) und Liebeslust (biologischer Aspekt). Dafür ist ein freies, sicheres sexuelles Umfeld nötig, ohne Schuldgefühle, Scham oder Angst.**
- → **Für die Bildung in Beziehungsfragen reicht es nicht aus, Empathie zu erlernen. Mentalisierung und Selbststeuerung sind ebenso wichtig.**
- → **Sexualität spielt in jedem Entwicklungsstadium eine Rolle, aber immer in anderen Bedeutungen und Ausdrucksformen. Angemessene Spiegelung und die Vermittlung von Selbstwertgefühl sind hier Kernpunkte.**

Willem Poppeliers ist Entwicklungspsychologe und Therapeut für bioenergetische Analyse. Er ist Gründer der Stiftung für Sexual Grounding Therapy (FSGT) und bildet Therapeuten und Trainer aus, die SGT-Kurse und Seminare in Mexiko, Frankreich, den Niederlanden, der Schweiz, Österreich, Deutschland und der Ukraine anbieten. Er hat mehrere Artikel und ein Buch darüber verfasst. **Theo Royers** ist Soziologe und Therapeut für bioenergetische Analyse. Er ist Präsident der FSGT. Außerdem arbeitet er als Wissenschaftler an einem Forschungsinstitut. Er hat mehr als 200 Artikel und Bücher verfasst oder daran mitgearbeitet.

„In unserer Liebe zu Gott sollten wir jeden lieben."

Wir leben, um zu lieben

„Die wahre Liebe richtet sich auf Gott, den Schöpfer des Universums. Gottesliebe besteht nicht nur aus Gottesdienst oder Gebet. Neben dieser Liebe ist die Liebe zu Gottes Geschöpfen notwendig, denn Liebe ist das Fundament des Universums", stellt der Arzt und Sexualwissenschaftler **Rauf Yasin Jalali** fest. Und für den sexuellen Teil macht er detaillierte Vorschläge: vom vorbereitenden Bad und ausführlichen Vorspiel bis zum liebevollen Umgang mit den intimen Körperzonen des Partners.

Unser Lebensziel sollte es sein, jeden zu lieben, weil das die Voraussetzung für die Liebe zu Gott ist. Liebe – und hier meine ich speziell die Liebe zwischen Ehepartnern – ist der wichtigste Aspekt unseres Alltagslebens. Das spirituelle Element sollte in den alltäglichen Ausdrucksformen unserer Liebe spürbar sein. Partner sollten wissen, was der andere fühlt, mag und ablehnt. Jeder freut sich an Erlesenem und jeder mag Schönheit.

Als Arzt kann ich sagen, mit der Hygiene fängt es an. Praktisch gesehen ist es die Reinheit des Körpers und auch die von Haus und Umgebung; spirituell gesehen ist eine Reinheit der Vorstellungen extrem bedeutsam. Auf der physischen Ebene ist Sauberkeit echte Schönheit. Partner sollten sich dessen stärker bewusst sein; Mund, Haare und der ganze Körper können duften. Der Geschlechtsverkehr muss für die Beteiligten nicht einfach ein Zusammentreffen von Penis und Vagina sein. Vielmehr sollten sie davon überzeugt sein, dass ihre Herzen sich miteinander verbinden, ja sie sollten zu einer einzigen Seele verschmelzen. Das ist ein spiritueller Liebesakt. Aber bevor es dazu kommt, würde ich an dieser Stelle gern einige einfache Verhaltensweisen nennen, die zu einem genussvolleren Liebes- und Sexualverhalten führen – damit Sie sich eines spirituellen Sexuallebens rühmen können. Ich hege die Hoffnung, dass die Liebe zwischen Partnern, die folgende Ratschläge in ihrem täglichen Liebesleben umsetzen, bis zu deren letztem Atemzug Bestand haben wird, und sogar, dass Scheidungs- und Trennungsraten deutlich sinken werden.

Beginnen Sie mit einem Bad

Mein Vorschlag: Im Vorfeld können beide Partner ein Bad nehmen, vielleicht auch gemeinsam, ein dem anderen angenehmes Parfüm verwenden, sie sollten die Zahnpflege nicht vergessen und vielleicht zur Verbesserung des Atems Kardamomkapseln oder Anissamen kauen oder auch einen Kaugummi. Natürlich kann sexuelle Erregung plötzlich als Folge körperlicher Anziehung auftreten, aber man kann sie auch allmählich mit Blicken, Berührungen, Streicheln, Küssen und anderen Vorspiel-Aktivitäten herbeiführen und verstärken. Das Vorspiel mehrt den sexuellen Genuss. In diesem frühen Stadium sexueller Aktivität können Sie eigentlich überall und in jeder Lage sein, später, wenn es ernst wird, nimmt ein Paar für gewöhnlich eine Position ein, in der die Penetration stattfinden kann. **Das Vorspiel verändert sich graduell, von sanft bis schnell und kraftvoll und wieder von vorn.** Die Partner können an ihren wohlriechenden Körpern schnuppern, sich mit Zunge und Lippen liebkosen, lecken, beißen und jeden Bereich erkunden. Das können alle Körperteile sein: Hände, Arme und Achselhöhlen, Lippen, Zunge, Augen, Nase, Stirn, Ohren, Wange, Kinn, Hals, Brüste, Brustwarzen, Bauch, Füße, Zehen, Schienbeine, Kniekehlen, Schenkel, Po und besonders ausführlich die reiche Welt der Genitalien.

Der richtige Umgang mit den Genitalien des Partners ist sehr wichtig. Ich will ins Detail gehen: Der Mann kann an Schamlippen und Klitoris der Frau lecken oder saugen, alles tun, was dazu beiträgt, die Frau zu erregen. Die Zunge in die Vagina zu stecken und sie in dieser vor- und zurückzubewegen ist eine Nachahmung der Penisbewegungen. Meine Empfehlung an die Frau im Umgang mit dem Mann: Vergessen Sie nicht seine Brust, den Unterleib, die Innenseite der Schenkel und den Damm. Lecken wird ein Genuss für ihn sein, ebenso das mehr oder weniger wilde Saugen an den Hoden und dem Penis. Je nach den sozialen Werten Ihrer Gesellschaft und Religion mag Ihnen das schwer fallen. Tun Sie, was Ihnen und Ihrem Partner sinnliches Vergnügen bereitet. Pressen und reiben Sie Ihre Körper aneinander als Vorbereitung für die Penetration. **Das Paar kann jede Stellung einnehmen, die einen Koitus gestattet.** Machen Sie es langsam, führen Sie zunächst nur die Spitze des Penis ein, dann immer weiter, in einer Abfolge von kleinen Vorwärtsbewegungen und leichten Rückzügen. Beim klassischen Beischlaf zwischen Mann und Frau hat das den praktischen Vorzug, dass sich die vaginale Gleitflüssigkeit auf dem Penis verteilt, sodass er leichter in die Vagina eindringen kann.

Während des Geschlechtsverkehrs bewegt sich der Penis des Mannes wiederholt in die Vagina der Frau und wieder heraus. Beide Partner können ihre Hüften rhythmisch bewegen, oder nur einer von beiden bewegt sich, während der andere stillhält. Manchmal ist die Reichweite der

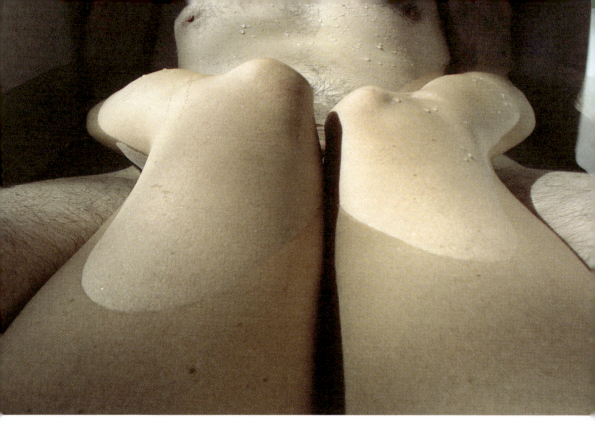

Bewegungen so klein, dass der Penis für eine lange Zeit innerhalb der Vagina bleibt. Manchmal erfolgen lange Stöße, bei denen der Penis die Vagina komplett verlässt und dann wieder tief eingeführt wird, was mehr Genuss bietet. **Beim Verkehr kann das Paar viele Arten von Bewegungen nutzen:** groß oder klein, sanft oder kraftvoll, schnell oder langsam. Einer oder beide Partner können die Initiative ergreifen, und die Bewegungen können allmählich oder unerwartet und schnell wechseln. Das Paar kann sich auch dafür entscheiden, mehrmals aufzuhören und wieder zu beginnen. Gleichzeitig können viele der Liebeshandlungen weiterhin stattfinden, die dem Verkehr vorausgingen: Küssen, Streicheln und anderes. Nach den Orgasmen und dem Samenerguss kann das Paar mit Küssen und Liebkosungen schließen.

Vorsicht, zerbrechlich!

Tiefe Liebe drängt uns dazu, die verschiedenen Aspekte der Natur zu bedenken, die uns in meiner Weltsicht zu einem tieferen Glauben an Gott führen, den Schöpfer, der all die Schönheit um uns erschaffen hat. In unserer Liebe zu Gott sollten wir jeden lieben. Aber unsere Welt ähnelt der Werkstatt eines Glasbläsers, in der überall Glas ist. Wir sollten also bei jedem Schritt aufpassen, sonst könnte das zerbrechliche Herz eines menschlichen Wesens Schaden nehmen. Wenn das passiert, werden wir außer den Scherben noch die Folgen unserer Achtlosigkeit ernten: Unsere Seelen werden verwundet.

Wir sollten von Sonne, Mond, Sternen, Tag, Nacht und dem ganzen Universum lernen. Sie alle erweisen uns Menschen einen Dienst. Bäume essen nicht ihre eigenen Früchte oder sitzen im eigenen Schatten. Ihre Früchte und ihr Schatten sind für uns. Sie produzieren lebensnotwendigen Sauerstoff für uns. Flüsse und Seen trinken nicht ihr eigenes Wasser – es ist für uns. Der Mensch ist der bedeutendste Teil der Schöpfung. Es schmerzt mein Herz, zu sehen, dass Menschen zum Feind der Menschen geworden sind. Wir haben uns auf der Grundlage von Hautfarben, Rassen, Sprachen, Religionen und Grenzen entzweit. **Wir haben begonnen, einander zu hassen. Das ist nicht unser Weg. Unser Weg sollte nur die Liebe sein, und Liebe führt zu Einigkeit.** Also sollten wir als Menschen zu einer Gemeinschaft werden. Wenn wir andere mit spirituellen Augen betrachten, können wir wahrnehmen, dass alle Menschen der Welt in einem Kreis stehen. Wenn jemand einem anderen Dornen reicht, werden diese Dornen um den ganzen Kreis wandern und in die Hände desjenigen zurückgelangen, der sie eingebracht hat. Diese Dornen werden die Hände aller verletzen. Wenn jemand einem anderen Blumen gibt, werden diese Blumen den ganzen Kreis umrunden und in die Hände desjenigen zurückkehren, der die Blumen besorgt hat. Diese Blumen werden allen Duft und Vergnügen schenken, nicht nur dem Spender. Wir sollten leben, um zu lieben.

Die Liebesformeln

- → **Die wahre Liebe ist die Liebe zu Gott, dem Schöpfer des Universums. Liebe ist das Fundament des Universums.**
- → **Der spirituelle Liebesakt drückt sich in respektvollem und aufmerksamem Sexualverhalten aus, vom Vorspiel bis zum Orgasmus.**
- → **Tiefe Liebe drängt uns zum Nachdenken über die verschiedenen Aspekte der Natur; sie können uns zu einem tieferen Glauben an Gott führen, der alle Menschen in Liebe und Verständnis eint.**

Der Arzt **Rauf Yasin Jalali**, M. D., Ph. D., ist Professor für Sexualwissenschaft in Rawalpindi (Pakistan). Er ist Direktor des South Asia Institute for Human Sexuality (SAIHS) und wird oft „Liebes-Guru" genannt. Die Universität Colombo hat ihm ihre Medaille für herausragende Leistungen verliehen, und er ist seit über 30 Jahren in der Welt der Sexualforschung engagiert. Er hat für internationale Hochschulen als Dekan und Professor am Fachbereich Menschliche Sexualwissenschaft gearbeitet. Jalali ist Professor auf Lebenszeit für Sexualwissenschaft und gehört der Academy for Sexology in Südafrika an. Er ist außerdem ein bekannter Dichter und befasst sich mit der reichen Tradition der Urdu-Dichtung.

"Wenn eine Liebe in einer Gesellschaft unkonventionell ist, heißt das nicht, dass sie nicht echt ist."

Liebe unter Männern

„Viele Menschen finden es schwer zu verstehen, wie sich zwei Männer leidenschaftlich und romantisch lieben können, genau wie ein Mann und eine Frau", erklärt **Frank Muscarella**. „Es stimmt zwar, dass die Welt viel weniger Beispiele für romantische Männerbeziehungen kennt, diese hat es aber in der ganzen Geschichte neben den Beziehungen zwischen Männern und Frauen gegeben."

Leidenschaftliche und romantische Liebe zwischen Männern kann vorkommen und kommt vor – von dieser Annahme ausgehend, konzentriert sich meine Forschung auf die mögliche evolutionäre Basis solcher Liebe. Theoretiker glauben, dass die romantische Liebe zwischen Mann und Frau ihren evolutionären Ursprung in der Liebe einer Mutter für ihr Kind hat. Diese liebende Aufmerksamkeit erhöht die Wahrscheinlichkeit, dass der Nachwuchs überlebt. Im Lauf der Evolution waren Paare erfolgreicher, wenn sie diese Aufgabe gemeinsam wahrnahmen. Im Wesentlichen fand also eine natürliche Auslese statt, die das männlich-weibliche Liebesverhalten bevorzugte, weil dieses die Bindung zwischen den Eltern verstärkte und dadurch zur erfolgreicheren Fortpflanzung beitrug. Die emotionale und psychische Komplexität dieses Liebesverhaltens variiert von Spezies zu Spezies, ist aber mit Sicherheit bei Menschen am höchsten.

Überleben

Eine oft gestellte Frage ist, wie sich Liebesverhalten zwischen Männern überhaupt entwickeln konnte, da es nicht zur Fortpflanzung führt. Laufende Forschungen zur menschlichen Evolution legen nahe, dass liebevolles Verhalten zwischen allen Individuen, nicht nur Männern und Frauen, für das Überleben der frühen Menschheit ein wichtige Rolle gespielt haben könnte. Man nimmt an, dass die Vorfahren der Menschen in kleinen, sehr eng zusammenarbeitenden Gruppen lebten. Empirische Befunde über dem Menschen eng verwandte Arten wie Schimpansen und Bonobos sowie über Menschen verschiedenster Kulturen und Epochen zeigen: **Sexuelle Handlungen verstärken die Bindungen zwischen Individuen**, was wiederum die Gruppe zusammenhält. Daher glauben heutige einige Wissenschaftler, dass bei unseren menschlichen Vorfahren sowohl reproduktives als auch nicht-reproduktives Sexualverhalten als eine Art sozialer Klebstoff diente, der die Beziehungen in der Gruppe stärkte und so zum Überleben aller Mitglieder und letztlich zur Fortpflanzung beitrug.

Allianzen

Die Allianztheorie der Evolution menschlichen Sexualverhaltens zwischen Männern besagt, dass dieses in der evolutionären Vergangenheit Bündnisse zwischen Männern stärkte. Diese sozialen Allianzen trugen direkt zum Überleben der Betreffenden bei, weil ihre Verbündeten ihnen halfen, Nahrung zu beschaffen und Feinde abzuwehren. Sie trugen indirekt zur Fortpflanzung bei, weil die Verbündeten ihnen dabei halfen, lang genug zu überleben, um sich schließlich eine weibliche Partnerin zu sichern und sich fortzupflanzen. **Männer, die sexuelle Beziehungen mit Männern praktizierten, könnten dadurch ihre Chancen erhöht haben, zu überleben und sich fortzupflanzen.** Anders als Männer, die das niemals taten: Sie hatten weniger und schwächere Allianzen und daher schlechtere Chancen, Nahrung zu bekommen oder Feinde abzuwehren. Männer, deren Sexualverhalten sich ausschließlich auf andere Männer beschränkte, konnten sich nicht fortpflanzen. Nach diesem Modell stammen alle heutigen Männer von Männern ab, die manchmal, unter bestimmten Bedingungen, auf andere Männer erotisch und liebevoll reagieren konnten. Einige Forscher vertreten die Theorie, dass während der Weiterentwicklung der Menschen von Jäger-und-Sammler-Gemeinschaften zu Agrargesellschaften ein Kulturwandel stattfand und einige sexuelle Verhaltensweisen, die man früher akzeptierte, zunehmend als problematisch gesehen und daher verboten wurden.

Romantische Liebe

Ich glaube, dass die Existenz der typisch westlichen schwulen Subkultur der Gegenwart aus dem Zusammenspiel mehrerer Faktoren entstand. Erstens fühlt sich ein kleiner Prozentsatz von Männern wegen der normalen Schwankungen im Interesse am eigenen Geschlecht vor allem oder ausschließlich zu anderen Männern hingezogen. Zweitens: **Individuen müssen in den Industrieländern nicht zu einem Mann-Frau-(Ehe-)Paar gehören, um zu überleben und Erfolg zu haben.** Damit können Männer, die nur Männern gegenüber romantische Gefühle entwickeln, ihr Leben mit anderen Männern gleicher Interessen teilen. Schließlich werden in westlich-industrialisierten Gesellschaften drei der vier möglichen Kategorien des Sexualverhaltens zwischen Männern nicht gefördert oder sogar aktiv behindert: Rollenverteilung nach Status (zwischen Herrn und Diener), nach Geschlechterrollen (zwischen einem Mann und jemandem, der die Rolle der Frau einnimmt) und nach Alter (zwischen einem Erwachsenen und einem Jugendlichen). Damit bleibt die vierte Kategorie als vorrangig akzeptierte Form der sexuellen Liebesbeziehung zwischen Männern: der egalitäre Typ. Und in der Tat finden Männerbeziehungen in westlichen Gesellschaften weitgehend zwischen ebenbürtigen erwachsenen Männern statt.

Kultur

Die wichtigste Lehre, die ich aus meinen Forschungen gezogen habe: Die Kultur spielt eine zentrale Rolle bei der Festlegung, wen und wie wir lieben. Die Fähigkeit, sich mit Angehörigen des anderen und des eigenen Geschlechts auf liebevolle, sexuelle Handlungen einzulassen, könnte ein Basiselement der sexuellen Veranlagung des Menschen sein. Anthropologische und historische Forschungsergebnisse legen allerdings nahe, dass die Kultur den größten Einfluss darauf hat, wie sexuelle Liebesbeziehungen sich bei den meisten Individuen einer bestimmten Gesellschaft ausdrücken. Diejenigen, die sich nicht daran anpassen, werden oft als kriminell oder krank oder beides etikettiert. Aber wenn eine einvernehmliche Liebe zwischen zwei Erwachsenen in einer Gesellschaft unkonventionell ist, heißt das noch nicht, dass sie für die beiden nicht echt, tief und persönlich erfüllend ist. Glücklicherweise wird diese Tatsache gegenwärtig in zahlreichen Gesellschaften anerkannt und viele Menschen dürfen die Liebe finden, die für sie am wichtigsten und förderlichsten ist.

Die Liebesformeln

- → **Forschungen zur menschlichen Evolution legen nahe, dass liebevolles Verhalten zwischen allen Individuen, nicht nur Männern und Frauen, eine wichtige Rolle für das Überleben der frühen Menschheit gespielt haben könnte.**
- → **Die Fähigkeit, sich mit Angehörigen des eigenen Geschlechts auf liebevolle, sexuelle Handlungen einzulassen, gehört zur sexuellen Veranlagung des Menschen.**
- → **Die Kultur hat den größten Einfluss darauf, wen und wie wir lieben, und wie sexuelle Liebesbeziehungen sich bei den meisten Individuen einer bestimmten Gesellschaft ausdrücken.**

Frank Muscarella ist Professor für Psychologie an der Barry University in Miami Shores, Florida (USA). Er leitet den Masterstudiengang Klinische Psychologie und ist Vorsitzender des Fachbereichs Psychologie. Seine wichtigsten Forschungsbereiche sind evolutionäre Psychologie und menschliche Sexualität. Er hat mehrere Artikel über Sexualverhalten und sexuelle Orientierung verfasst, darunter *The Alliance Theory* (Die Allianztheorie).

Der Liebesmotor

Amors Pfeile treffen nicht nur Ihr Herz, sie zielen auch auf Ihr Hirn. Hirnscans von zutiefst Verliebten zeigen überraschenderweise Aktivität in Hirnregionen, die mit „Belohnung" und „Zielerreichung" zu tun haben. Was könnten für Amor Ziele und Belohnungen sein?
John K. Rempel hat sich auf die Suche gemacht und herausgefunden: Liebe ist ein Motiv.

Liebe – dieses Wort transportiert eine in der menschlichen Geschichte beispiellose umfassende Bedeutung und tiefe Kraft. Sie gilt als Essenz des Göttlichen und als Grundlage unserer kostbarsten Beziehungen. Zahllose Romane, Abhandlungen, Reden, Gedichte, Lieder, Dramen und Kunstwerke kreisen um die Erfahrung und die Wirkung der Liebe. Den Begriff „Liebe" zu definieren, hat sich als berüchtigt schwierig erwiesen. Bei all ihrem Gewicht ist die Liebe ein eher ungenauer Begriff mit mehrfachen Bedeutungen, vielfältigen Zielobjekten und unterschiedlichsten Ausdrucksformen. Wir scheinen viel darüber zu wissen, wie es sich anfühlt, Liebe zu erleben und wie Liebe in der Praxis aussieht – darüber, was Liebe tatsächlich ist, herrscht keine Klarheit.

Vier universelle Punkte

In seiner philosophischen Analyse der Liebe nannte Rolf Johnson 2001 vier Punkte, in denen praktisch alle Studien über die Liebe übereinstimmen. Erstens hat Liebe ein Objekt. Das heißt unter anderem, die Liebe ist etwas, das von uns zu etwas oder jemand anderem fließt. Zweitens schätzen wir das, was wir lieben – das Objekt unserer Liebe ist bedeutsam und wertvoll. Drittens fühlt sich der oder die Liebende zu dem Liebesobjekt hingezogen oder hingeneigt. Die Liebe hat also eine Motivationskomponente. Und zuletzt ist Liebe etwas, das wir fühlen, oft in außerordentlich intensiver Weise. Diese Punkte passen bemerkenswert gut zu der Definition der Liebe, die Christopher Burris und ich entwickelt haben (siehe sein Beitrag Seite 140).

Wir glauben: **Liebe ist ein Motivationszustand mit dem Ziel, das Wohlergehen des geliebten Menschen zu erhalten und zu fördern** – die vielfältigen Erscheinungsformen der Liebe teilen das gemeinsame Fundament, das Beste für das Objekt der Liebe zu wollen.

Wenn Liebe in ihrem Kern ein Motivationszustand ist – wie erklären wir dann ihre verschiedenen Formen? Und wie fängt die Vorstellung von Liebe als Motiv die Tiefe und Intensität ihrer Ausdrucksformen ein? Der Wunsch, das Leben geliebter Menschen zu schützen und zu bereichern, kann einer Vielzahl tief greifender, sogar persönlichkeitsverändernder Erfahrungen entstammen. Nehmen wir zum Beispiel die leidenschaftliche Liebe – die intensive Sehnsucht von Liebenden, ihr Leben mit dem geliebten Partner zu vereinen. Wie könnten sie nicht wünschen, das Leben des Seelenverwandten zu schützen und zu bereichern, der sie mit Aufregung, Begehren und Begeisterung erfüllt? In ähnlicher Weise kann der Wunsch, das Wohlergehen eines anderen zu schützen und zu fördern, in der Wärme, Freude und Zufriedenheit von Kameradschaft und gemeinsamen Aktivitäten wurzeln. Die Freuden einer beide bereichernden Freundschaft können lebenslange Bindungen fördern. Derartige Belohnungen können auch die Sehnsucht nach solchen Gefährten – seien es Partner, Freunde oder Geschwister – nähren, denn sie gehören zu den besten Erfahrungen, die das Leben zu bieten hat. Stellen Sie sich außerdem Kinder vor, die sich darauf verlassen, dass ihre Eltern ihre Bedürfnisse nach Nahrung, Fürsorge und Unterstützung erfüllen. Würde irgendjemand die tiefe Anteilnahme infrage stellen, die Kinder für das Wohlergehen der Bezugspersonen entwickeln, von denen sie abhängen?

Persönliche Belohnungen

Natürlich bringt bei all diesen Formen der Liebe das Wohlergehen des geliebten Menschen eine persönliche Belohnung mit sich. Es gibt zwar den klaren Wunsch, das für unser Liebesobjekt Beste zu sichern und zu fördern – aber in deren Wohlergehen liegt auch ein Gewinn für uns. Trotzdem gibt es eine Art von Liebe, die man insofern als „rein" ansehen kann, als sie keine weiteren Ziele verfolgt außer das Beste für den anderen zu wollen – die altruistische Liebe. **Das ist eine Liebe, die gibt, ohne eine Gegenleistung zu erwarten.** Sie inspiriert Anteilnahme, Fürsorge und Aufopferung; sie ist die Art von Liebe, die Gott zugeschrieben wird. In der Tat würde manch einer verfechten, dass solche Liebe nur Gott zuzuschreiben ist – dass Menschen vollkommen und rettungslos selbstsüchtig sind und ihnen das Wohlergehen anderer als Motivation nicht ausreicht. Solchem Zynismus zuwiderlaufend, zeigen Untersuchungen zu altruistischen Motiven und mitfühlender Liebe, dass Menschen und zu einem gewissen Grad auch Tiere Empathie erleben können. Dieser emotionale Zustand, der durch gegenseitige Gefühle von Zärtlichkeit, Anteilnahme und Wärme gekennzeichnet ist, kann Menschen dazu bewegen, anderen Gutes zu tun, selbst wenn damit wenig zu gewinnen und viel zu verlieren ist. Bei der altruistischen Liebe dreht sich manchmal alles um die anderen.

Haben wir Beweise dafür, dass Liebe ein Motiv ist? Die wissenschaftliche Untersuchung dieser Frage beginnt gerade erst, aber es gibt vielversprechende Studien, die darauf hinweisen, dass Motivation für unser Verständnis und unsere Erfahrungen von Liebe eine zentrale Rolle spielt.

In einer Hirnbildgebungs-Studie an heftig verliebten Menschen fanden Arthur Aron und seine Kollegen 2005 heraus, dass die Teilnehmer Hirnaktivitäten in Regionen wie dem ventralen Tegmentum zeigten, das mit Belohnung und Zielerreichung zu tun hat. Eine andere Studie von Kevin Hegi und Raymond Bergner zeigte 2010: Die Teilnehmer stuften Person A dann am seltensten als „liebt Person B" ein, wenn Person A sich nicht „um das Wohlergehen des anderen um seiner Selbst willen bemühte" – dieses Motiv wurde als das wichtigste für eine gute Beziehung angesehen. **Menschen stufen eine Erfahrung dann am wenigsten wahrscheinlich als Liebe ein, wenn die Motivation fehlt, jemand anderem Gutes zu tun,** selbst wenn intensive positive Gefühle und positive Werturteile gegenüber dem anderen bestehen – das bestätigen einige unserer eigenen Studien.

Machtvolle Kraft

Angesichts dieser neuen Ergebnisse gibt es guten Grund zu der Annahme, dass die Liebe tatsächlich ein Motivationszustand ist, der von Erkenntnis- und Gefühlserfahrungen ausgelöst wird. Dennoch – spielt dieses Wissen bei der Analyse wirklich eine Rolle? Wir glauben sogar, dass es eine große Rolle spielt. Wenn wir anerkennen, dass Liebe ein Motiv ist, können wir anfangen zu verstehen, warum sie eine so machtvolle Kraft im Leben der Menschen ist. **Der Wunsch, das Wohlergehen eines anderen zu fördern und zu erhalten, verlangt, dass wir aktiv werden** – anders als intensive Gefühle oder tiefe Wertschätzung. Das ist die wahre Macht der Liebe: die Kraft, Veränderungen zu bewirken, nicht nur in der Art, wie Menschen übereinander fühlen oder denken, sondern bei dem, was sie füreinander tun wollen.

Die Liebesformeln

- **Die vielfältigen Erscheinungsformen der Liebe teilen das gemeinsame Fundament, das Beste für das Objekt der Liebe zu wollen.**
- **Die Erfahrung von Empathie kann Menschen dazu bewegen, anderen Gutes zu tun, selbst wenn damit wenig zu gewinnen und viel zu verlieren ist.**
- **Der Wunsch, das Wohlergehen eines anderen zu fördern und zu erhalten, verlangt, dass wir aktiv werden. Das ist die wahre Macht der Liebe.**

John K. Rempel leitet den Fachbereich Psychologie an der St. Jerome's University in Waterloo (Kanada). Sein Forschungsinteresse richtet sich vor allem auf das Verständnis der grundlegenden Prozesse, die bei engen Beziehungen eine Rolle spielen, und er hat Studien zu einer Vielzahl zwischenmenschlicher Phänomene durchgeführt, darunter Vertrauen, Macht, Liebe, Hass, Konflikte, Empathie, wiederherstellende Gerechtigkeit, sexuelle Übergriffe, das Böse und der Einfluss des Partners auf Gesundheitsentscheidungen.

KANADA

„Liebe … fühlt sich an wie Gott."

Seifenblasen

Stellen Sie sich vor, jeder würde in seiner eigenen Seifenblase herumschweben. Was würde passieren, wenn wir uns in jemanden verlieben? Der Sozialpsychologe **Chris Burris** verwendet das Bild der am Himmel schwebenden Seifenblasen für seine Gedanken über die Liebe.

Zu den seltsameren Entdeckungen, die wir bei unseren Forschungen im Lauf der Jahre gemacht haben, gehört die folgende: Erfahrungen verschiedener Arten von Liebe produzieren nicht nur unterschiedliche Motivationen und Gefühle, sondern haben auf verschiedenen Wegen auch direkten Einfluss auf die Wahrnehmung des eigenen Selbst. Um das zu erklären, möchte ich in die Zeit zurückkehren, in der ich als Kind Seifenblasen machte – leider kommt es mir vor, als sei das wirklich lange her …

Das Selbst und der andere

Stellen Sie sich vor, Sie wären in einer Art „psychologischer Seifenblase" eingeschlossen, die durch die Welt schwebt. Andere Menschen wären ebenso eingehüllt – jeder in seiner eigenen Blase. Mithilfe von Animationen, die diese Blasen zeigten, stellten wir fest, dass jemand, der einen anderen Menschen altruistisch liebt, so empfindet, als klebe die eigene Blase an der des geliebten Menschen fest: Man reist zwar gemeinsam, aber es bleiben zwei verschiedene Blasen.

Empfindet man dagegen eine nicht-altruistische Form von Liebe für jemand anderen, wie erotische Liebe, ist es, als würden die eigene Blase und die des anderen nicht nur aneinander haften, sondern zu einer einzigen Blase verschmelzen. Insofern bewirken sowohl altruistische als auch nicht-altruistische Liebe das Gefühl, mit einem anderen Menschen auf eine Weise verbunden zu sein, die den eigenen Kurs ändert. **Man schwebt nicht mehr frei und losgelöst von anderen.** Gleichzeitig besteht das Gefühl eines Unterschieds zwischen dem eigenen Selbst und dem anderen anscheinend nur bei der altruistischen Liebe. Dagegen verliert sich das Selbst im Fall nicht-altruistischer Liebe im anderen und geht vielleicht ganz verloren, wenn ein stürmisches oder dorniges psychologisches Umfeld die durch Verschmelzung entstandene Einzelblase zum Platzen bringt.

Hier muss ich Sie bitten, mir zu vertrauen: Ich hätte für Gespräche über die Liebe niemals auf Seifenblasen zurückgegriffen, wenn ich nicht den Eindruck gehabt hätte, dass sich die vergangenen Liebeserfahrungen unserer Studienteilnehmer auf diese Weise wahrhaftig einfangen ließen. Aber wenn diese Metapher etwas anderes hervorrufen soll als nostalgische Sehnsucht nach kindlichem Zeitvertreib, müssen wir überlegen, welche Auswirkungen sie für unser Verständnis von Liebe haben könnte. Schlicht gesagt: „Was geht uns das an?"

Der (oder die) Richtige

Wir haben eine Studie durchgeführt, die zeigte, dass die Gegenüberstellung mit einer bedürftigen Person (eine Situation, die mit besonders großer Wahrscheinlichkeit altruistische Liebe und deren emotionales Nebenprodukt Empathie auslöst) mystische Erlebnisse hervorrufen kann, zu denen ein Gefühl von Einssein, das Aufgehen in etwas Größerem und die Verzerrung von Zeit und Raum gehören – Vorgänge, die oft als subjektiver Beweis für die Existenz des Göttlichen dargestellt werden. Möglicherweise ist das Erleben altruistischer Liebe – bei der sich unsere „Selbst-Blase" mit der eines anderen verbindet – also durch Gefühle von Einssein und Transzendenz gekennzeichnet, die den Kern mystischer Erfahrungen ausmachen? Da mystische Erfahrungen einer der wiederkehrenden Grundpfeiler verschiedenster Glaubenstraditionen der Welt sind, ist es vermutlich kein Zufall, dass Religionen der altruistischen Liebe oft eine spezielle Bedeutung zuschreiben – eine Bedeutung, die beispielsweise die Bodhisattvas des Mahayana-Buddhismus dazu bewegt, aus Anteilnahme für die noch nicht erleuchteten Leidenden darauf zu verzichten, selbst ins Nirwana einzugehen. Aus psychologischer Perspektive ist das kein Paradoxon. Genau die Erfahrung altruistischer Liebe für die Bedürftigen (und insofern ein Gefühl der Bindung an diese) kann von einem Gefühl transzendenten Einsseins begleitet sein, in dem das eigene Selbst nicht mehr als abgetrennt empfunden wird.

Wir haben noch keine Daten, um die Frage zu beantworten, ob nicht-altruistische Formen der Liebe ein ähnliches Gefühl mystischen Einsseins fördern können. Aber angesichts der Verschmelzungs-Ergebnisse, die ich oben geschildert habe, überrascht es nicht, dass die erotische Vereinigung gelegentlich als Weg zur spirituellen Verwandlung dargestellt wird – zum Beispiel im hinduistischen Tantrismus.

Viele Theologen haben beteuert, Gott sei Liebe. Ein paar haben erklärt, Liebe sei Gott. Als Sozialwissenschaftler – selbst als Psychologe, der die Religion untersucht – muss ich mit demütig erhobenen Händen meine Niederlage eingestehen: Mir fehlen die Werkzeuge, um den Wahrheitsgehalt der beiden Behauptungen zu beweisen oder zu widerlegen. Angesichts der Forschungsergebnisse, die meine Kollegen und ich allmählich zu den mystischen Eigenschaften der altruistischen Liebeserfahrung zusammentragen, bin ich trotzdem bereit, eine etwas bescheidenere, umständliche Aussage zu treffen: „Liebe kann sich wie das anfühlen, was viele Leute ‚Gott' nennen würden."

Die Liebesformeln

→ **Wenn jemand altruistische Liebe empfindet, nimmt er oder sie das wahr, als klebe die eigene Blase an der des geliebten Menschen fest.**
→ **Wenn jemand eine nicht-altruistische Form von Liebe empfindet, wie erotische Liebe, ist es, als würden die eigene Blase und die des anderen sich zu einer einzigen Blase vereinen.**
→ **Liebe kann sich wie das anfühlen, was viele Leute „Gott" nennen würden.**

Christopher T. Burris ist Sozialpsychologe und außerordentlicher Professor für Psychologie an der St. Jerome's University in Waterloo (Kanada). Zur Formulierung der Ideen, die er hier präsentiert, trugen sein Kollege John Rempel (siehe der vorhergehende Beitrag, Seite 137) und die wissenschaftliche Mitarbeiterin Kristina Schrage bei. Seine wissenschaftliche Arbeit befasst sich auch mit vielen anderen Themen, darunter Liebe und Hass, Religion und Spiritualität, das Böse und die Sexualität, Bewusstsein und Selbst. Wenn er nicht als Wissenschaftler unterwegs ist, ist er normalerweise hinter seinem Fernglas zu finden und hält Ausschau nach Vögeln.

Lebensgefahr überstehen

„Eigentlich hat sich mein Projekt gar nicht speziell mit Liebe beschäftigt", erklärt Marek Blatný. Der Psychologe widmet seine Arbeit der Lebensqualität von Kindern, die Krebs überlebt haben, und der ihrer Familien. „Aber ich merkte sofort, dass es in Wahrheit nur um Liebe ging."

Gemeinsam mit Kinderonkologen und Klinischen Psychologen stellen wir fest, auf welchen Gebieten sich die Lebensqualität von Kindern und Jugendlichen wegen der Spätfolgen der Krebsbehandlung verschlechtert, und suchen nach Wegen, um die geringere Lebensqualität dieser Kinder auszugleichen. Innerhalb des Projekts achten wir nicht nur auf die jungen Patienten, sondern auch auf ihre Eltern und Geschwister.

Wir waren von den ersten Forschungsergebnissen fasziniert: Bei vielen Aspekten der Lebensqualität schnitten die Überlebenden einer Krebserkrankung besser ab als andere, gesunde Kinder. Kinder, die Krebs überstanden hatten, waren in schlechterer körperlicher Verfassung und nahmen an weniger Freizeitaktivitäten teil, aber ihr emotionales Wohlbefinden und ihre allgemeine Lebenszufriedenheit waren besser. Unsere Erklärung konzentriert sich auf die Tatsache, dass Alltagssorgen diesen Kindern – nach ihrer lebensbedrohlichen Krankheit und der schwierigen, anstrengenden Behandlung – weniger gravierend erscheinen als Gleichaltrigen.

Auch auf einem weiteren Gebiet vermeldeten die Kinder eine höhere Lebensqualität: dem Verhältnis zu den Eltern. Kinder, die Krebs überstanden haben, nehmen bei ihren Eltern mehr Engagement und Wärme wahr als Kinder aus der Durchschnittsbevölkerung. In Nachfolgestudien ermittelten wir sogar, dass bei jüngeren Kindern (unter 12 Jahren) die Warmherzigkeit der elterlichen Fürsorge wie ein Schutzfaktor wirkte, der die wahrgenommene Lebensqualität gegen die schweren Spätfolgen der Krebsbehandlung abschirmte. Mit anderen Worten: Obwohl die Kinder litten, konnte die Wärme der elterlichen Liebe diese Wirkungen kompensieren und die Beeinträchtigungen ausgleichen.

Eltern

Die Aussagen der Eltern entsprachen der Art, wie Kinder und Jugendliche ihre Situation erlebten. Nach dem aktuellen Kenntnisstand der Psychologie können selbst widrige Lebensereignisse oder gar traumatische Erfahrungen gewisse positive Aspekte haben; zum Beispiel kann man den Wert des Lebens und die Bedeutung geliebter Menschen erkennen. Wir fragten Eltern, welche Veränderungen die Krankheit ihres Kindes für verschiedene Bereiche ihres Lebens mit sich gebracht hatte, und baten sie, negative wie positive Erfahrungen zu bewerten. Die Eltern nannten vor allem die Verbesserung der zwischenmenschlichen Beziehungen als positive Aspekte – mehr Liebe für ihre Kinder, eine Vertiefung der Partnerbeziehung, die Erfahrung

Marek Blatný

„Die Wärme elterlicher Liebe gleicht vieles aus."

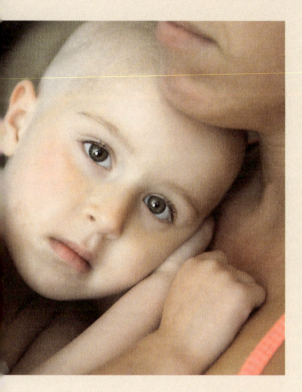

und andere Eltern. Manchmal werden die gesunden Geschwister kranker Kinder und deren Bedürfnisse vernachlässigt. Sie erleben gravierende Umbrüche ihres Lebens – insbesondere verlangt man Unabhängigkeit von ihnen und sie werden von starken Gefühlen wie Angst, Sorge und Schuldgefühlen überwältigt, mit denen sie oft allein gelassen werden. Einige gesunde Geschwister berichteten in unseren Studien außerdem, dass ihnen die Gegenwart ihrer Eltern fehlte und die Möglichkeit, über ihre Probleme zu sprechen. Gleichzeitig forderten sie aber niemals auf Kosten des kranken Geschwisterkindes größere Aufmerksamkeit von ihren Eltern. Sie litten am meisten unter der Krankheit und dem Leiden ihrer Geschwister, unter der Angst, diese könnten sterben, unter deren Abwesenheit und der Unmöglichkeit, bei ihnen zu sein, und sie wünschten sich, dass alle wieder gesund und beisammen wären. **Aus den Äußerungen der Geschwister sprachen Mitgefühl und Liebe**, wieder einmal.

Nun ja, ich dachte, ich hätte mit der Liebesforschung nichts zu tun … Aber wir wissen, dass Liebe in jedem Moment unseres Lebens präsent ist. Und wenn wir leiden, liegt das insbesondere an einem Mangel an Zuneigung. Es ist einfach wichtig, dass uns hin und wieder jemand an diese Tatsache erinnert.

der Unterstützung von Verwandten, Freunden und Bekannten, aber auch die Hilfe und Unterstützung durch Arbeitskollegen oder durch den Arbeitgeber. Natürlich hatten einige Eltern schlechte Erfahrungen gemacht – ihre Beziehungen waren gescheitert oder sie hatten ihre Anstellung verloren –, aber die positiven Erfahrungen überwogen deutlich.

Geschwister

Zum Zeitpunkt der Diagnose erhält das kranke Kind verständlicherweise ein Maximum an Fürsorge, Aufmerksamkeit und Unterstützung. Außerdem bekommen die Eltern von Anfang an Unterstützung durch medizinisches Fachpersonal, Psychologen

Marek Blatný ist Direktor des Instituts für Psychologie an der Akademie der Wissenschaften der Tchechischen Republik und Professor für Sozialpsychologie an der Masaryk-Universität in Brno (Tschechische Republik). Zu seinen wissenschaftlichen Arbeiten gehören Längsschnittstudien zur Entwicklungspsychologie der Lebensspanne und zur Lebensqualität von Kindern, die Krebs überlebt haben.

„Liebe ist, sich gegenseitig glücklich machen zu wollen."

Verliebtheit ist eine Augenkrankheit

„Zwei Begriffe werden immer durcheinandergebracht: Verliebtheit und Liebe", erläutert **Alfons Vansteenwegen**, der 2011 für sein Lebenswerk die Goldmedaille für Sexologie der Internationalen Vereinigung für Sexuelle Gesundheit erhalten hat. „Verliebtheit ist eine Augenkrankheit", sagt er. Aber was kommt danach?

Verliebtheit ist ein Zustand, in dem wir uns in überwältigend intensiver Weise zu einer anderen Person hingezogen fühlen. Das ist weder das Ergebnis einer Anstrengung noch kann es willentlich herbeigeführt werden. Wir verlieben uns, wie wir uns mit einem Schnupfen anstecken. Dann sehen wir die andere Person nicht so, wie sie ist, sondern so, wie wir sie gerne hätten. Für alle Übrigen ist sie wie immer; für den Liebeskranken dagegen fantastisch, erstaunlich, einzigartig, vollkommen und die Quelle alles Guten. Das nennt man Projektion. Verliebtheit ist eine Augenkrankheit, eine sanfte Psychose.

Verliebtheit ist unwiderstehlich. Sie lässt sich nicht einfach abschütteln. Sie ist eine Obsession, man ist von ihr besessen. In gewisser Hinsicht ist man weniger frei. Verliebtheit wird von leidenschaftlicher Anziehungskraft und extremen Gefühlen begleitet. Man wird ständig zum anderen hin getrieben. In dieser Hinsicht ist Verliebtheit eine Antriebskraft, ein Motivator. Sie führt Menschen zueinander. Verliebtheit gibt auch Kraft. Sie macht Menschen kreativ. Sie schärft die Wahrnehmung. Gegenseitige Verliebtheit lässt den Geschlechtsverkehr funktionieren wie ein Uhrwerk.

Verliebtheit strebt nach Gegenseitigkeit. Man möchte eine ausschließliche emotionale Verbindung mit dem anderen. Ein gebrochenes Herz resultiert aus Trennungsschmerz, weil wir nicht mit dem oder der Geliebten zusammen sind, oder aus unerwiderter Verliebtheit. Gegenseitige Verliebtheit ist ein Gefühl des Verschmelzens, aber noch keine realistische Beziehung.

Die Augenkrankheit verheilt durch Zusammenleben von selbst, wenn sich die andere Person als etwas anderes entpuppt als das, was man sich erträumt hatte.

Wahre Liebe

Wahre Liebe im Zusammenleben ist, Liebe zu schenken: den Partner zu etwas Besonderem zu machen. Es geht um Verpflichtung füreinander. Wenn eine Beziehung nicht mehr einfach so funktioniert, ist das Engagement beider Partner gefragt. Engagement ist nichts Bequemes, es gehört immer ein „trotzdem" dazu. Partner einer Lebensgemeinschaft sind in jeder Hinsicht verschieden und wollen trotzdem zusammenleben. „Obwohl du nicht so bist, wie ich es mir erträumt hatte, will ich trotzdem mit dir leben." Das ist Engagement. Es beinhaltet eine freie Entscheidung. Wahre Liebe drückt sich in verschiedenen Arten des Umgangs miteinander aus.

1. Worte teilen. Einander wirkliche Aufmerksamkeit widmen und Zeit schaffen für die Wege, auf denen beide Liebe schenken. Liebe liegt im gemeinsamen Besprechen von Dingen. Im Wissen, dass beide Partner jedes Wort auf Basis der eigenen Geschichte interpretieren, und dass deshalb jeder von beiden Worte auf seine oder ihre eigene, andere Weise auslegt. Die Bedeutung des Unterschieds zu verstehen, den man Worten beimisst und zu gemeinsamen Bedeutungen, dualen Konstrukten zu kommen, ist eine Form von Liebe.

2. Gefühle teilen. Liebe drückt sich auch im Austausch von Gefühlen und durch Mitgefühl füreinander aus. Man kann Gefühle niemals ganz in Worte fassen. Allerdings kann man sich in die Welt des Partners hineinversetzen und jene Gefühle des anderen stärker beachten, die sich von den eigenen unterscheiden. Dann besteht Liebe darin, zu zweit ein wahrhaft geteiltes Gefühl zu erschaffen.

3. Gemeinsam genießen. Liebe drückt sich in dem ständigen Wunsch aus, den Unterschied zwischen den Geschlechtern zu überbrücken – durch Verführen und Verführtwerden, im gemeinsamen Einander-Genießen und Miteinander-Genießen.

4. Gemeinsam Probleme lösen. Liebe spiegelt sich auch in der Art, wie Differenzen, Spannungen und Ärger gelöst werden. Verhandlungen sind das Rückgrat einer modernen Beziehung zwischen gleichwertigen Partnern. Einander zu vergeben und selbst nach Verletzungen Frieden zu schließen. Die Geduld und Toleranz für einen Neuanfang mit dem Partner aufzubringen. Freundlich zu sein ist auch eine Form von Liebe.

5. Zusammenarbeit. Das Zusammenleben umfasst immer mehrere Aufgaben: Geldverdienen, Hausarbeit, Kinder hüten, Essen, Unterkunft und Kleidung besorgen etc. Liebe drückt sich darin aus, einen gerechten Anteil daran zu übernehmen. Dazu gehört, die Verantwortung für eigene Aufgaben zu tragen und sie korrekt auszuführen.

BELGIEN

Ja und Nein

Liebe heißt also, den Partner (absichtlich) glücklich zu machen. Eine verfeinerte Form dessen ist beispielsweise Humor: den Partner zum Lachen zu bringen. Das geschieht über verbale und nonverbale Kommunikation zwischen Partnern. Worte allein reichen nicht aus; liebevolles Verhalten muss auch dabei sein. Um die Absicht klarzustellen, sind liebevolle Worte unerlässlich.

Liebe drückt sich durch echtes Engagement für den Partner aus, dazu können auch heftige Konfrontationen gehören. Liebe macht Partner nicht gleich, sondern hilft ihnen, die Unterschiede auszuhalten. Sie drückt sich in der Tatsache aus, dass Menschen weiterhin zusammenleben, trotz allem. Um in der Lage zu sein, etwas wegzugeben, muss man es erst einmal behalten können. **Ein „Ja" ist im Zusammenleben nur möglich, wenn auch Raum für ein „Nein" da ist.** Es gibt eine Liebe, die zu viel verschenkt – bei der die gebende Person sich selbst schädigt, indem sie dem anderen genau das gibt, was derjenige verlangt. Übertriebene Opfer verbittern und führen zu Feindseligkeit. Liebe zu verschenken, fühlt sich – richtig ausgewogen – wunderbar an, beschert tiefe Erfüllung und macht letztlich beide Partner zufrieden.

Und dann gibt es einen Aspekt der Liebe jenseits von alledem. Wenn Menschen in einer Beziehung zusammenleben, wollen sie emotional miteinander verbunden sein. Sie wollen gegenseitige Anziehungskraft und Begehren spüren. Dieser Teil der Liebe, die warmen, positiven Gefühle füreinander, kann auch zeitweilig verschwinden und dann wieder zurückkehren, manchmal einschlagen wie der Blitz, manchmal in Form tiefer sexueller Verbundenheit und beglückender Intimität. Sie sind die Basis für den Willen zum Zusammenleben und den unbedingten Wunsch, Freud und Leid zu teilen.

Die Liebesformeln

- → **Verliebtheit und Liebe sind nicht das Gleiche. Verliebtheit ist ein kraftvolles und motivierendes Gefühl: Man sieht die andere Person nicht, wie sie ist, sondern wie man sie gerne hätte.**
- → **Wahre Liebe heißt geben: Worte und Gefühle teilen, Dinge genießen, zusammen Probleme lösen, zusammenarbeiten. Dafür braucht es Einsatz und Engagement.**
- → **Liebe heißt, sich miteinander wohlzufühlen und den Partner glücklich machen zu wollen. Nicht nur durch Worte, sondern auch durch das eigene Verhalten.**

Alfons Vansteenwegen ist emeritierter Professor für Psychologie, Sexualwissenschaft und Psychotherapie an der Katholischen Universität Löwen (Belgien). Er hat rund 350 wissenschaftliche Veröffentlichungen und klinische Studien verfasst, außerdem mehrere internationale Bestseller, darunter *Tijd maken voor liefde* (Zeit für die Liebe) und *Bevor die Liebe Alltag wird*.

DEUTSCHLAND

„Liebe führt zu Liebe."

Die Neurobiologie der Liebe

High-tech Hirnscans zeigen detailliert, was im Hirn passiert, wenn wir verliebt sind. **Andreas Bartels** führte die ersten bildgebenden Hirnstudien zur Liebe am Menschen durch und hat zur Entdeckung universeller biologischer Mechanismen der Liebe beigetragen. Diese kontrollieren auch dunklere Seiten unserer Psyche.

Liebe ist nicht einfach zu verstehen. Sie ist der komplexeste und gleichzeitig der einfachste, der beglückendste und manchmal der destruktivste Geisteszustand. Liebe ist die Konsequenz eines genetisch kontrollierten biologischen Mechanismus im Hirn, der eine sehr einfache Funktion hat: Individuen aneinander zu binden. Sie hat jedoch die seltsamsten und weitreichendsten Konsequenzen, die alle Aspekte unseres persönlichen Lebens betreffen, aber auch die Evolution von Arten und der Intelligenz.

Persönlich bin ich besonders davon beeindruckt, was die Wissenschaft in den letzten zehn bis zwanzig Jahren über die Liebe entdeckt hat, und es sieht so aus, als ob dies nur der Anfang einer der wichtigsten Zeiten des wissenschaftlichen Verstehens unserer menschlichen Natur ist – die vielleicht gar nicht so einzigartig menschlich ist, wie wir uns gerne glauben machen. Ich hatte das Glück, zum Verständnis der Mechanismen der Liebe beitragen zu dürfen, indem ich zusammen mit Semir Zeki die ersten Hirnscan-Studien über Liebe durchgeführt habe. Diese Studien haben gezeigt, dass im menschlichen Hirn mütterliche und romantische Liebe dieselben Hirnregionen aktivieren, und dass dies genau die Regionen sind, die die höchste Dichte an Rezeptoren der Liebeshormone Oxytocin (OT) und Vasopressin (AVP) aufweisen. Unsere Studien haben auch gezeigt, dass die Liebesmechanismen im Menschen eng mit denen im Tier verwandt sind.

Belohnungssystem

Aus einer evolutionären Perspektive ist Liebe – oder in biologisch-funktioneller Terminologie, Bindung – Schlüssel zur Existenz von Arten wie dem Menschen, weil das Überleben unserer Babys völlig von elterlicher Fürsorge abhängt, was wiederum nur durch Liebe möglich ist. Es Daher ist nicht überraschend: **Die Hirnmechanismen der Bindung sind sehr mächtig und stehen unter genetischer Kontrolle.**

Künstler, Schriftsteller, sogar Historiker haben schon lange erkannt, dass Liebe ein Teil menschlicher Natur ist, über Zeiten und Kulturen hinweg. Psychologen und Wissenschaftler haben seltsamerweise erst vor relativ kurzer Zeit begonnen zu erkennen, dass Liebe tatsächlich eine biologische Eigenschaft und daher wissenschaftlich erkundbar ist, und nicht ein menschliches Artefakt, dass durch Kultur, Religion oder Rechtswesen geregelt oder gar unterdrückt werden kann.

Die grundlegenden Liebesmechanismen sind sehr einfach und mächtig: Sie beanspruchen den Kern des Belohnungssystems des Gehirns, wo die Neurohormone Oxytocin und Arginin-Vasopressin – zusammen mit Dopamin – notwendig und hinreichend sind, um eine lebenslange Bindung zwischen Individuen herbeizuführen. Die Hirnregionen und Hormone sind hierbei universell – es sind dieselben bei Eltern-Kind-Bindung, Paarbindung, gleich- oder gegengeschlechtlicher Liebe, und sie sind über Arten hinweg konserviert, wie beispielsweise Wühlmäuse, Schafe und Menschen.

Liebeshormone

Ein einziges Gen (das z. B. den Rezeptor für OT oder AVP im Belohnungssystem codiert), kann den Unterschied zwischen Arten machen, die befähigt sind, Paarbindungen einzugehen (3–5 % der Wirbeltierarten) und solchen, die das nicht sind. Übertragung dieses Gens von einer Art zu einer anderen kann die zweite Art von einsamen Wölfen in knuddlige Romantiker verwandeln.

Aber wie verlieben wir uns? Mechanistisch ausgedrückt, wenn Liebes-Hormone im Hirn ausgeschüttet werden. **Dies ermöglicht es dem Belohnungssystem, eine nachhaltige Assoziation zwischen der Anwesenheit eines bestimmten Individuums und höchsten Glücksgefühlen zu bilden.** Liebe ist daher die Konsequenz eines besonderen Lernmechanismus des Gehirns, der höchst exklusiv auf soziale Reize reagiert – Assoziationen können nur auf lebende Objekte gebildet werden.

In Tieren kann eine einzige Dosis der Liebeshormone eine lebenslange Paarbindung herbeiführen oder in einem jungfräulichen Weibchen eine starke mütterliche Bindung an ein fremdes

LIEBE FÜHRT ZU LIEBE FÜHRT ZU LIEBE FÜHRT ZU LIEBE FÜHRT ZU

Baby bewirken. Umgekehrt kann ein Liebeshormonblocker im Hirn Paar- und Mutterliebe verhindern, sodass Babys rücksichtslos verlassen und Tiere einsam werden. Zum Glück sind solche Experimente bislang nur bei Tieren durchgeführt worden – die Mechanismen sind aber dieselben beim Menschen. Außerhalb des Labors werden die höchsten Dosen der Liebeshormone beim Orgasmus, bei der Geburt und beim Säugen bzw. Stillen ausgeschüttet, und bei weitem weniger auch bei Augenkontakt, bei zärtlicher Berührung und in verschiedensten gesellschaftlichen Situationen.

Dunkle Seiten

Auch individuelle Unterschiede unserer Bindungsfähigkeit sind durch denselben Mechanismus gesteuert. Genetische Unterschiede, aber auch Lebenserfahrung, vor allem während der Kindheit, können die Dichte der Liebeshormonrezeptoren an bestimmten Orten im Hirn beeinflussen, was verschiedenste Aspekte unseres Sozialverhaltens beeinflusst. Zum Beispiel: **Eine einzige genetische Variation des menschlichen AVP-Rezeptors kann die Heiratschancen halbieren und die Häufigkeit von Beziehungskrisen verdoppeln.** Andere Studien haben gezeigt, dass Kinder, die wenig Liebe erfahren, beispielsweise in schlecht geführten Waisenhäusern, auch später weniger Liebeshormone im Blut haben und mehr pro-soziale Mängel aufweisen. Im Labor konnte man nachweisen, dass Tiere, die als Babys mehr (oder weniger) Aufmerksamkeit und Liebe erfahren haben, als Erwachsene dann auch wiederum mehr (oder weniger) Zeit mit ihren eigenen Kindern und mit ihrem Partner verbringen. Liebe führt deshalb zu Liebe, und Liebesmangel in einer Familie oder in einer Gesellschaft kann, tragischerweise, auf die nächste Generation übertragen werden – über Gene ebenso wie über Erfahrung.

Die Mechanismen der Liebe gehen weit über Bindung hinaus – sie kontrollieren auch die dunkleren Seiten unserer Psyche. Tierische Aggression gegen Näherungsversuche anderer und zum Schutz des Partners oder der eigenen Nachfahren sind durch dieselben „Liebeshormone" und durch Dopamin gesteuert. **Vielleicht am interessantesten ist, dass die Liebeshormone auch sozialen Ausschluss, Fremdenfeindlichkeit, Rassismus und Egoismus fördern.** Dies kann dadurch erklärt werden, dass der Liebesmechanismus auch unser Gefühl der Zugehörigkeit zu einer bestimmten Gruppe oder Rasse vermittelt – was auch bedeutet, zu wissen und zu zeigen, wer eben nicht dazu gehört. Diese verschiedenen und komplexen Funktionen der Liebeshormone werden durch Hirngegenden außerhalb des Belohnungssystems vermittelt, im limbischen System, gedächtnisrelevanten und präfrontalen Regionen.

Unsere hirnbildgebenden Verfahren haben mehrere dieser Regionen aufgezeigt, darunter die, die negative Emotionen, Angst und Aggression vermitteln, sowie die, die in die kritische Evaluation anderer involviert sind. Diese Regionen waren deaktiviert, als unsere Teilnehmer das Objekt ihres Verlangens ansahen – aber nicht, wenn sie Freunde oder Fremde anschauten.

Evolutionärer Motor

Die Liebesforschung hat auch eine Überraschung preisgegeben: nämlich dass Sucht die Mechanismen der Liebe missbraucht – nur dass dann eine Substanz die oder den Geliebten ersetzt. Weiter gibt es Verbindungen zu Autismus, Depression und anderen Sozialerkrankungen. Behandlungen durch die Liebeshormone OT und AVP werden derzeit geprüft. Allerdings könnte die Einmischung in solch komplexe Systeme leicht zu unerwarteten Effekten führen.

Über meine Faszination für die Mechanismen der Liebe und ihre weitreichenden Konsequenzen hinaus möchte ich zum Abschluss eine Spekulation formulieren: **Liebe ist der Schlüssel zum Wissenstransfer zwischen den Generationen.** Nur in liebesfähigen Arten kommt es zu genügend intensiver, langandauernder Kommunikation, insbesondere während kritischer Perioden der Hirnentwicklung. Liebe ist daher direkt mit unserer Lernfähigkeit verbunden, und so auch mit der riesigen Hirngröße liebesfähiger Arten. Dadurch, dass Liebe ein enorm komplexes Sozialleben erwirkt, hat Liebe zu völlig neuen evolutionären Auswahlkriterien der Partnerwahl, pro-sozialem Verhalten, Fairness und Vertrauen geführt, und damit einhergehend zu Täuschung und Ausschluss. Liebe ist daher nicht nur die treibende Kraft hinter unseren Lebensleistungen, sondern auch der evolutionäre Motor unserer Hirngröße, Intelligenz und Kultur.

Die Liebesformeln

- → **Die grundlegenden Mechanismen der Liebe sind universal, einfach, mächtig und eng mit denen bei Tieren verbunden. Sie involvieren den Kern des Belohnungszentrums des Gehirns.**
- → **Liebe ist die Konsequenz eines besonderen Lernmechanismus im Hirn, der höchst exklusiv auf soziale Reize reagiert. Der Grad der Liebesfähigkeit wird durch Gene und Erfahrung geprägt.**
- → **Liebe ist nicht nur die treibende Kraft hinter unseren Lebensleistungen, sondern auch der evolutionäre Motor unserer Hirngröße, Intelligenz und Kultur.**

Andreas Bartels leitet eine Forschungsgruppe am Zentrum für Integrative Neurowissenschaften in Tübingen (Deutschland). Er nutzt die neuesten Technologien für Hirnforschung am Menschen und erforscht die neuronalen Mechanismen visueller Wahrnehmung und Emotionen. Mit Semir Zeki hat er die ersten Hirnscan-Studien über romantische und mütterliche Liebe durchgeführt. Er hat Zoologie in Zürich studiert, Computermodelle von Neuronen am Salk Institute in San Diego (USA) erforscht und sein Doktorat in bildgebenden Neurowissenschaften am University College London (England) gemacht. Er liebt das Leben, Klettern und guten Humor.

TÜRKEI

Liebe und Konflikte

„Jede langfristige Interaktion zwischen Menschen erschafft den unzertrennlichen Gefährten der Intimität: den Konflikt", sagt die Psychologin Ayça Özen. Erfolgreiche Partner schaffen es, konstruktiv mit ihren Unterschieden umzugehen.

Wir alle suchen nach jemandem, den wir lieben können, und wünschen uns, dass unsere Gefühle erwidert werden. Das gibt unserem Leben Bedeutung. Wenn – und falls – wir die richtige Person finden, neigen wir zu der Annahme, dass wir ewiges Glück verdient haben. Im wahren Leben allerdings beginnt die wahrscheinlich schwierigste Phase, wenn wir mit dem geliebten Menschen zusammenziehen. Die ersten Tage einer Beziehung erzeugen einen Flitterwochen-Effekt, der uns das hochfliegende Gefühl gibt, die beste Zeit unseres Lebens zu erleben. Wir glauben zwar, es bliebe für alle Ewigkeit so, aber: Alles Gute hat ein Ende. Insofern stellt sich die Frage, wie man eine lange, befriedigende Beziehung aufrechterhält.

Unvermeidlich

Konflikte sind ein unvermeidlicher Teil des menschlichen Lebens und können schädliche Auswirkungen auf unsere Beziehungen und unser Wohlbefinden haben – es sei denn, die Partner gehen in einer Beziehung konstruktiv damit um. Wenn Konflikte zwangsläufig auch in intimen Beziehungen auftreten, bekommt die Art, wie Personen oder Paare darauf reagieren und ihre Gefühle in solchen Situationen steuern, entscheidende Bedeutung, denn ihr Verhalten wird ihre Anpassung und/oder ihre Zufriedenheit beeinflussen. Außerdem besteht eine Beziehung aus zwei Menschen, sodass die

Reaktion des Partners entscheidend ist: **Nimmt er unser eigenes „Ich" so wahr, wie es ist? Akzeptiert und fördert er es?** Ist er emotional verfügbar, wenn wir ihn brauchen, und reagiert er auf unsere Bedürfnisse? Diese Fragen sind für beide sehr wichtig, um sich in einer Beziehung verstanden und damit sicher zu fühlen.

Es gibt einige elementare Grundpfeiler für den Umgang mit Konflikten und damit die Aufrechterhaltung einer Dauerbeziehung: Wenn unsere Fähigkeiten zur Kommunikation und Problemlösung mangelhaft sind, bringen wir Leid in unser Leben. Wenn die Partner Konflikten und Verhandlungen zu umstrittenen Themen aus dem Weg gehen, wird die Konfliktlösung behindert. Potenzial für zukünftige Konflikte staut sich auf und die Zufriedenheit der Partner sinkt. In ähnlicher Weise wird eine Konfliktlösung verhindert, wenn Partner Konfliktthemen destruktiv behandeln. Dann entstehen negative Affekte wie Ärger und Verbitterung, die alle konstruktiven Lösungsversuche weiter untergraben.

Konstruktiv

Obwohl Konflikte generell als etwas Negatives gelten, das vermieden werden sollte, haben viele Wissenschaftler in ihren Untersuchungen entdeckt, dass mäßige Konfliktniveaus tatsächlich nützlich sein können. Stellen Sie sich einfach eine Beziehung vor, in der Sie sich über alles einig wären – von der Auswahl der Filme, die Sie anschauen möchten, bis zu Essgewohnheiten und Freizeitbeschäftigungen. Zu Beginn einer Beziehung mag das erfreulich sein. Sie haben vielleicht das Gefühl, einen Seelenverwandten gefunden zu haben; jemanden, der Sie perfekt versteht. Im Lauf der Zeit aber könnten Sie anfangen, sich zu langweilen, weil Ihr Partner fast Ihr Spiegelbild ist. Manchmal wollen wir Unterschiede im Leben; so können wir Ideen in Frage stellen, werden herausgefordert und lernen vom anderen etwas Neues. Konflikte ermöglichen Katharsis (Läuterung) und bieten einen Ausweg aus der Langeweile der Alltagsroutine. Wenn Unterschiede konstruktiv debattiert werden und die Partner Einvernehmen und Harmonie erzielen, kann ein Konflikt die Beziehung einen Schritt voranbringen. Behandeln wir Fragen und Probleme aber destruktiv, werden zum fordernden Teil einer Beziehung oder gehen einer Diskussion der Unterschiede aus dem Weg, können wir bestraft werden: Wir können die wunderbare Beziehung und unseren Partner verlieren. Insofern sollten wir unsere Unterschiede konstruktiv kommunizieren, wenn wir in unserem Leben glücklich sein wollen. Liebe sollten wir nicht nur dann schätzen, wenn wir sie finden – wir sollten sie auch pflegen: durch eine konstruktive Einstellung zu Konflikten.

Ayça Özen ist wissenschaftliche Assistentin am Fachbereich Psychologie der Technischen Universität des Nahen Ostens in Ankara (Türkei). Sie untersucht vor allem Bindungen, Konflikte und emotionale Erfahrungen in Liebesbeziehungen und Freundschaften.

„Ein Konflikt kann die Beziehung einen Schritt voranbringen."

ITALIEN

„Absichten sind ein Teil der Liebe."

Das Salz des Lebens

„Wenn Liebe das Salz des Lebens ist – wie wird es produziert?", fragt der Wirtschaftswissenschaftler **Benedetto Gui**. Er führt uns in vier Schritten durch die „Technik der Liebe", damit wir mehr Liebe „produzieren" und „konsumieren" können.

Ein ganzer Tag ohne eine Prise Liebe ist wirklich fade. Es muss nicht gleich das Rendezvous eines verliebten Paares sein, oder eine Mutter, die ihr Baby umarmt – schon ein wenig aufrichtige Anteilnahme für andere kann unsere täglichen Beziehungen zu Kollegen oder Verwandten würzen, aber auch scheinbar unbedeutende Interaktionen mit Verkäufern oder Mitreisenden im Bus. Wie wir wissen, nutzt Güte zuallererst jenen, die sie praktizieren; eine Erwiderung – manchmal schon ein einfaches Dankeswort – steigert die Befriedigung immens, muss aber geduldig abgewartet werden.

Ich habe diese einfachen Wahrheiten – denn dafür halte ich sie – meiner Erziehung und meiner Lebenserfahrung zu verdanken. Trotzdem hätte ich ihnen nicht viel Gewicht beigemessen, wenn ich nicht einen geistigen Lehrer gehabt hätte, der das Gebot der Liebe sowohl im privaten wie im öffentlichen Leben sehr ernst nahm. Für mich hatte die gewagte Idee, dass Liebe sogar im Wirtschaftsleben eine Rolle spielen könnte, einen großen Reiz – umso mehr, als ich sah, dass es Menschen gibt, sowohl in Wirtschaftsunternehmen als auch in gemeinnützigen Organisationen, die sie anwendeten und sich für ihre Verwirklichung engagierten. Damals interessierte sich die Wirtschaftswissenschaft nicht für Liebe. Sie orientierte sich traditionell eher an Materialismus und an Individualismus. **Anteilnahme für andere galt als unnötig oder gar schädlich für die wirtschaftliche Effizienz** – mit einigen löblichen Ausnahmen.

Bäcker und Krankenschwestern

In den letzten Jahrzehnten allerdings sind Begriffe wie „Altruismus", „Aufmerksamkeit" oder „Gegenseitigkeit" in die Schriften der Wirtschaftstheoretiker vorgedrungen. Gleichzeitig zeigen Studien, dass Glück kaum davon abhängt, wie viel wir konsumieren: Was wirklich zählt, sind zwischenmenschliche Beziehungen – etwas, das im Vokabular der Ökonomie überhaupt keinen Platz hatte.

Der Beitrag, den die ökonomische Analyse zum Verständnis der Liebe leisten kann, betrifft zwei Fragen: Wie wird Liebe „produziert"? Und wie „produziert" diese wiederum ihren Nutzen? Ich möchte das gerne erklären. Stellen Sie sich zwei Menschen vor, bei irgendeiner Tätigkeit, und betrachten Sie deren Interaktion als Produktionsprozess. Was wird produziert? Wenn die beiden als Bäcker zusammenarbeiten, ist das sichtbare Produkt Brot; wenn stattdessen die eine Krankenschwester und die andere Patientin ist, ist das sichtbare Produkt eine Therapie. Andere mögliche Produkte der Interaktion fallen allerdings unter die Kategorie „Liebe": Der Bäckerlehrling kann Hilfe und Ermutigung bekommen statt Schuldzuweisungen; die Patientin erhält außer ihrer Tablette auch emotionale Unterstützung; der Bäckermeister und die Krankenschwester wiederum empfangen Dankbarkeit.

Kommentar 1: Die wertvollsten „Produkte" unserer Aktivitäten müssen nicht die offensichtlichsten sein. Wie wir mit Kollegen oder Kunden umgehen, kann auch „produktiv" sein – nicht in konventionellen, sondern in „relationalen" Gütern – und jedes Mitglied einer Organisation, inklusive der Techniker, ist gleichzeitig Human-Relations-Manager.

Plaudernde

Wie sehen die Ausgangsmaterialien (Input) solcher Produktionsprozesse aus? Nehmen wir zwei Plaudernde, die nach landläufiger Ansicht nichts produzieren. Wenn die Interaktion für einen oder beide „Erleichterung von Sorgen" bewirkt, ist ihre Freundschaft eine wichtige Zutat für einen Prozess, der ebenfalls unter die Kategorie „Liebe" fällt.

Kommentar 2: Freundschaftliche Bande, gegenseitiges Vertrauen, Erinnerungen an gemeinsame Erfahrungen … sind Beispiele für „beziehungsspezifisches Humankapital", das alle Formen der Zusammenarbeit erleichtert. Aber es ist besonders anfällig. Ein zufälliger Streit oder ein Umzug genügen, um es aufzulösen.

Hinter persönlichen Interaktionen steckt noch mehr. Ihr Ergebnis hängt von den Absichten der Beteiligten ab, die wie eine Art Katalysator für zwischenmenschliche Prozesse wirken. Auch Absichten gehören wohl in die „Liebes"-Kategorie: Während eine Fixierung auf die eigenen Ziele menschliche Beziehungen auf einem rein instrumentellen Niveau hält, eröffnet eine Haltung der Freiwilligkeit den Weg für tiefere Arten der zwischenmenschlichen Kommunikation.

Kommentar 3: Freiwilligkeit muss auf Überzeugungen beruhen und kultiviert werden, daher herrschen liebevolle Grundhaltungen dann vor, wenn Menschen sich bewusst machen, dass ihr Wohlergehen das Überwinden von Egoismus erfordert und sich entsprechend verhalten.

Günstiges Umfeld

Menschliche Interaktionen finden in einem sozialen Milieu statt, das ihre Entwicklung ebenfalls prägt – genau so, wie eine chemische Reaktion von der Umgebungstemperatur beeinflusst wird. Welche Reaktionen erwarten Außenstehende? Welche Kommentare geben Freunde ab? Wie haben andere kürzlich in ähnlicher Lage gehandelt? All das fördert oder hemmt rücksichtsvolles Verhalten.

Kommentar 4: Da Liebe nicht der einfache Weg ist, profitiert sie stark von einem günstigen Umfeld. Ein gegenseitiges Liebesversprechen ist schwerer einzuhalten, wenn man keinen Kontakt zu anderen Paaren hat, die sich daran zu halten versuchen; ehrenamtlich Tätige treffen sich, um ihre Motivation zu stärken.

So viel zur „Technologie der Liebe". Ich hoffe, wir werden diese Technik immer besser meistern, damit sie uns hilft, größere Mengen von Liebe zu „produzieren" und zu „konsumieren".

Die Liebesformeln

→ **Unser Umgang mit Kollegen oder Kunden ist auch eine Art „Produktion" wertvoller relationaler Güter. Er kann auch Humankapital schaffen, das alle Formen der Zusammenarbeit erleichtert.**

→ **Liebevolle Grundhaltungen herrschen dann vor, wenn Menschen sich bewusst machen, dass ihr Wohlergehen das Überwinden von Egoismus erfordert und sich entsprechend verhalten.**

→ **Da Liebe nicht der einfache Weg ist, profitiert sie stark von einem günstigen Umfeld.**

Benedetto Gui ist Professor für Volkswirtschaft an der Universität Padua (Italien). Zu seinen Forschungsinteressen gehören das wirtschaftliche Verhalten von Genossenschaften, Non-Profit- und Sozialunternehmen, die ökonomischen Auswirkungen zwischenmenschlicher Beziehungen und die Rolle nichtinstrumenteller Motivation in Wirtschaftsunternehmen. Er ist Mitglied des Beirats der Fachzeitschrift *Annals of Public and Cooperative Economics* und arbeitet mit dem Unternehmensnetzwerk Wirtschaft in Gemeinschaft zusammen.

„Das Interesse von Kindern an Liebe ist natürlich und gesund."

Neugierige Kinder

Kinder sind neugierig auf alles, was mit Liebe und Sex zusammenhängt. Und sie wollen immer noch mehr wissen. Das Internet füttert diesen Wunsch mit einer verwirrenden und problematischen Vielfalt von Bildern, Materialien und Diskussionsforen. Eltern und Lehrer wissen nicht, wie sie reagieren sollen. **Mark Halstead**, mehrere Jahre lang der einzige Professor für Moralerziehung in England, ermutigt uns dazu, unseren Zugriff nicht aufzugeben.

Als der zehnjährige Jack einem meiner wissenschaftlichen Mitarbeiter sagte, „Ich hab meine Mama liiiieb", zeigte seine starke Betonung des Wortes „lieb", wie wichtig ihm seine enge emotionale Bindung an seine Mutter war. Sie wies auch darauf hin, dass er zwischen dieser kraftvollen Liebe und den weniger starken Liebesgefühlen in seinem Leben unterscheiden konnte – zu seinem Hund, seiner Lieblingsfußballmannschaft, seinen Computerspielen und dem Mädchen, das im Biologieunterricht neben ihm saß. Aber seine ungewöhnliche Betonung des Wortes deutete auch an, dass er beim Sprechen über seine Liebesgefühle zögerte und fast peinlich berührt war, als ob er das Gefühl hätte, es sei ein Gefühl von Schwäche, so zu reden. Die Zweideutigkeit seiner Antwort war typisch für viele Jungen seines Alters – und ältere. Die zehnjährigen Mädchen im gleichen Forschungsprojekt hatten diese Hemmungen nicht. In ihren Gesprächsgruppen plauderten sie gewandt und offen über die verschiedenen Liebesbeziehungen in den Fernsehserien, die sie sich anschauten, und sie diskutierten bereitwillig philosophische Themen wie die Schwierigkeit, das eigene Leben wirklich zu kontrollieren und die Frage, ob Liebe Menschen in die Lage versetzen könne, Alkohol oder Drogen aufzugeben.

Die Lücke füllen

Liebe ist ein mächtiger Faktor im Leben von Kindern, aber sie ist ihnen auch rätselhaft. Popmusik, Fernsehsendungen, Filme, Zeitschriften und das Internet bombardieren sie mit Botschaften über die Liebe. Sie lachen und scherzen über die Liebe, machen sich in ihren

Spottreimen über sie lustig, necken ihre Freunde damit – und trotzdem schätzen viele sie im innersten Herzen als höchsten Wert, als Weg zur persönlichen Erfüllung, als die eine Sache, die dem menschlichen Leben einen Sinn gibt. Und sie wollen immer mehr wissen. Zum Beispiel wollen sie etwas über Leidenschaft und Verbindlichkeit erfahren, über die Komplexität und Irrationalität der Liebe, darüber, wie es sich anfühlt, sich zu verlieben, wie man die Liebe bewahrt und wie man mit dem Gefühl der Unsicherheit umgeht, das die Vorfreude auf die Liebe mit sich bringen kann.

Der wichtigste Erzieher eines Kindes ist die Familie, und im Kontext der Familie lernen Kinder zum ersten Mal etwas über die Liebe – über das, was sie erleben, was sie beobachten und was man ihnen erzählt. **Die Schule hat eine wichtige Zusatzrolle beim Unterrichten von Kindern zum Thema Liebe.** Erstens kann sie Lücken im Wissen, Verständnis und Erleben der Kinder füllen und so das verarmte Familienleben einiger Kinder ausgleichen. Zweitens kann sie den Horizont der Kinder erweitern, indem sie ihnen dabei hilft, sich Möglichkeiten außerhalb der eigenen, momentanen Erfahrung vorzustellen. Drittens kann die Schule das kritische Verständnis der Kinder fördern, sodass sie anfangen, einen Sinn in der Vielfalt von Standpunkten und Werten zu sehen, denen sie in ihrem Leben ausgesetzt sind (darunter die allgegenwärtigen Pornoseiten im Internet), und Urteile darüber fällen können, was gut oder schlecht, richtig oder falsch, hilfreich oder entwürdigend ist.

Konfrontation

Trotzdem ist die Liebe in den meisten Schulen ein vernachlässigtes Thema. Wie die Werteerziehung generell wird sie von anderen Zielen und Prioritäten aus den Lehrplänen verdrängt. Sexualerziehung erzählt Kindern mehr über die Gefahren von ansteckenden Geschlechtskrankheiten und Teenager-Schwangerschaften als über die Erfüllung in einer Liebesbeziehung oder das Glück, ein Kind zu bekommen. Das Schultheater bietet enormes Potenzial zum Erkunden der Freuden des Familienlebens – Studien zeigen allerdings, dass dabei Familienkonflikten viel mehr Zeit gewidmet wird als der Familienliebe (vielleicht, weil das bessere Dramen hergibt). Selbst die Literatur, eine potenziell ergiebige Quelle für Einsichten über die Liebe in menschlichen Beziehungen aller Art, wird heutzutage anders unterrichtet: Stil und Technik werden stärker betont, auf Kosten des Inhalts. **Zum prägenden Ethos in vielen Klassenzimmern gehören eher Disziplin und Kontrolle als Liebe und Respekt** für die Kinder, und diese negative Atmosphäre schafft letztlich eher Konfrontation als Anteilnahme. Auf jeden Fall finden anscheinend viele Lehrer den Gedanken peinlich, über Liebe zu unterrichten; selbst die Verwendung des Begriffs „Liebe" im Zusammenhang mit Schülern erscheint heutzutage wegen der Angst vor Missbrauch und unangemessenen Beziehungen fragwürdig. Im Ergebnis wird Kindern die notwendige Chance verwehrt, ihre Haltung gegenüber der Liebe zu durchdenken.

So bleiben sie dem zufälligen Durcheinander von Einflüssen ausgesetzt, die die Gesellschaft auf sie ausübt – ohne das Instrumentarium, um diese einzuordnen. Wie sollen sie unter solchen Umständen zu reifen, liebevollen Erwachsenen heranwachsen?

Der Wert der Liebe

Meine Forschungsergebnisse haben mich davon überzeugt, dass das Interesse von Kindern an Liebe natürlich und gesund ist. Lehrer sollten in der Lage sein, dieses Interesse auf eine Art zu fördern, die sensibel und hilfreich ist, ohne zudringlich zu werden, die individuelle und kulturelle Unterschiede respektiert und Kinder nicht vorzeitig Zynismus und Weltschmerz aussetzt. Lehrer sollten die Erhabenheit und die Kraft der Liebe vermitteln, ihre Zerbrechlichkeit und ihre Fähigkeit zur Selbsttäuschung – und die Art, wie sie Menschen dazu ermutigt, über ihre eigenen Interessen und Bedürfnisse hinaus zu denken und für andere zu sorgen. Fächer wie Literatur, Medienkunde, Schauspielunterricht, Geschichte, Religion, Sozialkunde und Moralunterricht könnten reichhaltige und vielfältige Möglichkeiten zum kritischen Nachdenken über die Liebe bieten. Dafür bräuchte es allerdings eine massive Änderung im gegenwärtigen pädagogischen Denken und die Entwicklung eines liebevolleren Ethos an den Schulen. Aber erst müssen die Lehrer lernen, über den Wert der Liebe in ihrem eigenen Leben nachzudenken – was wiederum wichtige Auswirkungen auf ihre eigene Ausbildung haben wird.

Die Liebesformeln

- → **Kinder sind neugierig, was Liebe und Sex angeht. Eltern und Lehrer sollten sie erziehen: Lücken füllen, ihren Horizont erweitern und ihr kritisches Urteilsvermögen schulen.**
- → **Vielen Lehrern scheint das Thema peinlich zu sein, aber sie sollten in der Lage sein, das Interesse an Liebe und Sex auf sensible und hilfreiche Weise zu fördern.**
- → **Wir brauchen eine Änderung im pädagogischen Denken und die Entwicklung eines liebevolleren Ethos an den Schulen. Die Lehrer selbst müssen lernen, über den Wert der Liebe in ihrem eigenen Leben nachzudenken.**

Mark Halstead war viele Jahre lang Professor für Moralpädagogik an der Universität Plymouth. Heute ist er emeritierter Professor der Universität Huddersfield (GB). Er hat zu vielen Aspekten der Werteerziehung publiziert. Nach seinem Studium in Oxford und Cambridge arbeitete er als Journalist im Libanon und als Dozent in Saudi-Arabien und war Gastprofessor an mehreren nordamerikanischen Universitäten. Seine Doktorarbeit schrieb er über die Erziehung muslimischer Kinder in Großbritannien – bis heute eines seiner wichtigsten Forschungsthemen neben Werten in der Pädagogik.

Liebende Eltern

Der Zweite Weltkrieg veränderte das Leben von Michel Meignant dramatisch. Er ist 1936 in Paris geboren; seine jüdischen Großeltern wurden in Auschwitz ermordet. Die Schrecken, die seine Familie durchlebte, haben ihm die Kraft gegeben, sein Leben lang dafür zu kämpfen, dass so etwas nie wieder geschehen kann. Mit der Verbindung von Liebesforschung und Sexologie praktizierte er als erster in Frankreich die „Amourologie" und produzierte mehrere erfolgreiche Dokumentarfilme über die Liebe. Sein letzter Rat richtet sich speziell an Eltern.

Die wichtigste Entdeckung ist, dass der Mensch im Grunde gut ist: Wir alle haben von Geburt an die Fähigkeit zu lieben, nachdem wir Liebe empfangen haben. Wenn Menschen das Glück hatten, dass ihre Mutter eine glückliche Schwangerschaft ohne schwere Geburt durchlebte, sind sie bereit, zu lieben und geliebt zu werden. Aber im Lauf des Lebens dürfen wir nicht durch Gewalt geschädigt werden, auch nicht durch psychische Gewalt. **Es ist notwendig, dass wir in einer gewaltfreien Umgebung ohne Traumata aufwachsen.** Wer Kinder erzieht, sollte unbedingt Schläge, Anschreien und Demütigungen vermeiden. Das ist schwierig, wenn man selbst körperlicher und geistiger Gewalt ausgesetzt war. Deshalb habe ich die Idee der positiven Elternschaft entwickelt und die Vereinigung Les parents d'amour (Die Eltern der Liebe) gegründet.

Im Jahr 1980 erließen die Schweden als erste Nation der Welt ein Verbot von Schlägen und allen körperlichen Bestrafungen. 1990 verabschiedeten die Vereinten Nationen die Kinderrechtskonvention. Seit 2005 verlangt der Europarat, dass alle europäischen Staaten Gesetze erlassen, die körperliche und psychologische Bestrafung verbieten, begleitet von Hilfen für die Entwicklung positiver Elternschaft. 2012 hatten schon 29 von 47 europäischen Staaten solche Gesetze erlassen, genau wie zehn weitere Staaten weltweit. Das erklärt zum Teil, warum notleidende Menschen in aller Welt davon träumen, nach Europa zu kommen, um Liebe zu finden. Liebe gründet sich auf Empathie, mit anderen Worten darauf, wahrhaftig im eigenen Ich zu spüren, was ein anderer empfindet. **Empathie ist ein natürliches Gefühl, die Grundlage der Liebe.** Ein nicht traumatisiertes Kind hat diese Fähigkeit. Glücklich sind jene unter einem guten Stern Geborenen, die keiner erzieherischen Gewalt unterworfen waren.

Der Einsatz von zwei neuen Methoden hat meine therapeutische Arbeit vollkommen verändert und mir erlaubt, Störungen zu heilen, die den natürlichen Prozess des Liebens behindern. Die Eye Movement Desensitization and Reprocessing (EMDR)-Therapie wurde 1987 von der amerikanischen Psychologin Francine Shapiro entdeckt; sie integriert emotionale und neurologische Prozesse durch abwechselnde bilaterale Stimulation (Augen- oder andere Bewegungen). Sie ermöglicht den Beginn einer natürlichen, anpassungsorientierten Behandlung von schmerzhaften oder blockierten Informationen (z. B. posttraumatischen Belastungs-

Michel Meignant

„Wer Kinder erzieht, sollte unbedingt Schläge, Anschreien und Demütigungen vermeiden."

störungen), mobilisiert psychische Ressourcen und stellt das verlorene Selbstvertrauen wieder her. Lifespan Integration ist eine einfache Methode; sie ermöglicht die schnelle Heilung von Patienten, die unter Traumata und/oder Misshandlungen aus der Kindheit leiden. Der Prozess der Lifespan Integration behandelt die gespaltenen inneren Zustände in uns selbst und stellt das Gesamtsystem der Persönlichkeit eines Patienten durch „Überschreibung" wieder her. Lifespan Integration kombiniert die Aktivierung von Bildern mit einer Zeitreihe von Ereignissen, entsprechend der jeweiligen inneren Zustände. Das erleichtert die Verankerung der neuen Gefühlszustände und Assoziationen im Gehirn – eine schnelle Heilmethode für Erwachsene, die in ihrer Kindheit komplexe Traumata und/oder Misshandlungen und Vernachlässigung durchlitten haben.

Wenn Eltern merken, dass sie Schwierigkeiten haben, sich zu kontrollieren, sollten sie Hilfe suchen. Die Entwicklung der positiven Elternschaft ist eine Antwort für alle, die Hilfe brauchen.

Michel Meignant (Ph. D.) ist Spezialist für Beziehungen und menschliche Sexualität. Er lebt in Frankreich, ist Ehrenpräsident des französischen Verbandes für Psychotherapie und Psychoanalyse und Vizepräsident des Weltverbandes für Psychotherapie. Er ist Repräsentant des Europäischen Psychotherapie-Verbandes beim Europarat. Mehrere seiner Bücher und Dokumentarfilme haben Auszeichnungen erhalten.

NORWEGEN

„Wenn Sie Ihr ‚wahres Gesicht' zeigen, sehen Sie sich auch der Möglichkeit einer Ablehnung gegenüber."

One-Night-Stands

Rolling-Stones-Frontmann Mick Jagger hatte angeblich Sex mit mehr als 4000 Frauen (und dazu noch einigen Männern, wie man hört). Wir alle kennen Leute, die mit immer neuen Flammen auftauchen. Einige denken – immer und immer wieder –, den oder die „Richtige" gefunden zu haben. Andere hören einfach niemals auf, nach Liebe und Sex zu jagen. Die Psychologin **Bente Træen** enthüllt deren Triebfedern und Ängste.

Als Wissenschaftlerin sehe ich immer wieder: Eines der Motive, die Sex beim Menschen zugrunde liegen, ist der Wunsch nach Liebe. Durch sexuelle Handlungen suchen Menschen jemanden zum Lieben und Geliebtwerden. Insofern streben alle beim Sex nach mehr als nur körperlichem Vergnügen.

Über das körperliche Geschehen hinaus tauschen Menschen Zärtlichkeit und Intimität aus. Diese Emotionen und Empfindungen zu erleben, löst auch Gefühle von Verliebtheit und Betörung aus, selbst bei kurzen Begegnungen wie One-Night-Stands. Liebessuchende hängen dem Mythos der romantischen Liebe an, können sie aber nicht finden. Sie sind keine geübten Liebhaber – **sie ergreifen die Gelegenheit zum Sex, wann immer sie sich ihnen bietet**. Ihren Partnern fehlen die Merkmale, die sie suchen, und sie selbst können keine Gefühle dem Partner gegenüber ausdrücken. Das heißt, sie empfinden einen Mangel an Intimität – aber es heißt nicht, dass sie nicht auf der Suche nach ihr sind. Jenseits der körperlichen sexuellen Aktivität gibt es die Hoffnung, Liebe und die Sicherheit einer festen Beziehung zu finden.

Ideale Liebe

Feste Beziehungen gelten als zentraler Schauplatz für persönliche Erfüllung und Selbstverwirklichung. Paarbeziehungen hängen heute viel stärker von Gefühlen und Sexualität ab als früher. Der Idealvorstellung nach gehören Liebe und Sex zusammen; Sex wird als besonders befriedigend und erfüllend empfunden, wenn Gefühle dabei sind. Nach diesem Ideal sollte sich Liebe auf sexuelle Weise ausdrücken, damit sie als echt wahrgenommen wird – das impliziert, dass beide Partner verpflichtet sind, Leidenschaft füreinander zu empfinden. Um eine feste Beziehung nicht nur einzugehen, sondern über längere Zeit aufrechtzuerhalten, könnte eine andere Fähigkeit wichtiger sein als die, leidenschaftlich zu bleiben: Intimität aufzubauen und über längere Zeit auszuhalten. Dafür spricht: **Liebe entwickelt sich im gleichen Maße wie Intimität**, nämlich in dem Ausmaß, in dem die Partner bereit sind, einander Sorgen und Bedürfnisse zu offenbaren, sich also in den Augen des anderen verwundbar zu machen. Das mag auf den ersten Blick simpel erscheinen, ist in der Realität aber alles andere als das. Denn wenn Sie Ihr „wahres Gesicht" zeigen, sehen Sie sich auch der Möglichkeit einer Zurückweisung gegenüber.

Angst vor Zurückweisung

Schon in der Kindheit lernen wir, dass Liebe mit der Angst vor Zurückweisung verbunden ist. Jemanden zu lieben, wird daher immer das Risiko bergen, abgelehnt zu werden. Weil das Lieben so eng mit der Angst vor Ablehnung verbunden ist, haben wahrscheinlich die meisten Menschen eine gewisse Angst vor Intimität. Bei einigen ist diese Angst allerdings ausgeprägter, was eine allgemeine, grundsätzliche Unsicherheit im Leben widerspiegeln könnte. Um Gegenseitigkeit in der Liebe zu finden, muss man Liebe annehmen können und überzeugt sein, dass man es wert ist, geliebt zu werden. Hier gilt: **Man braucht die Fähigkeit, sich selbst zu schätzen.** Die Suche nach Selbstwertschätzung hängt direkt mit der Konstruktion des Selbst zusammen. Die Selbstwertschätzung hat zwei Dimensionen: die Wertschätzung, die andere für „mich" haben (äußere Selbstwertschätzung) und „meine eigene" Wertschätzung für „mich" (innere Selbstwertschätzung).

Angst vor Nähe

Ein Verlust der Selbstwertschätzung kann das Ergebnis eines langen Prozesses sein. Auch eine plötzliche Krise kann dazu führen, dass man sich wertlos fühlt und die Selbstwertschätzung sinkt. Oder das Scheitern einer vorherigen festen Beziehung ist die Ursache. Weil die Selbstwertschätzung von so entscheidender Bedeutung für den Menschen ist, wirkt es logisch, Situationen zu vermeiden, die sie bedrohen könnten. Manche Menschen scheinen ständig auf der

Jagd nach Liebe zu sein, finden sie aber nie. Sie „konsumieren" Partner in rascher Folge. Einige behaupten, sie seien wählerisch und hätten Angst, ihre Freiheit zu verlieren. Analytisch gesehen weisen Aussagen über den Wunsch, jemandem näher zu kommen – und die Angst davor –, auf das Phänomen „Angst vor Nähe" hin. Menschen mit einer hohen Partnerfluktuation mögen zwar vorgeben, sie hätten Sex um der Neuheit und des Vergnügens willen, aber man könnte auch fragen, welche Rolle die Angst vor Nähe dabei spielt. Der Begriff „Angst vor Nähe" impliziert keine pathologische Persönlichkeit. **Wahrscheinlich haben alle Menschen bis zu einem gewissen Grad Angst vor Nähe.** Man kann aber spekulieren, dass einige Menschen in einem Teufelskreis stecken: Sie sind voller negativer Erwartungen, was ihr eigenes Selbstkonstrukt angeht und suchen bzw. finden Partner, die diese negativen Erwartungen wahrscheinlich bestätigen. Daraus könnten psychosoziale Probleme entstehen.

Selbstwertschätzung

Einen Partner abzulehnen, bevor man selbst Ablehnung erfährt, könnte man als Bewältigungsstrategie sehen. Die eigene gering wahrgenommene innere Selbstwertschätzung könnte bis zu einem gewissen Grad durch die äußere Selbstwertschätzung kompensiert werden, die man vom Partner oder von den Partnern erhält. Von außen wirkt das wie sexuelle Hyperaktivität oder „Promiskuität", innerlich können sich solche Menschen in ihren Gefühlen und Beziehungen machtlos fühlen. Intimität heißt, die ständige Offenlegung der eigenen Innenwelt gegenüber einem anderen länger zu ertragen. Damit scheinen Menschen mit einer hohen Partnerfluktuation nicht zurechtzukommen, weshalb wir den Schluss ziehen, dass ihrem Verhalten Angst vor Nähe zugrunde liegt, die aus Angst vor Ablehnung entsteht.

Um diesen Teufelskreis zu durchbrechen und die Erfahrung von Lieben und Geliebtwerden anders sehen zu können, muss ein Mensch lernen, sich selbst wertzuschätzen und Einblick in die eigenen Lebensbedürfnisse zu bekommen. Wenn Sie einen Menschen mit hoher Partnerfluktuation treffen, könnten Sie ihm die Frage stellen: „Was hatte dieser Partner an sich, das du in deinem Leben gebraucht hast?" Für manche könnte das ein Neuanfang sein.

Die Liebesformeln

→ **Menschen suchen in der Sexualität mehr als nur körperliches Vergnügen. Aber jemanden zu lieben, birgt immer das Risiko, abgelehnt zu werden.**

→ **Um Gegenseitigkeit in der Liebe zu finden, muss man Liebe annehmen können und überzeugt sein, dass man es wert ist, geliebt zu werden. Dazu braucht man genug innere und äußere Selbstwertschätzung.**

→ **Menschen mit einer hohen Partnerfluktuation haben eine geringe Selbstwertschätzung und haben Angst vor Nähe, weil sie Ablehnung fürchten. Einen Partner abzulehnen, bevor man selbst Ablehnung erfährt, könnte als Bewältigungsstrategie gesehen werden.**

Bente Træen ist ordentliche Professorin für Gesundheitspsychologie an der Fakultät für Gesundheitswissenschaften der Universität Tromsø (Norwegen). Ihre wissenschaftliche Arbeit konzentrierte sich anfangs auf die Sexualität Heranwachsender. Sie hat zahlreiche wissenschaftliche Artikel und populärwissenschaftliche Bücher über verschiedene Aspekte von Beziehungen und Sexualität verfasst, darunter sexuelles Wohlbefinden, sexuell übertragbare Krankheiten und die Nutzung von Pornografie.

VEREINTE NATIONEN / THAILAND

„Liebe macht nicht an Grenzen halt."

We Are The World

Mit „We Are The World", einem der berühmtesten Lieder des Jahrhunderts, erklang 1985 ein weltweit wahrgenommener Ruf nach Hilfe und Liebe für die hungernden Menschen in Nordäthiopien, die die schwerste Hungersnot seit Jahrzehnten durchlitten. Zu dieser Zeit arbeitete **Sandro Calvani** in Makallè (Äthiopien) als Nothilfekoordinator. Kinder starben in seinen Armen, und er fand, die Träume aus dem Liedtext hätten es verdient, Wirklichkeit zu werden. Danach widmete er sein gesamtes Berufsleben dem tieferen Verständnis dessen, was „love the world" tatsächlich heißt.

„We are the world, we are the children. We are the ones who make a brighter day. So let's start giving. There's a choice we're making. We're saving our own lives."

„Wir sind die Welt, wir sind die Kinder. Wir sind die, die den Tag erhellen. Also lasst uns geben. Wir haben die Wahl. Wir retten unser eigenes Leben."

„Liebe die ganze Menschheit wie dich selbst und deine Familie" ist eine hehre Botschaft, verbreitet von den meisten Religionen, großen Führungspersönlichkeiten und in beseelten Liedern und Gedichten. Es ist eine erstaunliche Erfahrung, einen so zeitlosen Traum in die alltägliche Wirklichkeit umzusetzen, das erleben die meisten Menschen, die sozial engagiert außerhalb ihres Heimatlandes in aller Welt arbeiten. Die Kunst, andere Völker mehr als das eigene Volk zu lieben, ist ein gemeinsamer Charakterzug dieser sogenannten Expats (vom englischen *expatriates*, Menschen im Auslandseinsatz).

Aus sozialen Gründen im Ausland zu arbeiten ist ein komplexes System von Ideen, Lebensstilen, Erfahrungen, Werten, Zielen, wirtschaftlichen und sozialen Strategien. Dafür stehen Menschen – oder inspirieren es zumindest –, die in anderen Ländern als ihrem Geburtsland leben und arbeiten und in wiederum anderen Ländern ausgebildet wurden. Diese Expats ziehen nicht endgültig in ein anderes Land wie Auswanderer. Stattdessen streben sie danach, in möglichst vielen Ländern zu leben und zu arbeiten. Seien sie Missionarinnen oder Manager, Uniprofessorinnen oder UN-Mitarbeiter, Ärztinnen ohne Grenzen oder Globetrotter-Künstler – der moderne soziale Expat verkörpert den Expatriatismus dann am wahrhaftigsten, wenn er in mindestens einem Dutzend Ländern gelebt und gearbeitet hat und sich in deren Kultur auskennt und wohlfühlt.

Wall Street

Sozialer Expatriatismus ist sowohl Ideologie als auch Idealismus. Die Ideologie des Expatriatismus besagt, dass es keinen glaubhaften Grund dafür gibt, das eigene Volk mehr zu lieben als andere. Der Idealismus des Expatriatismus liegt in der Hoffnung und der Vision einer zutiefst friedlichen Menschheit, in der alle menschlichen Wesen auf der Erde gleiche Rechte haben und einander lieben und respektieren, unabhängig von ihrer Nationalität.

Die alltägliche Lebenserfahrung – sei es in einem abgelegenen afrikanischen Dorf oder an der Wall Street in New York – beweist, dass heute alle persönlichen Entscheidungen und alle Lebensumstände eines Individuums oder Landes Einfluss auf Menschen in anderen Ländern haben, ohne an den Landesgrenzen Halt zu machen. Insofern ist die Unterscheidung zwischen Innen- und Außenpolitik, die in der altmodischen Politikwissenschaft und -praxis getroffen wird, de facto hinfällig. Die wichtigsten Themen, die in modernen Wirtschaftssystemen und Gesellschaften die menschliche Lebensqualität und das Streben nach Glück beeinflussen, sind bereits international. **Die verschiedenen „Heimatländer" sind zu einem wahren Heimatland verschmolzen: unserem Planeten.** Die weltweiten Beziehungen als „auswärtige" Angelegenheit zu bezeichnen, ist nichts weiter als ein durchsichtiger Versuch, das zu ignorieren.

Die Globalisierung der Welt ist schneller vorangeschritten als die Fähigkeit der meisten Menschen, wahrzunehmen und zu verstehen, wie viele alte Grenzen verschwunden sind. Vielen Leuten ist bei dem Gedanken unwohl oder ängstlich zumute, die tausendfachen Verbindungen zu erkunden, die das alte „wir" und „sie" zu einer einzigartigen Gemeinschaft der menschlichen Rasse umgeformt haben. Da kein Land darauf hoffen kann, alleine reich, glücklich und sicher zu sein, ist der Traum, andere Völker zu lieben wie das eigene – wie jede Form der menschlichen Liebe – zu einer angenehmen Pflicht geworden. Soziale Expats predigen nicht über die Abschaffung von Angst und Hass zwischen den Völkern: Sie leben Gemeinsamkeit als alltäglichen Normalfall. Wo es ihnen gelingt, Liebe für alle wirksam zu unterrichten, tun sie es durch das eigene Vorbild.

Drittkulturkinder

Viele Expats verlieben sich in jemanden aus einer anderen Kultur und heiraten ihn oder sie. Die Kinder solcher Paare werden „Drittkulturkinder" genannt. Drittkultur-Jugendliche haben eine beträchtliche Zeitspanne in Kulturen verbracht, die nicht der Nationalität ihrer Eltern entsprechen, und sind oft nicht in der Lage, die Frage „Wo kommst du her?" zu beantworten – die viele von ihnen etwas veraltet finden. Drittkulturkinder integrieren in ihrer persönlichen Kultur Elemente aus allen Kulturen, in denen sie gelebt haben. So fühlen sie sich ganz natürlich in der Lage, viele verschiedene Völker zu lieben, die sie als ihre eigenen empfinden.

Sozialer Expatriatismus ist die Kunst, universelle Liebe zu erlernen und zu leben. Es ist eine leicht erlernbare Form der Liebe. Wenn Sie Ihre eigene Familie und Ihr Land wirklich lieben, können Sie leicht lernen, auch andere Völker zu lieben. Andere Völker zu lieben, trägt wirksam zu Ihrem Glück bei und maximiert die Freude an der Liebe zu Ihrem Partner, Ihrer Familie und Ihrem Land. Expatriatismus ist eine Erweiterung des Patriotismus, nicht sein Gegenteil. Radikaler, extremistischer Patriotismus verursacht Konflikte. Sozialer Expatriatismus verbreitet eine Grundhaltung der Menschenliebe über Grenzen hinweg. Wenn man einen Menschen liebt, will man sein Glück und vergisst ihn nie. Wenn man alle Menschen auf der Erde liebt, wird man glücklich sich selbst vergessen.

Die Liebesformeln

- **Es gibt keinen glaubhaften Grund dafür, das eigene Volk mehr zu lieben als andere. Die Globalisierung der Welt ist schneller vorangeschritten als die Fähigkeit der meisten Menschen, sie wahrzunehmen.**
- **„Sozialer Expatriatismus" ist die Kunst, universelle Liebe zu erlernen und zu leben. Sie ist leicht erlernbar. Wenn Sie Ihre eigene Familie und Ihr Land wirklich lieben, können Sie leicht lernen, auch andere Völker zu lieben.**
- **Andere Völker zu lieben, trägt wirksam zu Ihrem Glück bei und maximiert die Freude an der Liebe zu Ihrem Partner, Ihrer Familie und Ihrem Land.**

Sandro Calvani ist Direktor des ASEAN-Zentrums für UN-Millenniumsziele am Asiatischen Institut für Technologie in Bangkok (Thailand). Als UN-Diplomat und Leiter von UN-Missionen hat er über 32 Jahre in 135 Ländern der Welt gearbeitet und gelebt. Er hat 20 Bücher und mehr als 600 Artikel über nachhaltige Entwicklung, Menschenrechte und seine Erfahrungen mit humanitärer Hilfe geschrieben. Er unterrichtet das Fach Humanitäre Angelegenheiten in internationalen Beziehungen im Master-Studiengang Internationale Beziehungen der Webster University (USA). Er hat vier Kinder, die in den anderen vier Erdteilen leben und arbeiten.

WIE MÖCHTEST
du,
DASS ICH DICH LIEBE, DAMIT
du
DAS GEFÜHL HAST,
ich
LIEBE DICH
?

Ihre Art von Liebe

„Ich sehe in Beziehungen sehr viel Unglück, weil Liebe in Formen ausgedrückt wird, die der Partner nicht als Liebe versteht", sagt der Therapeut Charlie Azzopardi. Er schlägt zwei goldene Regeln vor.

Menschen sprechen über die Liebe, als gäbe es nur eine einzige Art von Liebe und als würde jeder darunter das Gleiche verstehen. Liebe ist etwas so Persönliches, dass 100 Menschen, die darüber sprechen, 100 verschiedene Arten von Liebe meinen. Eigentlich sprechen Menschen über ihre eigene Liebe – über ihre eigene Art, zu lieben und geliebt zu werden. Manche drücken sie durch Hingabe aus, andere über Romantik, Sex oder praktische Arbeit im Haushalt. Menschen mit Kindern neigen dazu, zwei unterschiedliche Arten von Liebe zu verwechseln: Liebe zum Partner und Liebe zur Familie. Wenn ich von einer Liebesbeziehung spreche, meine ich jede Beziehung, die von Liebe geprägt ist, ob Eltern–Kind, Ehemann–Ehefrau, Lebensgefährte–Lebensgefährtin, Freund–Freundin und so weiter. Um eine Liebesbeziehung zu schützen, muss man zwei wichtige Dinge tun.

1. Drücken Sie Ihre Liebe so aus, dass der oder die andere sie als Liebe versteht.
Hier herrschen einige Mythen, die zu großen Enttäuschungen führen können. Zu diesen gehört „Er/sie weiß, dass ich ihn/sie liebe" – die Annahme, der andere wisse um die eigene Liebe. Das ist ein Trugschluss. Ihr Partner, Kind, Elternteil, Freund etc. weiß, dass Sie ihn oder sie lieben, wenn Sie das aussprechen und in einer Weise

zeigen, die er oder sie versteht. Wenn Sie etwas tun, um Ihre Liebe jemandem zu zeigen, sollten Sie dafür sorgen, dass diese Person die richtige Liebesbotschaft erhält. Sehr viele Menschen tappen in die Falle, Liebe als selbstverständlich hinzunehmen und hören damit auf, einander ihre Liebe klar zu erklären, weil „er natürlich weiß, dass ich ihn liebe".

Ich habe Ehemänner und Ehefrauen gesehen, die ihre Liebe auf seltsame, auch abstoßende Art ausdrückten. Zum Beispiel durch Eifersucht, indem sie ihrem Partner verboten, ein Leben außerhalb der Beziehung zu führen. Anfangs könnte man das als Schutz empfinden, aber letztlich wird es erstickend. So wird Liebe vom Partner nicht mehr als solche wahrgenommen. Also sollte man geliebten Menschen Fragen stellen wie: „Wie möchtest Du, dass ich Dich liebe, damit Du Dich von mir geliebt fühlst?", „Wie kann ich Dir meine Liebe zeigen?", „Welche Art von Liebesbeweis erwartest Du von mir?"

2. Stellen Sie klar, auf welche Art Sie von anderen geliebt werden möchten.

Viele Menschen denken, ihre Partner wüssten auf magische Weise, wann sie Liebe brauchen, und welche Art von Liebe. Solche Erwartungen sind ein verlässlicher Weg zur Enttäuschung. Zu den verbreiteten Irrtümern gehört die Vorstellung, dass der Partner die Initiative übernehmen sollte, und dass es „nicht mehr spontan wäre, wenn ich ihm sage, wie er mich lieben soll, weil es dann nicht mehr von ihm kommt". Menschen wissen nicht, was Sie brauchen und wie Sie es brauchen, wenn Sie es ihnen nicht sagen. Wenn Sie – wie wir alle – Liebe brauchen, müssen Sie lernen, darum zu bitten. Dann werden die Menschen in Ihrem Umfeld lernen, Sie auf eine Art zu lieben, die Sie als Liebe verstehen. Wie wir geliebt werden wollen, wandelt sich im Lauf der Zeit. Achten Sie darauf, geliebte Menschen über die Art und Weise auf dem Laufenden zu halten, in der Sie geliebt werden wollen.

Charlie Azzopardi (Malta) ist systemischer Familientherapeut und arbeitet seit mehr als 20 Jahren auf dem Gebiet der psychischen Gesundheit. Er hat mehrere Artikel und Bücher über Eheprobleme, Sucht, Heranwachsende und Kindererziehung veröffentlicht und eine neue Therapiemethode entwickelt, die das Arbeiten mit Familien und Einzelpersonen erleichtert.

„Wie wir geliebt werden wollen, wandelt sich im Lauf der Zeit."

USA

„Die Spezies Mensch ist emotional monogam."

Universelle Liebe

Von der Inneren Mongolei bis nach Papua-Neuguinea, von Striptease-Clubs bis zu polygamen Mormonengemeinschaften – der bekannte Anthropologe **William Jankowiak** studiert seit über 30 Jahren sexuelles und emotionales Verhalten. „Wir, der Homo sapiens, sind als Spezies weniger sexuell als vielmehr emotional monogam", sagt er und begibt sich auf die Suche nach dem Gleichgewicht der universellen Liebe.

Lange Zeit betrachteten die Menschen der westlichen Welt romantische Liebe als eine „Krankheit", die Naturvölker und Nicht-Westler praktisch nicht erleben konnten, weil man sie fester im Wert körperlicher Empfindungen verwurzelt sah. Ohne gezielte Anleitung seien nicht-westliche Menschen nicht in der Lage, romantische Liebe zu verstehen, begrifflich zu erfassen, sich vorzustellen oder zu erleben. Menschen der westlichen Welt dagegen waren in einer überhöhten Erfahrung romantischer Phantasie befangen, die sich oft in einer Leugnung der Sexualität äußerte und ein idealisiertes Bild der reinen, nämlich keuschen Liebe pflegte. Wenn romantische Liebe bei Nicht-Westlern vorkam, – so nahm man an – liege das an der globalen Verbreitung von Ideen, durch die Menschen anderer Länder die Erfahrungen des Westens nachahmen wollten: Man dachte, wenn Westler die Liebe idealisierten, müsse es modern sein, das auch zu tun. Aus dieser – historischen – Perspektive gesehen, ist die romantische Liebe Europas Beitrag zur Weltkultur.

Das einzige Problem an dieser Sichtweise: Sie ist nicht korrekt. Wir wissen, dass romantische Liebe in mehr als 92 Prozent aller untersuchten Gesellschaften beobachtet wurde. **In den meisten Kulturen war romantische Liebe aber nie ein Grund zum Heiraten.** Diese Institution blieb am besten in den Händen der Ältesten einer Gesellschaft. Und diese machten sich Sorgen: Die jüngere Generation könnte sich treffen, sich zueinander hingezogen fühlen, sich begehren und jemanden heiraten wollen, der für die ältere Generation inakzeptabel wäre. Aus diesem Grund arbeiteten die Älteren daran, den Umgang der Jugend miteinander zu überwachen und zu regulieren. Trotz dieser Vorkehrungen trafen und verliebten sich junge Menschen. Ethnografische Berichte sind voller Geschichten von Liebesqual, Kummer und Selbstmord.

Das wirft die wichtige Frage auf, wie Nicht-Westler ohne reiche literarische Tradition, die in Gesellschaften mit traditionell arrangierten Ehen leben, zur Erfahrung romantischer Liebe kommen? Wenn der Ursprung der romantischen Liebe nicht in einer literarischen Tradition liegt – woher stammt sie? Aus der Neuropsychologie und der Hormonforschung wissen wir, dass Menschen zwei Arten von Liebe entwickelt haben: kameradschaftliche Liebe und romantische Leidenschaft. Studien der Hirnfunktionen zeigen, dass Romantik und Kameradschaft unterschiedlichen Regionen des Gehirns zugeordnet sind. Darüber hinaus gibt es bei ihren Ursprüngen Geschlechtsunterschiede. Bei Frauen entsteht romantische Leidenschaft aus der Mutter-Kind-Bindung, während sie bei Männern mit sexuellem Begehren durchsetzt ist. Interessanterweise ist die Liebeserfahrung von Männern und Frauen, die sich verlieben, bemerkenswert ähnlich. **In Bezug auf Sexualität unterscheiden sich Männer und Frauen so auffallend, wie sie sich bei ihrer Liebeserfahrung ähneln.** Das ist eine der großen Paradoxien des Lebens: Wie können die Geschlechter auf erotischem Gebiet so unterschiedlich sein, wenn sie sich im Liebesbereich so ähneln? Es ist das Dilemma jedes und jeder einzelnen – wie soll man den Wunsch nach sexueller Vielfalt mit der ebenso starken Sehnsucht nach Lieben und Geliebtwerden vereinbaren? Für Männer wird das mit dem Alter einfacher. Ein sinkender Testosteronspiegel scheint mit der Vorliebe für langfristige emotionale Bindungen einherzugehen. Für Frauen liegt der Antrieb dagegen nicht in der körperlichen Befriedigung, sondern eher im Wunsch, als sexuell begehrenswert wahrgenommen zu werden. Die Stärke dieses Wunsches kann eine Frau aus den Armen ihres Ehemanns in die eines anderen treiben – nur damit sie das Gefühl haben kann, wieder begehrenswert zu sein.

Papua-Neuguinea

Wie auch immer die Haltung einer Kultur zum Sex (ihre Muster menschlicher Aktivität und die Symbolstrukturen, die dieser Aktivität Bedeutung verleihen) und zu den vielen Facetten der Liebe aussieht – die kulturelle Landschaft ist mit Zweideutigkeiten, widersprüchlichen Gewichtungen, Verwirrung, unklaren Einschränkungen und eindeutigen Dilemmata übersät. **Die weltweite Vielfalt an Zweideutigkeit, Spannungen und Widersprüchen ist unendlich** und, als Ganzes gesehen, durch die Bandbreite der Unterschiede verwirrend. Aber weltweit teilen alle menschlichen Gemeinschaften den gleichen Drang: den dreiseitigen Widerspruch zwischen romantisch-leidenschaftlicher Liebe, kameradschaftlicher Liebe/Zuneigung und körperlichem Sex friedlich und produktiv aufzulösen. Jede Kultur muss entscheiden, ob sie das eine oder andere vermischen, trennen, abwerten, betonen oder ignorieren möchte. Ein Beispiel: **Einige ethnische Gruppen in Papua-Neuguinea glauben, Geschlechtsverkehr sei eine überaus ungesunde, zutiefst beschmutzende Erfahrung**, die man vermeiden müsse. Sex bleibt allerdings trotzdem, wie es einer der Männer ausdrückte, „etwas, das sich so gut anfühlt, aber so schlecht für einen ist". In einer anderen Kultur Papua-Neuguineas laufen Männer nach einer sexuellen Erfahrung oft zum Fluss und schlitzen ihren Penis mit einem Bambusmesser auf, um das verunreinigte Blut aus ihrem Körper abfließen zu lassen. Gegensätzliche oder scheinbar gegensätzliche Haltungen finden sich beim Volk der Huli in Papua-Neuguinea, wo die Männer in der Ehe traditionellen Tabus gehorchen, aber gleichzeitig außereheliche erotische Erfahrungen suchen. In ähnlicher Weise haben Igbo-Männer in Nigeria das Bedürfnis, intime kameradschaftliche Liebe und Zuneigung mit ihrer Ehefrau aufzubauen, während sie sexuelles Vergnügen über vielfältige Sexualkontakte mit anderen Partnerinnen suchen.

Sexualgebiete

Die kameradschaftliche und die leidenschaftliche oder romantische Liebe folgen jeweils ihrer eigenen Logik. Viele soziale Spannungen, Konflikte und individuelle moralische Ambivalenzen rühren daher, dass jeder Mensch und jede Gemeinschaft versucht, die doppelten Kräfte beider Liebesformen in ein Gleichgewicht zu bringen. Mit kameradschaftlicher Liebe meine ich eine tiefe Zuneigung gegenüber den Menschen, mit denen unser Leben eng verwoben ist. Dazu gehören Gefühle von Freundschaft, Verständnis und Sorge um das Wohlergehen des anderen. Leidenschaftliche Liebe dagegen umfasst die Idealisierung des anderen in einem erotischen Kontext, unter der Annahme, dass das Gefühl einige Zeit bis in die Zukunft andauern wird. Das heißt nicht, dass die kameradschaftliche Liebe nicht auch ihre Leidenschaften mit sich bringt. Obwohl beide Formen der Liebe in allen Kulturen präsent sind, werden sie oft nicht gleich bewertet, zelebriert oder verehrt. **So entsteht eine dreiseitige Spannung, die über Liebe und Sex hinausreicht**, weil sie mehr ist als der simple Widerstreit zweier Begehren: ein dreiseitiger Konflikt zwischen dem Sexualtrieb, der Romantik und der Kameradschaft.

Die Geschichte zeigt uns verschiedene Lösungsmöglichkeiten für diese dreiseitige Spannung. Zum Beispiel haben heutige **US-amerikanische „Swinger"** eine Reihe von rituellen Vorgehensweisen institutionalisiert – sie sollen den Vorrang der Paarbindung oder kameradschaftlichen Liebe sichern, die Entstehung leidenschaftlicher Liebesverwicklungen verhindern und die Offenheit für

die Erfahrung von sexuellem Vergnügen mit Fremden sichern. Für Swinger ist das die ideale Lösung für die widerstreitenden Forderungen der dreiseitigen Leidenschaften. Eine andere zeitgenössische Antwort liegt in der Entwicklung des **Sextourismus in der Karibik und Südostasien** sowie anderen Teilen der Welt. Die Errichtung von „Sexualgebieten" ermöglicht es vor allem Männern, auf ziemlich preiswerte Weise vielfältige sexuelle Begegnungen zu suchen. Für ältere europäische und amerikanische Frauen bieten entsprechende Orte die Gelegenheit, zumindest zeitweise eine imaginäre Romanze mit jemandem aufzubauen, der für eine langfristige kameradschaftliche Liebesbeziehung nicht geeignet wäre.

Überall haben Gesellschaften eine – oft unbehagliche – Balance zwischen den Kräften der Leidenschaft, der kameradschaftlichen Liebe und des sexuellen Begehrens errichtet. Dafür braucht es ständige Anpassungen auf individuellem wie gesellschaftlichem Niveau. **In den Bereichen Liebe und Sex kann es niemals eine stabile Gesellschaft geben.** Die emotionale Spannung zwischen den wettstreitenden und oft widersprüchlichen Wünschen stellt sicher, dass jede Generation die Traditionen im Verhältnis zwischen Liebe und Sex neu überprüft und neu verhandelt.

Die Zugkraft der Leidenschaft

Die Anziehungskraft der Romantik und die Zugkraft sexueller Leidenschaft wird in Tennessee Williams' Theaterstück *Endstation Sehnsucht* sehr schön umrissen, als Blanche DuBois ihre Schwester Stella ermahnt. Blanche drückt ihre Abneigung gegen Stanley Kowalskis offensichtlichen sexuellen Appetit so aus: „Ein Mann dieser Art, nun ja, man kann mit ihm ausgehen, einmal, zweimal, dreimal, wenn man den Teufel in sich fühlt. Aber mit ihm leben? Ein Kind von ihm haben?" In diesem Fall sind die Themen erotisches Abenteuer und Aufregung versus die Stabilität von häuslichem Leben und Familie. Die Ironie liegt bei Williams darin, dass Blanche Letzteres als Ideal hinstellt, obwohl das Erstere einen Großteil ihres Lebens aufgezehrt hat.

Blanches Problem ist nicht speziell amerikanisch: **Die chinesische Literatur ist voller Geschichten, die sich mit den Schwierigkeiten des Trennens oder Vereinens beider Gefühle befassen.** In Li Yus Theaterstück *Shen luanjiao* (Vorsicht bei der Vereinigung von Phönix-Pärchen), geschrieben vor dem ersten Kontakt mit Europa, fühlt sich ein Kaiser der Qing-Dynastie zur Schönheit einer Frau hingezogen, während er sich gleichzeitig nach emotionaler Nähe zu einer anderen sehnt. Sowohl die Aussagen von Blanche als auch die des Qing-Kaisers sind beispielhaft für den Konflikt, der im Herzen der Spannung von Anziehung und Abstoßung liegt: zwischen erotischer Attraktion und der Sehnsucht nach einer tieferen emotionalen Bindung.

Es gibt Zeiten, zu denen sexuelle Leidenschaft der romantischen Liebe wie der Kameradschaft vorgezogen wurde. Keine einzige ethnografische Studie berichtet, dass alle Leidenschaften und Zuneigungen als gleichwertig betrachtet wurden: entweder ist das Bild des Sexuellen, des Romantischen oder des Kameradschaftlichen das offizielle Ideal. **Keine Kultur gibt der sexuellen, der romantischen und der kameradschaftlichen Metapher das gleiche Gewicht.** Eine Leidenschaft gilt immer als Teilmenge der anderen. Wie sozial engagiert, politisch aufgeklärt, spirituell gestimmt oder technologisch angepasst wir auch sein mögen, es dreht sich um das Versagen bei der Integration von Liebe und Sex. Die vorherrschende Leidenschaft ist leicht zu erkennen, wenn man Gesprächsthemen untersucht.

Konflikte über Fragen von Eigentum, Umgangsformen oder gesellschaftliche Stellung tauchen unweigerlich auf, wenn es einen Bruch im gesellschaftlichen Verständnis und Konsens über Sexualität und Romantik gibt.

„Liebe ist das Werk der Nacht"

Es muss nicht bei jeder sexuellen Begegnung um den Wunsch nach transzendentaler Verschmelzung miteinander gehen. Einige Menschen wünschen nichts weiter als körperliche Befriedigung ohne emotionale Verstrickungen. Schlicht gesagt: **Sex, das Benutzen oder Verdinglichen einer anderen Person, kann ein Akt der Lust sein.** Normen und Regeln zu seiner Durchführung können zumindest klar formuliert werden. Obwohl die Regulierung selbst vielleicht nicht erfolgreich ist, sollte wenigstens ihre Absicht deutlich werden. Für jemanden, der sich ausschließlich für unkomplizierte sexuelle Befriedigung interessiert, ist der ideale Partner jede Person der richtigen sexuellen Ausrichtung, die willig, verfügbar und unvoreingenommen ist.

Bei anderen Gelegenheiten aber kann ein komplizierteres Motiv hinter der Suche nach Sex stecken. Die Suche nach sexuellem Vergnügen ist beim zentralafrikanischen Volk der Aka mit einem anderen, wichtigeren Wert verwoben: der Fortpflanzung. Bei den Aka ist der Geschlechtsverkehr eine angenehme Erfahrung, die ihrem Primärziel untergeordnet bleibt – ein Kind zu bekommen. Oder, in den Worten einer jungen Aka-Frau: „Liebe ist das Werk der Nacht; Liebe und Spiel sind schön miteinander, wenn es eine Schwangerschaft gibt."
Für die Aka – anders als für viele US-Amerikaner und nicht in traditionellen Gemeinschaften lebende Menschen in aller Welt – ist Fortpflanzung, nicht erotische Befriedigung, der höhere Wert.

Gutartige Risiken

Sowohl in wissenschaftlichen als auch in populären Veröffentlichungen wird zur Zeit eine Frage lebhaft diskutiert: Woher stammen die geschlechtsspezifischen Unterschiede zwischen den Kriterien, die Männer und Frauen für die Auswahl kurzfristiger und langfristiger Partner verwenden? Trotz – oder vielleicht wegen – dieser Debatte zeichnet sich ein Konsens ab; man ist sich einig, dass Frauen unter gewissen Umständen für beiläufige sexuelle Begegnungen ebenso offen sind wie Männer. Inzwischen wird über die Art dieser „gewissen Umstände" debattiert. Wie auch immer das Ergebnis der Debatten aussehen wird – **sexuelle Monogamie fällt Säugetieren, Vögeln oder Menschen nicht leicht**, so viel ist klar.

Wenn die Jagd nach sexueller Erfüllung oft dazu führt, dass Menschen das Neue suchen, erzeugt der Liebesimpuls, sowohl in seiner leidenschaftlichen als auch in seiner kameradschaftlichen Form, die entgegengesetzte Neigung: Nähe durch Vertrautheit zu finden. Anders als sexuelle Befriedigung kann man Liebe nicht kaufen (übrigens auch nicht arrangieren, vorhersehen oder verbieten). Leidenschaftliche Liebe, die gekauft wird, ist wertlos. Wenn das Band der Liebe fehlt, kann ein sexueller Höhepunkt und die damit einhergehende Befriedigung dazu führen, dass das Interesse an der anderen Person sofort erstirbt. **Menschen im Zustand leidenschaftlicher Liebe dagegen entdecken, dass die sexuelle Befriedigung das Interesse am anderen nicht mindert, sondern verstärkt.**

Beim menschlichen Sexualtrieb geht es oft um mehr als einfach einen Orgasmus zu erreichen. Das kann der Wunsch nach Berührungen und intimer Kommunikation mit einer anderen Person sein. Aber selbst wenn vorher wenig oder kein Interesse da war – **ein Orgasmus kann stärkere Gefühle emotionaler Verstrickung hervorrufen**.

Der Wunsch nach körperlicher Intimität, einer „engen physischen und emotionalen Beziehung", bringt erotische Interessen in soziale Beziehungen ein. So verbindet sich Erotik mit zwischenmenschlichen Gefühlen wie Zuneigung, Vertrauen, Unsicherheit und Eifersucht. Studien zum Verhältnis zwischen Leidenschaft und Sexualität in Mexiko zeigten wiederholt, dass Paare sich – und damit alles rationale Denken – verloren, wenn sich bei sexuellen Beziehungen ihre Vereinigung in emotional transzendenter Ekstase auflöste. Auf diese Weise kann das Eingehen eines „gutartigen Risikos" (einer intensiven emotionalen Verstrickung) zu einem „bösartigen Risiko" beim sexuellen Verhalten führen (das Aufgeben „sicherer" Sexualpraktiken).

Striptease-Clubs

Die Spannungen, Dilemmata und Verwirrungen beim Ausbalancieren von Liebe und Sex werden an der Art ersichtlich, in der Prostituierte zum Beispiel in den Bordellen von Nevada mit ihren Kunden umgehen. Befragte **Prostituierte in San Francisco, Stockholm und Amsterdam** gaben an, dass ein Großteil der männlichen Kunden von den Frauen Interesse und Anteilnahme an ihrem Wohlergehen erwartete. Für diese Kunden ist die Illusion emotionaler Nähe genauso wichtig wie die sexuelle Befriedigung, vielleicht sogar wichtiger. Ein ähnliches Muster zeigt sich bei einigen Kunden städtischer Striptease-Clubs. In einem Umfeld, das die Verdinglichung des weiblichen Körpers feiert, strebten Stammkunden oft danach, eine „Beziehung" zu bestimmten Stripperinnen zu entwickeln, die ihrerseits vorgaben, Zuneigung zu empfinden. Selbst der Bereich des außerehelichen Stelldicheins kann schnell über das Sexuelle hinausreichen und das Emotionale einschließen.

Diese Beispiele illustrieren, wie emotionale Nähe aus einer sexuell stark aufgeladenen Atmosphäre erwachsen kann. Bei sogenannten Katalogbräuten ist das zentrale Ergebnis: Egal, mit welchen Motiven Männer und Frauen ihre Korrespondenz aufgenommen hatten – die meisten Briefpartner versuchten im Verlauf der Brautwerbung, emotionale Verbindungen zueinander aufzubauen.

Jede Gemeinschaft muss mit den starken emotionalen Bindungen umgehen, die oft aus Sex, leidenschaftlicher Liebe und kameradschaftlicher Liebe entstehen. Kulturelle Vorbilder sind dabei hilfreich – sie bieten eine Erklärung dafür, wie sich die vielen Facetten von Liebe und Sex zu einem einheitlicheren Ganzen verbinden lassen. Solche Vorbilder oder Erklärungen können von einzelnen Menschen oder Interessengruppen in Frage gestellt werden (Polyamoristen, christliche Fundamentalisten, Freidenker usw.), die Alternativmodelle für das „richtige" Verhältnis zwischen den Arten von Liebe und Sex anbieten. Aber das wirft umfassendere, verzwicktere Fragen auf: Liegt das Dilemma zwischen sexuellem Begehren und leidenschaftlicher Liebe? Oder zwischen leidenschaftlicher und kameradschaftlicher Liebe? Oder haben wir es mit einer Dreiecksbeziehung zu tun? Sicherlich kann es das eine ohne das andere geben – eine entmutigende Tatsache in Kulturen, deren Ziel es ist, die drei zu verschmelzen.

William Jankowiak ist Barrick Distinguished Professor of Anthropology an der Universität von Nevada in Las Vegas (USA). Er ist Herausgeber und Verfasser vieler anthropologischer Artikel und Bücher, darunter *Romantic Passion* (Romantische Leidenschaft) und *Intimacies* (Intimitäten). Seine Hauptforschungsinteressen sind menschliche Sexualität und Familiensysteme in komplexen Gesellschaften.

NIGERIA / USA

Igbo-Liebe

„Die Erwartung, Liebe müsse ein zentraler Bestandteil von Partnerwerbung und Ehe sein, gehört zu den wichtigsten Veränderungen zum Thema Sex und Geschlechter, die zur Zeit im Igbosprechenden Südosten Nigerias im Gange sind", erläutert der Anthropologe Daniel Jordan Smith. Er untersucht seit Jahren die persönlichen Beziehungen in dieser ursprünglich polygamen ethnischen Gruppe, einer der größten und einflussreichsten in Nigeria. „Liebe ist in der Ehe erwünscht, aber sie reicht nicht aus."

Während Männer und Frauen traditionell jung heirateten und Ehen meist von den Großfamilien von Ehemann und Ehefrau arrangiert wurden, suchen sich Männer und Frauen im modernen Igboland immer öfter ihre Partner selbst aus. Zur modernen Partnerwerbung gehört die Vorstellung von Liebe, und die meisten jungen Igbos heiraten in der Absicht, monogam zu bleiben. In den romantischen vorehelichen Beziehungen ist die Geschlechterdynamik relativ gleichrangig: Männer und Frauen gelten als gleichwertige Partner, und die Regeln der Beziehung werden auf der Basis der Vorstellungen von Liebe, Vertrauen und emotionaler Nähe ausgehandelt. Heute setzen Paare den Prozess, der zur Ehe führt, oft selbst in Gang; wenn er einmal läuft, spielen Familien und Dorfgemeinschaft eine wichtige Rolle, sowohl bei der Hochzeitszeremonie als auch für die Ehe selbst.

Trotz der neueren Veränderungen in den Mustern der Partnerwerbung und den Ehekriterien, die der Liebe mehr Bedeutung geben, bleiben drei Regeln bei den Igbo entscheidend: die soziale Erwartung, dass jeder Mensch heiraten muss, die Bedeutung der Ehe als Allianz zwischen zwei Sippen und die zentrale Rolle der Elternschaft als Basis einer erfolgreichen Ehe.

Übergangsritus

Traditionelle Hochzeitszeremonien, an denen die Großfamilien und Dorfgemeinschaften der Eheleute teilnehmen, stellen weiterhin den wichtigsten Übergangsritus zur Markierung der Ehe dar. Obwohl heute viele Paare beschließen, sowohl in ihren christlichen Kirchen als auch in einer traditionellen Zeremonie zu heiraten, ist letztere obligatorisch, während die kirchliche Hochzeit freiwillig ist (wenn auch für viele sehr erwünscht). Die Jahre nach der Hochzeit sind von großer Vorfreude auf Schwangerschaft und Kinder geprägt, und nichts ist für die Stabilität einer Ehe wichtiger als Elternschaft. Die Beziehung eines Paares wandelt sich zwischen der Partnerwerbung und der Ehe, in der Mutter-Vater- und Ehemann-Ehefrau-Rollen vorherrschend werden, und in der viel mehr Menschen sozial an der Beziehung beteiligt sind – das hat bedeutsame Folgen für die Geschlechterdynamik, denn es bindet die Frauen an ihre Mutterrolle. Generell ist die Qualität der persönlichen, emotionalen Beziehung eines Paares – die Liebe – nach der Hochzeit weniger bedeutsam, insbesondere nach der Geburt von Kindern.

Daniel Jordan Smith

Getrennte Zimmer

Traditionell aßen Igbo-Ehemänner und -frauen nicht gemeinsam; sie hatten getrennte Schlafzimmer und die meisten sozialen Aktivitäten waren nach Geschlechtern getrennt. Während sich das im Kontext eher moderner Ehen ändert, die teilweise auf „Verliebtheit" beruhen (viele monogame Paare teilen heute beispielsweise das gleiche Schlafzimmer), essen die Männer selbst in diesen relativ modernen Ehen häufiger getrennt von Frau und Kindern als mit ihnen. **Außerdem bleiben die Geschlechterrollen im Haushalt deutlich definiert** – Frauen sind praktisch vollständig verantwortlich für Essenszubereitung und Kinderbetreuung.

Das Ausmaß, in dem eheliche Beziehungen von Liebe, Zuneigung und Kameradschaft geprägt sind, variiert stark, wobei generell jüngere Paare diese Aspekte einer Beziehung stärker betonen als ältere. In eher traditionellen Ehen sind Zuneigung und Kameradschaft oft sehr wichtig und können im Lauf der Zeit sehr tief werden. Allerdings ist bei älteren Igbos der Gedanke, eine eheliche Beziehung solle der primäre Schauplatz von Intimität sein, viel weniger verbreitet als bei jüngeren Paaren. Selbst jüngere Männer und Frauen verbringen viel Zeit getrennt voneinander und beziehen einen Großteil ihrer sozialen Zufriedenheit aus gleichgeschlechtlichen Freundschaften und den Kontakten zur weitläufigen Verwandtschaft.

Die Igbo bezahlen die vielleicht höchsten Brautpreise von allen ethnischen Gruppen in Nigeria, und sobald ein Paar Kinder hat, gibt es nur wenige sozial akzeptierte Gründe für eine Scheidung. Nicht mehr verliebt zu sein, würde überhaupt nicht als legitimer Grund für das Beenden einer Ehe betrachtet. Wenn sich ein Paar dennoch scheiden lässt, werden die Kinder aus der Verbindung als Angehörige des Mannes und Teil von dessen Familienstammbaum betrachtet. Ein Mann kann die Auflösung einer Ehe fordern, wenn seine Frau sexuell untreu war, eine Frau aber hat viel bessere Chancen für die Durchsetzung einer Scheidung, wenn sie nachweisen kann, dass ihr Ehemann sie und die Kinder nicht versorgt. Führt sie Probleme in der persönlichen Beziehung oder die Untreue des Mannes an, wird sie relativ wenig soziale

Unterstützung bekommen. Obwohl Scheidung stark missbilligt wird, ist sie inzwischen in städtischen Gebieten gängiger als früher.

Enge Bande

Wie in vielen Teilen der Welt wächst im Igbo-sprechenden Gebiet von Südostnigeria die Erwartung, dass sexuelle und eheliche Beziehungen auf Liebe beruhen sollten. Aber eine der Lektionen aus der Beobachtung von Ehen in Igboland ist: **Gute Ehen hängen von viel mehr ab als von der persönlichen Beziehung zwischen den Partnern.** Die Liebe kann kommen und gehen, aber wenn der Erfolg einer Ehe an Elternschaft, Familienbande und Verpflichtungen gegenüber der Gemeinschaft gebunden ist, wird sie sich nicht so leicht auflösen. Natürlich ist es eine andere Frage, ob Ehen, die auch dann Bestand haben, wenn die Liebe erlischt, auch immer glückliche Ehen sind. Aber für die Igbo in Südostnigeria ist es nicht das wichtigste Thema, glücklich verliebt zu sein.

Daniel Jordan Smith ist außerordentlicher Professor für Anthropologie und Leiter des Fachbereichs Anthropologie an der Brown University (USA). Seine Arbeit über Nigeria hat einen Preis der American Anthropological Association erhalten. Sein Hauptinteresse ist Afrikanistik, ein Gebiet, auf dem er zahlreiche Artikel und Buchbeiträge veröffentlicht hat. Er ist Koautor von *The Secret: Love, Marriage and HIV* (Das Geheimnis: Liebe, Ehe und HIV), einer ethnografischen Fünf-Länder-Vergleichsstudie über das Risiko von Ehefrauen, sich mit Aids zu infizieren, weil der Ehemann außerehelichen Aktivitäten nachgeht.

„Es ist nicht das wichtigste Thema, glücklich verliebt zu sein."

DEUTSCHLAND

„Liebe ist ein Produkt der Phantasie."

Die Kultur der Leidenschaft

„Genau wie das Heilige ist die Liebe ein Produkt der Phantasie, mit der Liebende versuchen, den Abstand zu überbrücken, unter dem sie leiden", erläutert Christoph Wulf. Er ist der perfekte Reiseführer für einen Ausflug durch Geschichte und Kultur des westlichen Liebesbegriffs. Dabei lernen wir auch, warum wir die Liebe so und nicht anders betrachten.

Der Mythos

Seit die Götter die kreisförmige Gestalt des menschlichen Wesens in zwei Hälften geschnitten haben und dieses Wesen als Mann und Frau durchs Leben gehen musste, versuchen die Menschen „aus zweien eins zu machen" (Platon). Dieser Wunsch richtet sich auf die Wiederherstellung ihres ursprünglichen Zustands und nimmt ihre Kräfte in Anspruch. Schon in Platons Beschreibung dieses Mythos wird klar: **Liebe entspringt aus einem Mangel.** Uns fehlt etwas, von dem wir glauben, es einst besessen zu haben, und wir sind davon überzeugt, es wieder zu brauchen, um unsere ursprüngliche Unverwundbarkeit wiederzugewinnen – etwas, das außerhalb unseres eigenen Seins liegt und genau deshalb die Voraussetzung für dieses Sein ist.

Darauf richtet sich der göttliche Eros. Er erweckt die wahre Liebe zum Leben, die mehr ist als bloßes Vergnügen und dazu führt, dass man nicht nur den Körper eines oder einer anderen liebt, sondern auch dessen oder deren Wesen und Seele. Nach diesem Mythos ist die andere Person der fehlende Teil zur verlorenen androgynen Einheit, einer Einheit, die allerdings mehr ist als die Summe ihrer Teile.

Leidenschaftliche Liebe

Platon und Christus haben die Liebe erfunden, jeder auf seine Weise. Platons Homosexualität einerseits und die seltsam geschlechtsneutralen Christus-Darstellungen andererseits haben zweifellos beide Vorstellungen von Liebe beeinflusst. In der höfischen Erotik des 10. bis 12. Jahrhunderts entwickelte sich eine neue Vorstellung von der Liebe, *l'amour passion*. Diese Liebe ist heterosexuell und hat die besondere Eigenschaft, Frauen eine Machtstellung in der Mann-Frau-Beziehung zuzuschreiben. Sie definiert sich selbst als rein. Obwohl sie in den Händen nichtadeliger Troubadoure lag und mit dem Überschreiten ehelicher Grenzen spielte, war das Verweigern dieser Überschreitung eine ihrer Voraussetzungen. **Eine Erotik der Blicke, der Sprache, der Berührungen entstand**

Christoph Wulf

in ihrem Rahmen. Dichter fanden Vergnügen daran, ihr Begehren nach sinnlicher Befriedigung zu unterdrücken. Sie priesen das Verbotene und damit die Idee der reinen Liebe. Auf diese Weise rief die Trennung der Liebenden und deren Keuschheit die Leidenschaft der Liebe ins Leben: Der Liebende liebt die Liebe und die Art, wie seine Geliebte ihre Funktion des Entfachens seiner Gefühle erfüllt. Die Vereinigung mit der Geliebten würde das Ende der Bilder und damit der Liebe bedeuten – das Opfern der Phantasie auf dem Altar des körperlichen Vergnügens. Die Geliebte unterscheidet sich: Sie ist vollkommen anders und insofern dem Liebenden fremd. Als einziger Ausweg aus der Verwirrung der Liebe bleibt der Rückzug, die Trennung – der Diskurs von Liebe und Tod, Liebhaber und Geliebter.

Vollkommenheit

Dieses Konzept der Liebe taucht in der Mystik nachfolgender Jahrhunderte als leidenschaftliche Liebe zu Gott wieder auf. Die Sehnsucht, die in ihrer grundsätzlichen Unstillbarkeit über die Grenzen der Persönlichkeit hinausreicht, ist ein Kernelement der Liebe, zu einem Menschen wie zu Gott. In beiden Fällen wird die Geliebte bzw. Gott typischerweise idealisiert und für vollkommen erklärt. **Der Liebende soll sich von allen Gefühlen und Wünschen befreien** außer seiner Liebe, um seine Geliebte voll und ganz lieben zu können. Nichts sollte in ihm sein außer seiner Liebe zu ihr. Dieses „Feuer der Liebe" wird in der Seele des Mannes von Gott genährt; es brennt tiefe Wunden in die Seele, schafft aber gleichzeitig auch einen glücksspendenden, vorher ungekannten Zustand der Seligkeit.

Das Gefühl des Heiligen

Die Mystiker sprechen ausdrücklich von der Erfahrung des Heiligen in der Liebe zu Gott, und die Troubadoure beschreiben die leidenschaftliche Liebe nicht anders. Bis in die Gegenwart haben sich Elemente des Heiligen, Allmächtigen, Ehrfurchtgebietenden und Andersartigen im Begriff der leidenschaftlichen Liebe erhalten. Wie das Gefühl des Heiligen entstammt die leidenschaftliche Liebe einer Reduzierung; sie braucht eine passende emotionale Kontrolle durch kollektive Überwachung. Diese Überwachung legt fest, welche Empfindung als profan und welche als erhaben und heilig betrachtet werden sollte. Zu den heiligen Empfindungen gehört die leidenschaftliche Liebe. **Sie stellt einen Erregungszustand dar, der ringsum alles ansteckt und sich ausbreitet.** Der Mensch wird dabei transzendiert. Im Wunsch nach dem Heiligen wie nach der geliebten Person wird er von etwas getrieben, das nicht er ist – etwas anderem, von dem er sich Erfüllung verspricht. Das Ziel ist die Verschmelzung mit dem anderen, die zum Scheitern verurteilt ist.

Kristallisation

Mehrere Jahrhunderte später hat die leidenschaftliche Liebe nichts von ihrer Faszination verloren. Aber sie ist wieder weltlich geworden. Stendhal unterscheidet beispielsweise zwischen *amour-goût*, Liebe aus Neigung, *amour physique*, Liebe aus Sinnlichkeit und *amour de vanité*, Liebe aus Eitelkeit; er definiert *amour-passion*, leidenschaftliche Liebe, als ein Gefühl, das dem Fieber gleicht und „kommt und vergeht, ohne dass der Wille auch nur das Geringste dabei vermöchte". Den Ursprung der Liebe erklärt er mit einer Theorie der Kristallisation. Dafür entwirft er das folgende Bild: „Man wirft in den Salzbergwerken von Salzburg einen vom Winter entblätterten Zweig in die Tiefen eines Schachts. Zwei oder drei Monate später zieht man ihn wieder heraus und findet ihn mit glitzernden Kristallen überzogen: die zierlichsten Spitzen, nicht dicker als die Krällchen einer Meise, sind mit unzähligen lose haftenden und funkelnden Diamanten überzogen; den ursprünglichen Zweig kann man nicht mehr erkennen. Was ich hier Kristallisation nenne, ist das Wirken des Geistes, der in allem, was sich darbietet, immer neue Vollkommenheiten des geliebten Wesens entdeckt." **Die leidenschaftliche Liebe wird ausschließlich von dem oder der Liebenden erzeugt.** So lange er oder sie mit der geliebten Person unvertraut bleibt, geht der Kristallisationsprozess weiter und umhüllt den geliebten Menschen in der Phantasie mit positiven Facetten. Der liebende Mensch kann nicht anders, als das Objekt seiner Liebe zu idealisieren und als begehrenswert zu stilisieren. Selbst wenn die beiden miteinander vertraut sind, kann ein liebender Mensch nicht anders als immer wieder aufkeimende Zweifel mit der Kraft seiner Phantasie zu dämpfen. So wirkt die Phantasie als Gegengewicht zur Flüchtigkeit von „Liebesträumen" und sorgt dafür, dass die Empfindungen anhalten. Genau wie das Heilige ist die Liebe ein Produkt der Phantasie, mit der Liebende versuchen, den Abstand zu verringern, unter dem sie leiden. Wie das Heilige geht die Liebe viele Verbindungen ein, in denen sie sich gleichzeitig zeigt und zurückzieht, enthüllt und versteckt.

Christoph Wulf ist Professor für Anthropologie und Erziehung an der Freien Universität Berlin (Deutschland). Seine Bücher sind in 15 Sprachen übersetzt worden. Für seine anthropologischen Forschungen zeichnete ihn die Universität Bukarest mit einer Ehrenprofessur aus. Er ist Vizepräsident der deutschen UNESCO-Kommission und Herausgeber, Mitherausgeber und Mitarbeiter nationaler und internationaler Fachzeitschriften.

„Die sexuelle Orientierung entwickelt sich im Lauf des Lebens."

Sexuelle Orientierungen

„Den meisten Kulturen erscheint heterosexuelle Liebe als natürlich. Aber Liebe ist ein Konstrukt und unsere sexuelle Orientierung entwickelt sich im Lauf unseres Lebens", sagt **Elisabetta Ruspini**. Die Soziologin hat das Verhältnis zwischen Liebe und unseren sexuellen Orientierungen intensiv untersucht.

Mit sexueller Orientierung beschreiben wir die romantische, emotionale oder sexuelle Anziehungskraft, die eine Person bei einer anderen verspürt. Sie ist die „Richtung" der eigenen Sexualität und des sexuellen Interesses: gegenüber dem anderen Geschlecht (heterosexuell), dem gleichen Geschlecht (homosexuell), beiden (bisexuell) oder keinem (asexuell). Das Konzept der sexuellen Orientierung bezieht sich auf mehr als das Sexualverhalten. Es schließt Gefühle ebenso ein wie Identität. Die sexuelle Orientierung entwickelt sich im Lauf des Lebens. Menschen können sich an verschiedenen Punkten ihres Lebens der Tatsache bewusst werden, dass sie heterosexuell, schwul, lesbisch, bisexuell oder asexuell sind.

Liebe und Heterosexualität erscheinen im sozialen, sexuellen und elterlichen Rahmen wie „natürliche" Partner. **In den meisten Kulturen steht „Liebe" normalerweise für heterosexuelle Liebe, aber in nicht-heterosexuellen Beziehungen kommen genau die gleichen Gefühle vor.** Es gibt in der Tat eine starke kulturelle Beziehung zwischen Liebe und Heterosexualität. Trotz neuer Sichtweisen im theoretischen Verständnis und in den Darstellungen von Sexualität bleibt Heterosexualität weiterhin sozial normativ. Wie Paul Johnson

2012 schrieb, ist Heterosexualität eine Reihe weitgehend „stiller" Verhaltensweisen und Identitäten – man nimmt an, sie sei allgegenwärtig, trotzdem bleibt sie oft unbenannt und unerforscht. Allerdings ließe sich argumentieren, die Liebe sei ein „soziales Konstrukt" (das heißt, eine Idee, ein Begriff oder eine Vorstellung, die Menschen durch soziale Handlungen akzeptiert und reproduziert haben) und dieses Konstrukt sei mit einer Reihe heterosexueller Praktiken verbunden, die es legitimiere.

Kinder

Nicht heterosexuelle Elternschaft ist immer noch vielen Vorurteilen ausgesetzt, darunter „Lesben und Schwule können keine Kinder großziehen", „homosexuelle Beziehungen sind weniger stabil als heterosexuelle und garantieren daher keine familiäre Beständigkeit" und „die Kinder homosexueller Menschen haben größere psychische Probleme als die von Heterosexuellen".

Untersuchungen zeigen, dass Gesundheit und Wohlergehen von Kindern nicht von der sexuellen Orientierung ihrer Eltern abhängen. Die Kinder schwuler und lesbischer Paare wachsen mit gleich großer Wahrscheinlichkeit gut heran wie die heterosexueller Paare. Bigner und Jacobsen untersuchten 1989 in Iowa 33 homosexuelle und 33 heterosexuelle Väter – sie fanden keine Unterschiede zwischen beiden Gruppen, was das Maß an Engagement oder Nähe gegenüber ihren Kindern anging. **Die sexuelle Orientierung der Eltern ist weniger wichtig als die Qualität der familiären Beziehungen**, das zeigte 2006 eine Studie von Charlotte Patterson.

Generell wird angenommen, dass die Transsexualität eines Elternteils für die Kinder Leid verursachen könnte. Die Hauptsorge ist, dass ein **transsexuelles Elternteil** wegen seiner/ihrer Identitätsprobleme bei den Kindern Verwirrung und Schwierigkeiten in Bezug auf die geschlechtliche Identität hervorrufen könnte. Daher trennen sich viele Eltern in der Überzeugung, das Problem so zu lösen; sie sind sich der Tatsache nicht bewusst, dass die allmähliche Distanzierung des Vaters oder der Mutter auf dem Weg zur Geschlechtsumwandlung mehr Probleme schafft als löst.

Ein weiteres Beispiel betrifft **asexuelle Eltern**. Genau wie alle anderen können asexuelle Individuen sich entschließen, ein Paar zu bilden oder Kinder zu bekommen. Um Eltern zu werden, können sie sich für Sex entscheiden, künstliche Befruchtung nutzen oder versuchen, ein Kind zu adoptieren. Elternschaft und elterliche Liebe hängen heute nicht mehr unbedingt von sexuellen Beziehungen ab.

Eines erscheint klar: Für die Kinder liegt die Schwierigkeit offensichtlich nicht in der sexuellen Präferenz ihrer Eltern, sondern in der Haltung des soziokulturellen Umfeldes zu dieser Präferenz. Kinder, die in nicht heterosexuellen Familien leben und aufwachsen, müssen stärker gegen soziale Stigmatisierung, Diskriminierung und Mobbing kämpfen. Damit kommen wir zum Problem der Homophobie und Transphobie, d. h. dem Ausdrücken von Angst und Verachtung gegenüber homosexuellen, bisexuellen und Transgender bzw. transsexuellen Personen. Diese Einstellungen lassen sich als einziger Grund dafür anführen, warum die sexuelle Orientierung der Eltern einen negativen Einfluss auf ihre Kinder haben könnte.

Der Unterschied liegt also in unserer Einstellung. Damit ruht viel Verantwortung auf Frauen, Männern, Müttern, Vätern und sozialen Institutionen.

Die Liebesformeln

→ **Menschen können sich an verschiedenen Punkten ihres Lebens der Tatsache bewusst werden, dass sie heterosexuell, schwul, lesbisch, bisexuell oder asexuell sind.**

→ **In den meisten Kulturen steht „Liebe" für heterosexuelle Liebe, aber in anderen Beziehungen kommen genau die gleichen Gefühle vor. Liebe ist ein soziales Konstrukt.**

→ **Gesundheit und Wohlergehen von Kindern hängen nicht von der sexuellen Orientierung ihrer Eltern ab – die Einstellung der anderen kann Probleme verursachen.**

Elisabetta Ruspini ist außerordentliche Professorin für Soziologie an der Universität Mailand-Bicocca (Italien). Dort ist sie außerdem Direktorin des Medienforschungszentrums In Chiaro. Sie ist leitende Herausgeberin der Buchreihe *Generi, culture, sessualità* (Geschlechter, Kulturen, Sexualität). Sie hat langjährige Erfahrung in Lehre und Forschung und eine Vielzahl von Artikeln und Büchern zur Gender-Thematik veröffentlicht.

„Sich selbst zu lieben, gibt Kraft und Leben."

Liebe dich selbst

Sich selbst gerne anzusehen, ist nicht immer einfach. Es ist aber notwendig, um Liebe zu geben und zu empfangen. Ist das nicht Narzissmus? „Nein", antwortet die Psychologin **Mia Leijssen**. „Selbstliebe heißt, mit dem eigenen inneren Selbst in Verbindung zu stehen und sich als Individuum mit speziellen Charakteristika zu erkennen, ohne damit ein Werturteil zu verknüpfen." Das ist leichter gesagt als getan.

Die Fähigkeit zur Selbstreflexion ist etwas typisch Menschliches; sie unterscheidet uns von vielen anderen lebenden Organismen. Diese Veranlagung zur „Selbstentäußerung" artikulieren wir oft mit den Worten „Ich will …". Im Prozess der Selbstwerdung ist die Entdeckung des eigenen Willens ein Wendepunkt. Bei dieser Fokussierung auf das Individuum stehen Selbstentwicklung, Autonomie und Freiheit als entscheidende Werte im Zentrum. Ein reiches Innenleben ist eine wichtige Quelle der Zufriedenheit. Eine liebevolle Umgebung lässt ein Kind empfinden, dass es ein Recht auf seine eigene Einzigartigkeit hat, dass es Freiraum bekommt, um entdecken zu können, was am besten zu ihm passt, und dass es in Verbindung mit sich selbst steht. Verbindung mit sich selbst aufzunehmen, ist gar nicht so einfach in einer Kultur, die uns mit materiellen Dingen und äußeren Aktivitäten überhäuft.

Die Identität einer Person kann auch komplett unter den Erwartungen anderer verschüttet sein. Menschen, die nicht in der Lage sind, die vorherrschenden Erwartungen ihres jeweiligen Umfeldes zu erfüllen, sind besonders anfällig für „Demoralisierung". Demoralisierung bezeichnet die negativen Gefühle, die Menschen in Bezug auf ihre Lebensumstände empfinden. Sie entsteht, wenn wir ständig auf unsere eigene Unfähigkeit stoßen, einem verzerrten Selbstbild zu entsprechen, das vor allem auf den Erwartungen anderer aufbaut. Auf diese Weise wird die Selbstliebe nicht nur untergraben, sondern kann sich sogar in Autoaggression verwandeln, von Selbstverletzung bis Selbstmord. Kinder beschließen oft, dass es der bessere oder klügere Weg ist, ihre Individualität zugunsten des Friedens zu opfern oder sich an das anzupassen, was stärkere andere von ihnen wollen oder verlangen – in der Hoffnung, die Liebe anderer zu verdienen. So verlieren Menschen ihr eigenes „Selbst" im Lauf ihrer Entwicklung.

Hinter der Maske

Der Weg zurück ist nicht leicht. Aus gutem Grund ist das Wort „Person" vom lateinischen *persona* abgeleitet, was Maske bedeutet. Mit dem Begriff Person bezeichnen wir jene Eigenschaften, von denen jemand sagt, „das macht mich aus". Diese Eigenschaften hat sich eine Person im Lauf ihrer Entwicklung angeeignet. Manchmal ist dieses konstruierte Selbstbild eine erfolgreiche Lüge, um Anerkennung und soziale Wertschätzung zu erlangen oder Konflikte zu vermeiden. Es erfordert Anstrengung und Mut, der Wahrheit über sich selbst ins Auge zu sehen. Trotzdem ist Selbsterkenntnis entscheidend, wenn man sich wieder mit dem eigenen Selbst verbinden und Selbstliebe empfinden möchte.

„Selbstakzeptanz" ist ein wichtiges Stadium vieler Heilungsprozesse. Kraftvoller und lebensspendender ist allerdings die „Selbstliebe". **Sie ist eine innere Haltung, durch die eine Person unter allen Umständen sich selbst gute Gesellschaft ist** und den eigenen Wesenskern schätzt. Zur Selbstliebe gehört es, die vielen äußeren Schichten abzuschälen, die sich im Lauf der Zeit als Schutz um das innere Selbst gelegt haben. Das ist der Kern der Selbsterkenntnis: Liebevoll der Wahrheit über sich selbst ins Auge zu sehen, sodass es nicht mehr nötig ist, Dinge vor sich selbst zu verstecken oder zu unterdrücken. Das gibt den Seelenfrieden des Sich-selbst-Akzeptierens. Er geht mit dem Nähren positiver Gefühle und Gedanken einher, ohne endloses Grübeln über eigene Fehler und Unzulänglichkeiten.

Keine Aufmunterungsparolen

Hier geht es nicht um Aufmunterungsparolen oder oberflächliches positives Denken. Es geht um ein tieferes Gefühl der Akzeptanz: dass das Leben, so wie wir es bekommen haben, gut ist. Das ist ein Reinigungsprozess, in dem ein Individuum den Kontakt zum authentischen Selbst zurückgewinnt. Probleme lösen keine Verurteilung mehr aus, sondern sie werden mit Blick auf die tieferliegenden Motive, die es in unserem Selbst zu entdecken gibt, bearbeitet. Beim Wiederherstellen von Selbstvertrauen und Selbstliebe hilft es, davon auszugehen, dass man aus gutem Grund so geworden ist, wie man ist. **Nicht aus Narzissmus, sondern als legitime Selbsterkenntnis, bei der auch schmerzhafte Wahrheiten von einem Standpunkt der Liebe aus anerkannt werden können.**

Man kann auf zahlreichen Wegen Menschen dabei helfen, liebevoll mit sich umzugehen. Ein Beispiel für eine introspektive Methode, um Verbindung mit sich selbst aufzunehmen, zu spüren, wo Heilung gebraucht wird und den eigenen Wachstumsprozess zu fördern, ist der Ansatz, den wir „Fokussierung" nennen. Solche Introspektion führt zu Selbsterkenntnis und Selbstliebe, oft aber auch zu einem spirituellen Prozess und einer Erweiterung des Bewusstseins, die die Bindung an „mich als Person" lockern. Hier heißt Liebe, das Ganze zu sein; es entsteht eine Einheit des Bewusstseins, bei der die Erfahrung vorherrscht, Teil eines viel größeren Ganzen zu sein. Insofern kann die Erfahrung einer Selbstliebe, die nicht vom Ego kontrolliert wird, zu einer Quelle des Wissens werden, die Menschen über das menschliche Niveau hinaushebt.

Die Liebesformeln

→ **Eine liebevolle Umgebung gibt uns das Gefühl, ein Recht auf unsere Einzigartigkeit zu haben und in Verbindung mit uns selbst treten zu können.**
→ **Unser konstruiertes Selbst verschüttet unser wahres inneres Selbst oder ist eine erfolgreiche Lüge. Um der Wahrheit über sich ins Gesicht zu sehen, braucht es Anstrengung und Mut.**
→ **„Selbstakzeptanz" ist ein wichtiges Stadium vieler Heilungsprozesse. Aber „Selbstliebe" ist kraftvoller und lebensspendender.**

Mia Leijssen ist Professorin für Psychologie an der Katholischen Universität Löwen (Belgien). Sie unterrichtet Psychotherapie und psychologische Beratung und leitet den europaweit angebotenen Online-Kurs *Counseling and Coaching in Existential Well-Being*, der sich körperlichen, sozialen, psychischen und geistigen Aspekten der menschlichen Existenz widmet. Ihre wichtigsten Forschungsarbeiten und Veröffentlichungen befassen sich mit heilenden Faktoren in der Psychotherapie. Daraus entstanden zahlreiche Artikel in internationalen Zeitschriften und mehrere Bücher, darunter *Leven vanuit liefde* (Von der Liebe leben). Ihre wissenschaftliche Karriere steht in einem harmonischen Gleichgewicht mit ihrem Interesse für Natur, Musik, Tanz und dem Leben mit fünf Enkelkindern.

USA

„Heißen wir unsere verblüffende Fähigkeit zu unerwarteter Leidenschaft willkommen."

Bisexuelle Orientierungen

„Früher dachten wir, alle seien ordentlich in zwei Gruppen aufgeteilt: homo und hetero", erzählt die Psychologin **Lisa M. Diamond**. Sie ist bekannt für ihre über 18 Jahre laufende Längsschnittstudie zum Liebesleben der gleichen 100 Menschen. Andere Studien stützen ihre Befunde: „Was sexuelle Orientierung angeht, ist die Welt komplizierter, als wir dachten."

Meine Forschung konzentriert sich auf die gesundheitlichen Auswirkungen von Liebesbeziehungen. Zu den faszinierendsten Dingen, die ich dabei gelernt habe – nicht konkret aus meiner Arbeit, sondern aus der Beschäftigung mit diesem Thema ganz generell –, gehört die unglaubliche Fähigkeit der Liebe, unsere Gesundheit zu fördern oder zu schädigen. Als Spezies kommen wir extrem hilflos auf die Welt, viel hilfloser als andere Arten, und die Liebe unserer Bezugspersonen ist für uns so lebensnotwendig wie Essen und Wasser. Babys, die keine angemessene Pflege bekommen, wachsen nicht richtig und erleiden psychische Schäden, die nie wieder auszugleichen sind. Als Erwachsene brauchen wir genauso dringend Liebe. Wirklich einsame Menschen, in deren Leben Liebe fehlt, leiden zutiefst, sowohl physisch als auch emotional. Wir müssen die Liebe als Bestandteil der grundlegenden körperlichen und geistigen Gesundheit ernst nehmen – auch die Sexualität. Im Lauf der Jahre haben Forscher, die sich mit Liebe und Beziehungen befassten, die Sexualität eher kurz abgefertigt, als sei sie das Sahnehäubchen intimer romantischer Bindungen. Aber: **Sex ist mehr als nur ein Sahnehäubchen – er gehört als Zutat in den Kuchen!**

Lisa M. Diamond

Eine Reihe von großangelegten epidemiologischen Studien in einer Vielzahl von Ländern hat gezeigt: Menschen in Dauerbeziehungen, die von häufigeren, befriedigenderen sexuellen Aktivitäten mit ihren Partnern berichten – Geschlechtsverkehr oder andere sexuell intime Verhaltensweisen –, leben länger und gesünder, unabhängig von anderen gesundheitlichen Risikofaktoren. Insofern sollten sowohl Liebe als auch Sex als gesundheitsfördernde Faktoren ernst genommen werden. Wir sollten befriedigende Liebesbeziehungen und befriedigende Sexualbeziehungen als wichtige Basiskomponenten eines gut gelebten Lebens betrachten.

Flexibles System

Der zweite Punkt, den ich aus meiner Forschung ableite und dessen Kenntnis ich für wichtig halte: Liebe scheint ein „flexibleres" System zu sein als sexuelles Begehren, wenn es um das Geschlecht unserer Partner geht. Ein Großteil meiner eigenen Forschungsarbeit hat sich auf sexuelle Orientierung und deren Entwicklungs- und Ausdrucksformen im Lauf des Lebens konzentriert.

Zwei Tatsachen, die ich herausgefunden habe, sind besonders wichtig und überraschend. Erstens fühlen sich die meisten Menschen, die sich vom gleichen Geschlecht angezogen fühlen, auch vom anderen Geschlecht angezogen. Mit anderen Worten: **Bisexuelle Orientierungen scheinen häufiger vorzukommen als ausschließlich gleichgeschlechtliche.** Zweitens scheinen Menschen in der Lage sein, sich in praktisch jeden oder jede, unabhängig vom Geschlecht, „platonisch" zu verlieben (d. h. romantische Liebe ohne sexuelle Anziehung zu verspüren).

Zusammengenommen machen diese beiden Ergebnisse die Welt in Bezug auf die sexuelle Orientierung viel komplizierter, als wir dachten. Früher glaubten wir, alle seien ordentlich in zwei Gruppen aufgeteilt: homo und hetero. Homosexuelle begehrten und liebten nur Partner des gleichen Geschlechts, Heteros nur solche des anderen Geschlechts, und damit hatte es sich. Heute wissen wir: **Vermischte Muster von Liebe und Begehren – gegenüber Männern wie Frauen – kommen tatsächlich im Lauf des Lebens ziemlich häufig vor.** Manchmal werden Menschen davon überrascht: Ich habe mit der Zeit viele Interviewpartner gehabt, die mir erzählten, dass sie sich „anders" oder „abweichend" fühlten, weil sie plötzlich, spät im Leben, romantische und erotische Gefühle entdeckten, die vollkommen anders waren als alle bisherigen. Die Botschaft, die ich diesen Menschen zu vermitteln versuche, ist eine der Akzeptanz und der Normalität. Solche Erfahrungen sind tatsächlich ziemlich häufig und nichts an ihnen erscheint „abweichend" oder „falsch". Die Flexibilität, Anpassungsfähigkeit und Kontextabhängigkeit unserer intimen Gefühle scheinen ein Grundcharakteristikum unserer Spezies zu sein. Das mag unser Leben zeitweilig in Unordnung bringen, es kann sich als verwirrend oder überraschend erweisen, aber es ist Teil unserer menschlichen Natur. Wir schulden es uns selbst und einander, auf unsere verblüffende Fähigkeit zu unerwarteter Leidenschaft mit Toleranz, Liebe und Akzeptanz zu reagieren und sie willkommen zu heißen.

Die Liebesformeln

- → **Wir müssen die Liebe als Bestandteil der grundlegenden körperlichen und geistigen Gesundheit ernst nehmen.**
- → **Liebe scheint ein „flexibleres" System zu sein als sexuelles Begehren, wenn es um das Geschlecht unserer Partner geht.**
- → **Die meisten Menschen scheinen in der Lage sein, sich in praktisch jeden oder jede, unabhängig vom Geschlecht, „platonisch" zu verlieben.**

Lisa M. Diamond ist Professorin für Psychologie und Gender Studies an der Universität von Utah (USA). Sie hat zahlreiche Auszeichnungen für ihre Längsschnittstudien über Liebe, sexuelle Entwicklung und intime Beziehungen erhalten, die in ihrem erfolgreichen Buch *Sexual Fluidity* (Sexualität im Fluss) zusammengefasst sind.

FRANKREICH / SCHWEIZ

Liebe macht mich lebendig

Google liefert in 0,27 Sekunden 1.420.000.000 Treffer für den Begriff „love song" und es werden immer mehr; die englische Wikipedia definiert den Begriff als Lied über das Sich-Verlieben und/oder gebrochene Herzen und die Gefühle, die dazu gehören. Robert Neuburger nutzt eine Zeile aus einem Liebeslied des berühmten französischen Chansonniers Serge Gainsbourg, um ins Herz der Liebe zu gelangen.

„Sans l'amour, qu'est-ce que la vie?" – Was ist das Leben ohne die Liebe? Diese Frage aus einem Lied von Serge Gainsbourg fasst die lebensnotwendige, entscheidende Rolle der Liebe hervorragend zusammen: Durch sie haben wir das Gefühl, wirklich lebendig zu sein. Wohlgemerkt, **wir müssen zwischen „leben" und „lebendig sein" unterscheiden.** Leben heißt, kleine Zellen sind in Bewegung, wir müssen uns um sie kümmern, Nahrung zu uns nehmen, gesund bleiben. Lebendig sein ist etwas ganz anderes, ein Gefühl, das von der Liebe genährt wird. Oft merken wir das erst, wenn wir Rückschläge erleiden. Es gibt Zeiten, in denen wir vollkommen lebendig sind, weil unser Bedürfnis nach Liebe und Anerkennung durch das Geben und Empfangen von Liebe erfüllt wird. Das kann auf zwei Weisen geschehen. Es gibt „relationale" Liebe, die sagt: „Ich existiere in deinen Augen, und du in meinen." Und dann gibt es diese andere Verbindung, die uns mit einer oder mehreren Personen zu Kreisen verbindet, denen wir uns zugehörig fühlen. Zentral ist das Paar, sein Heim, die Familie – das Gefühl der Liebe, das wir mit anderen teilen, weil wir zur gleichen Gruppe gehören.

Aber manchmal kehrt sich die Situation um. Wir fühlen uns verlassen, verraten, hintergangen etc. Dann erleben wir, dass dieses Gefühl des Lebendigseins abnimmt – ein Absinken, das eine bestimmte Richtung der Medizin unter der Bezeichnung „Depression" als krankhaft eingestuft hat. In Wahrheit ist es etwas ganz anderes. Tatsache ist, dass wir auf eine uralte Angst gestoßen sind: die existentielle Angst, gegen die wir täglich ankämpfen, indem wir Liebesbindungen aufbauen und pflegen. Genau deshalb besteht die beste Medizin gegen Depressionen nicht aus Antidepressiva, sondern aus der „Kur der Liebe".

Robert Neuburger ist ein bekannter Psychiater, Paar- und Familientherapeut in Paris (Frankreich) und Genf (Schweiz). Er ist Direktor des Centre d'Etude de la Famille – Association (CEFA). Er hat zahlreiche Artikel und 14 Bücher veröffentlicht, darunter *Exister, le plus intime et fragile des sentiments* (Lebendig sein, das intimste und zerbrechlichste der Gefühle).

„Lebendig sein ist ein Gefühl, das von der Liebe genährt wird."

„Liebe ist eine ewige Kraft, die befreit und inspiriert."

Durch den Eisernen Vorhang

„Liebe ist ewig, nichts und niemand kann sie unterdrücken." Unter dem Sowjetregime fiel es der jungen **Tamara Hovorun** schwer, an diese Worte zu glauben. Die Auflösung der Sowjetunion 1991 bedeutete Freiheit auch für die Psychologie. Horovun, mittlerweile selbst Psychologin, untersucht die Wärme der Liebe vor und nach dem Kalten Krieg.

Psychologie hat in meiner Familie Tradition. Schon mein Vater war Psychologe, und ich habe den Beruf wiederum an meine Tochter weitergegeben. Ich bin stolz darauf, zum ersten Jahrgang von Psychologen zu gehören, der Anfang der 1970er an der Nationalen Universität Kiew (Ukraine) Examen machte. Ich bin meinen Professoren unglaublich dankbar, die trotz des enormen Drucks der Sowjetpropaganda und ohne jeglichen Zugang zur Arbeit ihrer internationalen Kollegen ihr Bestes taten, um uns ausgewogene Kenntnisse des Faches zu vermitteln. Meine professionelle Entdeckung der Liebe begann über die Philosophie. Im Grundstudium faszinierte mich die Tatsache, dass Liebe im Zentrum vieler philosophischer Weltanschauungen stand und dass die sexuelle Liebe nicht nur der Ursprung eines Individuums, sondern auch der Menschheit war. Ein Zitat, das mich über die Jahre begleitete, stammt von dem ukrainischen Philosophen Hryhorij Skovoroda: „Die Liebe ist ewig, nichts und niemand kann sie unterdrücken."

Unterdrückung von Liebe

Erst später lernte ich die Weisheit dieser Worte wirklich zu schätzen. Es war Mitte der 1980er-Jahre – die Zeit der Perestroika, als sich der Eiserne Vorhang lüftete. Ein wichtiger Teil dieses Prozesses, den Außenstehende oft übersehen, war die Rehabilitation der Liebe, insbesondere der sexuellen und homosexuellen Liebe. Homosexualität als Straftatbestand wurde aus dem Gesetzbuch gestrichen, sodass Hunderte von Paaren mit ihren Gefühlen ins Reine kommen konnten. Auch die Sexualität verlor langsam ihren Tabustatus und der Weg für einen dringend notwendigen, aber oft unbequemen gesellschaftlichen Diskurs wurde geebnet. Damals hatte ich eine Praxis im Kiewer Zentrum für Sexualwissenschaft und Familienberatung, in die die Klienten strömten, die sich von dem ideologischen Wandel befreit und beflügelt fühlten. Eine sehr wichtige Lektion lernte ich bei der Arbeit mit den Menschen, die durch meine Tür traten: **Die Liebe war oft das Einzige, was ihnen in den Zeiten der Unterdrückung geholfen hatte, physisch und emotional stark zu bleiben.** Ich erinnere mich daran, wie ich ein Paar – zwei Frauen von Mitte 40 – fragte, ob eine von ihnen es je bedauert habe, nicht dem anderen Geschlecht anzugehören. Sie antworteten einhellig, dass sie einander genau dafür liebten, was jede von ihnen war, und dass ihre Gefühle sie gegen jahrelange Verachtung und Diskriminierung abgeschirmt hatten. Ich erkannte, dass die Versuche der Gesellschaft, Liebe zu unterdrücken – seien es sexuelle Ausdrucksformen der Liebe oder Homosexualität – fehlgeschlagen waren. Liebe kehrt immer wieder zurück, so stark wie zuvor.

Wahlfreiheit

Die weitere Demokratisierung der ukrainischen Gesellschaft hat eine Demokratisierung der Liebe mit sich gebracht. Nach meinen Untersuchungen stimmen Angehörige meiner Generation der Regel zu, dass in der Liebe die Formel ½ + ½ = 1 gilt. Mit anderen Worten: Liebe ist eine Verbindung von Menschen, die voneinander abhängen und einander ergänzen. **Dagegen unterstützt die Generation meiner Tochter eine neue Formel: 1 + 1 = 2.** Liebe ist eine Partnerschaft unabhängiger Individuen, die eher aus freiem Willen zusammen sind als aus einer Notwendigkeit heraus. Wieder einmal geht es bei der Liebe um freie Wahl.

Durch die Arbeit mit Paaren und die Kenntnis von deren Liebesgeschichten kann ich eine weitere wichtige Feststellung treffen: Die Fähigkeit und die Bereitschaft, sich für das Wohlergehen des anderen zu opfern, ist ein Zeichen für wahre und reife Liebe. Ich erinnere mich an eine ausgedehnte Psychotherapie mit einem verheirateten Paar. Der Ehemann verliebte sich in eine andere, fühlte sich aber weiterhin der Ehe verpflichtet und wollte die Gefühle für seine Frau neu entfachen. Gegen Ende der Therapie, als die Harmonie wiederhergestellt schien, kündigte die Frau an, sie wolle die Scheidung. Schockiert bat ich um eine Erklärung. „Ich liebe ihn so sehr

wie immer … vielleicht noch mehr. Aber ich will, dass zumindest einer von uns glücklich ist."
Die Liebe motivierte die Ehefrau dazu, ihren Ehemann freizugeben, damit er eine neue Art von Glück entdecken konnte, diesmal mit einer anderen.

Als praktizierende Psychologin und Forscherin komme ich immer wieder zu dem Schluss, dass die Liebe mit jeder Form von Gewalt und Unterdrückung unvereinbar ist, sei sie zwischenmenschlich oder gesellschaftlich. Es ist uns unmöglich, jemanden dazu zu bringen, sich in uns zu verlieben. Ebenso wenig kann die Gesellschaft diktieren, was Liebe ist oder nicht ist. Wie in dem Zitat aus meiner studentischen Jugend ist die Liebe eine Antithese zur Unterdrückung – eine ewige Kraft, die immer wieder befreit und inspiriert.

Die Liebesformeln

→ **Versuche der Gesellschaft, Liebe zu unterdrücken, sind fehlgeschlagen. Die Liebe kehrt immer zurück, so stark wie zuvor.**
→ **Bei der Liebe geht es um die Wahlfreiheit. Liebe ist eine Partnerschaft unabhängiger Individuen, die aus freiem Willen zusammen sind.**
→ **Die Bereitschaft, sich für das Wohlergehen des oder der anderen zu opfern, ist ein Zeichen für wahre und reife Liebe.**

Tamara Hovorun ist Professorin und leitende Wissenschaftlerin am Labor für Sozialpsychologie des Kostiuk-Instituts für Psychologie in Kiew (Ukraine) und an der Katholischen Universität Lublin in Stalowa Wola (Polen). Sie hat mehr als 200 wissenschaftliche und populäre Veröffentlichungen über die Psychologie der menschlichen Sexualität, Geschlechterklischees, Sexualerziehung etc. geschrieben. Gefördert von der Europäischen Union, produzierte sie zwölf TV-Dokumentarfilme über Geschlechterfragen. Für ihre Popularisierung der Psychologie erhielt sie eine Auszeichnung des Bildungsministeriums.

USA

Eifersüchtige Partner

Wie die Erfahrung der Liebe ist auch die der Eifersucht universell. Sie spielt bei ungefähr einem Viertel aller Morde eine Rolle und ist ein wichtiger Faktor bei häuslicher Gewalt. Jeder kennt das Gefühl. Der Psychologe Gregory White untersucht es seit über 30 Jahren. Weiß er, wie man damit umgeht?

Es zeigt sich, dass Eifersucht kein absolutes Gefühl ist. Je nach Person, Beziehungen, Situation und Kultur mischen sich verschiedene Emotionen hinein: Neid, Ärger, Angst, Traurigkeit, Scham/Schuld sowie verstärkte sexuelle und liebevolle Gefühle sind die gängigsten. **Stellen Sie sich Eifersucht als *Muster* von Gefühlen, Gedanken und Handlungen vor**, die dem „Modell" dessen entsprechen, was Eifersucht in einer bestimmten Kultur und für eine bestimmte Person bedeutet. Wenn Ihre persönlichen und kulturellen Modelle besagen, dass eine eifersüchtige Person zornig ist und sein sollte, wird Ärger Ihre Gefühle und Handlungen prägen. Wenn Ihrem Modell zufolge Eifersucht zumindest ein Zeichen von Liebe ist, werden Sie vielleicht Ihre Liebe durch das Zeigen von Eifersucht beweisen.

Zwei Richtungen

Kulturen und Individuen unterscheiden sich stark in ihren Modellen üblicher Auslöser, Emotionen und Verhaltensweisen – Eifersuchtsmuster dagegen scheinen universell aktiviert zu werden, wenn wir (vielleicht unbewusst) feststellen, dass die echte, vorgestellte oder erwünschte Beziehung zwischen uns und dem geliebten Menschen von einem realen oder möglichen Rivalen bedroht oder beeinträchtigt wird. Diese Bedrohung oder Beeinträchtigung geht in zwei Richtungen: Die erste ist unser Selbstwertgefühl und unsere Identität. Zum Beispiel kann unser Gefühl der eigenen physischen und emotionalen Attraktivität bedroht (oder beschädigt) sein, unser Status in der Nachbarschaft oder im Freundeskreis oder der Teil unserer Identität, der durch die Beziehung definiert ist. Die zweite Bedrohung richtet sich gegen die tatsächlichen oder möglichen materiellen und emotionalen Belohnungen der Beziehung (wie sexuelles Vergnügen, Vermeidung von Einsamkeit, finanzielle Partnerschaft und gemeinsame Freizeitaktivitäten). **Die beiden eifersuchtsfördernden Bedrohungen sind miteinander verwoben, können aber zu verschiedenen Reaktionen führen.** Wenn ich mich bloßstelle, im verzweifelten Versuch, die Beziehung aufrechtzuerhalten, kann mein Selbstwertgefühl abstürzen. Wenn ich mein Selbstwertgefühl bewahre, indem ich eine Affäre anfange, um mir die eigene Attraktivität zu beweisen, kann meine Primärbeziehung Schaden nehmen. Kein Wunder, dass Eifersucht *und* romantische Liebe zwei alltägliche Erfahrungen sind, die sogar sehr besonnene Menschen zumindest ein bisschen verrückt machen können.

Zornige Männer

Insgesamt lassen Studien darauf schließen, dass Männer und Frauen in allen Kulturen ungefähr mit gleicher Wahrscheinlichkeit „eifersüchtig" werden (in einem erkennbaren Eifersuchtsmuster stecken). Diese Muster scheinen aber durchgängige Geschlechtsunterschiede zu zeigen. Beispielsweise

„Eifersucht und Liebe können uns alle zumindest ein bisschen verrückt machen."

sind Männer – zumindest in den westlichen Ländern, aus denen die meisten aktuellen Forschungsergebnisse kommen – anscheinend stärker und länger zornig, wenn sie eifersüchtig sind. Außerdem sind sie auf die wahrgenommene sexuelle Bedrohung fixiert und haben eindringliche Rachephantasien oder Bilder von sexuellen Handlungen zwischen einem Rivalen und der Geliebten. Wenn die Frau eifersüchtig war, sind Beziehungen anscheinend schwieriger zu reparieren. **Frauen sind eher traurig und besorgt**, wenn sie eifersüchtig sind; sie konzentrieren sich stärker auf die tatsächliche oder vorgestellte Beziehung zwischen dem Geliebten und der Rivalin als auf sexuelle Akte.

Das Ziel

Was sollten Sie tun, wenn Sie eifersüchtig sind oder das Objekt fremder Eifersucht sind und Sie damit nicht zurechtkommen? Erstens: Finden Sie heraus, ob die Eifersucht symptomatisch, reaktiv oder einfach ganz normal ist. Eifersucht kann ein Symptom von Wahnzuständen sein, die zum Beispiel bei schweren Depressionen, in manischen Phasen oder bei einer aktiven Schizophrenie auftreten; sie kann auch eine Folge von Demenz oder Drogen- und Alkoholmissbrauch bzw. -sucht sein. Reaktive Eifersucht ist Eifersucht, die durch ein langjähriges Trauma oder eine inflexible Persönlichkeit verstärkt wird. Der frühe Verlust eines Elternteils oder intensive Verlustgefühle beim ersten Liebespartner können spätere Bedrohungen einer Liebe realer und bedrohlicher wirken lassen. Manche Persönlichkeiten suchen geradezu chronisch nach Bedrohungen oder Verlusten und überreagieren bei kleinsten Andeutungen eines echten oder wahrgenommenen Rivalen. Menschen mit besonders ausgeprägter oder starrer Persönlichkeit haben neben der Eifersucht eine Reihe weiterer anhaltender zwischenmenschlicher Probleme. Bei symptomatischer und reaktiver Eifersucht ist in der Regel individuelle professionelle Hilfe nötig, sowohl für den eifersüchtigen Partner als auch für dessen Geliebte(n); **es ist unwahrscheinlich, dass Sie ohne Hilfe erfolgreich mit dieser Art von Eifersucht zurechtkommen**. Der Versuch, die symptomatische oder reaktive Eifersucht eines anderen zu beheben, indem man Eifersuchtsforderungen nachgibt, geht oft nach hinten los – das Risiko für das eigene psychische und physische Wohlbefinden steigt. Suchen Sie professionellen Rat, um zu entscheiden, was Sie tun sollten; reine Paarberatung scheint allerdings für die Reduzierung symptomatischer oder reaktiver Eifersucht wenig hilfreich zu sein. Alles außer symptomatischer und reaktiver Eifersucht nennen wir normal, und die meisten Paare haben von Zeit zu Zeit damit zu tun, selbst in sehr langfristigen Beziehungen. Wenn Sie in Ihrer Beziehung ein gutes Fundament von Vertrauen und Kommunikation aufgebaut haben, können Sie beide in der Regel Ihre eigene Lösung finden: wenn Sie sich ehrlich austauschen und Probleme lösen.

Gregory White ist Sozial- und Klinischer Psychologe; er ist Professor für Psychologie an der National University in La Jolla, Kalifornien (USA). Seit über 30 Jahren beschäftigt er sich wissenschaftlich mit Eifersucht. Als Psychotherapeut hat er mit vielen Einzelpersonen und Paaren gearbeitet, die in Eifersuchtsprobleme verwickelt waren.

Sechs Typen von Schenkenden

Pralinen, Blumen, Bücher, eine Essenseinladung oder ein Drink ... Wir alle mögen es, zu schenken und beschenkt zu werden. Die Marketing-Spezialistin Tina M. Lowrey **untersucht, ob das Schenken immer auf Liebe beruht und entdeckt sechs Typen von „Schenkenden".**

Die Motivation von Schenkenden hängt mit den verschiedenen sozialen Rollen zusammen, die sie spielen, das habe ich mit Cele Otnes herausgefunden:

1. Der **Beglücker** hat das klassische Ziel, Geschenke zu machen, die den Beschenkten eindeutig Freude bereiten.

2. Der **Kontakter** versucht, den Empfänger durch das gewählte Geschenk irgendwie zu beeinflussen (z. B. eine Frau, die ihrem Mann ein schönes Hemd kauft, in der Hoffnung, dass er dann mehr darauf achten wird, wie er sich kleidet).

3. Der **Kompensierer** kauft Geschenke, um einen Verlust auszugleichen, den der Empfänger erlitten hat (z. B. eine Tochter, die ihrem Vater eine Art von Geschenk macht, wie er es vielleicht früher von ihrer Mutter bekommen hat).

4. Der **Versorger** versucht, nützliche Geschenke zu machen (z. B. eine Mutter, die ihren Kindern Socken, Unterwäsche und Schlafanzüge schenkt).

5. Der **Anerkenner** möchte dem Empfänger zeigen, dass er die Beziehung hoch genug schätzt, um ein Geschenk für angebracht zu halten.

6. Der **Vermeider** ist jemand, der keine Geschenke macht, aus den unterschiedlichsten Gründen.

Wir werden oft von Presse, Funk und Fernsehen interviewt, und zu den unglücklichsten Fehldarstellungen unserer Befunde gehört, dass nur der Beglücker ein „guter" Schenker mit lauteren Motiven sei. Ich möchte hier dafür plädieren, dass – mit wenigen kleinen Ausnahmen – hinter allen echten Geschenken die Liebe als Motivation steckt (eine

"Alle echten Geschenke sind durch Liebe motiviert."

offensichtliche Ausnahme ist jemand, der nur aus versteckten Motiven schenkt). Ja, der Beglücker hat das Ziel, ein Geschenk zu finden, dass der Empfänger wirklich will, und ja, die Liebe des Beglückers scheint die primäre Inspiration dieser sozialen Rolle zu sein. Wie negativ der Kontakter auch klingt, ich glaube, dass auch hinter dieser sozialen Rolle Liebe als Motiv stecken kann – wenn man die Person nicht lieben würde, würde man keine Mühe für diesen Versuch aufwenden. Einen Verlust zu kompensieren, den jemand erlitten hat, ist eindeutig durch Liebe für den Empfänger motiviert. Das gleiche gilt für die Rolle des Versorgers. Schwierig wird mein Argument bei Anerkennern und Vermeidern. Anerkenner mögen keine tiefe Liebe für den Empfänger fühlen, aber die Tatsache, dass ein Geschenk angebracht erscheint, vermittelt einen Wert der Beziehung. Vermeider sind am schwierigsten – wenn man sich aus negativen Gründen aus dem Austausch von Geschenken ausgeklinkt hat (z. B. um eine Beziehung nicht mehr zu nähren), ist Liebe eindeutig abwesend. Aber manche Vermeider handeln aus anderen Gründen – sie wollen beispielsweise keine Tradition beginnen, die jemanden in der Beziehung belastet, oder sie zeigen ihre Liebe lieber auf andere Weise.

Konzentrationslager

Im Lauf der Jahre bin ich zu dem Schluss gekommen, dass es nicht die eine „richtige" Art des Schenkens gibt, genauso wenig wie das perfekte Geschenk. Allerdings glaube ich, wir haben ein Bedürfnis zu schenken, das auf unserem Bedürfnis basiert, unsere Liebe zu anderen auszudrücken.

Jill Klein und ich haben bei einer Untersuchung Fälle von Geschenken im extrem unfreien Kontext der Nazi-Konzentrationslager entdeckt. In der Analyse von Memoiren Überlebender haben wir Schenken aus eindeutig instrumentalen Motiven gefunden (z. B. etwas zu verschenken, um als Gegenleistung etwas anderes zu bekommen), aber auch Schenken, das nur das eigene Bedürfnis ausdrückte, sich wahrhaft menschlich zu fühlen. Für diese Untersuchung definierten wir „Geschenk" als alles, was materiell oder immateriell jemand anderem gegeben wird. Zum Beispiel gibt es viele Beispiele dafür, dass Gefangene beim Selektionsprozess den Platz eines anderen einnahmen (dabei wurden Gefangene, die zu krank oder zu schwach zum Arbeiten waren, für die Ermordung aussortiert), weil sie einfach dachten, der andere könnte die Inspektion nicht bestehen. Obwohl in solchen Fällen der Empfänger für den Schenkenden ein vollkommen Fremder sein konnte, stützt der überwältigende Drang, auf diese Weise etwas von sich selbst zu schenken, eindeutig unser Argument: Wir haben das Bedürfnis, einander zu beschenken und Liebe füreinander auszudrücken.

Tina M. Lowrey ist Professorin für Marketing an der Universität von Texas in San Antonio (USA). Sie hat umfangreiche Studien zum Thema Schenken durchgeführt, zusammen mit ihren Kollegen Cele Otnes (Universität von Illinois) und Jill Klein (Melbourne Business School). Sie hat zwei Bücher herausgegeben und gehört zum redaktionellen Beirat mehrerer Zeitschriften, darunter das *Journal of Consumer Psychology*.

Die Erzählung der Liebe

Der Psychologe Rolando Díaz-Loving **hat sein Leben lang daran gearbeitet, den zentralen Handlungsstrang der Liebe herauszukristallisieren. Sie gründet sich auf Fortpflanzung, wird aber immer wieder durch Kultur und unterschiedliche Ökosysteme modifiziert und umgeschrieben. „Ich muss zugeben, dass ich mit meinem Familiennamen wohl eine Art genetischer Veranlagung für diese Arbeit hatte", fügt er lächelnd hinzu.**

Jeder Versuch, das menschliche Verhalten zu verstehen, muss evolutionäre, biologische, ökologische, historische, soziokulturelle und psychologische Komponenten berücksichtigen. Mit dieser holistischen Sicht haben wir die bio-psycho-sozio-kulturelle Theorie der Paarbeziehungen entwickelt. Mit ihrer Hilfe spezifizieren und erforschen wir die Rolle sämtlicher Komponenten und ihr Zusammenspiel für die Vorhersage und Erklärung von Verhalten und dessen Auswirkungen auf die Beziehungsqualität. In Bezug auf die bio-psychologischen Komponenten der Theorie erwähnt die wissenschaftliche Literatur bis in die 1970er-Jahre immer wieder Leidenschaft und Intimität als zwei zentrale Formen der Liebe. Diese beiden Arten des Liebens beziehen sich direkt auf zwei Grundbedürfnisse der Spezies Mensch: Fortpflanzung und Schutz sowie die Verhaltensmuster, die aus diesen Bedürfnissen entstehen. Fortpflanzung wird von Leidenschaft angetrieben, Schutz ist in Fürsorge und Kameradschaft gebettet.

Da die Parameter der Partnerwahl von biologischen Merkmalen und evolutionär entstandenen Bedürfnissen geprägt werden, kreist die psychologische Forschung auf diesem Gebiet um die Suche nach den universellen Konstanten der Liebe. **Allerdings scheinen die vielfältigen Verhaltensweisen, die sich zum Erreichen der Ziele Fortpflanzung und Schutz entwickelt haben, eng mit ökologischen und soziokulturellen Faktoren verwoben zu sein.** Tatsächlich scheinen die Fragen wie viele, mit wem, wie lang, wie eng und warum auf den Grundbedürfnissen der Menschheit zu beruhen. Aus dem Zusammenspiel zwischen diesen Grundbedürfnissen und den Bezugspersonen leiten sich Bindungsstile ab; sie spiegeln letztlich die unterschiedlichen Verhaltensweisen, die sich in verschiedenen historischen und geografischen Nischen entwickelt haben. Diese Stile werden dann in Regeln, Überzeugungen und Werte umgewandelt, die wiederum durch Sozialisierungs- und kulturelle Aneignungsprozesse auf neue Generationen übertragen werden. Ein Beispiel für einen regelgesteuerten Bestandteil der Liebe ist Verbindlichkeit – ein Aspekt, der die Langlebigkeit einer Beziehung bestimmt und sich aus kulturell konstruierten Normen ableitet, die zurückreichen bis zu den Anfängen der Landwirtschaft.

Verschiedene Phasen

Was die Regeln und Überzeugungen angeht, die das Verhalten in einer romantischen, leidenschaftlichen oder stabilen Beziehung steuern, haben wir mexikanische Testpersonen befragt: Sie sollten benennen, welche Verhaltensweisen gegenüber einer anderen Person in verschiedenen Stadien

Rolando Díaz-Loving

"Liebe wird mit Tränen geschrieben."

einer Beziehung angemessen, typisch und normal sind. Eine Faktoranalyse der Antworten ergab verschiedene statistisch robuste und konzeptionell eindeutige Dimensionen.

Liebe fängt mit Anziehungskraft an – wir vermuten, man „interessiert sich für jemanden, wenn er/sie attraktiv wirkt" und „wenn eine attraktive Person gefunden ist, sollte man alles tun, um ihre/seine Aufmerksamkeit zu wecken". Die nächsten Schritte müssen das Motiv umfassen, sich dem Ziel unserer Zuneigung anzunähern: Liebe enthält insofern Leidenschaft, das spiegelt sich in den Glaubenssätzen, „Leidenschaft weckt sexuelles Begehren", „Leidenschaft brennt wie Feuer" und „Sich einander vollkommen hinzugeben ist ein Zeichen der Leidenschaft". Wenn die Beziehung einmal gefestigt ist, besteht Liebe auch aus Kameradschaft. Zu dieser Form der Liebe gehören Verbindlichkeit und Dauerhaftigkeit; sie drückt sich aus als „Wenn man mit jemandem zusammenlebt, muss man bestimmte Verpflichtungen erfüllen" und „Verbindlichkeit gibt einer Beziehung äußere Form". In der Liebe schwelt immer das Thema eines möglichen Verlustes. Was die historische Form der höfischen Liebe und die Suche nach schwer zu erlangender oder unmöglicher Liebe angeht, findet sie sich in der Dimension Romantik und Traurigkeit wieder – sie äußert sich als „In einer romantischen Beziehung sehnt man sich ständig nach seiner anderen Hälfte" und „Wenn man einen geliebten Menschen verliert, leidet man". Besonders tiefe Traurigkeit kann zu tragischer Liebe führen, wie sie in *Romeo und Julia* oder *Love Story* beschrieben wird; sie führt zu der Auffassung, „Liebe wird mit Tränen geschrieben" und „Ein Mensch, der nicht geliebt wird, möchte lieber sterben". Zuletzt, wenn sich alles in fehlende Liebe und Trennung auflöst, erfahren wir: „Wenn Paare sich trennen, geschieht das, weil sie sich nicht mehr lieben" und „Den/die anderen nicht mehr zu lieben, heißt, nicht mehr mit ihm/ihr zusammensein zu wollen."

Liebe ist ein Bündel von Gefühlen, Erkenntnissen und Verhaltensweisen, die den Fortbestand und Schutz unserer Spezies sicherstellen sollen. Ihre Ausdrucksformen beruhen sicherlich auf evolutionären Entwicklungsstadien. Der zentrale Handlungsstrang aber wird von kulturellen Zufälligkeiten verändert und neu geschrieben. Sie bestimmen die speziellen Ausdrucksformen, die reale, imaginäre und manchmal auch kuriose Anpassungen an spezielle Ökosysteme widerspiegeln.

Rolando Díaz-Loving ist Professor am Fachbereich Psychologie der Nationalen Autonomen Universität von Mexiko (UNAM). Sein reiches Werk zu Paar- und Familienbeziehungen, interkultureller Psychologie und Ethnopsychologie wird international diskutiert. Er hat zahlreiche Bücher und Artikel für wissenschaftliche Zeitschriften verfasst und mehr als 700 Vorträge bei Konferenzen in aller Welt gehalten. Er hat namhafte Auszeichnungen erhalten, darunter den Interamerikanischen Preis für Psychologie.

„Auf Verliebtheit folgt meist Enttäuschung und nicht Liebe."

Unsere Liebesformel

„Die Frage ‚Was ist Liebe?' lässt sich nur beantworten mit: ‚Liebe ist das, wofür wir sie halten'", sagt der Psychotherapeut **Zoran Milivojević**. Wir alle folgen unserer eigenen Logik, unserer persönlichen „Liebesformel". Unser Verhalten, unsere Gefühle und unsere Reaktionen werden wir erst verstehen, wenn wir diese versteckte, oft unvernünftige und irrationale Logik der Liebe aufdecken.

Manchmal wiederholen Menschen in Beziehungen Verhaltensweisen, die sie selbst für falsch und schädlich halten. Nicht nur, dass sie nicht aufhören können, sich so zu benehmen – sie sind außerdem ziemlich durcheinander, weil sie nicht verstehen, warum das so ist. Zum Beispiel war ein Klient irritiert, weil er die Person terrorisierte, die er liebte, und nannte sein Verhalten selbst „sadistisch". Er bat seine Partnerinnen, Dinge aufzugeben, die ihnen in Bezug auf ihre Karriere, ihre Freunde und ihre Familien wichtig waren. Eine Analyse zeigte, dass seine Liebesformel Liebe und Opfer gleichsetzte (Liebe = Opfer). Also erwartete er von seinen Partnerinnen Opfer, die ihre Liebe bewiesen (**Opfer werden gebracht = Liebe ist vorhanden**). Nach dieser Logik konnte er die Liebe bemessen, die ihm entgegengebracht wurde (kleines Opfer = ein wenig Liebe; mittleres Opfer = mehr Liebe; größtes Opfer = größte Liebe; kein Opfer = keine Liebe).

Sobald er seine dysfunktionale Liebesformel aufgedeckt hatte, begann er sein Verhalten in Liebesbeziehungen zu verstehen. Im nächsten Schritt konnte die Therapie darangehen, seine innere Logik zu verändern. In diesem Fall hieß das zu lernen, Liebe und Opfer zu trennen. Bestimmte Liebesformeln entstehen oft in der Kindheit oder Jugend, durch eigene Erfahrungen oder durch die Botschaften, die eine Person von wichtigen anderen Menschen erhält. Dieser Klient hatte durch seine Mutter gelernt, Liebe und Opfer gleichzusetzen: Sie opferte sich jeden Tag auf, um ihre Liebe für ihren Mann und ihre drei Söhne zu zeigen.

Das Hauptproblem war, dass er die Liebe als solche nicht von seiner Vorstellung von Liebe oder Beziehungen trennte. Deshalb versuchte mein Klient immer wieder, seine Partnerinnen in sein Beziehungskonzept zu zwingen, bei dem die Frau ständig Opfer bringen musste. Wenn ihm dies gelungen wäre, hätte er endlich das Gefühl gehabt, geliebt zu werden. Nachdem er es mit verschiedenen Partnerinnen nicht geschafft hatte, war er ständig mit seinem Liebesleben unzufrieden. Gelegentlich eskalierte das in aggressivem Verhalten gegenüber seinen Partnerinnen, wenn er verlangte, dass sie ihre Liebe zu ihm „beweisen" sollten.

30 Logiken

Ich habe mehr als 30 verschiedene dysfunktionale Liebesformeln oder -logiken beschrieben. Hier sind zwei zentrale:

1. Wegen ihres destruktiven Potenzials auf individueller Ebene ist eine der wichtigsten Formeln: **Liebe des Partners = Sinn des Lebens**. Wenn eine Trennung stattfindet und sie verlassen werden, sind Menschen mit dieser Logik nicht nur traurig, weil sie von jemandem verlassen wurden, den sie immer noch lieben – sie glauben außerdem, dass ihr Leben keinen Sinn mehr habe. Insofern können sie selbstzerstörerisch, sogar suizidal agieren, aber sie können auch gegenüber der Person destruktiv werden, mit der sie den Sinn ihres Lebens verbunden hatten.

2. Die Liebesformel, die Liebe und Verliebtsein gleichsetzt, also Liebe mit Glück und Vergnügen, ist besonders wichtig, weil sie eine zentrale Position im kollektiven Unterbewusstsein der Bewohner der westlichen Welt eingenommen hat. Massenmedien, Liebesromane und Filme haben uns weisgemacht, dass wahre Liebe uns in einer Beziehung ständiges Glück und Vergnügen beschert. Als Ergebnis glauben Menschen an die Formel: **Liebe = angenehmes Gefühl**. Auf dieser Basis ruht die Folgerung, dass es sicher wahre Liebe sein muss, wenn das Gefühl besonders angenehm und dauerhaft ist. Wenn das Vergnügen allerdings abnimmt oder aufhört, schließen sie, die Liebe sei verschwunden. Als Ergebnis setzen viele Menschen fälschlich Liebe mit der Tatsache gleich, dass sie sich mit jemandem wohlfühlen, oder expliziter mit Sex und Verliebtheit.

Hören wir auf zu suchen

Liebe und Verliebtheit sind zwei Gefühle, die auf vollkommen unterschiedlichen psychologischen Mechanismen beruhen. Weil sie auf ähnliche Weise erlebt werden, setzen viele Menschen sie gleich oder denken zumindest, Verliebtheit sei die erste, obligatorische Phase der Liebe. Da zu Verliebtheit die Idealisierung des Partners gehört, führt dies notwendigerweise später zu einer mehr oder weniger großen Enttäuschung, was den Partner oder die Liebe generell angeht. Das heißt, Verliebtsein ist ein flüchtiges Gefühl. Es heißt auch, auf Verliebtheit folgt meist Enttäuschung und nicht Liebe.

Menschen in modernen westlichen Gesellschaften kennen keinen anderen Weg der Partnerwahl als das Sich-Verlieben – das führt zu instabilen Beziehungen, Trennungen und Scheidungen. Manchmal scheint es, als ob wir uns auf unserer Suche nach glückbringender Liebe von der wahren Liebe immer weiter entfernt hätten. Deshalb müssen Westler lernen, was Liebe ist, und zwar von jenen Kulturen, die sie nicht zuallererst mit Glück und Vergnügen gleichsetzen. Wenn wir Liebe neu definieren, werden wir aufhören, darin Dinge zu suchen, die nicht existieren.

Die Liebesformeln

→ **Wir alle folgen unserer eigenen „Liebesformel", unserer inneren (oft unvernünftigen und irrationalen) Logik. Sie aufzudecken hilft uns, unser Verhalten zu verstehen.**

→ **Wir müssen die Liebe als solche von unserer persönlichen Vorstellung von Liebe und Beziehungen trennen.**

→ **Liebe und Verliebtheit sind zwei Gefühle, die auf unterschiedlichen psychologischen Mechanismen beruhen. Wir müssen von jenen Kulturen lernen, die Liebe nicht von vornherein mit Glück und Vergnügen verbinden.**

Zoran Milivojević ist Arzt; er hat sich auf Psychotherapie spezialisiert und leitet das Psihopolis Institut in Novi Sad (Serbien). Er ist Direktor der Vereinigung der Psychotherapeutischen Gesellschaften in Serbien (SUAP) und Beiratsmitglied des Europäischen Psychotherapie-Verbandes EAP. Er hat mehrere Bücher auf Serbisch verfasst, darunter *Uloviti ljubav* (Die Liebe einfangen) und *Formule Ljubavi* (Formeln der Liebe).

ESTLAND / GB

„Die Familie kontrolliert, ob die ‚heiligen Regeln'
befolgt werden."

Heilige Regeln

Wie steht es um Ehen zwischen Menschen verschiedener Hautfarbe? In den USA ist ihr Anteil von 0,7 % in den 1970er-Jahren auf heute 4 % gestiegen. Sie stellen weltweit immer noch eine absolute Minderheit unter den verheirateten Paaren dar, aber ihre Scheidungsrate ist teilweise doppelt so hoch. Die Spezialistin für interkulturelle Kommunikation **Elena Pruvli** versucht herauszufinden warum.

Die internationale Ausrichtung meiner Karriere und meines Lebensstils haben mir die einzigartige Gelegenheit gegeben, das wissenschaftliche Gerüst der interkulturellen Kommunikation auf die heiklen Themen Liebe und Sexualität anzuwenden. Ich habe die Bedeutung der Sexualität in verschiedenen Kulturen erforscht (dazu gehörten, zugegebenermaßen, empirische, experimentelle und sogar Feldstudien, bis ich die Liebe meines Lebens traf). Jede Art von Beziehung beruht auf Kommunikation. Selbst wenn unsere Werte und Liebesbegriffe einander nicht widersprechen, müssen wir in der Lage sein, unsere Botschaften so zu kodieren, dass der Empfänger sie entsprechend unserer Absicht entschlüsseln kann.

Zur Zeit arbeite ich als Trainerin für interkulturelle Kommunikation bei einem Ausbildungsprojekt des Internationalen Roten Kreuzes. Die Freiwilligen mit ihren sehr unterschiedlichen Berufs- und Bildungswegen berichten, dass es am schwierigsten sei, Fragen zu Liebe, familiären Bindungen und Sexualität mit den Menschen anderer Kulturen zu besprechen, denen sie helfen wollen. **Menschen verwenden eine extrem indirekte Sprache, um Tabus zu behandeln.** Selbst die Art, wie über das Thema „nur" gesprochen wird, unterliegt schon Regeln und Einschränkungen.

Kürzlich hat mir eine Trainingsmaßnahme für Berufsberater bewiesen, wie dramatisch unterschiedlich das Bewusstsein für Liebe und Sexualität und deren Verbindung zu Beruf und

Karriere in verschiedenen Kulturen ausgeprägt ist. Das kann eine ernsthafte Hürde für gelungene Kommunikation sein, wenn eine Beteiligte zu kühl, offiziell und unmenschlich wirkt, während ein anderer scheinbar Zeit für irrelevante Themen vergeudet.

Regeln der Liebe

Wer in einer strengen, stabilen, eng verbundenen Gemeinschaft aufgewachsen ist, wird verstehen, was ich meine: Solche kulturellen Gruppen bestehen darauf, ihre Vorstellung von Liebe unverändert von Generation zu Generation weiterzureichen. Sie versuchen mit wechselndem Erfolg (weil jüngere, stärker in die örtliche Kultur eingebundene Menschen sich wehren), ihre Auffassung von Liebe aufrechtzuerhalten, die hauptsächlich in einer Zeit entstanden ist, als die Gemeinschaft in extremer Nähe und gegenseitiger Abhängigkeit lebte.

„Regeln der Liebe" halfen der Gemeinschaft in der Vergangenheit zu überleben. Sie wurden Teil von etwas Heiligem, das die Wertehierarchie der Gemeinschaft und ihr Liebesmodell umfasste. Letzteres galt als richtig für alle; individuelle Charakterzüge wurden kaum zur Kenntnis genommen. Aus weiblicher Sicht standen in meiner Gemeinschaft an der Spitze der Werteskala: Verständnis, Akzeptanz, Unterstützung und manchmal sogar fürsorgliche Irreführung. In anderen Gruppen werden Respekt gegenüber Autoritäten, Gehorsam und Opferbereitschaft, Dienen, Ernähren und Loben höher bewertet.

Stürmische Gewässer

Gemeinschaftsvorstellungen umfassen eine Reihe von Axiomen darüber, „wie es sein sollte" und unterstellen, dass alle sich an dieses Modell anpassen, das nicht hinterfragt werden darf. Sowohl die Werteprioritäten als auch die Liebesmodelle wurden vom äußeren Umfeld einer Gemeinschaft geprägt und entwickelten sich schon damals deutlich langsamer als die umgebende Kultur. Heute allerdings ist diese Integrationslücke dramatisch gewachsen, wegen der zunehmenden Globalisierung, Internationalisierung und Liberalisierung.

Traditionell bekam ein „anständiges Mädchen aus guter Familie" eine „richtige" Erziehung, um dann von einem respektierten Mitglied der Gemeinschaft einem „annehmbaren" jungen Mann vorgestellt zu werden. Die Großfamilien des Paares kontrollierten lebenslang, ob die „heiligen Regeln" befolgt wurden, zumindest nach außen hin. **Heute werden junge Leute, nachdem sie das „Liebesmodell" verinnerlicht haben, ohne klare Regeln oder Normen in den Ozean des Lebens geworfen.** Einige von uns stürzen uns in seine stürmischen Gewässer, um unsere eigenen Werte und Modelle zu entwickeln.

Liebeskonzept

Ich würde meinen Weg nicht als nachahmungswürdiges Beispiel empfehlen, denn ich habe zwar viele richtige Dinge getan, aber möglicherweise in der falschen Reihenfolge. Ich kann meine soziale Erfahrung nicht von meiner beruflichen Karriere trennen, zu der es gehörte, in sehr unterschiedlichen kulturellen Umfeldern zu leben und viele Menschen mit sehr verschiedenem Hintergrund und Status kennenzulernen. Ich würde die Informationen und Ideen, die ich von ihnen bekommen habe, zu einer hierarchischen Ordnung sortieren, die ich **die „Pyramide der Liebesregeln"** nenne. An ihrer Basis finden wir den Platz, den die Liebe in einer bestimmten Kultur einnimmt (Bedeutung von Männern und Frauen, Priorität gegenüber anderen Lebensbereichen, „Diskutierbarkeit" der Liebe etc.). Die nächste Ebene ist die Flexibilität des Liebeskonzepts (was gilt in einer Kultur als angemessen, welche Regeln werden strikt befolgt, was ist verhandelbar und wie sieht die mögliche Reaktion der Gesellschaft aus, wenn man Regeln verletzt). An dritter und vierter Stelle folgt das Liebeskonzept selbst – die Hierarchie der Liebeswerte und der Modelle der Liebe.

Die Liebesformeln

- → **Jede Art von Beziehung beruht auf Kommunikation. Interkulturelle Beziehungen bereiten mehr Probleme beim Entschlüsseln von Botschaften.**
- → **Einige kulturelle Gruppen bestehen darauf, ihre „heiligen Regeln der Liebe" unverändert von Generation zu Generation weiterzureichen.**
- → **Die neue Pyramide der Liebesregeln muss die „Flexibilität" des Liebeskonzepts in Betracht ziehen.**

Elena Pruvli ist Absolventin der Universität Westminster in London (GB). Sie ist Gastdozentin am Fachbereich International Business and Languages an der Hogeschool Drenthe (Niederlande) und der Estonian Business School in Tallinn (Estland). Sie arbeitet international als Trainerin für interkulturelle Kommunikation und unterrichtet das Fach interkulturelles Management.

LIEBE ist *was immer wir glauben*
was immer wir glauben ist **LIEBE**

NIEDERLANDE

„Die Liebe kommt und geht ohne unsere Erlaubnis."

In Therapie

„Als Paartherapeut weigere ich mich, Menschen zu behandeln, die keine Liebe füreinander empfinden", sagt **Jean-Pierre van de Ven**. „Wenn Menschen als liebloses Paar zusammenbleiben wollen, sollten sie einen Rechtsanwalt konsultieren wie Geschäftspartner oder Geschiedene. Rechtsanwälte können lieblose Beziehungen zum Funktionieren bringen, nicht Therapeuten."

Partner in einer Liebesbeziehung lieben einander, aber zu lieben ist nicht gleichzusetzen mit dem Führen einer Beziehung. **Menschen verwechseln Liebe und Beziehungen ziemlich leicht**, was angesichts des engen Zusammenhangs der beiden verständlich ist. Liebe kann nicht ohne Subjekt, ohne geliebte Person, existieren. Gibt es irgendwo einen Liebenden, findet sich auch ein geliebter Mensch. Dann hat man zwei Menschen, die irgendwie interagieren – so ist eine Beziehung definiert.

Wie groß die Überschneidungen auch sein mögen, wir alle kennen trotzdem aus Erfahrung den Unterschied zwischen Liebe und Beziehung. Vielleicht haben wir gemerkt, dass wir uns nicht automatisch „entlieben", wenn wir beschließen, eine Liebesbeziehung zu beenden. (Wir müssen uns anstrengen, um zu der alkoholkranken, depressiven oder betrügenden Person, die einst die Liebe unseres Lebens war, auf Abstand zu gehen und zu bleiben, nicht wahr?) Oder vielleicht haben wir auf andere Weise erfahren, dass wir Liebe nicht beschleunigen, kontrollieren oder manipulieren konnten, selbst wenn unser Leben davon abhing.

Zusammenhalten

Natürlich können Menschen manipuliert werden, vielleicht sogar dazu, zu lieben. Und Beziehungen können und sollten kontrolliert werden oder – milde ausgedrückt – das Produkt beiderseitiger Übereinkünfte sein. Menschen, die nicht mit ihren Lebenspartnern verhandeln, haben keine echte Beziehung. Wahrscheinlich sind sie entweder von ihren Partnern abhängig oder kommandieren diese herum. Aber **Liebe ist nicht einfach die Summe aller Übereinkünfte der Partner** im Lauf ihres gemeinsamen Lebens. Liebe gibt uns die Kraft, diese Übereinkünfte zu treffen, und sie gibt uns die Energie, in schweren Zeiten zusammenzuhalten. Liebe macht uns tapferer, Liebe macht uns zu besseren Menschen, Liebe befähigt uns zum Schenken, zur Fürsorge und zur Akzeptanz dessen, was uns das Leben zuteilt. Liebe ist eine entscheidende Lebenskraft. Wir brauchen Liebe zum Überleben.

Leider kommt und geht die Liebe ohne unsere Erlaubnis. Sie kümmert sich nicht allzu sehr um unsere persönlichen Vorlieben oder Bedürfnisse. Liebe kann auftauchen, wenn wir sie am wenigsten erwarten. Manchmal verschwindet sie für eine Weile und kehrt dann zurück, frisch und sprühend vor Lebensfreude. Liebe kann plötzlich ins Wanken geraten, fast spurlos verschwinden, ohne ersichtlichen Grund einschlafen. Und all das, ohne dass wir in der Lage wären, vorherzusagen oder zu beeinflussen, was geschieht.

Kämpfen

Wenn es zwischen den Partnern Liebe gibt, aber sie sich irgendwie nicht vertragen, weist das oft auf mangelndes Kommunikations- und Verhandlungsgeschick hin. Aber wie logisch dieser Gedanke auch sein mag – **Paare in der Krise konzentrieren sich fast immer auf etwas vollkommen Irrelevantes: die Liebe**. Anscheinend denken sie, alles sei gut, solange Liebe da ist. („Wir schaffen das schon, nicht wahr, Schatz, solange wie einander lieben.") Dieser Trugschluss stammt aus zahllosen Hollywood- und Bollywood-Filmen, Shakespeare-Stücken, sentimentalen Seifenopern und all den Liebesliedern, denen wir im Lauf unseres Lebens ausgesetzt sind.

Was uns da weisgemacht wird, sind Lügen. So etwas wie „glücklich bis ans Lebensende" gibt es nicht, wenn man sich nicht anstrengt. In Wirklichkeit müssen wir mit der Person in unserem Wohnzimmer, an unserem Esstisch, in unserem Bett zurechtkommen. Wir müssen über alles verhandeln: über die beste Art der Kindererziehung, über Finanzen und darüber, wer Sonntag abends den Müll hinunterträgt. Und dann müssen wir natürlich all die Intimitäten aushalten, die dazugehören, wenn wir unser Leben mit einem wichtigen Nächsten teilen: In welcher Tonart sprechen wir miteinander? In welchem Ausmaß teilen wir Informationen über unsere jeweiligen Freunde und Verwandten? Wie oft und auf welche Weise haben wir Sex?

Aber all dies gehört in den Bereich unserer Beziehungen. **Verhandeln, sich einigen, akzeptieren oder streiten, kämpfen und ablehnen haben mit Liebe nichts zu tun.** Liebe ist die Kraft, die uns antreibt, aber wir können die Liebe nicht antreiben. Wir können nur hoffen, dass die Macht mit uns sein möge.

Die Liebesformeln

- → **Menschen verwechseln Liebe und Beziehungen ziemlich leicht.**
- → **So etwas wie „glücklich bis ans Lebensende" gibt es nicht, wenn man sich nicht dafür anstrengt.**
- → **Liebe ist die Kraft, die uns antreibt, aber wir können die Liebe nicht antreiben.**

Jean-Pierre van de Ven ist Psychologe und betreibt eine auf Paartherapie spezialisierte Privatpraxis; außerdem arbeitet er in einer psychiatrischen Klinik in Amsterdam (Niederlande). Er hat Paartherapie an der Universität Amsterdam unterrichtet und veröffentlicht Artikel und Kolumnen in niederländischen Zeitungen und Zeitschriften. Er ist der Autor von *Geluk in de liefde* (Glück in der Liebe) und vielen Büchern über Paartherapie und Liebe. Er ist verheiratet und hat drei Kinder.

"Das Vorspiel beginnt außerhalb des Schlafzimmers."

Sexuelles Begehren

„Liebe ist die Antwort, aber während man auf sie wartet, stellt der Sex ein paar ganz gute Fragen" ist ein berühmtes Zitat des Regisseurs Woody Allen. Die beiden sind eng verbunden – aber was hat Sex wirklich mit Liebe zu tun? **Gurit E. Birnbaum** hat als Wissenschaftlerin zeitlebens in Schlafzimmer geschaut – und weit darüber hinaus.

Sex ist ein wesentlicher Bestandteil von romantischer Liebe und festen Bindungsbeziehungen unter Erwachsenen. Sexuelle Bedürfnisse und emotionale Bindungen sind allerdings nicht notwendigerweise miteinander verknüpft. Menschen können sich an jemanden emotional gebunden fühlen, ohne sexuell zu ihm oder ihr hingezogen zu sein – und umgekehrt: Sexualpartner können ohne eine emotionale Bindung aneinander Sex haben, wie im Fall von One-Night-Stands. Wenn es aber um Liebesbeziehungen geht, gehören Bindungen und Sex tatsächlich zusammen, und typischerweise fühlen sich die Partner sowohl zueinander hingezogen als auch miteinander verbunden: **Sex hat das Potenzial zu einer ungemein bedeutsamen Erfahrung** im Kontext einer Liebesbeziehung; eine Erfahrung, die in verschiedenen Entwicklungsstadien einer Beziehung eine kraftvolle Motivation darstellen kann. Es ist das sexuelle Begehren, das mögliche Partner anfangs zueinander führt und bestimmt, ob nachfolgende Kontakte stattfinden oder nicht. Und schließlich kann das sexuelle Begehren, oder genauer: dessen Fehlen, die Kraft sein, die Partner auseinander treibt.

Kurzfristig

In der Tat kann Sex die Zukunft einer möglichen oder laufenden Beziehung bereits beeinflussen, bevor sie auch nur beginnt: über das Einsetzen des Bindungsprozesses, und später durch eine mögliche Distanzierung und Trennung. Insbesondere zu Beginn kann der Wunsch nach Sex Menschen dazu motivieren, nach kurz- oder längerfristigen Gelegenheiten zum Beischlaf mit potenziellen Sexualpartnern zu suchen. Sobald ein möglicher Partner identifiziert ist, kann die sexuelle Reaktion auf die neue Bekanntschaft als Test dienen, um festzustellen, ob er oder sie geeignet und passend ist und ob zukünftige Interaktionen stattfinden sollen. Verstärktes sexuelles Begehren gegenüber einem möglichen Partner kann dessen Eignung anzeigen und ist daher wahrscheinlich eine Motivation, diesen begehrenswerten Partner zu umwerben. Ein Mangel an sexuellem Interesse kann umgekehrt mangelnde Eignung für eine Beziehung signalisieren und insofern wahrscheinlich einen Rückzug von zukünftigen Kontakten zu der betreffenden Person auslösen. Sobald ein passender Partner gefunden ist, kann das sexuelle Begehren nach diesem Partner ein Individuum dazu motivieren, eine Beziehung einzugehen, die über eine einzelne sexuelle Episode hinausgeht. Dann entwickelt sich die Beziehung von anfänglichen Treffen zu erst beiläufigen, dann regelmäßigen Rendezvous weiter und **Sex kann als verbindende Kraft dienen, die emotionale Bindungen fördert** und die entstehende Beziehung zwischen den Sexualpartnern stärkt.

Signale

In späteren Entwicklungsstadien einer Beziehung kann Sex immer noch zum Erhalt der Beziehung beitragen, aber er wird für ihre Qualität und Stabilität weniger wichtig als andere Aspekte (z. B. gegenseitige Unterstützung, Wärme und wechselseitige Abhängigkeit). Trotzdem kann sich Sex für die Beziehungen der meisten Menschen in beängstigenden, beziehungsgefährdenden Situationen als besonders nützlich erweisen, wenn Bedrängnis gelindert werden soll und größere Nähe gesucht wird. In diesen Situationen können Mensch Sex nutzen, um ihre bedrohte Beziehung zu reparieren. Die Wiederherstellung einer Beziehung ist allerdings nicht immer möglich, zum Beispiel bei schweren, unlösbaren Beziehungskonflikten. **Sex kann Partner letztlich voneinander trennen.** Beispielsweise können langandauernde gravierende Konflikte zu einem sinkenden Bedürfnis nach Sex mit dem Partner führen, was wiederum zu einer Neubewertung seiner oder ihrer Eignung beitragen kann. Wenn der Verlust des sexuellen Interesses signalisiert, dass die Ziele der Partner unvereinbar sind, könnte das eine Motivation sein, nach einer Lösung für diese zwischenmenschlichen Probleme zu suchen – entweder mit dem gegenwärtigen Partner oder indem man einen passenderen sucht. Sexuelles Begehren lebt von wachsender Intimität, und sensibles Reagieren auf die Bedürfnisse des Partners ist einer der besten Wege, um diese flüchtige Empfindung über die Zeit zu erhalten – besser als alle sexuellen Feuerwerke.

Ausweichroute

Die Wirkung von Sex auf die Qualität und Dauer einer Beziehung kann nicht nur in verschiedenen Beziehungsstadien und -kontexten unterschiedlich sein, sondern auch bei verschiedenen Personen. Beispielsweise kann häufige und befriedigende sexuelle Aktivität besonders nützlich für die Beziehungen von Paaren sein, deren Partner negative Charakterzüge aufweisen (z. B. Neurotizismus, unsicheres Bindungsverhalten) oder die Beziehungsprobleme haben (z. B. mangelhafte Kommunikation). In diesen Fällen kann Sex eine Ausweichroute für ansonsten unbefriedigte Bedürfnisse nach Unterstützung, Sicherheit und Liebe bieten und Beziehungsmängel ausgleichen. Sex ist wichtig für das Wohlbefinden in einer Beziehung, besonders, wenn die Beziehung eher anfällig ist (z. B. im Frühstadium entstehender Beziehungen, bei Gefährdungen

der Beziehung und für Paare mit Beziehungsproblemen). Allerdings hängt nicht alles vom Sex ab – langfristig können andere Beziehungsaspekte wie Intimität, Unterstützung und Verbindlichkeit für die Beziehungsqualität ebenso wichtig, wenn nicht wichtiger sein.

Andersherum

Natürlich sind Einflüsse in umgekehrter Richtung ebenso möglich – Beziehungserfahrungen führen zum sexuellen Funktionieren. Beispielsweise ist sensibles Reagieren auf nichtsexuelle Bedürfnisse des Partners ebenso wichtig wie beim Sex, denn für viele Menschen beginnt das Vorspiel außerhalb des Schlafzimmers. Aber wie weit vom Schlafzimmer entfernt kann das sein? Nun, das kann von der gegenwärtigen Beziehung bis zurück ins Elternhaus reichen. Mit anderen Worten: Sowohl gegenwärtige als auch vergangene Bindungserfahrungen prägen das, was sich Menschen bei sexuellen Begegnungen wünschen und die Art, in der diese Wünsche erfüllt werden. Diese Erfahrungen bestimmen, ob die eigene Beziehung relativ unabhängig vom Sexualleben ist oder ob alles vom Sex abhängt – mit allen Vor- und Nachteilen.

Die Liebesformeln

- → **Sexuelles Begehren lebt von wachsender Intimität, und sensibles Reagieren auf die Bedürfnisse des Partners ist einer der besten Wege, um diese flüchtige Empfindung zu erhalten.**
- → **Sex ist wichtig für das Wohlbefinden in einer Beziehung. Allerdings hängt nicht alles vom Sex ab: Intimität, Unterstützung und Verbindlichkeit zählen ebenso.**
- → **Für das Wohlbefinden beim Sex und in der Beziehung ist es wichtig, auf die nichtsexuellen Bedürfnisse des Partners ebenso sensibel zu reagieren wie auf die sexuellen.**

Dr. **Gurit E. Birnbaum** arbeitet am Fachbereich Psychologie des Interdisciplinary Center in Herzliya (Israel). Ihre Forschungen konzentrieren sich auf die Mechanismen, die sexuellen Phantasien zugrunde liegen, und auf die komplizierte Rolle, die Sexualität im breiteren Kontext enger Beziehungen spielt. Sie veröffentlicht oft Beiträge in hochrangigen internationalen wissenschaftlichen Zeitschriften. Gurit Birnbaum ist stellvertretende Herausgeberin von *Personal Relationships* und gehört zum redaktionellen Beirat des *Journal of Social and Personal Relationships* und des *Journal of Personality and Social Psychology*.

Die Stimme der Liebe

Stellen Sie sich vor, Sie blättern in Ihrer Buchhandlung die Neuerscheinungen durch und plötzlich klingelt im Gang nebenan ein Mobiltelefon. Sie hören eine Frauenstimme „Hallo" sagen und lauschen dem Gespräch ein oder zwei Minuten. Könnten Sie nach dieser kurzen Zeit feststellen, ob die Frau mit ihrem Partner oder mit einer Freundin gesprochen hat? Sally Farley untersucht, wie die Liebe in unserer Stimme durchklingt.

Viele Menschen würden behaupten, sie könnten feststellen, ob sie ein Gespräch unter Liebenden mithören – aber stimmt das wirklich? Und wenn ja, woran merken wir das? Eine reiche Auswahl an Untersuchungen hat die vielen Signale aufgedeckt, die romantische Verbundenheit und Liebe vermitteln: Liebende schauen einander länger an, berühren sich öfter (manchmal öfter, als Zuschauern lieb ist!) und sitzen oder stehen näher beisammen. Sie machen einander auch mit größerer Wahrscheinlichkeit zurecht, indem sie eine Krawatte graderücken, verirrte Haarsträhnen glattstreichen oder Etiketten in die Kleidung zurückschieben. Diese Signale vermitteln dem Partner Zuneigung und Intimität, aber sie fungieren auch als Botschaft an die Welt: „Dies ist mein Liebespartner!" Weniger Aufmerksamkeit wurde der Frage gewidmet, wie sich unsere Stimme ändert, wenn wir mit unseren Liebespartnern kommunizieren.

Meine Studien an frisch verliebten Partnern haben gezeigt, dass Zuhörer von Telefongesprächen mit mehr als zufallsbedingter Genauigkeit feststellen können, ob der Anrufer mit einem Freund oder einem Liebespartner spricht. Es mag vielleicht nicht überraschen, dass Menschen das unterscheiden können, wenn sie 20 Sekunden lang einem Gespräch lauschen – oft allerdings können sie die Entscheidung schon nach sehr kurzen Sprachfetzen wie „Wie geht es Dir?" oder einem Lachen treffen. Außerdem bewerteten Zuhörer die Stimmen von Menschen, die mit Liebespartnern und nicht mit Freunden sprachen, als weniger lebhaft, aber dafür als angenehmer klingend, eher sexy und als stärker von romantischem Interesse geprägt. Das war der Fall, obwohl Gesprächspausen entfernt wurden und die Zuhörer nur eine Seite des Gesprächs hörten. Das Geschick der Beobachter beim Dekodieren dieses „romantischen Tons" unterstreicht die Bedeutung der Stimme als „Markierungszeichen" für eine Beziehung. Aus evolutionärer Sicht gilt: **Für Individuen ist es wichtig, potenzielle Partner schnell über nonverbale Signale zu identifizieren**, um keine Energie auf nicht verfügbare Kandidaten zu verschwenden (die kein Interesse haben, schon „vergeben" sind oder unsere sexuelle Orientierung nicht teilen).

Wir schweigen nie

Ein weiteres Ergebnis meiner Untersuchungen ist, dass bei einer Maskierung des Gesprächsinhalts (sodass die Bewertenden Tonlage und Rhythmus

Sally Farley

„Liebe klingt in unserer Stimme durch."

Aber diese Gefühle sind nicht durchweg positiv. Mit den extremen Höhenflügen (die teilweise durch eine liebesbedingte Aktivierung des Dopaminsystems bedingt sind) geht die Angst vor dem Verlust einher. **Liebe versetzt uns in einen verwundbaren Zustand und unsere Stimme verrät diese Verwundbarkeit.**

Unsere Gefühle dringen über nonverbale Hinweise durch. Ob romantische Liebe als Gefühl, als Antriebskraft oder als Droge betrachtet werden sollte, wird noch untersucht – auf jeden Fall offenbart sie sich auf interessante Weise durch unsere Stimme. Die Art, in der wir Dinge sagen (bei Erforschern des Nonverbalen „Parasprache" genannt) ist unendlich viel aussagekräftiger als das, was wir sagen. Wir sollten nicht vergessen, dass unsere Körpersprache niemals schweigt. Vielmehr sprechen Körpersprache und Stimme Bände über die Gefühls- und Motivationszustände von Menschen. Liebe klingt in unserer Stimme durch.

der Sprache hören konnten, aber nicht die Worte) die Telefonierenden im Gespräch mit ihrem Partner als weniger beliebt, weniger selbstsicher und weniger sympathisch eingeschätzt wurden als im Gespräch mit ihren Freunden. Die Tendenz, dass Menschen sozial weniger geschickt wirken, wenn sie mit ihren Liebespartnern sprechen, passt zur angstbeladenen Bedeutung heftiger romantischer Liebe. Wenn Menschen frisch verliebt sind, sind die Gedanken nie weit von dem oder der Geliebten entfernt. Wie die Bio-Anthropologin Helen Fisher oft betont, ist romantische Liebe eine Antriebskraft, die Gedanken, Gefühle und Verhaltensweisen Verliebter tief greifend prägt. Frisch Verliebte können ihr Verlangen, zusammen zu sein, niemals stillen; ihre Gedanken kreisen zwanghaft umeinander und sie sehnen sich danach, einander zu berühren.

Sally Farley ist experimentell arbeitende Sozialpsychologin an der Universität Baltimore (USA). Ihr Hauptinteresse gilt dem nonverbalen Verhalten. Ihre Artikel wurden in verschiedenen Zeitschriften veröffentlicht, darunter das *Journal of Nonverbal Behavior*. Wenn sie nicht hinter ihren drei kleinen Kindern herrennt, nimmt sie gerne an Hindernis-Crossläufen teil.

„Eifersucht ist eine universelle Erfahrung."

Zerstörerische Eifersucht

„I'd rather see you dead, little girl, than to be with another man" (Ich sähe dich lieber tot, Kleine, als mit einem anderen Mann zusammen, aus dem Beatles-Song *Run for your Life*, 1965). Der Evolutionspsychologe **A. P. Buunk** hat eine der intensivsten und destruktivsten der Emotionen erforscht, die mit der Liebe verbunden sind: Eifersucht. Wie wird dieses normale Gefühl zu einer Besessenheit?

Eifersucht ist eines der heftigsten und potenziell destruktivsten Gefühle in Liebesbeziehungen. Sie ist oft schwer zu kontrollieren und kann zu Gewalt, Mord und Selbstmord führen. Eifersucht tritt in vielen Formen auf, impliziert aber per definitionem einen Rivalen oder eine Rivalin. Das kann jemand sein, der tatsächlich die eigene Beziehung bedroht. Es kann aber auch nur die Angst davor sein, jemand könnte um die Aufmerksamkeit des Partners buhlen. Eifersucht kann sich in allen möglichen Versuchen äußern, den Partner am Kontakt mit anderen zu hindern, beispielsweise, indem man verlangt, dass er oder sie nicht alleine ausgeht. Dieses Gefühl kann in Langzeitbeziehungen entstehen, es kann aber auch aufkommen, wenn man noch keine enge Beziehung aufgebaut hat, sondern mit einem Rivalen um eine Person konkurriert, zu der man sich hingezogen fühlt. Eifersucht kann auch gegenüber den vergangenen Partnern unserer Geliebten empfunden werden – aus Angst, sie könnten zu ihnen zurückkehren.

Bedrohliche Rivalen

Eifersucht kann vielfältige Formen annehmen: Gefühle (wie Bedrohung, Angst, Argwohn, Misstrauen, Beunruhigung, Verrat und Ablehnung), Wahrnehmungen (wie paranoide Gedanken und Sorgen über das Verhalten des Partners) und Verhaltensweisen (wie dem Partner nachzuspionieren oder dessen Sachen zu durchsuchen). Zwar ist Eifersucht eine beinahe universelle Erfahrung, aber sie zeigt sich in ausgeprägterer Form bei Menschen, die besorgt an ihren Partnern kleben und sich stark von der Beziehung abhängig fühlen. Vor allem bei Frauen gehört Eifersucht mit geringem Selbstwertgefühl zusammen, und Frauen denken bei Untreue des Partners häufiger, sie seien „nicht gut genug" und werden depressiv. Männer hingegen tendieren dazu, sich zu betrinken oder gewalttätig zu werden, wenn sie eifersüchtig sind. Männer wie Frauen fühlen sich am stärksten von Rivalen bedroht, die auf das andere Geschlecht attraktiv wirken. Daher wird Eifersucht bei Frauen eher von äußerlich attraktiveren Rivalinnen hervorgerufen, bei Männern von körperlich und sozial überlegenen Rivalen. Außerdem berichten Menschen eher von Eifersucht, wenn sie ihre Rivalen bei Merkmalen als überlegen wahrnehmen, die sie bei sich selbst wichtig finden, wie Intelligenz, Beliebtheit, Sportlichkeit oder spezielle berufliche Fähigkeiten.

Hohes Risiko

Unsere engsten Verwandten, die Schimpansen, wechseln häufig die Sexualpartner; wir Menschen dagegen gehen mehr oder weniger stabile Paarbeziehungen ein. Im Lauf der Evolution investierten Männer beträchtliche Ressourcen in das Überleben ihrer Nachkommen, indem sie Nahrung, Schutz vor Raubtieren, vor anderen Männern und feindlichen Gruppen boten. Männer sahen sich möglichen Kosten gegenüber, die für Frauen keine Rolle spielen: Als Folge der Untreue ihrer Partnerinnen investierten sie womöglich unwissentlich in die Nachkommen eines anderen Mannes, ohne die eigenen Gene weiterzugeben. Aus diesem Grund neigen Männer dazu, sich eher auf die sexuellen Aspekte der außerehelichen Beziehungen ihrer Partnerin zu konzentrieren. **Wenn Männer sich einem Rivalen gegenübersehen, lautet ihre erste Frage an die Partnerin: „Fühlst du dich sexuell zu ihm hingezogen?"** Dagegen riskieren Frauen, wenn eine Rivalin auftaucht, die Ressourcen ihres Partners mit einer anderen teilen zu müssen, oder sogar – noch bedrohlicher –, dass der Partner nur noch die Rivalin unterstützt. Deshalb wirkt eine emotionale Bindung des Partners an eine andere auf Frauen besonders beunruhigend. **Wenn Frauen sich einer Rivalin gegenübersehen, lautet ihre erste Frage an den Partner: „Bist du in sie verliebt?"**

Hormone

Eifersucht hängt eindeutig mit physischen und physiologischen Merkmalen zusammen. Groß gewachsene Männer – die tendenziell dominanter sind und einen höheren Status genießen – sind weniger eifersüchtig als kleinere Männer, die dazu neigen, besonders eifersüchtig auf dominante Rivalen zu sein. Bei Frauen dagegen sind die größten und die kleinsten am eifersüchtigsten, vor allem auf äußerlich attraktive Rivalinnen. Frauen mittlerer Größe – die tendenziell fruchtbarer sind und von Männern bevorzugt werden – sind am wenigsten eifersüchtig. Außerdem neigen feminine Männer, die vor der Geburt weniger männlichen Hormonen ausgesetzt waren, zu stärkerer Eifersucht, vor allem gegenüber dominanten Rivalen. Umgekehrt neigen maskulinere Frauen, die vor der Geburt mehr männlichen Hormonen ausgesetzt waren, ebenfalls zu stärkerer Eifersucht, vor allem gegenüber attraktiven Rivalinnen. Generell sind Frauen, genau wie ihre Partner, in der fruchtbaren Phase des weiblichen Zyklus tendenziell eifersüchtiger – der Zeitspanne, in der es besonders wichtig ist, um den attraktivsten Partner zu konkurrieren.

Selbstwertgefühl

Eifersucht ist eine universelle menschliche Erfahrung mit ausgeprägter biologischer Grundlage, und es ist eine Illusion zu denken, wir könnten dieses Gefühl komplett überwinden. Allerdings können wir die eigene Eifersucht teilweise reduzieren und steuern, indem wir weniger abhängig vom Partner werden, das eigene Selbstwertgefühl stärken und lernen, die eigenen Gefühle zu kontrollieren. Natürlich gibt es einen Unterschied zwischen zwanghafter Eifersucht, mit der man sich Leben und Beziehung ruinieren kann, und der normalen Eifersucht, die eine Anpassungsreaktion auf eine ernsthafte Bedrohung der Beziehung darstellt und Menschen aufrüttelt, Maßnahmen zum eigenen Schutz oder zum Schutz der Beziehung zu ergreifen.

Die Liebesformeln

- → Eifersucht zeigt sich ausgeprägter bei Menschen, die besorgt an ihren Partnern kleben und sich von der Beziehung abhängig fühlen.
- → Männer konzentrieren sich auf die sexuellen Aspekte der außerehelichen Beziehungen ihrer Partnerin. Frauen fürchten eher emotionale Bindungen.
- → Wir können Eifersucht reduzieren und steuern, indem wir weniger abhängig vom Partner werden, das eigene Selbstwertgefühl stärken und lernen, die eigenen Gefühle zu kontrollieren.

Abraham Pieter Buunk ist Akademieprofessor der Königlich Niederländischen Akademie der Wissenschaften (Niederlande) für Evolutionäre Sozialpsychologie und Honorarprofessor an verschiedenen südamerikanischen Universitäten. Seine wissenschaftliche Arbeit befasst sich zur Zeit mit evolutionären und biologischen Grundlagen menschlichen Verhaltens, insbesondere Eifersucht, intrasexuelle Konkurrenz und elterliche Kontrolle der Partnerwahl. Er war Mitglied vieler wissenschaftlicher Beiräte und Komitees und hat über 500 wissenschaftliche Beiträge in Zeitschriften und Büchern publiziert. 2009 erhielt er die königliche Auszeichnung Orden vom Niederländischen Löwen (Ritter). Er verbringt einen Teil seiner Zeit in Spanien und Uruguay. Zu seinen Hobbys gehören Joggen, Kino, Pop- und Latin-Musik sowie Congaspielen.

ITALIEN / USA / PUERTO RICO

„Liebe ist die Ökologie des Lebens."

Ökosexuelle Liebe

„Wir sollten lernen, Liebe auf so viele Arten wie möglich zu praktizieren – als menschliche, planetarische und kosmische Investition in die immense Kraft der Liebe", fordert die Geisteswissenschaftlerin **Serena Anderlini-D'Onofrio**. Entdecken Sie die ökosexuelle Liebe.

Ökosexuelle Liebe ist Liebe jenseits von Geschlecht, Zahl, Alter, Orientierung, Hautfarbe und Spezies. Sie ist der Liebesstil, der alle Lebensformen als Partner mit gleichen Rechten willkommen heißt und die lokale, globale und ökosystembezogene Gesundheit optimiert.

Mit meinen Studien zum Thema Liebe will ich auf dem ganzen Planeten das Bewusstsein dafür wecken, dass Erziehung zur Liebe die Energien für eine Erziehung zu Frieden und Demokratie in die richtigen Bahnen leitet. Liebe ist die Ökologie des Lebens, und ihre Kraft ist immens. Sie ist eine kosmische Kraft, und ihre Energie macht den Unterschied zwischen Leben und Tod aus. Wer sich für diese Bildung interessiert, kann klar strukturiertes Wissen darüber erwerben, wie man Liebe praktiziert. Das gilt insbesondere, wenn man **Liebe interpretiert als eine durch Übung erlernbare Kunst** und nicht als einfaches Bedürfnis, das Mangel verursacht, oder als Instinkt, der Angst hervorruft. Insofern war und ist meine wissenschaftliche Arbeit einem Ziel gewidmet: einen Paradigmenwechsel hervorzurufen, der einem Verständnis der Liebe als Kunst mehr Anerkennung und Verbreitung verschafft, als das heute der Fall ist.

Erotische Ausdrucksformen

Die vergangenen 15 Jahre als Professorin für Geisteswissenschaften haben viele Fortschritte in dieser Richtung ermöglicht. Meine Studien zu fließenden, integrativen Liebespraktiken haben neue Wissensgebiete in den Geisteswissenschaften und darüber hinaus kartiert. Ich habe

gelernt, dass Bisexualität der Liebesstil ist, der den fließenden Charakter der menschlichen Sexualität am ehesten anerkennt: Wenn man sie praktiziert, nutzt man das eigene Potenzial, eine Person jenseits ihres Geschlechtes zu lieben. Polyamorie ist der Liebesstil, der die umfassende Natur des Liebespotenzials anerkennt, zu dem die Spezies Mensch fähig ist. Nach meinem Verständnis erlaubt Polyamorie uns, unsere Liebespraxis weit über sozial erzwungene Formen von sexuellem Eigentum und Monogamie hinaus auszudehnen. In neuerer Zeit habe ich beobachtet, dass sich Ökosexualität als neuer Stil des liebenden, erotischen, sexuellen und künstlerischen Ausdrucks herausbildet – sie gesteht Liebe und Entfaltungsmöglichkeiten auch der Natur als gleichwertigem Partner zu. **Ökosexualität integriert umfassende Liebe und fließende Sexualität in einer Umarmung des ganzen Planeten, der menschliches Leben beheimatet.** Viele Ökosexuelle glauben, dass sich durch ein natürliches Praktizieren der Liebeskünste die Bandbreite der Gefühle erweitert, die man als Liebe empfindet; ebenso erweitert sich die Bandbreite der Empfindungen, die als Vergnügen wahrgenommen werden.

Serena Anderlini-D'Onofrio

Erziehung zur Liebe

Als Liebesforscherin und -praktikerin bin ich zu der Überzeugung gelangt, dass die Erziehung zur Liebe und zu ihren zahlreichen, vielfältigen Praktiken ein entscheidendes Element zur Umsetzung der Demokratie ist. Erziehung zur Demokratie heißt Erziehung zur Liebe, **denn eine Welt, in der man sicher lieben kann, ist eine Welt, in der man sicher leben kann.** Erziehung zur Liebe ist ein transformativer Prozess, der den ganzen Menschen einbezieht. Liebespädagogen werden dazu ausgebildet, die unterschiedlichen Talente zu würdigen, die ihre Schüler mitbringen, und die ganze Person bei ihrer Entwicklung zum Liebeskünstler zu unterstützen. Ich glaube, die Gaia-Hypothese von der Erde als Lebewesen ist in diesem Zusammenhang entscheidend – sie integriert Biologie, Physik, Mythologie, Populärkultur, kritische Theorie, Gender und Sexualität zu einem neuen Wissensparadigma, das die Liebe als Ökologie des Lebens in den Mittelpunkt stellt.

Die Liebesformeln

- → **Liebe ist die Ökologie des Lebens, und ihre Kraft ist immens. Sie ist eine durch Übung erlernbare Kunst, kein einfaches Bedürfnis und kein Instinkt.**
- → **Bisexualität und Polyamorie sind die Liebesstile, die den integrativen Charakter des Liebespotenzials der Menschheit am ehesten anerkennen.**
- → **Ökosexualität ist ein universeller Stil des liebenden, erotischen, sexuellen und künstlerischen Ausdrucks, der Liebe und Entfaltungsmöglichkeiten auch der Natur als gleichwertigem Partner zugesteht.**

Serena Anderlini-D'Onofrio schloss ihr Studium 1979 an der Universität Sassari (Italien) ab. Ihren Ph. D. in Vergleichender Literaturwissenschaft legte sie 1987 an der Universität von Kalifornien in Riverside (USA) ab. Sie ist Professorin für Geisteswissenschaften an der Universität von Puerto Rico in Mayaguez (Puerto Rico) und Humanities Fellow der Universität von Connecticut in Storrs. Sie ist Wissenschaftlerin, Aktivistin, Professorin, Kulturtheoretikerin sowie Autorin und Herausgeberin zahlreicher preisgekrönter Bücher, darunter *Gaia and the New Politics of Love* (Gaia und die Neue Politik der Liebe), *Bisexuality and Queer Theory* (Bisexualität und Queer-Theorie) und *Eros: A Journey of Multiple Loves* (Eros: Eine Reise mannigfacher Liebe).

INDIEN

Aus Liebe töten

„Wie kann man einen Menschen töten, den man liebt?"

„Vor Kurzem wurden auf unserem Universitätsgelände zwei Mädchen brutal ermordet, weil sie Freundschaftsanträge abgelehnt hatten", erzählt der Psychologe Sunil Saini. „Wir waren schockiert darüber, dass beide Mörder ihre Kommilitonen waren und nach der Tat keinerlei Reue zeigten."

Liebesbeziehungen sind ein integraler Bestandteil der Entwicklung Heranwachsender. Solche Beziehungen setzen typischerweise im Alter von 14 oder 15 Jahren ein, anfangs weiten sie die Beteiligung an gemischtgeschlechtlichen Freundeskreisen aus. Liebesbeziehungen haben sowohl positive als auch negative Auswirkungen auf die geistige Gesundheit Heranwachsender. Weltweit unterrichten Psychologen zum Thema positive Psychologie – wie man positiv lebt und glücklich wird. An jeder Ecke, besonders in Indien, predigen spirituelle Gurus: „Liebe dich selbst, liebe die Menschheit usw." Abhandlungen über die Liebe sind in Internet, Fernsehen, Kino, Printmedien allgegenwärtig. Die Literatur ist voller positiver Liebe, die nur Fürsorge für den Partner spiegelt. Liebe inspiriert Menschen zu großartigen Gemälden, Liedern und Musikstücken und dazu, auf ihren jeweiligen Gebieten Herausragendes zu leisten. **Aber es gibt eine Kehrseite der Medaille.**

Die Aggression in den Liebesbeziehungen Heranwachsender nimmt täglich zu. An den Schlagzeilen der Tageszeitungen und in den Polizeiberichten sehen wir, dass sogenannte Liebe einer der Hauptgründe für Entführungen, sexuelle Belästigung, Vergewaltigung, außereheliche Affären, Trennungen, Rache und Mord ist. Sogenannte „Ehrenmorde" sind in Indien ein brandaktuelles Thema. Wie kann ein Vater seine Tochter umbringen? Um der Liebe willen? Breit definiert, umfasst Aggression in Liebesbeziehungen eine Reihe von Verhaltensweisen, zu denen Körperverletzung, Entführung, Säureanschläge, Vergewaltigung und sogar Mord gehören. Es ist allerdings wichtig, auch die weniger körperlichen, aber trotzdem schmerzhaften Formen der Aggression zu betrachten. Beispiele dafür sind das Flirten mit anderen, um den Partner eifersüchtig zu machen, das Drohen mit einer Trennung, wenn Wünsche nicht befolgt werden, oder das Bestrafen des Partners durch Schweigen, wenn man wütend ist.

Die Kluft zwischen diesen beiden Seiten der Liebe wächst Tag für Tag und stürzt die Menschen in Verwirrung über die Bedeutung der Liebe in ihrem Leben. Wir würden am liebsten in einer Welt voller positiver Liebe leben. Aber was ist mit der Kehrseite der Medaille? Es besteht eine große, weltweite Notwendigkeit, den Menschen beizubringen, was eine wahrhaft gedeihliche Beziehung ist – dazu gehören Fürsorge, Vergebung, Optimismus, Empathie, Widerstandskraft und die Fähigkeit, in Beziehungen Gefühle zu steuern und Zorn zu kontrollieren.

Sunil Saini legte seinen Ph. D. in Psychologie an der Punjabi-Universität in Patiala (Indien) ab. Er ist wissenschaftlicher Mitarbeiter der Guru Jambheshwar University of Science and Technology. Seine Forschungen konzentrieren sich auf Zorn und Aggression bei Jugendlichen. Er ist Präsident der Indischen Gesellschaft für Gesundheit, Wissenschaft und Wohlfahrt (IAHRW).

„In harmonischen Beziehungen sind die Machtverhältnisse unwichtig."

Das Liebesprinzip

Früher hat er die Kredit-, Gerechtigkeits- und Egoismusprinzipien von Beziehungen untersucht. Jetzt hat der Wirtschaftspsychologe **Erich Kirchler** ein weiteres wirkmächtiges Prinzip harmonischer Beziehungen entdeckt: das Liebesprinzip.

Wenn Partner eine harmonische Beziehung anstreben, ist es entscheidend, dass sie ihre Ziele zusammen verwirklichen, auf der Basis gegenseitigen Vertrauens. In solchen gleichgewichtigen Beziehungen äußern sich die Partner nicht nur, sondern sie verstehen einander intuitiv – das führt dazu, dass die Erwartungen und Bedürfnisse beider Seiten erfüllt werden. Die Dynamik erfolgreicher, für beide Seiten nützlicher Entscheidungsprozesse beruht auf Beziehungsharmonie und einem ausgewogenen Kräfteverhältnis zwischen beiden Partnern. In harmonischen Beziehungen kommen Machtungleichgewichte zugunsten eines Partners entweder nur in geringem Maße vor, oder die Partner nutzen sie nicht aus, um bei Entscheidungsprozessen Vorteile für sich selbst zu erzielen.

Die Partner in unglücklichen Beziehungen neigen dagegen dazu, einander als Wirtschaftspartner zu betrachten und zu kalkulieren, was sie vom anderen bekommen und was sie selbst beitragen müssen. Je nach Harmonie und Machtverhältnis zwischen den Partnern kann ihr Verhalten unterschiedliche Ausprägungen annehmen – von altruistischem Verhalten bis hin zu marktähnlichen Tauschvorgängen.

Sixpack

In harmonischen Beziehungen verhalten sich die Partner nach dem „Liebesprinzip". Anders als das Kredit-, Gerechtigkeits- oder Egoismusprinzip zeigt dieses Prinzip sechs spezifische Merkmale:

1. Glückliche Partner **versuchen nicht, eine (geistige) Aufrechnung von Ansprüchen und Verpflichtungen vorzunehmen.** Sie handeln spontan, in partnerorientierter Weise. Während Partner in disharmonischen Beziehungen ihre Ansprüche und Verpflichtungen gegeneinander aufrechnen und sofort versuchen, die beiden in ein Gleichgewicht zu bringen, orientieren sich Partner in glücklichen Beziehungen vor allem an den Bedürfnissen des anderen und zeigen Anteilnahme.

2. Partner in harmonischen Beziehungen **sind in ihren Gefühlen, ihren Gedanken und ihren Handlungen voneinander abhängig.** Sie werden vom Verhalten des anderen beeinflusst und sind sich gleichzeitig bewusst, dass ihre eigenen Handlungen den anderen beeinflussen können. Je harmonischer die Beziehung, desto größer die Fürsorge und Anteilnahme füreinander.

3. In ökonomischen Beziehungen sind Geben und Nehmen direkt miteinander verbunden. Wenn Menschen einen Teil ihrer Ressourcen hergeben, erwarten sie umgekehrt von der anderen Person einen entsprechenden Anteil als Belohnung – wegen des Gegenseitigkeitsprinzips fühlt sich diese dazu verpflichtet. Wenn eine Beziehung harmonisch ist, gibt es **kein Bedürfnis nach einer unmittelbaren Gegenleistung für eine erwiesene Gefälligkeit.**

4. Je harmonischer die Beziehung ist, **desto weniger sind die Partner daran interessiert, miteinander Geschäfte abzuschließen.** Die Beziehung selbst gewinnt an Wert. Unglückliche Partner versuchen, ihre Gewinnmöglichkeiten auszuschöpfen.

5. Nach der Regel der Verteilungsgerechtigkeit werden Partner proportional zu ihrem jeweiligen Einsatz entlohnt. In engen Beziehungen gelten solche Regeln allerdings nicht unbedingt in gleicher Weise: Für glückliche Partner ist es ein **spontaner Akt, dem anderen Freude zu bereiten.**

6. In ökonomischen Beziehungen werden nur bestimmte Arten von Ressourcen ausgetauscht, meist von sehr allgemeiner (universalistischer) Art; **in harmonischen Beziehungen tauscht man eine größere Vielfalt von Ressourcen, die vor allem auch persönlicher (partikularistischer) Art sind.**

Egoistische Wünsche

Je geringer die gegenseitige emotionale Bindung ist, desto stärker wandelt sich das Liebesprinzip zu einem „Kreditprinzip": Die Partner versuchen immer noch, einander Vergnügen zu bereiten und füreinander da zu sein, aber sie erwarten, dass zum Ausgleich seitens des anderen eine ähnliche Leistung erbracht wird. Wenn sich die Qualität der Beziehung weiter verschlechtert, gleicht das Interaktionsmuster dem Gerechtigkeitsprinzip der sozialen Austauschtheorie (Equity-Prinzip). Die Partner handeln zunehmend wie Geschäftspartner. Je schlechter die Beziehung ist, desto wichtiger werden die Machtunterschiede zwischen den Partnern. Während die Machtverhältnisse in harmonischen Beziehungen unwichtig sind, wird in abgekühlten Beziehungen der mächtigere Partner die Gelegenheit ergreifen, die Geschäfte mit dem anderen zu kontrollieren, und nach dem „Egoismusprinzip" handeln.

Im Gegensatz dazu ähneln sich Beziehungen zwischen glücklichen Partnern und guten Freunden, was ihren positiven Charakter und ihren Altruismus angeht. Partner in Liebesbeziehungen und gute Freunde betrachten einander bedingungslos positiv und handeln spontan, um dem anderen zu gefallen; sie werden ihre gemeinsamen Aktivitäten mit geringerer Wahrscheinlichkeit geschäftlichen Prinzipien unterwerfen oder die Kosten ihrer Handlungen bedenken. Egoistische Wünsche nehmen ab und werden durch gemeinsame Wünsche überlagert. Die egoistische Maximierung des individuellen Nutzens, die generell als „dominante Strategie" des Homo oeconomicus gilt, ist die seltene Ausnahme, nicht die Regel – das beweist, dass die Liebe ebenso vielfältig wie wunderbar ist.

Die Liebesformeln

- → **Die Dynamik erfolgreicher, für beide Partner nützlicher Entscheidungsprozesse beruht auf Beziehungsharmonie und einem ausgewogenen Machtverhältnis.**
- → **In harmonischen Beziehungen verhalten sich die Partner nach dem „Liebesprinzip", das sechs spezifische Merkmale aufweist.**
- → **Je geringer die gegenseitige emotionale Bindung ist, desto stärker wandelt sich das „Liebesprinzip" über ein „Kreditprinzip" zu einem „Egoismusprinzip".**

Erich Kirchler ist Professor für Wirtschaftspsychologie an der Universität Wien (Österreich). Er war Präsident der International Association for Research in Economic Psychology sowie der Österreichischen Gesellschaft für Psychologie. Er hat über 15 wissenschaftliche Bücher und mehr als 500 wissenschaftliche Artikel veröffentlicht.

USA

„Die Verbindung mit einem sicheren Partner hilft, mehr Sicherheit zu erlangen."

Einsam ohne dich

„Ich bin einsam, einsam ohne dich …" In populären Liedtexten gehen Liebe und Einsamkeit Hand in Hand. Der Entwicklungs- und Familienpsychologe **Daniel Perlman** erklärt, warum.

Bindungstheoretisch gesehen mögen Liebe und Einsamkeit wie zwei Seiten einer Medaille wirken, die sich mit der gleichen Begriffswelt erklären lassen. Die Bindungstheorie geht auf den genialen britischen Psychiater John Bowlby (1907–1990) zurück, der Bindungen als „dauerhafte psychologische Verbundenheit zwischen Menschen" definierte. Bindungstheoretiker definieren *sich verlieben* als Eingehen einer Bindung und *lieben* als Vorhandensein eines Bindungspartners. Insofern läuft der entscheidende Unterschied zwischen Liebe und Einsamkeit auf die Frage hinaus, ob man einen Bindungspartner hat oder nicht.

Ängstlich

Kleinkinder binden sich an ihre Mütter oder andere Bezugspersonen. Das hat eine evolutionäre Funktion, die dazu dient, dem einzelnen Kind und der gesamten Spezies Mensch das Überleben zu ermöglichen. In Stresszeiten suchen sie die Nähe ihrer Bezugspersonen. In weniger angespannten Momenten zeigen Kinder mit sicheren Bindungen Interesse am Erkunden und Meistern ihrer Umwelt sowie an der Kontaktaufnahme mit anderen Menschen. Bindungstheoretiker nennen diese Verhaltensweisen „die Betreuungsperson als sichere Basis verwenden". Allerdings haben nicht alle Kleinkinder den gleichen Erfolg beim Aufbau einer sicheren Bindung zu ihren wichtigsten Betreuungspersonen. Einige gehen tatsächlich eine sichere

Daniel Perlman

Bindung ein, andere dagegen entwickeln sogenannte „ängstlich-ambivalente" oder „vermeidende" Bindungen. **Kinder mit sicheren Bindungen haben warmherzige Beziehungen zu ihren Betreuungspersonen** und orientieren sich an diesen, erkunden aber auch von diesen ausgehend die Welt. Ängstlich-ambivalente Kinder verhalten sich gegenüber ihren Betreuungspersonen nervös und anhänglich und sind scheinbar nie ganz sicher, dass diese ihnen Vorrang geben und für sie da sind. Vermeidende Kinder sind eigenständiger, achten weniger auf ihre Betreuungspersonen und verlassen sich weniger auf deren Führung oder Unterstützung.

Trennung

Bindungstheoretiker glauben, dass die Bindung von Kindern an ihre Betreuungspersonen vor allem aus der Interaktion zwischen Eltern und Kind stammt. Die Betreuungspersonen sicherer Kinder sind tendenziell liebevoll, sensibel und reagieren auf deren Bedürfnisse. Die Betreuungspersonen ängstlich-ambivalenter Kinder neigen zu inkonsequentem Verhalten – manchmal sind sie beinahe zudringlich, manchmal mit anderem beschäftigt und unansprechbar. Die Betreuungspersonen vermeidender Kinder sind teilnahmslos und zeigen wenig Zuneigung.

Bindungsprozesse und -stile wären schon faszinierend und wichtig, wenn sie nur auf die Kindheit beschränkt wären. Aber damit endet ihre Bedeutung nicht. Bindungstheoretiker glauben, dass frühe Erfahrungen langfristige Auswirkungen haben, die bis zu den Persönlichkeitsmerkmalen und Beziehungen Erwachsener reichen. Über unsere ersten Erfahrungen entwickeln wir das, was Bowlby „innere Arbeitsmodelle" von uns selbst und anderen Menschen nannte. **Wir entwickeln Erwartungen in Bezug auf die Frage, ob die wichtigen Menschen in unserem Leben auf unsere Bitten um Unterstützung und Schutz reagieren**, und in ähnlicher Weise darüber, ob wir selbst die Art von Person sind, auf die unsere Bezugspersonen wahrscheinlich hilfsbereit reagieren. Diese inneren Modelle können sich im Lauf des Lebens ändern, aber sie neigen zu Beständigkeit und verbinden so frühe mit späteren Erfahrungen.

Viele Dynamiken von Bindungsprozessen aus der Kindheit lassen sich in Liebesbeziehungen Erwachsener beobachten. Nehmen wir zwei Beispiele: In beiden Altersstufen werden bestimmte Methoden verwendet, um Nähe und Kontakt aufrechtzuerhalten (z. B. Blickkontakt, Lächeln, Umarmungen, Küsse). Für beide Phasen gilt, dass Trennungen Kummer verursachen.

Sicher

Wenn wir zu der These zurückkehren, dass die Phänomene Liebe und Einsamkeit mit den gleichen Begriffen erklärt werden können, stellen wir fest, dass Menschen mit sicheren (im Gegensatz zu unsicheren) Bindungen in der Liebe erfolgreicher sind. Ihre engen Beziehungen sind in der Regel dauerhafter und befriedigender. Menschen mit unsicheren Bindungen sind dagegen mit größerer Wahrscheinlichkeit einsam. Vermutlich ist ein Teil dieser unterschiedlichen Befunde bei sicheren gegenüber unsicheren Individuen durch deren Wahrnehmungsprozesse und soziale Kompetenzen verursacht. Sichere Menschen haben eine positivere Lebenseinstellung. Sie haben das Gefühl, dass sie leicht kennenzulernen sind und dass andere sie mögen werden. In Bezug auf soziale Kompetenzen gilt: **Sichere Menschen bringen andere leichter dazu, sich zu öffnen**, können nonverbale Gesichtsausdrücke besser entschlüsseln und sind geschickter im Umgang mit Konflikten. Solche Wahrnehmungen und Fähigkeiten fördern die Entwicklung von Beziehungen.

Die Erfahrung von Einsamkeit ist zweifellos für viele Menschen ein Anreiz für die Suche nach Liebesbeziehungen und nach einem Bindungspartner. Soweit die Ursachen der Einsamkeit im Inneren des Individuums liegen, sehen sich chronisch einsame Menschen beim Aufbau langfristiger Liebesbeziehungen möglicherweise größeren Herausforderungen gegenüber. Menschen, die umständehalber vorübergehende Formen von Einsamkeit durchleben, könnten es einfacher haben, letztendlich dauerhafte, sinnstiftende Liebe zu finden.

Verbindung

Aus bindungstheoretischer Sicht liegt der Schlüssel zu sinnvoller Liebe in der Fähigkeit, eine sichere Bindung aufzubauen. Man könnte annehmen, dass die Bindungstheorie mit ihrer Betonung von Kindheitserfahrungen die Verlaufspfade unserer Liebeserfahrungen schon im frühen Kindesalter festschreibt. Das ist aber nicht unbedingt der Fall. Obwohl Bindungsstile ein gewisses Beharrungsvermögen haben, entwickeln selbst manche Menschen, die als Kind sehr unglückliche Beziehungen erdulden mussten, als Erwachsene Sicherheit. Das kann zum Teil verbesserten Lebensumständen geschuldet sein (z. B. einem Wechsel bei den Mitbewohnern im Haushalt). Bindungstheoretiker glauben außerdem, dass die Verbindung mit einem sicheren Partner hilfreich ist, um selbst mehr Sicherheit zu erlangen. Aus bindungstheoretischer Sicht liegt der Schlüssel zur Linderung von Einsamkeit und zum Finden dauerhafter Liebe darin, die eigenen Denkmodelle über das Selbst und andere zu verändern. Wenn diese positiv sind, ist es wahrscheinlich, dass sich Einsamkeit verflüchtigt und man die Liebe findet.

Die Liebesformeln

- → **Liebe und Einsamkeit können mit den gleichen Begriffen erklärt werden. Menschen mit sicheren Bindungen sind in der Liebe erfolgreicher.**
- → **Sichere Menschen haben eine positivere Lebenseinstellung. Entdecken Sie das Positive an sich selbst und anderen und konzentrieren Sie sich darauf.**
- → **Reagieren Sie sensibel auf die Bedürfnisse anderer, damit die Liebe erblüht, und fühlen Sie sich wohl dabei, von anderen abhängig zu sein und deren Abhängigkeit von Ihnen zuzulassen.**

Daniel Perlman ist Professor für Menschliche Entwicklung und Familienforschung an der University of North Carolina in Greensboro (USA) und Präsident der International Association for Relationship Research. Seine Arbeit befasst sich mit Einsamkeit und nahen Beziehungen. Er hat 13 Bücher verfasst oder herausgegeben.

Liebe dein Land

„Liebe zum eigenen Land drückt Zuneigung zu den Mitmenschen aus."

„Ich liebe mein Land. Es ist die Regierung, die mir Sorgen macht", lautet ein beliebter Spruch auf T-Shirts. Millionen von Menschen sind wegen irgendeiner Form von Vaterlandsliebe gestorben (und wurden zu Mördern). Sie ist ein machtvolles Gefühl. Der Ökonom Christian Bjørnskov **erklärt, warum er und seine Freunde Geburtstagskuchen mit der Nationalflagge dekorieren.**

Liebe hat viele Objekte: Wir lieben unsere Kinder, unsere Eltern und Großeltern, unsere Partner und Partnerinnen, Ehemänner und Ehefrauen. Viele Menschen würden auch sagen, dass sie Liebe für ihre Freunde oder gar ihre Kollegen empfinden. Dementsprechend kann Liebe viele Formen annehmen. Die tiefe Zuneigung zu unseren Großeltern ist etwas anderes als das Hochgefühl, das wir erleben, wenn wir uns verlieben, und unsere Liebe zu Eltern und alten Freunden hat Bestand, obwohl wir deren Fehler und Schwächen kennen.

Auch wenn wir unsere Liebe auf viele verschiedene Arten ausdrücken – von den sehr öffentlichen Bekundungen, die sich in Klischees über die Mittelmeerländer und den Nahen Osten spiegeln, bis zu den sehr privaten Wegen, auf denen sich japanische oder finnische Liebe äußert –, bleibt das Gefühl überall gleich, und genauso menschlich. In ähnlicher Weise ist von Kapstadt bis nach Nuuk, Seattle oder Sankt Petersburg die Liebe das, was Menschen aneinander bindet und ihr zentrales Ziel. Warum sonst wäre die Suche nach der einen geliebten Person, mit der man das Leben teilen möchte, das beliebteste Thema der Weltliteratur?

Trotzdem wird eine Art von Liebe in großen Teilen der Welt mit Misstrauen betrachtet: die Liebe zum Heimatland. Die Liebe zum eigenen Land und den Landsleuten auszudrücken, ist ganz und gar nicht „comme il faut" bei bestimmten Gruppen in Frankreich, die das Hissen der Trikolore manchmal als Unterstützung rechtsextremer Ideologie betrachten. Ähnlich ist die Situation in Japan, wo die alte kaiserliche Flagge mit der aufgehenden Sonne vom harten Kern der Nationalisten eifrig genutzt wird. So tiefe positive Gefühle gegenüber Vaterland oder Wahlheimat werden von großen Teilen der Gesellschaft mit Aggression in Zusammenhang gebracht. **Liebe zum eigenen Land zu bekunden, wird in den meisten Fällen als negative Äußerung über andere Länder aufgefasst** – wenn man Deutschland liebt, muss man den Rest der Welt hassen. Es muss aber nichts Verdächtiges in solchen Liebeserklärungen liegen. Die Liebe zum eigenen Land, wie sie in Dänemark, Norwegen oder Schweden geäußert wird, ist deutlich anders als dieses Klischee verdorbener Liebe.

Ein dänisches Lied über die Befreiung von der Nazibesatzung 1945 charakterisierte den sichtbarsten Teil der dänischen Feiern als „Städte, die in Rot und Weiß erblühen": Berichte der alliierten Truppen, die in jenen Maitagen nach Dänemark einmarschier-

Christian Bjørnskov

ten, sprechen allesamt vom allgegenwärtigen Anblick des „Dannebrog" – dem weißen Kreuz auf rotem Grund, das seit 1219 die dänische Flagge ist. Dennoch waren die britischen Soldaten extrem erstaunt darüber, dass nach zwölf Jahren, in denen Nationalflaggen Symbole für Unterdrückung und Krieg waren, Tausende von Flaggen als Symbole von Freude statt Aggression geschwenkt wurden. Darin lag der Unterschied zwischen kriegerischer Aggression und der skandinavischen Vaterlandsliebe: sie war niemals aggressiv.

Die Liebe zum eigenen Land lenkt nicht unbedingt von anderen Ländern oder Völkern ab und stellt auch keine Bedrohung dar. In Skandinavien ist sie Ausdruck der Zuneigung zu einer sehr großen Gemeinschaft von Mitmenschen. Sie teilt sich im europäischen Norden in nicht-aggressiver Form mit – **so wird die Liebe zum eigenen Land ein freudiges Loblied auf den Glauben an die Mitmenschen**, und das Hissen der nordischen Kreuzflaggen an Geburtstagen und Nationalfeiertagen heißt einfach, diese Liebe mit anderen zu teilen.

Christian Bjørnskov ist Professor für Ökonomie an der Universität Aarhus (Dänemark). Seine zahlreichen wissenschaftlichen Veröffentlichungen befassen sich mit sozialem Vertrauen, subjektivem Wohlbefinden und Lebenszufriedenheit. Als Schwimmtrainer war er für die Talentförderung zuständig.

SLOWENIEN

Liebe auf dem Mars

„Ich habe in meinem Leben genug Hass gesehen", sagt der Psychologe und Schriftsteller Vid Pečjak. „Ich weiß, dass Liebe die einzige Antwort darauf ist." Weil es auf der Erde oft schwer war, Liebe zu finden, suchte er sie auf dem Mars. Und Generationen von Kindern folgten ihm.

Als der Zweite Weltkrieg begann, war ich elf Jahre alt. Ich will die Schrecken nicht beschreiben, die ich im damaligen Jugoslawien sah (zu dem Slowenien gehörte). Ich war ein sehr sensibles Kind. Damals hassten die Menschen einander. Jeder misstraute jedem, und die Liebe hatte keinen Platz. Gegen Ende des Krieges wurde ich von der Gestapo verhaftet und gefoltert. Nach dem Krieg übernahmen die Kommunisten die Macht; Hass und Misstrauen setzten sich fort. Ich wurde wieder verhaftet. Später kam ich frei, studierte Psychologie und wurde Schriftsteller. Mein erstes Buch war ein Kinderbuch.

Der berühmte Psychiater Carl Gustav Jung sagte einmal: „Raumflüge sind lediglich ein Entrinnen, eine Flucht vor sich selbst; es ist ja so viel leichter, den Mars oder den Mond zu erreichen, als das eigene Wesen zu erkennen." Erst vor Kurzem habe ich entdeckt, dass er in den 1950er-Jahren in Europa Vorträge über den Mars und fliegende Untertassen hielt, in denen er den Traum vom Wiederaufbau einer neuen Welt nach dem Zweiten Weltkrieg ent-

warf. Er starb 1961, dem gleichen Jahr, in dem ich das Kinderbuch veröffentlichte, das für Generationen in unserem Land prägend werden sollte: *Drejček und die drei Marsmenschen*. Sie heißen Miš, Maš und Šaš.

Heimlich besuchten sie Drejček und wurden seine Freunde. Später reisten sie sogar zusammen zum Mars. Das war eine vollkommen andere Welt als

Vid Pečjak

"Liebe ist die einzig mögliche Antwort auf Hass."

unsere. Nicht nur die Technologie war anders als auf der Erde – der Mars war eine Welt, in der die Liebe sich gegen den Hass durchgesetzt hatte. Die Bewohner waren glücklich, vor allem die Kinder. **Marsgesetze legten fest, dass die Leute glücklich sein und einander lieben sollten.** Kriege waren verboten. Die Marsmenschen bauten den größten Spielplatz auf ihrem Mond, Fobos. Dieser Spielplatz war berühmt für seine Drachen, Wölfe, Zwerge, Feen, Hexen und Zauberer. Obwohl sie alle Roboter waren, konnten sie sich wie Lebewesen bewegen und sprechen. Die drei kleinen Marsmenschen erklärten Drejček, ihr Planet sei friedlich, und es sei Marsmenschen untersagt, die Erde zu besuchen. Sie sagten, das werde so bleiben, bis Kriege auch auf der Erde verboten wären. Sie hatten die Regeln gebrochen, weil sie den verbotenen Planeten sehen wollten. Aber dann, nachdem sie Marmelade gekostet hatten, konnten sie der Versuchung nicht widerstehen, zurückzukommen.

Später merkte ich, dass ich eine ideale, aber fiktionale Welt beschrieben hatte – genau das Gegenteil von der, die ich im und nach dem Krieg erlebt hatte. Sie entsprang meiner Phantasie, meinen Wünschen. Sie war nur eine Reaktion auf meine eigene Vergangenheit. Da ich auf der Erde keine solche Gesellschaft kannte, verlagerte ich sie woandershin: auf den Planeten Mars. Auf der Erde gibt es keine Liebe, aber auf dem Mars. Auf der Erde gibt es keine Gerechtigkeit, aber auf dem Mars. Auf der Erde gibt es keine Freundschaft, aber auf dem Mars. Natürlich war ich mir beim Schreiben dieser Übertragung nicht bewusst; erst viele Jahre später fiel sie mir auf. Heute weiß ich, dass das Marsleben nur mein verzweifelter Traum war. Ich war sehr naiv. Ich weiß auch, dass solche Träumereien kein Heilmittel gegen Hass sind. Wir wissen, dass der Mars nur eine verlassene Welt ist. Aber wir alle träumen wie Drejček auf der Suche nach Liebe und Frieden. Wir wissen, dass es keinen Ausweg gibt, keine Möglichkeit, sie auf dem Mars zu finden – wir werden Frieden und Liebe selbst erschaffen müssen. Hier und jetzt.

Vid Pečjak war Professor für Psychologie an der Universität Ljubljana (Slowenien) und hatte an verschiedenen Universitäten in aller Welt Gastprofessuren inne. Er hat rund 40 Bücher und 400 Artikel veröffentlicht, vor allem über menschliche Entwicklung, Gefühle und Motivation. Seinen Ruhestand genießt er in der Nähe des schönen Bleder Sees in Slowenien.

CHILE

Bedingte Liebe

„Ich bin verliebt in die Liebe und fasziniert von den sozialen Interaktionen und Gefühlen, die ich untersuche", sagt die Psychologin Ana Maria Fernandez. „Und obwohl ich keine Feministin bin, bewundere ich all die Frauen in den experimentellen Sozialwissenschaften zutiefst, die ihren Beitrag zum Verständnis des Menschen aus einer weiblichen Perspektive leisten, die die männliche Sicht auf diese Themen ergänzt."

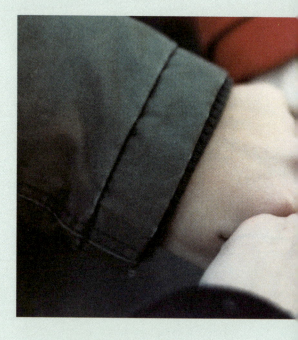

Die Arten von Liebe, die die Fortpflanzung unterstützen, wie elterliche Liebe, Freundschaften und romantische Liebe, sind Sinn und Antrieb unseres Lebens. Wir Menschen sind eine gesellige Spezies, und Liebe führt zu dem sozialen Austausch, den wir für die Feinanpassung an unsere Welt brauchen. Aber nicht alle Formen der Liebe sind gleichwertig.

Die Liebe von Freunden und Familienmitgliedern befriedigt unsere tiefsten Gefühle für sozialen Austausch; wir empfinden ihnen gegenüber tiefe Empathie und akzeptieren sie „so wie sie sind". Anscheinend tun wir das, weil unsere Gehirne von der Geburt bis zum Tod wie auch unsere psychischen Anpassungsprozesse darauf ausgerichtet sind, soziale Bindungen zu benötigen und zu suchen, damit wir uns zu menschlichen Wesen entwickeln können. Meine Untersuchungen zur evolutionären Psychologie und die Lehrtätigkeit von Leda Cosmides und John Tooby haben mir geholfen zu verstehen, dass Familienliebe durch genetische Verwandtschaft gemildert wird: Wir akzeptieren bei engen Verwandten mehr Unvollkommenheiten und geben ihnen mehr, als wir empfangen. Bei Freundschaften und anderen Arten sozialer Bindungen handeln wir strategisch und auf Gegenseitigkeit bedacht; was wir erwarten und geben, hängt davon ab, was der andere uns sozial bedeutet und wie wir unseren eigenen Wert für andere einschätzen. Die meisten Freundschaften und familiären Beziehungen führen zu tiefen Liebesgefühlen; wie bedingungslos diese sind, hängt vom Verwandtschaftsgrad ab, und elterliche Liebe ist die engste und bedingungsloseste Form der Liebe, die wir erreichen können.

Die zerbrechlichste Form der Liebe erleben und suchen wir zwangsläufig in ähnlicher Weise, um unser Leben mit einem wichtigen Menschen zu

Ana Maria Fernandez

„Wir akzeptieren Familienmitglieder und Freunde eher ‚so, wie sie sind', als unsere Partner."

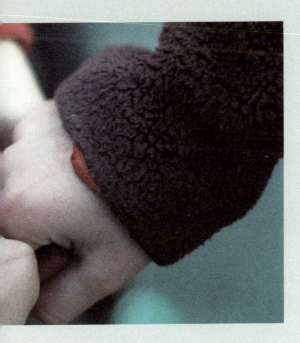

teilen, der üblicherweise unser Fortpflanzungspartner wird. Wie die Anthropologin Helen Fisher nachgewiesen hat, sind unser gesamter Körper und unser Gehirn von Begehren, Sex und romantischer Liebe betroffen. **Paradoxerweise sind Liebesbande keine bedingungslose Form des sozialen Austausches**, sondern bringen ständige Bewertungen unserer aktuellen Situation, unserer Erwartungen und der möglichen Alternativen mit sich, falls wir andere Möglichkeiten suchen oder bei unserem festen Partner bleiben.

Wie zu jedem Gefühl gehören zur Liebe heftige psycho-physiologische Reaktionen, die uns dazu treiben, diesen Zustand immer und immer wieder anzustreben. Wenn sich jemand mit dem Verlust eines geliebten Menschen auseinandersetzt, wie es beim Verlust einer Liebe der Fall ist, kann das zu heftigen Eifersuchtsgefühlen führen, die irrationale aggressive Reaktionen oder extremen Rückzug und Depressionen auslösen können. Ich habe Vertrauensbrüche untersucht, Geschlechtsunterschiede bei eifersuchtsauslösenden Situationen und die spezifischen Gefühle, die zu den tief greifenden affektiven Reaktionen von Männern und Frauen gehören, die in der Liebe betrogen werden. Eine Hypothese aus meinen Untersuchungen lautet: **Männliche Eifersucht wird von aggressiven Gefühlen beherrscht**, die zu aktiver Gewalt gegenüber der Partnerin oder dem Rivalen motivieren können. Physiologisch scheinen betrogene Männer einen plötzlichen Anstieg von aktiver Aggression und Angriffslust zu erleben. Frauen dagegen fühlen sich natürlich wütend und verraten, aber **die weibliche Reaktion auf Untreue besteht eher aus Rückzug und Suche nach sozialer Unterstützung**. Physiologisch erscheinen sie durch den Betrug verletzt und verlieren die Handlungsmotivation, um gegenüber dem Partner – oder ganz generell – zu reagieren.

Ana Maria Fernandez ist außerordentliche Professorin am Fachbereich Psychologie der Universität Santiago de Chile (Chile). Seit ihrem Studium an der Universität von Texas ist sie fasziniert von Evolutionspsychologie. Das trug dazu bei, dass sie ihre Forschungen zu Liebesbeziehungen und Eifersucht fortsetzte, während sie ihren Master in experimenteller Psychologie ablegte, und motivierte sie zu ihrer Doktorarbeit an der Universität von Chile und ihrem Forschungsaufenthalt am Center for Evolutionary Psychology der Universität von Kalifornien.

„Wir lieben das Leben durch das, was wir im Leben am meisten lieben."

Was ist Ihr Ikigai?

In den letzten 20 Jahren hat **Gordon Mathews** den japanischen Begriff *Ikigai* erforscht: „das, was das eigene Leben lebenswert macht". Wenn wir unser *Ikigai* kennen, können wir ein besseres Leben führen, im vollen Bewusstsein unserer wahren Prioritäten.

Ikigai ist das, was wir am meisten lieben: die Liebe zu einer Person, eine Tätigkeit oder ein Traum, der dem gesamten Leben einen Sinn gibt. Manchmal erkennt man ein *Ikigai* an dem Gefühl, das es weckt – obwohl dieses Gefühl trügerisch sein kann, wenn man sich zum Beispiel Hals über Kopf in den Falschen verliebt und das später zutiefst bereut. Es ist zwar denkbar, dass einige Menschen mehrere *Ikigai* haben, aber typischerweise handelt es sich um eine einzige Sache, um den einen Bestandteil unseres Lebens, der allem anderen einen Sinn gibt. Überraschenderweise wissen Menschen oft nicht, was diese eine Sache ist, bis es hart auf hart kommt. Sie ist unser ganz persönlicher Grund dafür, es letztlich mit dem Leben aufzunehmen, trotz seiner Unzahl von Wiederholungen und Widrigkeiten.

Ikigai **sind immer individuell.** Niemand kann Ihnen sagen, was Ihr *Ikigai* ist. Vielleicht fragt Ihr Partner „Liebst Du mich?" und Sie fühlen sich gezwungen, ja zu sagen, genau wie zu Ihrem Chef, der Sie zu endlosen Überstunden drängt. Aber ob Ihr Partner oder Ihre Arbeit Ihr *Ikigai* ist, können nur Sie wissen. Trotzdem ist ein *Ikigai*, auch wenn es immer individuell ist, niemals nur individuell. Wir bewahren es tief in unserem Herzen, aber es handelt stets von der Welt der anderen. So ist es unsere entscheidende Verbindung zu der sozialen Welt, in der wir leben.

Ikigai **wandeln sich, wenn wir älter werden.** Für die meisten Teenager ist ihr Zukunftstraum das *Ikigai*, egal, ob sie Mutter, Rockstar, Basketballprofi, Managerin oder Anarchist werden wollen. Jenseits der 30 sind viele Menschen schon Verpflichtungen eingegangen, die ihr Erwachsenenleben in Bezug auf Ehe, Familie und Kinder oder Karriere definieren. Gewiss brechen viele Menschen aus diesen Verpflichtungen aus, indem sie sich scheiden lassen und eine neue Ehe schließen oder den Arbeitsplatz wechseln. Ebenso gewiss finden viele Menschen, die in solchen Verpflichtungen stecken, darin nicht ihr *Ikigai*: „Es muss doch mehr im Leben geben als das …" Trotzdem verorten die meisten Menschen ihr *Ikigai* in Familie, Arbeit, Hobby, Glauben oder Träumen. Manchmal bleibt das jahrzehntelang so; einige Menschen können, wenn sie Glück haben, ihr *Ikigai* in die Zukunft retten, bis sie 60, 70 oder älter sind. Bei anderen verschwindet das *Ikigai* allmählich im Nebel der Vergangenheit.

Ikigai **sind grundsätzlich fragil.** Ihre Arbeit, für die Sie gelebt haben, endet plötzlich und Sie stehen auf der Straße. Sie wachen neben jemandem auf, mit dem Sie seit 20 Jahren zusammenleben und merken plötzlich: „Ich liebe diesen Menschen nicht mehr." Ihr Kind verlässt das Haus und treibt vielleicht auch im Herzen fort. Ihr Partner stirbt, und natürlich sterben auch Sie selbst letztendlich. Alles hat ein Ende. Wenn das eigene *Ikigai* früh endet, kann man mit Glück und Mut ein neues finden – eine Person, eine Berufung, einen Traum, durch die das Leben wieder lebenswert wird. Mancher aber findet kein neues *Ikigai* mehr und lebt möglicherweise bis zu seinem Tod halbherzig dahin.

Ikigai **sind transzendent.** Sie sind das, was wir im Leben am meisten lieben. Aber nichts, was wir lieben, ist ewig. Das Leben ist flüchtig; *Ikigai*, Liebe und Leben sind in einem Augenblick oder einem Jahrhundert vorüber. Weil wir sie nur so kurz erleben, sind sie so wertvoll. Christen sprechen vom Himmel, aber viele von uns können diesen Glauben nicht teilen. Soweit ich weiß, hat unser Leben keine tiefere Bedeutung, kein transzendentes Ziel. Wir sind einfach da. Und dieses Dasein – etwas zu sein und nicht nichts – ist eine erstaunliche Sache. Aber wir können diese Liebe zum Leben in einem Großteil unseres Alltagslebens nicht erfahren, weil wir in dessen unvermeidlicher Eintönigkeit gefangen sind. *Ikigai* geben uns die Möglichkeit, diese Eintönigkeit hinter uns zu lassen: über das, was wir im Leben am meisten lieben, Liebe zum Leben an sich zu empfinden, möge es noch so flüchtig, vergänglich und kurz sein.

Die Liebesformeln

→ **Jeder Mensch hat ein eigenes *Ikigai*: das, was das Leben lebenswert macht.**
→ **Unsere *Ikigai* sind individuell, wandelbar, fragil und transzendent.**
→ **Wenn wir herausfinden können, was unser persönliches *Ikigai* ist, können wir ein besseres Leben führen, weil wir uns unserer Prioritäten bewusst werden.**

Gordon Mathews ist Professor für Anthropologie an der Chinesischen Universität Hongkong. Er hat mehrere Bücher geschrieben, darunter der erfolgreiche Band *What Makes Life Worth Living? How Japanese and Americans Make Sense of Their Worlds* (Was macht das Leben lebenswert? Wie Japaner und Amerikaner ihren Welten Sinn geben). Sein persönliches *Ikigai* ist seine Frau, mit der er seit über 30 Jahren verheiratet ist. Aber er sagt, er freue sich auch auf den Tod, um zu sehen, was als Nächstes kommt – falls etwas kommt.

Transzendentale Liebe

Der im Iran geborene Psychologe **Sayyed Mohsen Fatemi** lehrt an den Universitäten von Harvard, Toronto und Teheran. Er reist um die Welt, forscht und hält Vorlesungen, Seminare und Workshops unter anderem zu emotionaler Intelligenz und der Psychologie der Verhandlungstaktik. Und er ist auch Dichter. Hier sind 20 Thesen zur Psychologie der transzendentalen Liebe, dem „Inbegriff der Liebe".

1. Liebe lässt uns der Souveränität des Selbst entsagen, sie befreit uns von Selbstzentriertheit, Egoismus und Geltungsdrang. **Liebe erschafft eine einzigartige Sprache**, in der Sinn nicht durch nutzbringende Tauschbeziehungen und gewinnorientierte Wahrnehmung begrenzt wird.

2. Die Sprache der Liebe klappert nicht die Flohmärkte von Materialismus, Konsumorientierung und Kapitalismus ab. Ebenso wenig ist sie durch Hindernisse, Quertreiberei und Verschleierung aufzuhalten.

3. **Liebe erhellt das Selbst** und die eigene Persönlichkeit, sie eröffnet eine neue Welt der Interpretation: Zweisamkeit ist das Zaubermittel zur Vollkommenheit.

4. **Liebe beschwört eine Präsenz herauf**, die Vielzahl und Zersplitterung durch Einheit und Einssein ersetzt. Wir können nicht in Abwesenheit lieben: Liebe verlangt vollkommene Gegenwart, vertreibt Abwesenheit und Teilbarkeit und macht den Weg zum Feiern des Einsseins frei.

5. Unter all den Mysterien, die Geist und Herz verblüffen, nimmt die Liebe einen oberen Rang ein. Liebe ist der Höhepunkt des Werdens, der Gipfel des Fortschritts und der Scheitelpunkt der Bewegung.

6. Wir können den fassbaren **Strom des Vergnügens** im Reich von endlicher Freude und Jubel erleben und doch niemals die berauschende Verzückung der Liebesblüten im nahenden Sonnenaufgang begreifen.

7. Wir sind eingewoben, überwältigt und umschlossen vom schimmernden Licht der Liebe – nicht von den beengenden, manipulativen Schranken des Schubladendenkens, sondern von den weitgefassten Zielen des Einsseins. In ihren ursprünglichen Erscheinungsformen als Leidenschaft oder Lust mag die Liebe oberflächlich und begrenzend erscheinen. Aber jede Gefangenschaft wird von der erhabenen Kristallisation transzendentaler Liebe aufgehoben.

8. Während sich die Liebe erhitzt, zeugt und erschafft sie. Sie erfindet Momente der Zusammengehörigkeit neu oder erweckt sie zum Leben. Sie schwebt im Reich der Erwartungen, während sie im Feuer des Vollzugs erblüht. **Die Verbundenheit der Liebe vereint Sein und Verlangen**; sie ist in Zeit und Raum eingebunden und sehnt sich

Sayyed Mohsen Fatemi

einer unaufhörlichen Grammatik der Visualisierung, durch die der Wille enthusiastisch danach strebt, die Galaxie der Verbundenheit zu erleben. Liebe räumt die Straßensperren von Mutlosigkeit und Verzweiflung beiseite. Sie prangert die Tarnung der Enttäuschung an. **Liebe schafft Hoffnung und Optimismus**. Sie schwebt über dem Chaos von Verzweiflung und Hilflosigkeit. Sie ist die Freundin von Glauben und Gebet und birgt in sich die Perle der Emanzipation und Befreiung.

12. Liebe zeigt sich nicht einfach als Ergebnis, sondern erblüht in einem Prozess. Liebe verschönert den äußeren Eindruck von Erscheinung, Blick oder Aussehen – weit entfernt von den mathematisch-linearen Berechnungen eines materiell gesinnten Geistes. Sie feiert die Möglichkeit der Entwicklung, den Aufstieg des Neuen innerhalb von Fesseln und Einschränkungen. Sie öffnet das Fenster, durch das wir den Regenbogen sehen, der einen neuen Horizont umreißt; einen Horizont, der selbst durch den schärfsten Feldstecher des rationalen Geistes nicht zu entdecken ist.

trotzdem voll Verlangen nach einem noch nicht angebrochenen Stadium des Werdens.

9. Die Sprache der Liebe mag unsinnig, absurd und paradox erscheinen. Wegen ihrer Sensibilität erklingt sie nicht überzeugend im auf Gegenseitigkeit ausgerichteten Orchester wirtschaftlich orientierter Gleichungen.

10. Liebe verlässt die ausgetretenen Pfade von Gewöhnung, Anpassung und Bequemlichkeit, um neue Paradigmen jenseits des vertrauten Terrains der Empfindsamkeit einzuführen.

11. Die Liebe lehnt in ihrer erhabenen Erscheinung die Neigung zum Besitzergreifen und den Drang zur Macht ab. Sie tränkt die Seele mit einem unaufhörlichen Strom von Zuneigung, Begehren und Überschwänglichkeit. Sie begeistert das Herz mit

13. Liebe wird durch ontologisches Engagement verstanden. Das Lieben tollt gern im Sonnenschein der Praxis; es schwimmt durch die Flüsse des Ausübens. **Wir können wissen, wie man liebt, und der Liebe trotzdem fremd bleiben**. Wissen bringt uns nur auf den Pfad der Epistemologie; von dort aus können wir zwar die Schönheit der Landschaft erspähen, bleiben aber dennoch weit von den fruchtbaren Wiesen der Praxis entfernt.

14. Worte können sich als unfähig erweisen, den Höhepunkt der Liebe zu erhellen. In der transzendentalen Liebe, als deren beredte Vorboten Fliederblüten dienen, werden Macht, Habseligkeiten und Besitzdenken bereitwillig für eine Alternative geopfert: zu lieben. Das Universum trägt seine Verse in Liebe vor.

15. Zur Mittagsstunde, wenn die Hitze aufsteigt, wenn Himmel und Erde verblüfft und verwundert sind, wenn eine Frau einen ultimativen Abschiedsmoment beobachtet, wenn ein kleines Mädchen dem nächsten Besuch bei ihrem Vater entgegenfiebert, wenn Augen alle Kraft zusammennehmen, um letzte Schritte zu begleiten, wenn der Kniefall der Engel ihr Staunen angesichts des Inbegriffs der Liebe bezeugt – dann kann man in der Oase von Freigebigkeit und Mitgefühl das sanfte Erklingen der Liebe hören, während man im öden Land der Entfremdung gefangen ist.

16. Liebe schreitet schwungvoll, selbstlos, rein und leidenschaftlich voran. Liebe kann genießen und dennoch verschenken, besitzen und dennoch enteignen. Liebe drückt die Verständlichkeit des Einsseins und die Bedeutung der Verbundenheit aus, zerstört Anmaßung und beweist Authentizität.

17. Liebe ist durstig und scheut trotzdem das Monopol. Sie lockert ihren Griff, um Treue, Werte und Zusammengehörigkeit zu beweisen. Liebe ist weder gefangen noch eingepfercht, sondern befreiend und frei.

18. Liebe reinigt und verschönert. Sie kann wie ein Ozean die Küsten von Bequemlichkeit und Ruhe umfangen. Oder wie ein Schiff die Strudel von Spannung und Konflikten durchkreuzen und ihre Passagiere weitertragen bis zum Horizont von Gleichmut und Gelassenheit.

19. Liebe ist schöpferisch; sie erfindet und regt an. Sie erweitert die spirituelle Entwicklung in einer auf Wirtschaftsentwicklung fixierten Welt. Sie bewirkt eine radikale Verwandlung des Bewusstseins auf dem Höhepunkt der Achtsamkeit. Sie bezeugt die Verwirklichung von Achtsamkeit in den letzten Tönen eines Widerhalls. Liebe ist das Echo des Monotheismus im Abgrund des Nihilismus.

20. Liebe kreist in dem endlosen Fluss von Tränen, der die Erinnerung an eine Mittagsstunde in ihrer Herrlichkeit und ihrem Glanz begleitet. Liebe wird in den erwartungsvollen Augen der Pilger gefeiert, die in der Hoffnung auf Antwort den Pfad der Vollendung beschreiten. Liebe klingt im Weinen eines Babys nach, das die Liebe von aller zur Schau gestellten Anmaßung reinigt.

Sayyed Mohsen Fatemi (Ph. D., University of British Columbia) ist außerordentlicher Professor am Fachbereich Psychologie der Universität Teheran (Iran), Postdoktorand und Lehrbeauftragter am Fachbereich Psychologie der Universität Harvard (USA) und Dozent für Psychologie an der Universität Toronto (Kanada). Er ist Autor zahlreicher Veröffentlichungen und war als Vizepräsident der Iranischen Organisation für Psychologie und Beratung (IOPC) beratend für internationale Angelegenheiten zuständig. Er arbeitet auf den Gebieten der Sozial- und interkulturellen Psychologie und war Hauptredner bei verschiedenen internationalen Konferenzen, unter anderem beim Weltverband für Psychotherapie (WCP).

*„Liebe ist schöpferisch.
Sie erfindet und regt an."*

„Die Liebe ist ein Hungergefühl, das sich scheinbar selbst nährt."

Das ultimative Paradox

Wir reden uns gerne ein, dass wir alles unter Kontrolle haben. Und dann erwischt uns die Liebe. Und damit ein anderer Mensch, den wir weder kennen noch verstehen. Der Psychiater **Dirk De Wachter** enthüllt das ultimative Paradox anhaltender Liebe.

Das Leben erhält nur dadurch einen Sinn, dass es zeitlich begrenzt ist. Es ist der Tod, der letztlich dem Leben Sinn gibt – ein ebenso unbequemes wie unüberwindliches Paradox. Das Gleiche gilt für die Liebe. Nicht für die unvorhersehbare, hormongetriebene Verliebtheit, sondern für die dauerhafte Form, die über diese Leidenschaft hinausreicht.

Das Paradox dieser Liebesbeziehung liegt genau darin, dass man den geliebten Menschen nicht kennt und nicht versteht. Den Anderen loszulassen und ihm oder ihr die Freiheit zu lassen, unbekannt und fremd zu sein. Der französische Philosoph Emmanuel Levinas (1906–1990) hat darüber viel Kluges geschrieben. Ich lasse mich nur zu gerne von ihm inspirieren.

Liebe scheint eine schwere Aufgabe zu sein in dieser managergesteuerten Ära, des „Nichts ist unmöglich", in der sich unsere Illusion der Kontrollierbarkeit der Welt und unseres Schicksals bis in unser Gefühlsleben hinein erstreckt. **Eine Kultur, in der wir den Anderen zu unserem Abbild formen wollen, tötet das Begehren.** Andere sein zu lassen, sie nicht an das eigene Selbst anzugleichen und die grundsätzliche Asymmetrie menschlicher Beziehungen zu akzeptiere, das ist der altmodische Schlüssel zu festen Bindungen.

Harte Schale

Dieser scheinbare Gegensatz beginnt schon mit der Eltern-Kind-Beziehung, bei der das Loslassen, während man gleichzeitig verbunden bleibt, und das Anerkennen der kindlichen Individualität die Basis bilden kann für dessen grundsätzliches Selbstvertrauen im späteren Leben. Dieses Selbstvertrauen ermöglicht es dem Kind, mit einer fundamentalen Unerfülltheit zu leben, einer niemals vollständigen Übereinstimmung und einem ständigen Gefühl von Verschiedenheit und Unvollkommenheit – sie stellen das Wesen der „unmöglichen" Liebe als romantisches Ideal dar. **Dank dieses Selbstvertrauens können wir immer wieder in unsere Einsamkeit, unser grundsätzlich unerfülltes Wesen zurückfallen**, ohne den geliebten Menschen zum Ausgleichen dieses Defizits zu benutzen. Genau diese unvollständige Übereinstimmung, die Existenz der Unterschiede, verhindert die symbiotische Verschmelzung, die das Begehren abtötet.

Der Andere (der/die Geliebte *par excellence*) greift uns an, stört unsere Selbstgefälligkeit und durchbricht die harte Schale unserer Selbstsucht. Auf diese Weise ist der Andere ein Hindernis auf unserem Weg zu der Ichbezogenheit, die so charakteristisch für eine Welt ist, in der der Andere manchmal zu einem Instrument meines individuellen Glücks degeneriert, einem austauschbaren Objekt zeitweiligen Vergnügens, schnellen Konsumgenusses.

Der eigene Schatten

Bei langfristiger Liebe ist genau die „Unmöglichkeit" im Sinne von Unerfüllbarkeit die Triebkraft eines nachhaltigen, immer heftiger werdenden Begehrens. Sie ist ein Hungergefühl, das sich scheinbar selbst nährt und sich dadurch unendlich fortsetzen kann. Ohne die tief greifende Störung, die der Andere von außen mit sich bringt, droht die Gefahr, dass sich unsere Existenz auf ein selbstgesteuertes Projekt reduziert, aus dem das Begehren verschwindet. **Der Bruch, den der Andere verursacht, erhellt unsere Selbstgefälligkeit und zeigt uns den eigenen Schatten.** Diese Sicht auf uns selbst enthüllt unsere Verwundbarkeit und schützt uns vor skrupelloser Arroganz.

Die Unerfülltheit der Liebe erhält das Begehren lebendig und vertieft es wiederum. Es bleibt der Wunsch nach mehr; das Streben dauert an und wird genährt. Das Wagnis, unsere abgeschlossene Individualität aufs Spiel zu setzen – ein außerordentlich heikles, riskantes Unterfangen – lohnt, weil der Andere uns zeigt, was uns fehlt. Das macht die Liebe so furchterregend, gefangen zwischen Missgeschick und Verantwortung, zwischen Zufall und Erwiderung, zwischen Angst und Entschlossenheit. Es geht darum, im Handeln das Gute anzustreben, wo neues Licht beginnen kann zu scheinen.

In der Liebe zeigt uns der Andere sein – oder ihr – Licht, ohne dass wir es uns aneignen wollen.

Dirk De Wachter

Die Liebesformeln

- → **Das Paradox der langwährenden Liebe liegt genau darin, dass man den geliebten Menschen nicht kennt, nicht versteht. Den Anderen loszulassen und ihm oder ihr die Freiheit zu lassen, unbekannt und fremd zu sein.**
- → **Die unvollständige Übereinstimmung, die Existenz der Unterschiede zum Anderen verhindert die symbiotische Verschmelzung, die das Begehren abtötet.**
- → **In der Liebe zeigt uns der Andere, was uns fehlt.**

Professor **Dirk De Wachter** ist psychiatrischer Psychotherapeut. Er leitet die Abteilung für System- und Familientherapie am psychiatrischen Zentrum der Katholischen Universität Löwen (Belgien). Als Trainer und Supervisor für Familientherapie ist er im In- und Ausland tätig. Er ist Autor des erfolgreichen Buches *Borderline Times* (Borderline-Zeiten), in dem er feststellt, dass die Trennlinie zwischen Patienten und Nicht-Patienten hauchdünn ist.

Die vier Kräfte der Liebe

„Außergewöhnliche Liebe ist möglich", stellt Randy Hurlburt fest. Der Beziehungscoach hat 20 Jahre Erfahrung im Bewerten von Liebesbeziehungen. Das Geheimnis liegt in der richtigen Anwendung von vier universellen Kräften.

Sind großartige Liebesbeziehungen wirklich unmöglich? Sind Schmerz und Verwirrung unvermeidlich? Stellen Sie sich dieses typische Paar vor: Er hat gerade eine Scheidung hinter sich. Sie hat mehrere schlimme Beziehungen gehabt. Beide wollen etwas Dauerhaftes und haben das Gefühl, die richtige Person gefunden zu haben. Nach einem Jahr heiraten sie. Ein Jahr später streiten sie. Warum? Jeder hat seine eigene Geschichte, aber hier sind die wichtigen, oft übersehenen Punkte, die gemeinhin Beziehungen beeinflussen:

1. Romantische Anziehung ist etwas Kraftvolles, wird aber missverstanden.
Viele Menschen heiraten wegen der „Liebe", die sie empfinden. Romantische Anziehung ist etwas Kraftvolles, aber man kann ihr anfangs nicht trauen, weil Verliebtheit und Sex sich als echte Anziehungskraft tarnen und im Lauf der Zeit verblassen können. Wahre Anziehung ist die dauerhafte magnetische Kraft, die Menschen zueinander zieht; sie verblasst nicht (obwohl sie durch schlechte Behandlung gedämpft werden kann …). Anziehung ist selten bei beiden Partnern gleich. Normalerweise möchte einer von beiden die Beziehung stärker als der andere, und das verursacht Probleme!

2. Emotionale Reife ist ebenso wichtig, gerät gegenüber der romantischen Anziehung aber oft ins Hintertreffen.
Romantische Anziehung ist sicherlich wichtig. Aber ebenso notwendig ist die emotionale Reife, die in der Hitze der Leidenschaft oft ignoriert wird. Sie liegt in der Fähigkeit, eine gute Beziehung zu führen. Im Durchschnitt haben Erwachsene nur einen Reifegrad von ungefähr 60 %, wobei typischerweise einer der Partner reifer, der andere weniger reif ist. Die Reife kann zunehmen, aber sehr langsam (man sollte dabei in Jahrzehnten denken). Einen reifen Partner zu wählen, kann einem dabei helfen, einen langen, schmerzhaften Weg zu vermeiden.

3. Der Wunsch nach Verbundenheit ist eine starke Motivationskraft in Liebesbeziehungen.
Singles sind normalerweise einsam. Sie hungern nach der Verbundenheit, die Beziehungen versprechen. Das ist natürlich, aber …

4. Der Wunsch nach Verbundenheit steht im Widerspruch zum Wunsch nach Freiheit.
Die meisten Menschen erkennen nicht, dass ein Widerspruch zwischen dem Wunsch nach Verbundenheit und dem Wunsch nach Freiheit besteht. Dieser Konflikt findet oft unbewusst statt und erhebt sein hässliches Haupt erst nach Jahren des Zusammenseins, nach dem Zusammenziehen oder nach der Hochzeit. Während wir unser Bedürfnis nach Verbundenheit leicht diskutieren können, ist es schwieriger, offen über unser Bedürfnis nach Freiheit zu sprechen, weil Eifersucht, Schuldgefühle,

Randy Hurlburt

"Lassen Sie Ihren Partner ausreden."

sozialer Druck und kulturelle Prägung zusammenwirken, um die Kommunikation abzuwürgen. Infolgedessen fühlen sich manche Partner wie im Gefängnis und lassen das am anderen aus. Es ist entscheidend, dass Paare eine Balance finden, die irgendwo zwischen vollkommener Freiheit und vollkommener Verbundenheit liegt. Einen für beide akzeptablen Gleichgewichtspunkt zu finden, ist oft eine so schwierige Aufgabe, dass die Partner aufgeben und sich trennen oder zusammenbleiben und sich entfremden.

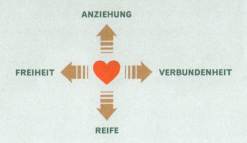

Diese vier widerstreitenden Kräfte werden fast immer Probleme verursachen. Der Schlüssel liegt darin, diese Probleme zu lösen. Dazu braucht es den Wunsch zur Zusammenarbeit und die Fähigkeit zu konstruktiven Gesprächen. Wie wir gesehen haben, unterscheiden sich die Wünsche und Fähigkeiten beider Partner oft. Außerdem braucht es für eine Problemlösung Wissen über die unterbewussten Kräfte, die in Beziehungen wirksam werden, vor allem über den Konflikt zwischen Freiheit und Verbundenheit. Wenn Sie sich nicht einmal bewusst sind, dass dies überhaupt ein Problem ist – wie sollen Sie es dann diskutieren?

Zum Lösen von Problemen braucht man die Fähigkeit, Gefühle ohne Drohungen auszudrücken und Gefühlsäußerungen des Partners zuzuhören, ohne defensiv zu werden. Man braucht die Flexibilität, unkonventionelle Lösungen zu erkennen und mit ihnen zu experimentieren. Und man braucht die Geduld, den Partner im Lauf vieler Gespräche ausreden zu lassen. Wenn Sie diese Fähigkeiten zur Problemlösung und die Kenntnis der vier Faktoren einsetzen, können Sie außergewöhnliche Liebe finden und aufrechterhalten!

Randy Hurlburt lebt und arbeitet im kalifornischen San Diego (USA). Er ist international anerkannter Beziehungscoach, Redner und Autor dreier erfolgreicher Bücher: *Love Is Not A Game* (Liebe ist kein Spiel), *Partners in Love and Crime* (Liebespartner und Komplizen) und *Dating and Relationship Solutions* (Lösungen für Partnersuche und Beziehungen). Diese Bücher enthalten die von Harold Bessell, Ph. D., entwickelten Skalen für romantische Anziehung und emotionale Reife. Diese Skalen sollen das Potenzial haben, die Zukunft jeder Beziehung vorherzusagen.

JAPAN

Die Herausforderung der Liebe

Mit mehr als 16.000 Toten und 3.000 Vermissten war das Tohoku-Erdbeben mit dem Tsunami und der folgenden Atomkatastrophe von Fukushima 2011 ein Wendepunkt für Japan. Auch, was Liebe und Beziehungen angeht, Natsuyo Iida und Noriko Sakamoto **berichten.**

Diese Ereignisse, die heute in Japan einfach „der 11. März" genannt werden, haben das Leben jedes einzelnen Menschen tief greifend beeinflusst. Als das Erdbeben Nordostjapan traf, wurde nicht nur das Land mächtig erschüttert, sondern auch wir selbst. Wir erkannten, dass wir Dinge einfach verlieren konnten, die wir für selbstverständlich hielten, dass scheinbar Dauerhaftes nicht ewig Bestand hatte und dass angeblich Sicheres nicht immer sicher war. Die Welt scheint sich seit dem 11. März vollkommen verändert zu haben.

Viele Menschen denken seitdem neu über den Sinn des Lebens nach. Mehr als 80 % der 1000 Teilnehmer einer Internet-Umfrage antworten, ihnen sei die Bedeutung der Natur und der Wert des Zusammenseins mit anderen bewusst geworden. Nicht wenige haben außerdem erkannt, dass Verbundenheit mit anderen in ihrem Leben entscheidend ist, insbesondere mit Familie und Partnern. Einige unserer Freunde haben beschlossen, ihre Eltern öfter zu besuchen; manche gehen früher von der Arbeit nach Hause, um mehr Zeit mit ihren Kindern zu verbringen. Andere haben Kontakte zu Nachbarn geknüpft, mit denen sie zuvor kaum gesprochen hatten. In der gleichen Befragung antworteten mehr als 70 %, dass sie ihre Zeit lieber mit ihrer Familie als bei der Arbeit verbringen würden. Das Schriftzeichen, das die Japanische Gesellschaft

zur Überprüfung der Kanji-Fähigkeiten zur Beschreibung des Jahres 2011 auswählte, war *kizuna*, was so viel bedeutet wie Bande der Freundschaft bzw. Verbundenheit.

Mehr Ehen

Die Zahl der Frauen, die heiraten wollen, ist seit dem 11. März gestiegen – offenbar ist Sicherheit gefragt. Einer Untersuchung zufolge, die unmittelbar nach der Katastrophe durchgeführt wurde, waren von den 500 Teilnehmern ungefähr 30 % der Männer und 37 % der Frauen an einer Heirat interessiert. Eine andere Umfrage zeigte, dass mehr als 80 % der Ehemänner und -frauen während der Katastrophe mehr Respekt für ihren Partner entwickelten. Andererseits entschlossen sich einige Paare zur Trennung, nachdem sie unterschiedliche Wertvorstellungen entdeckt hatten, als sie während der Katastrophe entscheiden mussten, was ihnen am wichtigsten war. **Vielleicht waren wir alle dazu herausgefordert, über unser eigenes Leben nachzudenken.**

Das Institute for Studies in Happiness, Economy and Society (ISHES) erkundet, was Menschen wirklich wichtig ist, wenn sie auf der Suche nach dem wahren Glück sind. Wir glauben, dass die Betonung des Wirtschaftswachstums, die auf der Welt seit dem vergangenen Jahrhundert vorherrscht, fehl am Platz ist. Das aktuelle gesellschaftliche Interesse an einer Neubewertung dessen, was wirklich wichtig ist, bietet eine neue Chance, und wir würden gerne so viel Schwung erzeugen, dass mehr Menschen nach wahrem Glück streben können. Wir werden die Faktoren gründlicher untersuchen, die Glück, Wirtschaft und Gesellschaft beeinflussen, und Ideen und Informationen mit Menschen austauschen, die ähnliche Interessen teilen.

Verbunden

Es gibt viel Neues. Soziale Netzwerke machen es uns auch möglich, mit Menschen in Verbindung zu treten, die wir noch nie getroffen haben. Über neue Kommunikationswege können Menschen und Organisationen Informationen an mehr Leute übermitteln, manchmal viel schneller als die etablierten Medien. Während der Katastrophe machte die Kommunikation über Twitter Unterstützungsaktionen in den betroffenen Gebieten möglich. Über Twitter und Facebook wurden auch viele liebevolle Botschaften aus der ganzen Welt nach Japan gesandt, die uns hier sehr ermutigt haben. Wir hatten das Gefühl, nicht alleine dazustehen.

Die Katastrophe vom 11. März hat unsere Beziehungen und das Gefühl der Zusammengehörigkeit gestärkt. Heißt das, wir können nur Liebe empfinden, wenn Katastrophen wie diese geschehen? Möglicherweise nicht. **Liebe umgibt uns im täglichen Leben, aber oft bemerken wir sie nicht.** Wir sind mit anderen verbunden, aber oft nehmen wir die Verbundenheit als selbstverständlich hin. Selbst der Alltag ist nichts Gewöhnliches, sondern etwas Spezielles. Und es ist ein Wunder, dass wir unser Leben führen können. Das sind ein paar der wichtigen Lektionen, die wir am 11. März gelernt haben.

Natsuyo Iida ist Projektmanagerin am Institute for Studies in Happiness, Economy and Society (ISHES) in Japan, das sich mit Forschung, Information und Dialog zu den Themen Glück, Wirtschaft und Gesellschaft befasst. **Noriko Sakamoto** ist Kommunikationsleiterin bei Japan for Sustainability (JFS); diese gemeinnützige Organisation informiert über Entwicklungen und Aktivitäten in Japan, die auf Nachhaltigkeit ausgerichtet sind.

„Sie müssen nicht der begehrteste Kandidat auf dem Partnermarkt sein."

Partner von einzigartigem Wert

„Wie finde ich den oder die Richtige? Und woran erkenne ich ihn oder sie?" Diese Fragen implizieren, dass einige Menschen bessere Liebespartner sind als andere: Mit dem einen Partner sind wir im siebten Himmel, mit einem anderen auf ewig unglücklich. **Lucy Hunt** und **Paul Eastwick** nehmen uns bei der Suche nach dem oder der „einzig Wahren" an die Hand.

Menschen schätzen bestimmte Eigenschaften eines Partners (z. B. Freundlichkeit) eindeutig höher als andere (z. B. Grausamkeit); trotzdem hat dieser merkmalsorientierte Ansatz des Partnerwerts seine Grenzen. Fragen Sie sich selbst, warum Sie in einer guten Beziehung leben: Weil alle zustimmen würden, dass Ihr Partner so wunderbare Charaktereigenschaften besitzt? Oder weil Ihre Beziehung befriedigend ist durch die Erfahrung von Nähe zu Ihrem Partner und weil Sie ihn oder sie lieben? Passend zur zweiten Sichtweise könnte ein Beziehungsforscher den Wert eines Partners neu definieren als die Fähigkeit einer Person, jemand anderem eine befriedigende, intime, liebevolle Beziehung zu ermöglichen. Obwohl es sein kann, dass Menschen mit wünschenswerten Charaktereigenschaften besser in der Lage sind, solche Beziehungen zu bieten, ist es auch vorstellbar, dass sich eine zufriedenstellende Beziehung aus der Chemie und

der gegenseitigen Vereinbarkeit speist, die nur zwei bestimmte Menschen miteinander teilen. In der Tat wurde bei den traditionellen Partnerwert-Konzepten der Einfluss der Beziehung als solche weitgehend ignoriert.

Partnerwert

Aber wie testen wir den Einfluss, den die Beziehung auf die Wahrnehmung des Partnerwerts anderer hat? Erstens muss der Effekt der individuellen Wahrnehmungen auf persönlicher Ebene abgegrenzt werden (z. B. wie Eva andere generell wahrnimmt und wie andere generell Eva wahrnehmen) von der Wirkung der Beziehung (z. B. wie Eva und Adam sich in einzigartiger Weise gegenseitig wahrnehmen). Frühere Studien zum Partnerwert untersuchten nur den Einfluss der Person (z. B. wie andere Eva generell wahrnehmen). Wir setzten eine neue Analysemethode ein, die das Social-Relations-Modell (SRM) nutzt. **So konnten wir den Einfluss der Person vom Einfluss der spezifischen Beziehung trennen** (z. B. Adams spezielle Wahrnehmung von Eva). Zweitens werden für traditionelle Messungen des Partnerwerts die Teilnehmer gebeten, die Eigenschaften anderer zu bewerten (z. B. „X ist attraktiv", „X hat Sinn für Humor") – wir dagegen entwickelten ein neues, auf Zufriedenheit beruhendes Maß für den Partnerwert, das die Zufriedenheit mit der Beziehung wiedergibt (z. B. „X und ich teilen wichtige Gefühle, Probleme und Überzeugungen miteinander", „X bemüht sich, regelmäßig schöne Stunden mit mir zu verbringen", „X macht mein Leben schöner").

Wünschenswerte Eigenschaften

In unseren Studien bewerteten die Teilnehmer sich und andere (Bekannte, Freunde, aktuelle Partner) sowohl mit traditionellen, merkmalsorientierten Messkriterien des Partnerwerts als auch mit unserem neuen, zufriedenheitsorientierten Maß. Im Einklang mit bisherigen Untersuchungen fanden wir heraus, dass Menschen, wenn sie andere anhand merkmalsorientierter Kriterien beurteilten, sich tendenziell über das Ausmaß einig waren, in dem jemand wünschenswerte Eigenschaften besaß. Das heißt, einige Personen hatten wünschenswertere Eigenschaften als andere. Dieser traditionelle Ansatz des Partnerwerts impliziert also, dass Menschen sich bemühen sollten, so konsensfähig begehrenswert wie möglich zu sein: möglichst viele in romantischer Hinsicht erwünschte Merkmale zu besitzen. Wenn sich Menschen dagegen anhand der neuen, zufriedenheitsorientierten Messmethode beurteilten, gaben sie mit viel höherer Wahrscheinlichkeit einzigartige Urteile ab. Zum Beispiel hatten einige Befragte das Gefühl, dass Eva ihnen wahrscheinlich eine befriedigende Beziehung bieten würde, während andere das nicht annahmen. **Obwohl einige Menschen wünschenswerte Merkmale haben, bedeutet diese Tatsache allein nicht, dass sie jedem eine befriedigende Beziehung bieten können.** Unabhängig von ihren Eigenschaften passt Eva nicht gleichermaßen zu jedem.

Lucy Hunt & Paul Eastwick

Einzigartige Passform

Obwohl vergangene Studien jene Merkmale benannt haben, die Menschen an Liebespartnern schätzen, wurde ein wichtiges Element übersehen: die einzigartige Wahrnehmung der Beziehungserfahrung, die zwei Menschen in einer Partnerschaft teilen. Denn selbst wenn sich Individuen in ihren wünschenswerten Merkmalen unterscheiden – in Bezug auf ihre Fähigkeit, eine befriedigende und erfüllende Beziehung zu bieten, scheinen sie nicht voneinander abzuweichen. **Im Grunde scheint die „Fähigkeit" zum Schaffen einer solcher Beziehung gar keine „Fähigkeit" zu sein.** Zufriedenstellende Beziehungen scheinen eher aus einem Glücksfall zu entstehen: die Person zu finden, mit der man auf einzigartige Weise kompatibel ist.

Vielleicht werden diese neuen Befunde diejenigen ein wenig beruhigen, die davon überzeugt sind, sie seien nicht begehrenswert genug, um einen wertvollen Partner zu finden. Das am umsichtigsten gewählte Ziel könnte darin bestehen, nicht der begehrteste Kandidat auf dem Partnermarkt werden zu wollen, sondern stattdessen einen Menschen zu finden, der der Meinung ist, dass man der begehrteste Kandidat auf dem Partnermarkt sein *sollte*. Mit anderen Worten: Es spielt keine Rolle, ob einige oder gar die meisten Menschen Sie als wertvollen Partner wahrnehmen – wichtig ist nur, dass Sie eine einzige Person finden, die Sie für wertvoll hält, und umgekehrt. Schließlich braucht es bei Liebesbeziehungen nur einen einzigen anderen Menschen für die einzigartige Passform, die eine befriedigende Beziehung ausmacht. Nur einen Menschen – das ist vielleicht die beruhigendste Nachricht von allen.

Die Liebesformeln

- → **Wir definieren den Partnerwert neu: Als Fähigkeit, eine erfüllende Beziehung zu ermöglichen.**
- → **Zufriedenstellende Beziehungen scheinen aus dem Glücksfall zu entstehen, eine Person zu finden, mit der man auf einzigartige Weise kompatibel ist.**
- → **Wichtig ist, dass Sie eine Person finden, die Sie für wertvoll hält, und umgekehrt.**

Lucy Hunt arbeitet an ihrem Ph. D. am Fachbereich Menschliche Entwicklung und Familienwissenschaften der Universität von Texas in Austin (USA), wo sie mit Paul Eastwick die Themen Anziehungskraft und Beziehungen erforscht. Sie interessiert sich generell für Untersuchungen zur Erhaltung von Beziehungen und zu anfänglichen Anziehungsprozessen. **Paul Eastwick** ist Dozent am Fachbereich Menschliche Entwicklung und Familienwissenschaften der Universität von Texas in Austin. Zu seinen Forschungsinteressen gehören Bindungen, Anziehungskraft, evolutionäre Aspekte der Partnerwahl und die Wirkungen idealer Partnervorstellungen auf die Entstehung und Erhaltung von Beziehungen.

„Liebe bringt eher Sinn als Befriedigung."

Reife Liebe

„Liebe ist mehr als nur ein Gefühl", sagt **Dmitry Leontiev**. Jenseits des Herzklopfens und der Schmetterlinge im Bauch, die zur romantischen Liebe gehören, entdeckt der Psychologe die Eigenschaften wahrhaft reifer Liebe. Diese Reise geht weit über alle Schwüre, Bestätigungen und sogar die Grenzen unseres Selbst hinaus.

Die Rolle, die Liebe in unserem Leben spielt, ist anscheinend der unvergleichlichen emotionalen Fülle und Intensität zu danken, die sie mit sich bringt. Das Liebesgefühl, oft romantische oder leidenschaftliche Liebe genannt, erfasst einen Menschen wie eine Besessenheit und verzerrt Urteilsvermögen, Pläne und Lebensgewohnheiten. Alte Beschreibungen der Liebe als zeitweiliger Wahnsinn beziehen sich auf dieses individuelle Gefühl.

Allerdings ist Liebe mehr als nur ein Gefühl. Weit darüber hinausgehend, gehört sie zu den ontologischen Grundlagen unseres Lebens, im gleichen Maße wie Leben und Tod. Reifen Menschen, die den Weg der Selbstentfaltung durchlaufen, kindliche psychische Symbiosen überwunden und narzisstische Selbstgenügsamkeit hinter sich gelassen haben, erlaubt eine Beziehung, eine Verbindung zu einer anderen Person aufzubauen. **In der Tat geht es eher um das Lieben als**

die Liebe, ein Verb und kein Substantiv, wie Erich Fromm betont hat. Das ist etwas, wofür man sich entscheiden und was man erschaffen kann – man übernimmt Verantwortung für die Umsetzung dieser Entscheidung, selbst wenn es keine Garantie auf die Ergebnisse gibt.

Diese reife oder existentielle Liebe ist eine Herausforderung für unsere Fähigkeit zu Verantwortung, Entscheidungen, innerer Arbeit und Veränderung. Sie bringt eher Sinn als Befriedigung. Deshalb sind nicht viele Sterbliche bereit, den Preis dieser Art von Liebe zu bezahlen. Der Begriff *existentiell* bedeutet, dass sie nicht kausal erklärbar oder durch psychologische Entstehungsmechanismen vorhersagbar ist; sie existiert eher als Möglichkeit denn als Tatbestand und kann wahr werden oder auch nicht. Ob man selbst in das Vorhaben investiert und die Liebe wachsen lässt, liegt meist in der bewussten, verantwortungsvollen Entscheidung der beteiligten Menschen.

Gemeinsamer Raum

Reife Liebe ist ein Dialog. Ein Dialog ist unvorhersehbar und unkontrollierbar; er ist eine Reise über die Grenzen des Ichs hinaus auf das fremde Terrain des Anderen. Wegen dieser Unvorhersehbarkeit und Unkontrollierbarkeit können wir auf diesem Terrain Entdeckungen machen, die uns so stark bereichern, verändern und manchmal sogar verwandeln wie im Fall von Liebesbeziehungen. Die entscheidende Bedingung dafür ist, dass wir uns dem Unbekannten, dem Unerwarteten öffnen, der Möglichkeit einer Begegnung mit etwas, das uns dazu bringen könnte, uns zu verändern statt in Selbstverteidigung zu verharren, wie es die meisten von uns in Beziehungen tun.

Ein weiteres Merkmal eines echten Dialogs ist, dass er einen gemeinsamen Gesprächsraum zwischen den Partnern erschafft. Worte, Bedeutungen, Werte, Symbole und Weltanschauungen entstehen in diesem Raum und geben ihm seine Form – einfach, weil sie als etwas Verbindendes zwischen beiden Menschen anerkannt und ausgehandelt wurden. Es gibt außerdem Orte, Ereignisse und Menschen, die zum gemeinschaftlichen Teil ihrer persönlichen Geschichte gehören. **Eine Liebesgeschichte ist die Geschichte von Geburt und Wachstum dieses gemeinsamen Raumes, der in reifen Liebesbeziehungen gemeinsam erschaffen wird** und in dem sich beide zu Hause fühlen. Es gibt auf diesem Terrain der Liebe keine Grenzen zwischen den Partnern – alles ist gemeinsam und beide sind eins. Und jedes Opfer, das ein reifer Liebender bringt, jede Selbstgebung, ist eher eine Investition zugunsten dieses gemeinsamen Raumes als zugunsten eines einzelnen Partners. Man investiert das eigene Ich in diese neue, gemeinsame Wirklichkeit, und beide genießen die Früchte dieser Investition. Das ist eher Selbsterweiterung als Selbstverleugnung. Der liebende Altruismus ist eine Art verbesserter Egoismus, basierend auf einer erweiterten persönlichen Identität, die jetzt den Partner als Teil des Wir, des erweiterten Ichs, umfasst.

Steter Wandel

Wie jede andere Liebe ist eine reife Liebe nicht immer glücklich und erfreut sich nicht immer der Gegenseitigkeit. Anders als unerwiderte romantische Liebe läuft nicht geteilte reife Liebe auf die nüchterne Entschlossenheit hinaus, die Bürde dieses unbeantworteten Angebots zu tragen, nicht nur um einer möglichen Belohnung in ferner Zukunft willen, sondern auch für das eigene Selbst, das eigene Wachstum, das eigene authentische Fortschreiten auf unserem Weg. Geteilte romantische Liebe bringt Glück; nicht geteilte romantische Liebe bringt Enttäuschung. Sowohl geteilte als auch nicht geteilte reife Liebe bringen Sinnhaftigkeit und persönliches Wachstum mit sich. Sie sind eine Prüfung, die einen Menschen stärker macht – und geteilte reife Liebe ist eine noch schwerere Prüfung als die nicht geteilte Liebe.

Romantische Liebe erwartet viel von dem geliebten Menschen; vor allem Schwüre, Bestätigungen und eine lebenslange Garantie. Das Paradox von Liebesbeziehungen liegt allerdings darin, dass sie nur bei stetem Wachstum und Wandel überleben können; bei Stagnation verblassen sie sehr schnell. **Reife Liebe braucht keine Bestätigungen.** Sie braucht etwas anderes, nämlich ständige Aufmerksamkeit, eine Bereitschaft, den anderen zu erspüren, sich an ihn oder sie anzupassen, auf mehreren Ebenen von körperlicher Verständigung bis zu übergeordneten Werten zu verhandeln und sich ständig zu verändern. Liebesgefühle können jeden überkommen und hängen nicht sehr stark von der Person ab. Der Unterschied liegt in der Art, wie wir das Gefühl in ein persönliches, verantwortungsvolles Unterfangen verwandeln, ob und wie wir uns selbst in diese lebensverändernde Beziehung einbringen, ob und wie wir uns für diese Herausforderung an Unvorhersehbarkeit und Wachstumschancen öffnen. Daran zeigt sich der Grad an Menschlichkeit, den wir erreicht haben.

Die Liebesformeln

→ **Reife Liebe ist mehr als nur ein Gefühl. Es geht eher um das Lieben als die Liebe.**
→ **Reife Liebe ist ein Dialog: unvorhersehbar und unkontrollierbar. Im gemeinsamen Gesprächsraum wird der andere zu einem Teil des erweiterten Selbst.**
→ **Reife Liebe braucht keine Bestätigungen, sondern eine ständige Aufmerksamkeit für Wachstum und Veränderungen, in uns selbst und im anderen.**

Dmitry Leontiev ist Professor für Psychologie an der Moskauer Staatlichen Lomonossov-Universität (Russland). Er ist Leiter des Forschungslabors für Positive Psychologie und Studien zur Lebensqualität an der nationalen Forschungsuniversität Higher School of Economics (HSE) in Moskau und Direktor des Institute of Existential Psychology and Life Enhancement. Er hat mehr als 300 Artikel geschrieben und erhielt von der Russischen Gesellschaft für Psychologie einen Preis für das beste Buch über Psychologie.

Liebe in Lateinamerika

Lateinamerika hat einige berühmte Nobelpreisträger für Literatur hervorgebracht: Mario Vargas Llosa (Peru), Octavio Paz (Mexiko), Gabriel García Márquez (Kolumbien), Pablo Neruda (Chile). Sie schreiben oft über politisches Engagement und … Liebe. Der Soziologe Oracio Barradas Meza **sucht das Feuer der Liebe in Mexiko. Und findet sich zwischen Machismo und Tragödie wieder.**

Der mexikanische Dichter Jaime Sabines fasst alles zusammen: „Ich sterbe an dir und an mir, ich sterbe an beiden, an uns, daran, zerrissen, gespalten, ich sterbe mich, ich sterbe dich, wir sterben es." Die mexikanische Gesellschaft sucht eifrig nach der Liebe. Von klein auf lernen wir, bedingungslos zu begehren, oder eher, die Bedingungen für Begehren und Liebe zu schaffen. Die Mexikaner pflegen eine volkstümliche Überlieferung der Liebe als Gefühl, das surreale Leidenschaften in Bewegung setzt. Und die mexikanische Kultur wiederum ist eine Metamorphose dieser Folklore.

Zwei Vulkane

Die Legende von Popocatépetl und Iztaccíhuatl kann uns eine Idee davon vermitteln, wie die ersten Mexikaner liebten. Im 14. Jahrhundert, als das Aztekenreich in seiner Blütezeit das Tal von Mexiko dominierte, war es üblich, Nachbarstädte zu unterjochen, indem man ihnen eine Zwangsabgabe auferlegte. Der Häuptling der Tlaxcaltecas beschloss, für die Freiheit seines Volkes zu kämpfen. Er hatte eine Tochter, Iztaccíhuatl. Sie verliebte sich in den jungen Popocatépetl, einen Krieger seines Volkes. Er hielt um Prinzessin Iztaccíhuatls Hand an. Ihr Vater willigte ein – falls der junge Krieger siegreich aus der Schlacht heimkehrte. Popocatépetls Rivale war eifersüchtig und sagte Prinzessin Iztaccíhuatl, ihr Geliebter sei gestorben. **Sie brach vor Kummer zusammen und starb.** Als Popocatépetl siegreich in sein Dorf zurückkehrte, erfuhr er von Prinzessin Iztaccíhuatls Tod. Er befahl, ein Grab in den Bergen zu erbauen. Er nahm seine Geliebte in die Arme, trug sie in das Grabmal, küsste sie, entzündete eine Fackel und kniete sich vor sie. Seit damals sind sie beisammen geblieben, von Schnee bedeckt, und wurden zwei große Vulkane.

Bolero

Jede Kultur drückt Liebe auf ihre eigene Art aus. Lateinamerikaner haben ihren Stil aus mehreren Quellen geschöpft. Der Bolero beispielsweise ist eine typische Tanz-, Musik- und Liebesliedform, die vielfältige Gefühle wie Nostalgie oder Eroberung ausdrückt. Für Serenaden unter dem Balkon werden die besten Verse aus Liedern genutzt, die von Generation zu Generation weitergereicht wurden. Die Klarinette erklingt in der Dunkelheit und begleitet die Zeilen „Ich liebe die Straße, in der wir waren, die Nacht, in der wir uns trafen. Ich liebe die Seide deiner Hände, die Küsse, die wir tauschten. Ich bete dich an, mein Leben. Und ich kann es nicht erwarten, dich bei mir zu haben, dicht, ganz dicht bei mir. Ich trenne mich nicht von dir, du bist mein Leben, mein Gefühl. Du bist mein Mond, du bist mein Sonnenschein, meine Liebesnacht. Ich vergöttere …" **Anhand von Boleros können wir verstehen, dass Musik die erhabensten Leidenschaften weckt**

Oracio Barradas Meza

„Ich sterbe an dir und an mir."

und inzwischen auch von den sozialen Netzwerken verstärkt. Lebensgeschichten werden auf diese großen Unterhaltungs- und Informationsbühnen projiziert. Die Krise beschränkt sich nicht auf das ökonomische und politische Leben; es gibt außerdem eine anhaltende Krise in der Liebe. **Jemanden zu lieben bedeutet für Mexikaner totale Unterwerfung, die sich in besitzergreifende, kontrollierende Liebe verwandeln kann.** Das ist keine rein mexikanische Norm – wir gehen davon aus, dass die Neigung zum Besitzergreifen etwas mit dem Machismo der lateinamerikanischen Kultur zu tun hat.

Liebe, wie sie in Mexiko praktiziert wird, bleibt tragisch. **Der Weg zum Glück durch die Liebe liegt im Leiden.** Mexikaner sind ständig dabei, entweder für die Liebe zu leiden oder sie zu genießen. All das bietet die zentrale Ausflucht aus einer Wirklichkeit, die von Gewalterfahrungen geprägt ist – auf den Straßen, in den vielen sozialen Ungerechtigkeiten des Alltagslebens, im Überdruss angesichts der politischen Korruption, in den mangelnden Chancen oder in der ungehemmten Zurschaustellung von Luxus. Mexikaner suchen eine Ausflucht, sie suchen das Maß, das ihnen Glück verspricht. So wird die Liebe zur Inspiration beim Aufbau einer menschlicheren Welt.

und wenig der Phantasie überlässt. Wir neigen dazu, uns auf diese Art zu verlieben, aber Musik ist nicht das einzige Element bei Partnerwerbung und Verliebtheit. Unser Kino verstärkt die Stereotypen und Rollenmodelle, denen wir folgen. In dem Film *Sturm über Mexiko* spielt María Félix eine „tapfere und mutige" Frau, die nach ihrer Heirat zur süßen, gehorsamen Ehefrau wird. Die drastische Wende der Handlung ist beispielhaft dafür, wie sich mexikanische Frauen der bedingungslosen Liebe zu ihrem Mann unterwerfen.

Machismo

Unsere Geschichte ist von der Gewalt eines Volkes geprägt, das sich jeden Tag neu formt, aber Schwierigkeiten dabei hat, die überkommenen Untugenden auszumerzen. Sie werden von Musik, Film, Fernsehen

Oracio Barradas Meza ist Soziologe an der Universität Veracruz (Mexiko). Er schreibt für verschiedene Zeitschriften und ist Gründungsmitglied des Kollektivs Actores Sociales. Er ist Webmaster mehrerer Blogs und produziert das Internet-Hörfunkprogramm AS Radio, das sich mit Themen von nationalem Interesse, Kulturpolitik und Gesellschaft beschäftigt.

„Ich bin glücklich, dass du glücklich bist."

Das Glück des anderen

„Wenn ich Paare kennenlerne, die in ernsthaften Schwierigkeiten stecken, ihre Beziehung aber unbedingt retten wollen, beobachte ich in den meisten Fällen, dass sie versuchen, sich nicht von ihren Gefühlen mitreißen zu lassen. Sie reden, gehen aufeinander ein, vertreten ihre Meinung, diskutieren …", berichtet **Armand Lequeux**. „Aber selbst das genügt nicht."

Ich glaube, sie lassen einen Schritt aus: zuhören, wie die Grundbedürfnisse des anderen aussehen, und dann entsprechend zu entscheiden und zu handeln. Allzu oft verhalten sie sich wie in der Vorstandssitzung eines Unternehmens, in dem ein Problem aufgetaucht ist. Man sammelt die Meinungen der Anwesenden, geht aber nicht weiter, eine Strategie gemäß den Bedürfnissen des Unternehmens umzusetzen. Dauerhafte Liebe ist eine Entscheidung, die jeden Morgen aufs Neue getroffen wird. Sie drückt sich in konkreten Entscheidungen und Handlungen aus, die die sexuellen und emotionalen Bedürfnisse beider Partner spiegeln. („Ich kann dein Bedürfnis, als einzigartig anerkannt zu werden, niemals ganz erfüllen, bin mir aber dessen bewusst und zeige ausdrücklich, dass du unter allen Umständen eine spezielle und bevorzugte Bedeutung für mich hast. Du wirst niemals mein eigenes Bedürfnis, bedingungslos geliebt zu werden, erfüllen können, gibst mir aber so viel Sicherheit, wie du kannst, und ich muss mir deine Liebe nicht ständig verdienen. Wir können einander niemals alle sexuellen Wünsche vollkommen erfüllen, können uns aber wahrhaftig in der gemeinsamen Lust treffen, während wir unsere geheimen Gärten respektieren.")

Distanz und Nähe

Wenn ein Paar langfristigen Beziehungserfolg sucht, ist es wichtig, das Ausmaß an Nähe ständig zu verändern. An einem einzigen Tag können Partner erst einen Zustand des Verschmelzens miteinander in einer sexuellen Beziehung oder einem sehr intimen Austausch erleben und dann, voneinander getrennt, sehr starke Gefühlserfahrungen machen, ohne dabei den Vorrang zu verraten, den sie einander einräumen. **Wenn wir aneinander kleben, ersticken wir uns gegenseitig**

– wenn wir uns zu sehr distanzieren, verlieren wir einander. Es geht weniger darum, den goldenen Mittelweg zu finden, sondern eher um den richtigen Rhythmus, die richtige Pendelbewegung zwischen Distanz und Nähe. Das ist wie eine Atembewegung, die das Paar mit Sauerstoff versorgt. („Was ich außerhalb meiner Beziehung positiv erlebe, gibt mir Freude, die sich in unserer Beziehung widerspiegelt. Das Glück, das ich in meiner Beziehung erfahre, hat positive Auswirkungen auf mein restliches Leben.")

Eine tägliche Entscheidung

Wir sind für das Glück unserer Partner nicht verantwortlich. Bestenfalls können wir daran teilhaben und uns daran freuen. Es mag offensichtlich erscheinen, dass wir glücklich sind, wenn unserem Partner gratuliert wird, er eine Beförderung oder Lob erhält, oder wenn er oder sie unter anderen Umständen besonderes Glück hat. Wenn wir ehrlich sind, müssen wir allerdings zugeben: **Oft sind wir neidisch auf Glück und Erfolg des oder der anderen**. Tatsächlich haben Studien an langjährigen Liebespaaren gezeigt, dass die Fähigkeit, sich am Glück des Partners zu erfreuen, sogar wichtiger ist als gegenseitige Hilfe und Unterstützung in schweren Zeiten. („Ich bin glücklich, dass du glücklich bist. Ich freue mich auf deine Freude. Danke, dass es dich gibt …") Offensichtlich gibt es lange, angenehme Phasen in einer Beziehung, in denen alles leicht und spontan wirkt; in Zeiten von Krisen oder Überdruss ist Liebe allerdings eine aktive Haltung, eine Entschlossenheit, eine Entscheidung, zu der man sich selbst erziehen kann … jeden Morgen. Dauerhafte Liebe ist für Männer und Frauen nicht natürlicher als eine Rose im Garten.

Die Liebesformeln

- → **Es genügt nicht, aufeinander einzugehen und zu diskutieren. Man muss auf die Grundbedürfnisse des anderen hören, um entsprechend zu entscheiden und zu handeln.**
- → **Verändern Sie ständig das Ausmaß an Intensität und Nähe. Konzentrieren Sie sich nicht auf den goldenen Mittelweg, sondern eher auf den richtigen Rhythmus.**
- → **Die Fähigkeit, sich am Glück des anderen zu erfreuen, ist sogar wichtiger, als in schweren Zeiten Unterstützung zu bieten. Liebe ist eine tägliche Entscheidung.**

Armand Lequeux, Gynäkologe und Sexualwissenschaftler, ist emeritierter Professor der medizinischen und psychologischen Fakultäten der Katholischen Universität Löwen (Belgien). Er hat für seine Arbeit breite Anerkennung erfahren und mehrere populäre Bücher veröffentlicht, darunter *Phallus & cerises: La „tendre" guerre des sexes* (Phallus & Kirschen: Der „zärtliche" Krieg der Geschlechter).

"Manche Menschen haben Angst vor Humor, weil sie Angst haben vor Intimität."

Der Humor der Liebe

Bei Männern wie bei Frauen steht „Humor" ganz weit oben auf der Liste der Merkmale attraktiver Partner. Aber man kann aus verschiedenen Gründen lachen. **Shahe S. Kazarian** hat vier Arten von Humor ausgemacht, die wir in Beziehungen oft verwenden. Einige sind liebevoll. Andere nicht.

Im letzten Jahrzehnt hat sich mein Forschungsprogramm in Zusammenarbeit mit Kollegen in Kanada und Studierenden im Libanon unter anderem mit der Verbindung zwischen dem Stil unserer Beziehungen zu Familie, Freunden und Liebespartnern und unserem Humorstil beschäftigt. Wir haben zwei unsichere Bindungsstile (ängstlich und vermeidend) und vier Humorstile untersucht, darunter zwei heilsame (selbstwerterhöhend und kontaktorientiert) und zwei möglicherweise schädliche (selbstherabsetzend und aggressiv). Menschen mit ängstlichem Bindungsstil neigen dazu sich zu sorgen, dass andere sie nicht wirklich lieben, und haben Angst vor Ablehnung oder gar Verlassenwerden, während Menschen mit vermeidendem Bindungsstil tendenziell emotionalen Abstand zu anderen halten, weil sie sich vor der Abhängigkeit fürchten, die aus emotionaler Nähe und Liebe entstehen kann. In Bezug auf Humor gilt: Menschen mit **kontaktorientiertem Humor** sagen oft lustige Dinge, erzählen Witze und lassen sich auf spontane witzige Geplänkel ein, um andere zu amüsieren. Menschen mit **selbstwerterhöhendem Humor** haben eine tendenziell humorvolle Lebensanschauung, auch wenn sie nicht mit anderen zusammen sind, behalten selbst bei Stress oder widrigen Bedingungen ihre humorvolle Perspektive und verwenden Humor als Bewältigungsstrategie. Dagegen neigen Menschen mit **selbstherabsetzendem Humor** dazu, sich selbst durch ihren Humor übermäßig abzuwerten;

sie versuchen andere zu amüsieren, indem sie auf eigene Kosten witzige Dinge sagen oder tun und lachen mit, wenn andere sie lächerlich machen oder verunglimpfen. Und schließlich tendieren Menschen mit **aggressivem Humor** zu Humor, der andere kritisiert oder manipuliert wie Sarkasmus, Neckereien, Spott und Herabsetzungen, oder sogar potenziell beleidigt wie sexistische oder rassistische Formen von Humor.

Generell haben wir herausgefunden, dass Menschen mit ängstlichem Bindungsstil den möglicherweise schädlichen selbstherabsetzenden Humor benutzen, vielleicht um mit ihrer Unsicherheit und ihren Ängsten in zwischenmenschlichen und Liebesbeziehungen umzugehen. Im Grunde machen diese Menschen sich zur Zielscheibe von Witzen auf ihre Kosten, damit andere sie mögen und bei ihnen bleiben. Unsere Studien zeigten auch, dass Menschen mit vermeidendem Bindungsstil Humor, der die Nähe in Beziehungen stärkt, nur spärlich verwenden – möglicherweise, um ihre emotionale Distanz zu anderen zu erhalten. Grundsätzlich scheuen sich solche Menschen vor gemeinsamem, humorvollem sozialem Spielen und Lachen, aus Angst vor zwischenmenschlichen Bindungen und Intimität.

Lektion 1: Überdenken Sie die Art Ihrer Bindungen an andere und Ihres Humors, denn nicht alle Bindungsstile und alle Arten von Humor sind gut für Ihre zwischenmenschlichen Beziehungen und Ihr Liebesleben. Idealerweise sollten Sie einen sicheren Bindungsstil pflegen, keinen ängstlichen oder vermeidenden, und ihn eher mit sozial verbindendem Humor ergänzen als mit selbstherabsetzendem.

Wurzeln in der Kindheit

In jüngster Zeit haben wir unser Forschungsprogramm auf die Frage ausgedehnt, wie unsere Erziehungsberechtigten unseren Humorstil und unser subjektives Glücksempfinden im späteren Leben prägen. Wir nennen das die Wahrheit von Liebe, Humor und Glück. Dabei erwarteten wir, dass Erwachsene, die in der Kindheit warmherzige, anerkennende Bezugspersonen und reichlich körperliche wie verbale Liebe erfuhren, sich auf positive Humorstile verlassen würden und glücklicher wären als Menschen mit ablehnender, feindseliger Erziehung. Wir nahmen an, dass Erwachsene, die als Kinder Liebe und gutherzigen Spaß mit ihren Eltern geteilt hatten, später im Leben heilsamen Humor leichter erlernen und nachahmen würden als jene, denen als Kinder Liebe und Spaß gefehlt hatten. Tatsächlich fanden wir heraus: Erwachsene, die sich in der Kindheit geliebt und erwünscht fühlten, gaben an, dass sie selbstwerterhöhenden und kontaktorientierten Humor verwendeten und subjektiv glücklich waren. **Diejenigen, die sich ungeliebt und unerwünscht fühlten, zeigten dagegen selbstherabsetzenden und aggressiven Humor.** Insgesamt scheint unsere Arbeit zur Verbindung zwischen Erziehung, Humor und Wohlbefinden nahezulegen, dass unser heimisches Umfeld in der Kindheit die Wurzel von heilsamem Humor und subjektivem Wohlbefinden sein könnte.

Shahe S. Kazarian

Lektion 2: Ein warmherziges, anerkennendes heimisches Umfeld führt zu einer gesunden Verwendung von Humor und dem Gefühl von Glück. Idealerweise sollten wir uns alle um ein warmes, anerkennendes gesellschaftliches Klima bemühen, um dazu beizutragen, dass Liebe, Humor und Glück an die nächste Generation weitergereicht werden.

Die Liebesformeln

- → **Humor ist sehr wichtig für den Aufbau von Liebesbeziehungen. Allerdings gibt es verschiedene Humorstile – zwei heilsame (selbstwerterhöhend und kontaktorientiert) und zwei möglicherweise schädliche (selbstherabsetzend und aggressiv).**
- → **Pflegen Sie einen sicheren Bindungsstil und ergänzen Sie ihn mit sozial verbindendem Humor.**
- → **Bemühen Sie sich um ein warmes, anerkennendes gesellschaftliches Klima – so tragen Sie dazu bei, dass Liebe, Humor und Glück an die nächste Generation weitergereicht werden.**

Shahe S. Kazarian ist Professor und Fachbereichsleiter für Psychologie der Amerikanischen Universität Beirut (Libanon). Er hat mehr als zwei Dutzend Bücher und Buchbeiträge sowie mehr als 60 Artikel in Fachzeitschriften veröffentlicht, über die generelle Verbindung zwischen Kultur und positiver Psychologie sowie über Bindungsstile, Humorstile und Wohlergehen. Er ist Gründungsmitglied der Libanesischen Gesellschaft für Psychologie (LPA) und hatte viele Positionen im akademischen, klinischen, administrativen Bereich inne sowie Leitungspositionen, darunter eine Professur für Psychiatrie an der medizinischen Fakultät der University of Western Ontario. Er fügt hinzu: „Ich bin kanadischer Staatsbürger armenischer Herkunft mit einer tiefen Liebe zum Leben, teils wegen meiner kollektiven Identität als Mitglied der zweiten Generation von Überlebenden des Völkermords an den Armeniern. Ich liebe meine Familie und bin stolz darauf, dass ich mit meiner Frau kürzlich unseren 40. Hochzeitstag feiern konnte."

„Einige Paare berichten, dass sie den besten Sex bei der Versöhnung nach einem Streit hätten."

Veränderung bringt Leidenschaft

„Once in love you're never out of danger, one hot night spent with a stranger … passion" (Einmal verliebt, bist du nie außer Gefahr, eine heiße Nacht mit einem Fremden verbracht … Leidenschaft) – Rod Stewart machte *Passion*, Leidenschaft, zum Hit. **Roy F. Baumeister** liefert die Forschung dazu. Der Psychologe erkundet die Beziehung zwischen Leidenschaft und Veränderung. Und wie unterschiedlich Introvertierte und Extrovertierte darauf reagieren.

Leidenschaft und Intimität sind zwei Basiszutaten der Liebe, auch wenn jede Liebesbeziehung sie in ganz unterschiedlichen Mengenverhältnissen mischt. Obwohl gute Beziehungen beides enthalten können, ist Leidenschaft tendenziell etwas Vorübergehendes und nimmt im Lauf der Zeit ab, während die Intimität steigen und lange auf hohem Niveau bleiben kann. Wenn ein Paar sich vom Frühstadium des Verliebens in die Spätphase einer 50-jährigen Ehe bewegt, gibt es also eine Verschiebung in der Beziehung zu mehr Intimität und weniger Leidenschaft.

Unsere Arbeit hat uns zu dem Schluss geführt, dass Leidenschaft oft aus einer Veränderung der Intimität entsteht. Lernen sich zwei Menschen kennen, sind sowohl Leidenschaft als auch Intimität gering. Die Anfänge eines Verbundenheitsgefühls lassen die Intimität steigen, also

Roy F. Baumeister

entwickelt sich auch Leidenschaft. Ab einem bestimmten Punkt wächst die Intimität ziemlich schnell – wenn die beiden Liebenden einander ihre Zuneigung gestehen, in langen Gesprächen ihre Geheimnisse und Hoffnungen miteinander teilen, und beginnen, sich geistig wie körperlich zu verstehen. Weil die Intimität wächst, ist dies typischerweise eine Zeit großer Leidenschaft.

Intimität

Nachdem die Beziehung sich einige Jahre lang gefestigt hat, kann die Intimität insofern groß sein, als die beiden Menschen sich gut verstehen und Anteil aneinander nehmen, aber sie verändert sich kaum noch. Das Paar kennt mittlerweile die Geschichten und Pläne des anderen, versteht sich körperlich und sexuell und ist in der Lage, die emotionalen Reaktionen und Sorgen des Gegenübers vorherzusehen. **In dieser Zeit sinkt die Leidenschaft.** Wenn Konflikte

auftauchen und ein Zerwürfnis entsteht, kann die Intimität abnehmen. Das produziert eine andere Art von Leidenschaft, wie Zorn und Feindseligkeit. Viele Paare berichten – vielleicht paradoxerweise –, dass sie den besten Sex bei der Versöhnung nach einem Streit hätten. Wahrscheinlich zeichnen sich solche Gelegenheiten durch ein schnelles, zeitweiliges Absinken der Intimität aus (während des Streits), gefolgt von einem scharfen erneuten Anstieg (wenn der Streit vorüber ist und die beiden sich wieder ihrer positiven Gefühle füreinander versichern), was für das Entstehen von Leidenschaft ausreicht. Obwohl die Intimität letztendlich so groß ist wie vor dem Streit, fühlt es sich an, als sei sie gerade gestiegen: während des Übergangs von Streiten (geringe Intimität) zu Versöhnung und Freundlichkeit (hohe Intimität). Das kann ausreichen, um Leidenschaft und sexuelle Gefühle auszulösen.

Das Muster ist natürlich nicht bei allen genau gleich. Mathematisch gesprochen, hat die Kurve der Leidenschaft in Abhängigkeit von Veränderungen der Intimität verschiedene Formen. Extrovertierte erleben einen scharfen Anstieg der Intimität und daher einen scharfen Anstieg der Leidenschaft – aber dann flacht sich die Intimität schnell ab, was bedeutet, dass die Leidenschaft bei Extrovertierten rascher verfliegt. Introvertierte dagegen öffnen sich vielleicht langsamer und empfinden daher anfangs weniger Leidenschaft, können die Leidenschaft aber möglicherweise über einen längeren Zeitraum aufrechterhalten. (Tatsächlich haben Extrovertierte in Beziehungen tendenziell früher Sex als Introvertierte.)

Neue Partner

Sobald die Intimität ein hohes Niveau erreicht hat und die Leidenschaft abnimmt, wirken neue Partner möglicherweise immer verlockender – weil sie mehr Spielraum für höhere Intimität und damit für das Aufkommen von Leidenschaft bieten. Extrovertierte können für solche Blitzromanzen besonders anfällig sein, wegen des schnellen Anstiegs der Intimität. Insofern neigen sie am ehesten dazu, von der Beziehung wegzudriften und neue Partner zu suchen. Der Kontrast zwischen dem normalen, verbindlichen Partner (große Intimität, aber sehr wenig Leidenschaft) und dem neuen, aufregenden (große Leidenschaft wegen steigender Intimität) lässt den neuen wie die „wahrere" Liebe wirken, was Extrovertierte dazu verführt, die feste Beziehung zu verlassen und eine neue mit dem oder der anderen einzugehen. Wiederum bestätigen empirische Befunde, dass Extrovertierte mehr Liebesaffären und Sexualpartner haben als Introvertierte.

Man sollte allerdings nicht vergessen, dass es oft ein Fehler sein kann, eine verbindliche Partnerschaft wegen dem oder der aufregenden neuen Geliebten zu verlassen. Hier werden Äpfel mit Birnen verglichen (d. h. eine neue Beziehung, die natürlich große Leidenschaft bietet, mit einer etablierten, die vor allem aus Intimität besteht). **Sobald ein hohes Niveau an Intimität mit dem neuen Partner erreicht ist, wird die Leidenschaft abflauen**, und Extrovertierte erkennen möglicherweise, dass sie es mit dem früheren Partner eigentlich besser hatten. Sie hatten den Mangel an Leidenschaft in der verbindlichen Beziehung mit einem Mangel an Liebe verwechselt, vor allem im Vergleich zu dem neuen, aufregenden Partner.

Es könnte auch Unterschiede zwischen den Geschlechtern geben. Einige Befunde zeigen, dass der gleiche Anstieg an Intimität bei Männern mehr Leidenschaft verursacht als bei Frauen. Es gibt viele empirische Belege dafür, dass sich Männer schneller verlieben als Frauen. Männer sind normalerweise schneller als Frauen bereit, die Verbindlichkeit einer Beziehung zu steigern; sie erklären ihre Liebe früher und sind schneller bereit zum Sex. Allerdings gibt es große individuelle Unterschiede innerhalb beider Geschlechter.

Die Liebesformeln

- → **Leidenschaft und Intimität sind zwei Zutaten der Liebe, obwohl jede Liebesbeziehung sie in ganz unterschiedlichen Mengenverhältnissen mischt.**
- → **Extrovertierte erleben scharf ansteigende Intimität und Leidenschaft, die aber rasch abflacht. Introvertierte empfinden anfangs weniger Leidenschaft, können sie aber über einen längeren Zeitraum aufrechterhalten.**
- → **Sobald die Intimität ein hohes Niveau erreicht hat und die Leidenschaft abnimmt, wirken neue Partner möglicherweise immer verlockender.**

Roy F. Baumeister ist Eppes Eminent Professor für Psychologie an der Florida State University (USA). Er legte 1978 seinen Ph. D. in Sozialpsychologie in Princeton ab und arbeitete danach als Postdoctoral Fellow in Soziologie an der Universität von Kalifornien in Berkeley. Zu seinen über 500 Veröffentlichungen gehören 30 Bücher, darunter der *New York Times*-Bestseller *Die Macht der Disziplin: wie wir unseren Willen trainieren können*. Das Institute for Scientific Information zählt ihn zur Handvoll der meistzitierten (und einflussreichsten) Psychologen der Welt. Für sein Lebenswerk hat er Auszeichnungen der Society for Personality and Social Psychology, der International Society for Self and Identity und zuletzt den William James Award erhalten, den höchsten Preis der Association for Psychological Science.

USA

„Lieben Sie auch die abweisenden Berggipfel."

Berge von Liebe

Wenn Sie sich im *flow* befinden, sind Sie in der Gegenwart, in Schwung und im Einklang mit der Welt. Mihaly Csikszentmihalyi ist der Architekt dieses Konzepts der modernen Psychologie. Natürlich gibt es eine enge Verbindung zwischen *flow* und Liebe. Er nimmt uns mit auf einen Ausflug in die Berge.

Kürzlich hatte ich das Glück, einige Zeit mit einer Gruppe aus Verona zu verbringen, die zu einem bekannten, auf alte Lieder der italienischen Alpen spezialisierten Volksmusikchor gehört. Die Männer aus allen sozialen Schichten – Ärzte und Klempner, Geschäftsleute und Lehrer – treffen sich jeden Dienstag zum Proben und reisen für Auftritte durch die ganze Welt. Sie alle sind Amateure und tun das schlicht aus Liebe zum gemeinsamen Singen. Weil sie wussten, dass ich diese Lieder als junger Mann gesungen hatte, baten sie mich mitzumachen.

Wir begannen mit einem Lied aus den Westalpen, wo die Menschen einen eher französischen als italienischen Dialekt sprechen, *Montagnes Valdôtaines*. Ich hatte es zum letzten Mal fast 60 Jahre zuvor mit einem Chor gesungen. Als wir mit den kraftvollen Tönen der ersten Zeile anhuben, war ich plötzlich überrascht von dem Text, den ich schon so oft gesungen hatte, ohne groß darüber nachzudenken: „Montagnes Valdôtaines, vous êtes mes amours." Warum nannten diese Alpenbewohner vor Hunderten von Jahren die Berge ihre Liebe? Es schien nicht den geringsten Grund dafür zu geben. Die Berge waren nutzlos, sie schränkten ihre Bewegungsfreiheit ein, Kühe und Schafe gingen dort verloren und im Winter begruben sie ganze Dörfer unter ihren Lawinen … Trotzdem musste ich aus den verzückten Mienen der Bergler um mich herum schließen (ich bin sicher, mein Gesicht zeigte den gleichen Ausdruck), dass sich in diesen Worten wahre Liebe ausdrückte. Aber warum?

Die zweite Strophe des Liedes trug nicht zur Aufklärung bei. Darin erläutert der Sänger, warum er seinen Heimatort liebt: „J'ai ma ceinture et mon béret, mes chants joyeux … mon amie et mon chalet" (Ich habe meinen Gürtel und meine Mütze, meine fröhlichen Lieder, meine Freundin und mein Haus). Okay, werden Sie sagen, das Lied ist eben ein Stück Propaganda, das die herrschende Klasse den wehrlosen Alphirten angedreht hat, damit sie ihr armseliges, unbequemes Leben ertragen können. Bis zu einem gewissen Grad könnte die romantische Überhöhung des Bergler-Lebens diesem Zweck dienen. Aber als wir diese zweite Strophe sangen, erkannte ich eine tiefere Wahrheit, die das Lied ausdrückte: Wenn man sein Haus, seine Freundin, seinen Gürtel und seine Mütze liebt – und auch die abweisenden Gipfel, die den eigenen Wohnort umgeben – liebt man

Mihaly Csikszentmihalyi

sehr viel. Und das nicht aus irgendwelchen praktischen Gründen. Die Berge sind immer noch ein Hindernis; sie bringen einen immer noch um, wenn man nicht aufpasst. Der Gürtel und die Mütze … Nun, auch sie tun nicht so viel Gutes. Aber wenn man sie liebt, wird das eigene Leben voller Liebe sein – und das tut tatsächlich gut. Was können wir mehr erhoffen?

In unserer Zeit ist die Bedeutung des Wortes „Liebe" zusammengeschrumpft auf die Zuneigung zwischen Männern und Frauen sowie – hoffentlich – zwischen Eltern und Kindern. Und nicht viel mehr. Aber das reicht nicht. Wenn wir vergessen, dass es auf dieser Welt so viel zu lieben gibt, und weiterhin in einer anonymen, fremden Welt leben, laufen wir Gefahr, unsere Verbindung zum Rest des Kosmos zu verlieren. Dabei ist es so einfach, die schreckliche Einsamkeit des Universums zu füllen. Wie es in einem anderen Lied heißt: „All you need is love."

Mihaly Csikszentmihalyi ist Distinguished Professor für Psychologie und Management an der Claremont Graduate University (USA). Er ist Mitgründer und Kodirektor des Quality of Life Research Center, eines Forschungszentrums für positive Psychologie, und hat zahlreiche Artikel und Bücher über *flow* und menschliche Stärken geschrieben. Auf Deutsch liegt *Flow* in der 15. Auflage vor.

KANADA

„Wir sind für Verbundenheit geschaffen."

Emotionen im Fokus

Mit der Entwicklung ihrer Emotionsfokussierten Therapie wurde **Sue Johnson** in den letzten 30 Jahren eine der weltweit führenden Wissenschaftlerinnen und Therapeutinnen auf dem Feld der Liebesbeziehungen. Moderne Hirnscan-Analysen bestätigen ihren Ansatz; er ist zu einer Standardtherapie für Paare geworden, die Unterstützung beim Ausdrücken ihrer Liebe suchen. Was hat sie über die Liebe gelernt?

Ich habe gelernt, dass Liebe außerordentlich logisch ist – ein Überlebenskodex, den Jahrmillionen der Evolution festgelegt haben. Sie ist kein Geheimnis mehr, und das ist eine sehr gute Nachricht: Da unsere Gesellschaft immer einsamer wird und das Sozialleben von der Haupt- zur Nebensache degradiert wird, sind wir nämlich immer stärker von unserer Partnerbeziehung abhängig, was Unterstützung, Fürsorge, Intimität und Erfüllung angeht. Ich habe gelernt, dass Liebe unter Erwachsenen eine emotionale Bindung ist – eine Brücke, die aus dem gleichen Holz geschnitzt ist wie die Bindung zwischen Eltern und Kind. Als Erwachsene brauchen wir einen schützenden Hafen, eine sichere Basisbeziehung, in der wir Trost und Bestätigung finden und von der aus wir in eine unsichere Welt hinausgehen. Von der Wiege bis zur Bahre geht es uns am besten, wenn wir eine sichere Verbindung zu einem geliebten Menschen haben, der mit einem vernehmbaren „Ja" antwortet, wenn wir fragen „Bist Du für mich da? – Kann ich darauf zählen, dass Du mir antwortest?" Wenn wir das haben, können wir uns auf unser emotionales Gleichgewicht verlassen und widerstandsfähig und stark werden, die Welt erkunden und mit Herausforderungen und Bedrohungen umgehen.

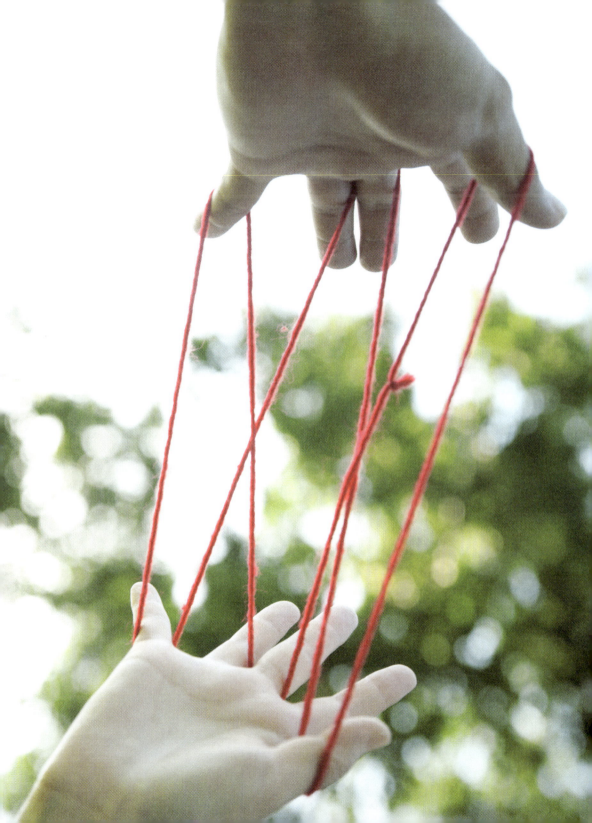

Halt mich fest

Zum ersten Mal in der Geschichte der Menschheit haben wir eine Wissenschaft der Liebe. Wir kennen unser tiefstes Streben nach einer erreichbaren Bindungsfigur, die auf unsere Bedürfnisse eingeht. Es ist wissenschaftlich erwiesen, dass bei einer sicheren emotionalen Verbindung die übrigen Bereiche unserer Beziehung – Fürsorge und Sexualität – am verlässlichsten aufblühen. Emotionale Sicherheit und Reaktionsvermögen verwandeln Sex in ein feinabgestimmtes Spiel und fördern sensible Fürsorge. Die Bindungstheorie hilft uns, unsere Emotionen in Liebesbeziehungen zu verstehen. Als Säugetiere, die emotionale Isolation als traumatisierend erleben, empfinden wir Angst und Panik, wenn wir unseren Partner nicht dazu bewegen können, auf uns einzugehen, und verlegen uns auf reaktive Wut, um eine Erwiderung zu erzwingen. Emotionale Trennung löst tiefe Traurigkeit und Verlustgefühle bei uns aus und bewirkt Ängste, dass wir die Liebe irgendwie nicht verdient haben. In einer guten Liebesbeziehung wenden sich die Partner einander zu, wagen es, die eigenen Wünsche zu thematisieren und bitten darum, dass ihre Bedürfnisse erfüllt werden. Sie können sich gegenseitig dabei helfen, mit ihren wunden Punkten umzugehen.

Was man versteht, kann man gestalten. Der Emotionsfokussierte Ansatz zur Heilung gefährdeter Beziehungen ist der Goldstandard in der Forschung zum Thema Paare, und unsere positiven Ergebnisse rühren unserer Ansicht nach daher, dass wir auf dem richtigen Weg sind. Wir wissen, wie man Paare nicht nur dabei unterstützt, sich seltener in Konflikte zu verstricken, sondern ihnen zu „Halt-mich-fest"-Gesprächen verhilft. 16 Ergebnisstudien haben gezeigt: Solche Gespräche tragen dazu bei, dass sich eine Krisensituation gegen Ende einer Therapie auflöst und dieses Ergebnis noch Jahre später stabil bleibt. Wir bringen Paaren bei, wie sie einander beim Ausstieg aus Teufelskreisen helfen können; dazu gehören Vorwürfe und Rückzug, die Unsicherheit und Distanz verfestigen. Dann können sie ihr Bedürfnis nach Verbundenheit akzeptieren und einander offenbaren – in einer Art und Weise, die Fürsorge und Empathie stärkt. **Sobald man die unvermeidbaren Brüche einer emotionalen Bindung kitten kann, ist stabile, lebenslange Liebe möglich.** Unsere neuesten Untersuchungen vereinen Neurowissenschaft mit Verbundenheit und Veränderungen in Paarbeziehungen. Hirnscans zeigen: Wenn wir die Sicherheit unserer Bindungen stärken, verändert sich die Art, in der unsere Gehirne Bedrohungen – beispielsweise einen Stromschlag – wahrnehmen und darauf reagieren.

Anna und Peter

In einer notleidenden Beziehung sagt Anna zu Peter: „Du bist nie für mich da. Ich will emotionale Nähe, nicht all diese Erklärungen und Gründe, warum wir sie nicht haben. Ich bin ständig wütend. Ich dränge dich, damit du reagierst." Peter sagt, „Ich höre nie, dass du mich willst.

Ich höre, dass du von mir enttäuscht bist, also ziehe ich mich zurück. Es ist so schmerzhaft, ständig abgelehnt zu werden. Ich verschließe mich." Anna sagt, „Nein, du schließt mich aus." Anna und Peter müssen lernen, auf eine Weise mit ihren weicheren Gefühlen umzugehen, die den anderen zur Teilnahme einlädt. Wenn beispielsweise Anna statt über ihre Wut eher über ihre Angst reden kann, Peter nichts zu bedeuten, fängt er an, sich zu öffnen. In einem Halt-mich-fest-Gespräch sagt Peter: „Ich möchte lernen, dir nahe zu sein. Ich werde Fehler machen. Aber du darfst nicht die ganze Zeit auf mich eindreschen. Deine Kritik erschüttert mich so, **ich erstarre einfach. Ich verschließe mich und schließe dich aus. Aber ich möchte mehr Nähe.** Ich brauche dich nahe bei mir." Anna kann antworten, „Ich habe immer solche Angst, dass du mich nicht so brauchst wie ich dich. Wenn ich nach dir rufe, musst du dich mir zuwenden. Ich brauche deine Bestätigung." Diese Art von Kontakt stellt die Verbundenheit wieder her.

Mein Rat? Akzeptieren Sie Ihr Bedürfnis nach Bindungen – Sie sind ein Säugetier mit einem Säugetiergehirn. Sie sind für Verbundenheit geschaffen. Es ist keine „Schwäche", jemand anderen zu brauchen. Lernen Sie, ein Risiko einzugehen und sich an Ihren Partner zu wenden: Bitten Sie ihn oder sie auf sanfte Weise, auf dieses Bedürfnis einzugehen. Ihre Gefühle sagen Ihnen, was Sie brauchen; hören Sie darauf. Das beste Geschenk, das Sie Ihrem Partner machen können, ist Ihre emotionale Präsenz; tatsächlich liegt hier die „Lösung" für die meisten Paarprobleme. Wenn Sie in sicherer emotionaler Verbundenheit zusammenstehen, werden Sie das Beste aneinander zum Vorschein bringen.

Die Liebesformeln

→ **Liebe unter Erwachsenen ist eine emotionale Bindung – eine Brücke, die aus dem gleichen Holz geschnitzt ist wie die Bindung zwischen Eltern und Kind.**
→ **Bei einer sicheren emotionalen Verbindung werden die übrigen Bereiche unserer Beziehung – Fürsorge und Sexualität – am verlässlichsten aufblühen.**
→ **Was man versteht, kann man gestalten. Akzeptieren Sie Ihr Bedürfnis nach Verbundenheit und helfen Sie einander beim Ausstieg aus Teufelskreisen.**

Sue Johnson ist Professorin für Klinische Psychologie an der Universität Ottawa (Kanada), Distinguished Research Professor an der Alliant University in San Diego, Kalifornien (USA), und Direktorin des Internationalen Zentrums für Emotionsfokussierte Therapie (ICEEFT). Sie hat für ihre Arbeit verschiedene Auszeichnungen erhalten, darunter den Preis für herausragende Leistungen auf dem Feld der Paar- und Familientherapie der amerikanischen Gesellschaft für Ehe- und Familientherapie (AAMFT). Zu ihren bekanntesten Fachbüchern gehört *Praxis der Emotionsfokussierten Paartherapie: Verbindungen herstellen*. Ihr Bestseller *Halt mich fest* ist in mehr als 20 Sprachen übersetzt worden. Sie liebt argentinischen Tango und das Kajakfahren auf nordkanadischen Seen.

ALGERIEN

"Es gibt keine Grenzen für die Liebe."

Liebe im Islam

„Liebe könnte einer der kompliziertesten, am schwersten fassbaren Begriffe aller Sprachen und Kulturtraditionen sein", sagt der Psychologe Habib Tiliouine. **Er sucht wahrhaft Liebende und vollkommene Liebe in der Mystik des Islam.**

Legendäre Liebesgeschichten wie Shakespeares *Romeo und Julia* inspirieren bis heute Menschen in aller Welt. Auch die moderne arabische und islamische Literatur kennt viele Fälle, in denen Liebe, Leidenschaft und tragische Schicksale zusammentreffen. Zumindest wissen wir vom berühmten Dichter Antar und seiner Kusine Abla aus vorislamischer Zeit, außerdem von Qais und Laila, von Dschamil und Buthaina sowie von Hizia und Said aus Algerien, die weniger bekannt sind. Trotzdem hätten frühe muslimische Gelehrte diese Art von Liebe einhellig als „profane" Liebe eingestuft, im Gegensatz zur „heiligen". Die frühe muslimische Philosophie betont den unterschiedlichen Wert beider Arten von Liebe. In platonischer Denkungsart gibt man der letztgenannten „spirituellen" Liebe klar den Vorzug und betrachtet sie als der „natürlichen" überlegen. Die Empfehlung lautet gewissermaßen: **Menschen sollten nach der „höchsten Schönheit" streben und nicht nach „äußerlicher Schönheit".** In diesem Sinne übertrifft keine Schönheit die absolute Schönheit Gottes. Außerdem kann die Schönheit des Geistes oder des Charakters – kurz: des Verborgenen – wichtiger sein als äußerliche und körperliche Schönheit.

Wahre Liebende

Obwohl frühe muslimische Philosophen wie al-Farabi (ca. 870–950) und die Brüder der Reinheit (eine Gruppe von Philosophen des 10. Jahrhunderts) bemerkenswerte Abhandlungen über die Liebe schrieben, erregte vor allem Ibn Sina (ca. 981–1037), bekannter unter dem Namen Avicenna, Aufmerksamkeit. Seine psychologischen Einsichten brachten ihn dazu, den Menschen in Übereinstimmung mit Aristoteles drei Arten von „Seelenvermögen" zuzuschreiben: Die vegetative und die animalische Seele binden die Menschen an die Erde und an die Suche nach sinnlichen Freuden. Sie helfen ihnen aber, zu wachsen, sich fortzupflanzen und über die Sinne Wissen zu erlangen. Die rationale Seele dagegen hilft ihnen, auf dem Weg zum wahren Glück emporzusteigen und in Verbindung zu Gott zu treten. In seiner *Abhandlung über die Liebe* betont er, dass Liebe bei allen drei Arten von Seelenvermögen vorkommt. Er gibt zwar zu, dass äußere Schönheit eine positive Rolle spielt – die erhabene, unirdische Liebe bleibt aber im Vergleich zu ersterer, die schnell verfliegt, überlegen und unvergänglich.

„Wahre" Liebende sind daher jene gläubigen Menschen, deren Geliebter der allmächtige Schöpfer des Universums ist. In der islamischen

Tradition trägt Gott neben dem Namen Allah noch weitere 98 heilige Namen. Keiner dieser Namen enthält irgend etwas, das dagegen spricht, dass Liebe die Grundlage des Universums ist. Barmherzigkeit (Rahma) zwischen Menschen, wie die Bindung von Menschen- und Tiermüttern an ihre Kinder, stellt einen winzigen Bruchteil dessen dar, was Gott Seinen Geschöpfen entgegenbringt.

Vollkommene Liebe

Die Geschichte lehrt uns, dass Rabia al-Adawiyya (geboren um 717) zu den ersten Mystikerinnen des Islam gehörte. Sie gab ein Leben materieller Vergnügungen aus Liebe zu Gott auf und entwickelte eine neue Theorie der Liebe: die absolute Liebe, eine Liebe, die jede Belohnung ablehnt. Menschen unterscheiden strategisch zwischen Zweck und Mitteln, aber für Rabia gelten keine Unterschiede, wenn es um bedingungslose „absolute Liebe" geht.

Der Andalusier Ibn Arabi (1165–1240), dessen Schriften auf 15.000 moderne Druckseiten geschätzt werden (250 Bücher), ist die zweite Persönlichkeit, die hier für den vollkommenen Liebenden steht. Er schreibt: „Mein Herz ist fähig zu jeder Form: Es ist eine Weide für Gazellen und ein Kloster für christliche Mönche, ein Tempel für Götter und des Pilgers Kaaba, die Thorarolle und das Buch des Korans. Ich folge der Religion der Liebe, wohin auch immer die Karawane ziehen wird, denn die Liebe ist meine Religion und mein Glaube." Was hat Ibn Arabis Herz so formenreich werden lassen? Frisches Gras als Nahrung für Tiere, ein Mönchskloster, ein Tempel für verschiedene Götterbilder und ein Heiligtum für Pilger und heilige Schrifttafeln? Seine Vision ist fest in einem tiefgründenden Verständnis des Islam verwurzelt. Kurz gesagt ist Ibn Arabis Auffassung: **Wahre Weisheit kann nicht aus der Nachahmung anderer entstehen**, sondern „muss entdeckt werden durch Erkenntnis, die das Potenzial der Seele verwirklicht". Ibn Arabi unterscheidet sich von den meisten anderen Philosophen durch seine Behauptung, dass sich umfassende Erkenntnis nur erreichen lässt, wenn man in die Fußstapfen der Propheten tritt. Liebe sollte nicht nur als verzehrendes Gefühl verstanden werden. Sie ist eher ein fortlaufender spiritueller Aufstieg durch absichtsvolles Handeln. Dies ist ein endloser Vorgang, der in den heiligen Büchern gut beschrieben ist. Für Ibn Arabi ist der Kosmos selbst ein heiliges Buch.

Man könnte schlussfolgern, dass für diese Mystiker und Frommen die Liebe die Seele reinigt – unter einer Bedingung: Sie sollte grenzenlos, absolut und insbesondere nicht von Äußerlichkeiten geleitet sein. Es gibt keine Grenzen für die Liebe. Sie umfasst die edelsten Gefühle und den Wunsch, die Menschen in ihrer Verschiedenheit dazu zu bringen, über ihre begrenzte Selbstsucht und materialistischen Konsumneigungen hinauszugehen und in Frieden und Harmonie zusammenzuleben. Also: Hören Sie nicht auf, zu geben.

Habib Tiliouine ist Professor am Fachbereich Psychologie und Erziehungswissenschaften der sozialwissenschaftlichen Fakultät der Universität Oran (Algerien). Er ist Leiter des Laboratoire Processus Educatifs & Contexte Social (LaboPECS). Alle 18 Monate führt er eine nationale Umfrage durch und bewertet verschiedene (sozio-)psychologische Aspekte des Lebens der algerischen Bevölkerung. Inzwischen ist er Experte für Studien zu Lebensqualität und Wohlbefinden in islamischen Ländern. Er hat zahlreiche Artikel verfasst, darunter *Happiness in Islam* (Glück im Islam) für die *Encyclopedia of Quality of Life Research*.

KANADA

„Man muss das Glück alleine finden und dann mit jemandem teilen."

Glücklichere Paare

„Leider zeigen unsere Untersuchungen, dass es der Ehe ziemlich schlecht geht: Fast 50 % aller Ehepaare lassen sich scheiden, 30 % leben mehr oder weniger schicksalsergeben und nur 20 % sind meistens glücklich", berichtet **Yvon Dallaire**. Seine 30 Praxisjahre als Psychologe und Spezialist für Ehetherapie haben ihn allerdings gelehrt, dass das nicht an mangelnder Liebe liegt.

Traditionelle Therapien konzentrieren sich auf „effektive" oder „gewaltfreie" Kommunikation, um die vielen Konflikte zu lösen, die ein unausweichlicher Teil des Paarlebens sind. Solche Therapien sind wirkungsvoll, um kurzfristig Spannungen zu mindern und die Liebe zeitweilig wiederzubeleben. Langfristig aber sind sie wirkungslos. Der Grund ist einfach: **Die meisten Konflikte von Paaren sind unlösbar**. Und Diskussionen über unlösbare Probleme führen nur dazu, dass sich Paare in bodenlose Streitigkeiten verwickeln, bei denen beide Seiten einander überzeugen wollen, nach dem Motto „Ich habe recht und du nicht": „Ich habe recht, wenn ich die Kinder nachgiebig erziehen möchte, und du hast unrecht, so autoritär zu sein", „Ich tue recht daran, fürs Alter zu sparen, und es ist falsch, dass du dein Geld jetzt genießen willst", „Ich bin im Recht, wenn ich will, dass wir enge Beziehungen zu unseren Eltern pflegen und nicht für uns alleine leben", „Ich finde, du übernimmst nicht deinen gerechten Anteil bei Hausarbeit und Kinderbetreuung", „Du arbeitest zu viel und bringst zu wenig in unser Privatleben ein", „Und außerdem denkst du nur an Sex. Ich würde mir wünschen, dass du mich um meiner selbst willen liebst."

Die Lösung für all diese Konfliktquellen könnte darin liegen, dass beide Partner die gleichen Erziehungsprinzipien, das gleiche finanzielle Sicherheitsbedürfnis und den gleichen Familiensinn haben. Dass sie außerdem ihre Aufgaben teilen und die gleiche Menge an Zeit miteinander verbringen wollen. Und die gleiche Libido haben. Verstehen Sie, warum ich seit vielen Jahren sage und schreibe: **Die Ehe dient nicht dazu, Menschen glücklich zu machen, sondern ist eher die Quelle vieler Krisen** – Krisen, die Menschen entweder wachsen oder verkümmern lassen?

Kritik

Allerdings gibt es Paare, die langfristig glücklich sind und nicht nur während des ersten Liebesrausches, der selten länger als zwei oder drei Jahre dauert. Wie unterscheiden sie sich? Was machen sie anders als jene Paare, die unglücklich sind oder sich scheiden lassen? Wieder ist die Antwort sehr einfach: Sie haben sich darauf geeinigt, mit ihren Meinungsverschiedenheiten durchs Leben zu gehen. Sie haben beschlossen, lieber glücklich zu sein als recht zu haben, während der andere unrecht hat. Statt Kommunikation zum Herstellen von Konsens zu nutzen, informieren sie einander über ihre jeweiligen Ansichten zu den vielen Aspekten ihrer Beziehung und akzeptieren, dass es Unterschiede geben kann. Dann handeln sie Übereinkünfte aus, die beiden nutzen und die Ansichten beider Seiten berücksichtigen. Zum Beispiel vereinbaren sie ein jährliches Budget, zu dem ein Sparkonto und ein Konto für „Verrücktheiten" gehören. Dann betrauen sie einen der Partner mit der Verwaltung des Budgets und sprechen bis zum nächsten Jahr nicht mehr über Geld.

Beim Beobachten der Art, in der glückliche Paare kommunizieren, habe ich eines der wichtigsten Geheimnisse dauerhaft glücklicher Paare entdeckt: **Sie äußern fünf- bis zehnmal mehr Komplimente als Kritik oder Vorwürfe**. Mit anderen Worten zahlen sie viel mehr auf ihr Liebes-Sparkonto ein, als sie abheben. Es ist nicht das „du ...", das Kommunikation zerstört, wie viele Experten immer wieder behaupten, sondern eher das, was nach dem „du" kommt: „Du bist großartig, Liebste" oder „Du bist so klug, Schatz" erhalten eine harmonische, respektvolle Beziehung eher aufrecht als ein von Kritik gefolgtes „du": „Du verstehst mich absichtlich nicht" oder „Nie bist du für mich da". Solche Kritik führt nur zu Verteidigung und Gegenangriffen, der Basisdynamik unglücklicher Paare.

Ehrengast

Die Forschungsergebnisse der positiven Psychologie zeigen immer deutlicher, dass nur angenehme Emotionen ausgedrückt werden sollten, keine unangenehmen und erst recht keine Frustration. Partner in glücklichen Paarbeziehungen äußern eher ihre Wünsche und Bedürfnisse, als ihren

Frust und ihre Kritik beim anderen abzuladen. Wenn wir in unserer Beziehung langfristig glücklich sein wollen, müssen wir in der Tat zuallererst hundertprozentige Verantwortung für unseren Teil der Beziehung übernehmen, und **wir müssen den Glauben aufgeben, unser Partner sei für unser Glück oder Unglück verantwortlich**. „Man muss das Glück alleine finden und dann mit jemandem teilen", wie der französische Schauspieler Benoît Magimel so treffend formuliert hat. Eine Erfolgsstrategie ist: 100 % Verantwortung für die eigene Ehe übernehmen und 100 % in das schöne menschliche Abenteuer namens Paarbeziehung investieren.

Zweitens kann niemand in einer Beziehung glücklich sein, der keine emotionale Intelligenz entwickelt. Der IQ ist sicherlich wichtig für den Erfolg, noch wichtiger aber ist der emotionale Quotient (EQ). Emotionale Intelligenz in der Ehe heißt, dass man negative Gefühle nicht die Oberhand gewinnen lässt über positive Gefühle. Wir dürfen nie vergessen, dass unser Gegenüber eine einzigartige Person ist, die einzige ihrer Art auf der Welt und daher außergewöhnlich. Menschen in glücklichen Paarbeziehungen sehen ihren Partner als Ehrengast in ihrem Leben und kümmern sich um diesen Gast. Sie lassen sich nicht in die Liebe fallen, sondern wachsen zu ihr empor.

Die Liebesformeln

→ **Die meisten Paarkonflikte sind unlösbar. Das heißt, reine Kommunikationstherapien sind langfristig unwirksam.**
→ **Glückliche Paare gehen mit Meinungsverschiedenheiten durchs Leben. Sie haben beschlossen, lieber glücklich zu sein als recht zu haben.**
→ **Partner in glücklichen Paarbeziehungen äußern eher ihre Wünsche und Bedürfnisse als ihren Frust und ihre Kritik beim anderen abzuladen.**

Yvon Dallaire ist Psychologe, Sexualwissenschaftler und Autor und lebt in Quebec (Kanada). Er hat den Angewandten Psychosexuellen Ansatz für Paare entwickelt (L'approche psycho-sexuelle appliqué aux couples, APSAC) und zahlreiche Bücher und Artikel über Liebe und erfolgreiche Beziehungen geschrieben.

GRIECHENLAND

„Der Mensch, den ich liebe, kann eine Bedrohung sein."

Liebe, Sex und Risiko

Eine Million Menschen infizieren sich täglich neu mit sexuell übertragbaren Krankheiten. Weniger als die Hälfte sind sich dessen bewusst. In den USA sind 25 % aller weiblichen Teenager infiziert. Weltweit leben mehr als 34 Millionen Menschen mit AIDS. Der Psychologe **Panos Kordoutis** betrachtet die Beschaffenheit der Liebe, die dahintersteckt.

Mit Liebe verknüpfte Worte, Redensarten und Bedeutungen weisen darauf hin, dass es viele Arten von Liebe gibt. Aber meistens erleben Menschen in Liebesbeziehungen zwei wichtige Varianten: kameradschaftliche und leidenschaftliche Liebe. Kameradschaftliche Liebe ist ein tiefes, beständiges Gefühl der Verbundenheit des eigenen Lebens mit einem anderen Menschen und dessen Alltagswirklichkeit, Bedürfnissen und Plänen. Leidenschaftliche Liebe ist eine starke Sehnsucht nach Vereinigung mit einem mehr oder weniger idealisierten anderen, die von schwankenden, widersprüchlichen Gefühlen begleitet wird, wie Erregung, Euphorie, Intimität, Angst und Traurigkeit.

In den letzten Jahren haben meine Untersuchungen gezeigt, dass bei Beziehungen Jugendlicher die leidenschaftliche Liebe tendenziell vorherrscht, auch wenn Merkmale der kameradschaftlichen Liebe nicht unerheblich sind. Das Übergewicht der leidenschaftlichen Liebe hilft jungen Menschen dabei, reale Hindernisse zu überwinden, die sie ansonsten voneinander trennen würden, wie unterschiedliche Herkunft, Werte, Einkommensverhältnisse und Persönlichkeiten. Liebende nehmen einander durch eine rosarote Brille wahr: Sie sehen eher die Person, die sie gerne lieben würden, als die, die sie tatsächlich lieben. Sobald die „irreführende" leidenschaftliche Liebe die gegenseitige Annäherung zweier junger Leute bewirkt hat, steigen die Chancen um ein Vielfaches, dass sich im weiteren auch kameradschaftliche Liebe entwickeln wird. Irreführend oder nicht – leidenschaftliche Liebe ist der grundlegende Mechanismus, der intime Beziehungen in Gang setzt. Außerdem erfreuen sich Menschen an leidenschaftlicher Liebe, vor allem junge Leute finden schon allein den Gedanken an eine leidenschaftliche Liebesbeziehung reizvoll.

Erotischer Moment

Trotz ihrer Vorteile und Nützlichkeit beim Anbahnen einer Beziehung hat die leidenschaftliche Liebe auch eine riskante Seite. Das starke Bedürfnis nach Selbstoffenbarung, das sie mit sich bringt, wird von dem Wunsch begleitet, den anderen zu beeinflussen und umgekehrt Einfluss

anzunehmen. Verliebtheit reißt persönliche Schranken ein. Dieser Prozess ermutigt die beiden „Verliebten" dazu, sich in Richtung der „Zweisamkeit" zu bewegen, dabei schwächt er allerdings auch ihre Motivation, sich selbst durch geschickte Verhandlungen und rationale Entscheidungen zu schützen. Das ist besonders bedeutsam, wenn es um Schutz beim Geschlechtsverkehr geht. Die Entscheidung, sich vor sexuell übertragbaren Krankheiten und ungeplanten Schwangerschaften zu schützen, beruht auf dem Wissen über diese Risiken und die Möglichkeiten der Verhütung, auf der Motivation sie anzuwenden und den eigenen Verhandlungsfähigkeiten (ob man die Absicht hat, Verhütungsmaßnahmen vorzuschlagen und zu diesem Vorschlag zu stehen). Leidenschaftliche Liebe kann die Entscheidung, sich und die andere Person vor Gesundheitsrisiken zu schützen, beeinträchtigen. Auf Verhütung ausgerichtete Gedanken und Verhaltensweisen wie der Vorschlag, ein Kondom zu verwenden, scheinen unvereinbar mit der Atmosphäre einer leidenschaftlichen Liebesbeziehung. „Wie kann der Mensch, den ich liebe, eine Bedrohung sein, vor der ich mich schützen muss?", „Ich liebe den körperlichen Kontakt, das Kondom ist eine Barriere", **„Vermittle ich mit dem Vorschlag, ein Kondom zu verwenden, nicht die falsche Botschaft, dass ich meinem Partner nicht traue?"**, „Dies ist ein einzigartiger erotischer Moment; warum sollte ich ihn mit einem anti-erotischen Vorschlag verderben?" Selbst wenn sich beide Partner jeweils individuell dafür entschieden hatten, zu verhüten, neigen sie während des Liebesakts dazu, dem vereinten Druck durch den Partner und die leidenschaftliche Atmosphäre nachzugeben. Im Kontext leidenschaftlicher Liebe scheinen Partner Intimität und Vertrauen eindeutig über ihre eigene Gesundheit und die ihres Partners zu stellen.

Fürsorge und Respekt

In meinen Studien zeigte sich bei jungen Menschen eine verminderte Neigung zum Verhüten, in beiläufigen wie auch in stabilen Beziehungen, die als leidenschaftlich empfunden wurden. Kameradschaftliche Partner verhüten mit größerer Wahrscheinlichkeit: Die kameradschaftliche Atmosphäre der Beziehung förderte Gefühle der Verantwortung und der Fürsorge für Gesundheit und Wohlergehen – sowohl der eigenen Person als auch des Partners. So legten beide Wert darauf, durch die Nutzung von Verhütung ihre Fürsorge für den anderen zu zeigen. Man muss diese Befunde berücksichtigen, und außerdem die Tatsache, dass die meisten jungen Leute leidenschaftliche Liebesbeziehungen gegenüber kameradschaftlichen vorziehen. **Die Schwierigkeiten von Gesundheitskampagnen für Safer Sex bei jungen Leuten sind meiner Ansicht darauf zurückzuführen, dass sie Verhütung als individuelle Entscheidung darstellen und nicht als Entscheidung, die in einer Liebesbeziehung getroffen wird, sei sie leidenschaftlich oder kameradschaftlich.** Wenn wir Safer-Sex-Verhalten fördern und die Zahl von Ansteckungen und ungeplanten Schwangerschaften verringern wollen, sollte Verhütung eindeutig als Verhaltensweise im Kontext leidenschaftlicher und kameradschaftlicher Liebe dargestellt werden.

Könnten wir als Mittel zur Förderung von Verhütung in Beziehungen Jugendlicher auch für kameradschaftliche Liebe werben, die mit einem verhütungsfreundlichen Verhalten vereinbar ist? Kameradschaftliche und leidenschaftliche Liebe schließen sich in Beziehungen nicht aus. Einige Merkmale der kameradschaftlichen Liebe sind in überwiegend leidenschaftlichen jugendlichen Beziehungen vorhanden. Gesundheitserziehung könnte Eigenschaften der kameradschaftlichen Liebe nutzen, um ein Modell von Liebe zu propagieren, das die Leidenschaft abmildert durch realistische Fürsorge und Respekt für das Wohlergehen des Partners. Die westliche Kultur, insbesondere die an die junge Generation gerichtete Popkultur, hält den einflussreichen Mythos von der idealisierten, leidenschaftlichen Liebe systematisch aufrecht. In der Tat wirkt dieser Mythos geradezu hypnotisch! Dennoch sollten wir bedenken, dass er ebenso schädlich sein kann – nicht nur für Entscheidungen über Liebe und Sex, sondern auch für die Wahrung lebenswichtiger individueller Grenzen innerhalb einer Liebesbeziehung. Vielleicht brauchen wir ein neues Modell der Liebe: eines, das gegen den populären Mythos von der leidenschaftlichen Liebe antreten kann.

Die Liebesformeln

- → **Die leidenschaftliche Liebe hat auch eine riskante Seite. Kameradschaftliche Partner verhüten mit größerer Wahrscheinlichkeit.**
- → **Verhütung sollte eindeutig als Verhaltensweise im Kontext sowohl leidenschaftlicher als auch kameradschaftlicher Liebe dargestellt werden.**
- → **Gesundheitserziehung könnte Eigenschaften der kameradschaftlichen Liebe nutzen, um ein Modell von Liebe zu propagieren, das die Leidenschaft abmildert durch Fürsorge und Respekt für das Wohlergehen des Partners.**

Panos Kordoutis ist Professor am Fachbereich Psychologie der Panteion-Universität für Sozial- und Politikwissenschaften in Athen (Griechenland). Seine Forschungsinteressen und Veröffentlichungen umfassen die Psychologie zwischenmenschlicher Beziehungen, intime Beziehungen und Liebe sowie die Sozialpsychologie von Gesundheit und Vorsorge im Rahmen von intimen Beziehungen und Liebe.

„Liebe ist eine Herausforderung."

Die unsichtbare Mauer

Die ersten Belege für eine Zivilisation im Libanon sind über 7000 Jahre alt. Seine heutige Gesellschaft ist die religiös vielfältigste des Nahen Ostens. Aimee Karam **beschreibt, wie Menschen mit der Liebe umzugehen versuchen, wenn so viele Mauern zwischen ihnen stehen – sichtbare und unsichtbare.**

Es war einmal eine unsichtbare Mauer. Auf der einen Seite lebte ein Mann. Von der anderen Seite aus schaute eine Frau herüber. Sie begegneten einander ganz unerwartet bei einem Spaziergang. Ihre Blicke trafen sich. Sie empfanden große Liebe füreinander und verstanden einander vollkommen. „Diese Mauer ist ein Fluch", sagte er. Sie lächelte, sprach aber den Kern der Sache nicht an. Ihre Offenheit für andere hatte sie zur wahren Weltbürgerin gemacht, weit entfernt von Rassismus, Obskurantismus und Sektierertum. Er dagegen praktizierte seine Religion leidenschaftlich, mit allen dazugehörigen Pflichten. Sie zündete in jedem Gotteshaus eine Kerze an, als rücksichtsvolle Geste ihm und anderen gegenüber. Für sie spielte es keine Rolle. **Menschliche Bindungen standen höher als alle verwurzelten Überzeugungen.** Er wunderte sich immer noch, als er den Umgang mit Waffen erlernte, als Vorbereitung für den Bürgerkrieg.

Es gibt zwei Wege. Auf dem ersten öffnen sich Menschen mit ihren Überzeugungen für eine Perspektive des Wachstums, der Vielfalt, der Weisheit und der Akzeptanz. Auf dem zweiten werden die gleichen Überzeugungen zur Basis für Verschlossenheit, Angst und Konkurrenzdenken, die den Geist blenden und jeden möglichen Dialog ausschließen. Es gab Zeiten, in denen die Menschen vereint waren und miteinander feierten. Man hätte die Klänge von Kirchen und Moscheen zusammen hören können. Und dann kam der Wahnsinn, der nur ein einziges Urteil kannte: „Du und ich, wir haben nichts gemeinsam."

Die Kraft des Lebens

In unserem Teil der Welt ist die Liebe für Menschen aus unterschiedlichen Religionen und unterschiedlichen Clans eine Herausforderung. Bildung beweist, dass das Hirn eine dynamische Struktur ist, die Unstimmigkeiten, Widerstand und Widrigkeiten entwickeln, überformen und willkommen heißen kann. Junge Menschen treffen sich, sie fühlen sich von Unterschieden und Neuem angezogen, aber der Krieg hat ihnen archaische Muster auferlegt, Beleidigungen für den Geist, deren Folgeerscheinungen immer noch repariert werden müssen. Die Entwicklung wurde unterbrochen und stattdessen die Verkalkung manifestiert. Statt in Vielfalt zu erblühen, wurden Menschen zu Mördern. Allerdings erwies sich die Kraft des Lebens als stärker. Menschen gehen auf Reisen und machen Erfahrungen; Internet und Netzanschlüsse sind allgegenwärtig. Die Menschen sind eifrig dabei, die Welt neu zu erfinden – eine Welt, wie sie sie in ihren Träumen und Visionen sehen. Sie wollen sie in ihrer ganzen Wirklichkeit erleben, ohne irgendeine ihrer Facetten zu verpassen. In ihren Zwanzigern suchen sie nach Intimität. Als Vierziger werden sie Meister darin, Neues zu entwickeln und an nachfolgende Generationen weiterzugeben – sie definieren Persönlichkeitsentfaltung neu, kämpfen gegen Feigheit und überwinden Trennlinien.

Einige Menschen haben nicht den Mut weiterzugehen. Aus diesem Grund leugnen sie, eine gemeinsame Reise gemacht zu haben. Sie finden es sinnlos, in den Spiegel zu schauen, weil sie überzeugt sind, dass der Weg abrupt endet. Sie bleiben einfach stehen. Andere bewundern weiterhin die Landschaft ringsum und erschaffen die vielen Facetten menschlichen Lebens. Ihnen gelingt es, Gräben zu überwinden und so erringen sie einen Sieg. **Im Leben geht es um Mut** – einige bleiben in Deckung, andere wagen den Sprung und vermeiden Spaltung.

Die Macht des Vertrauens

Die Mauer wurde zum Fluch – allerdings war der Fluch nur eingebildet, als unvermeidliche Strafe für einen Regelbruch. Er beschloss, sich gegen die Einschränkungen aufzulehnen. Sie schenkte ihm ihr volles Vertrauen: das Urvertrauen, das am mächtigsten ist. Die unendliche Macht, die seinen Himmel erleuchten und ihn seinen Verlust vergessen lassen sollte. Sie lehrte ihn die Weisheit des Hinnehmens, einen Hoffnungsschimmer für die Menschheit. Sie nutzten ihre Kommunikationsfähigkeit, ihre Erinnerungen an das gemeinsame Land, ihre Vision einer blühenden Zukunft und die magische Kraft ihrer Verschmelzung – sie teilten ihre Hoffnung.

Das Leben in unserem Teil der Welt handelt davon, Grenzen zu begreifen, Anpassung zu erlernen und Regeln neu zu schreiben. **Es treibt das Gehirn zur Weiterentwicklung an**, bringt die Gefühle zum Wachsen und verhilft dem Freiheitssinn zum Sieg. Was die Liebe angeht: Sie steht über allem. Sie bringt vieles zurück. Sie ist das zentrale Bestreben und der wahre Kern des menschlichen Lebens.

> **Aimee Karam**, Ph. D., ist Klinische Psychologin an der Abteilung Psychiatrie und Klinische Psychologie der Universitätsklinik Saint George Hospital der Universität Balamand, Beirut (Libanon). Sie ist Gründungsmitglied des Institute for Development, Research, Advocacy & Applied Care (IDRAAC), das sich als gemeinnützige Nichtregierungsorganisation für psychische Gesundheit, Forschung und Bildung im Libanon und der arabischen Welt einsetzt.

NIEDERLANDE

„Vergebung ist eine unerlässliche Zutat für liebevolle, dauerhafte Beziehungen."

Auge um Auge

Weltweit werden jedes Jahr mehr als 2,5 Millionen Morde begangen. Liebe, Sex und Beziehungen gehören zu den wichtigsten Motiven. Auge um Auge, Zahn um Zahn. **Johan Karremans** untersucht die Rolle der Rache in alltäglichen Liebesbeziehungen. Sie scheint ein Teil unserer Natur zu sein.

Auf der ganzen Welt sind Auseinandersetzungen und Beleidigungen ein unvermeidlicher Teil unserer Beziehungen zu anderen, vielleicht insbesondere in unseren liebevollsten Beziehungen. Auch wenn dies ein etwas pessimistischer Anfang für ein Kapitel des *World Book of Love* sein mag, bleibt es doch wahr: Diejenigen, die wir am innigsten lieben, sind gleichzeitig diejenigen, die uns am stärksten verletzen oder kränken können. Ein Partner kann in einem hitzigen Streit verletzende Dinge sagen, Ihren Geburtstag vergessen oder Sie auf einer Party ignorieren – es gibt viele mögliche Beispiele.

Ist das beunruhigend? Die meisten von uns würden möglicherweise eine Welt vorziehen, in der Liebende niemals streiten, in der sie niemals im Eifer des Gefechts dumme oder verletzende Dinge zueinander sagen. Allerdings sind Konflikte zwischen Liebenden zwar ein Bestandteil des Lebens, aber nicht das Problem an sich. **Das Problem liegt oft darin, wie wir auf die scheinbaren Fehler oder negativen Verhaltensweisen unserer Partner reagieren.** Unsere Untersuchungen haben viele Beweise dafür erbracht, dass Menschen stark dazu neigen, nach dem Prinzip Auge um Auge zu reagieren, wenn sie sich verletzt fühlen – selbst wenn die andere Person der eigene Partner ist. Wenn ein Partner verletzend handelt, will der oder die andere es ihm heimzahlen, oft aus Gerechtigkeitsempfinden – oder zumindest ist das unsere erste Reaktion. Das scheint ein Teil unserer Natur zu sein.

Rache

Allerdings wird alles eher schlimmer als besser, wenn man zurückschlägt, auch wenn Menschen oft erwarten, dass es ihnen besser geht, wenn sie sich rächen. Das stimmt nicht. Unsere Untersuchungen haben ebenso wie die anderer Forscher gezeigt: Menschen, die dazu neigen, Vergeltung zu üben oder dem Partner nach einem Vergehen aus dem Weg zu gehen, haben langfristig weniger befriedigende Beziehungen und trennen sich mit größerer Wahrscheinlichkeit von ihrem Partner. Darüber hinaus geht eine rachsüchtige Haltung gegenüber dem Partner nicht nur mit negativen Folgen für die Beziehung einher, sondern auch mit einem Rückgang des persönlichen Glücks und sogar der körperlichen Gesundheit. Als treffendes Beispiel belegte eine Studie: **Menschen, die nur in rachsüchtiger Weise an ein Vergehen des Partners zurückdenken, zeigen Anzeichen für stärkeren körperlichen Stress, wie einen Anstieg von Puls und Blutdruck.** Eine rachsüchtige Haltung in einer Beziehung und rachsüchtige Reaktionen auf das Fehlverhalten eines Partners können also ernste Folgen haben, sowohl für die Beziehung als auch für uns selbst.

Konflikte

Was also ist die Lösung? Wie reagiert man am besten auf negatives Verhalten des Partners? Da in den meisten Liebesbeziehungen früher oder später Konflikte und Verstöße vorkommen, liegt einer der Schlüssel zu einer langen und gesunden Liebesbeziehung in der Fähigkeit, dem Partner zu vergeben. Vergebung ist die Fähigkeit, alle negativen Gefühle und den Drang nach Vergeltung zurückzuhalten, wenn sich ein Partner schlecht benimmt und stattdessen in freundlicherer, nachsichtigerer Weise zu reagieren. Nach einem Jahrzehnt der Forschung zum Thema zwischenmenschliche Vergebung ergibt sich ein klares Bild: Partner, die sich ihrer Beziehung stark verpflichtet fühlen und in der Lage sind, einander zu vergeben, sind langfristig zufriedener mit ihren Beziehungen, außerdem sind diese stabiler. Überdies gilt generell, dass bei Partnern, die einander vergeben können (zum Beispiel, wenn der andere den Geburtstag vergisst), das seelische Wohlbefinden steigt, sowohl als unmittelbare Folge der Vergebung als auch langfristig. Kurz gesagt: **Vergebung zahlt sich aus – persönlich wie beziehungstechnisch.** Das heißt nicht, dass wir „jeden Abend, bevor wir schlafen gehen, allen alles vergeben" sollten, wie ein bekannter Ratgeber-Kolumnist einmal vorgeschlagen hat. Es gibt wahrscheinlich

„unverzeihliche" Vergehen, wie Vergewaltigung oder schwere körperliche Gewalt. Außerdem gilt: Wenn man einem Partner vergibt, der niemals irgendein Zeichen von Reue zeigt, führt das nicht zu den gleichen heilsamen Wirkungen wie oben beschrieben.

Perspektive

Ich bin mir der Tatsache bewusst, dass es leichter gesagt als getan ist, einem Partner zu vergeben – oft ist es schwierig, die negativen Gedanken und Gefühle abzuschütteln, die im Zusammenhang stehen mit dem, was der Partner falsch gemacht hat. Sich in den Partner hineinzuversetzen, kann aus einem einfachen Grund zu einer versöhnlichen Haltung beitragen: **Menschliches Verhalten, auch das kränkende Verhalten eines Partners, ist zu großen Teilen von äußeren Umständen gesteuert.** Ihr Partner mag sich schlecht benommen haben – aber oft reicht es schon, dass Sie die Umstände berücksichtigen, unter denen er sich so verhielt, um zu erkennen, dass Sie unter diesen Bedingungen vielleicht ähnlich gehandelt hätten. Indem Sie die Perspektive des Partners einnehmen, können Sie verstehen, dass seine oder ihre Absichten vielleicht gar nicht so schlecht waren. Tatsächlich gibt es eine Reihe wissenschaftlicher Studien, die gezeigt haben, wie stark es sich auf unsere Fähigkeit zur Vergebung auswirkt, die Perspektive des Missetäters einzunehmen.

Zur Vergebung gibt es noch viel mehr zu sagen. Im letzten Jahrzehnt haben Forscher eine Menge darüber gelernt, welche Menschen generell eher versöhnlich sind, wann Menschen stärker – oder weniger – zum Vergeben neigen und wie Menschen tatsächlich zur Vergebung gelangen. Aber kurz gesagt, vermitteln meine eigenen Forschungsergebnisse und die vieler anderer Sozialwissenschaftler aus den verschiedensten Ländern eine sehr einheitliche Botschaft: Vergebung ist eine unerlässliche Zutat für liebevolle, dauerhafte Beziehungen.

Die Liebesformeln

- → **Früher oder später kommen in den meisten Liebesbeziehungen Konflikte und Verstöße vor.**
- → **Eine rachsüchtige Haltung kann ernste Folgen haben, sowohl für die Beziehung als auch für uns selbst. Einer der Schlüssel zu einer langen und gesunden Liebesbeziehung liegt in der Fähigkeit zu vergeben.**
- → **Die Perspektive des Missetäters einzunehmen, wirkt sich stark auf unsere Fähigkeit zur Vergebung aus.**

Johan Karremans ist Dozent am Behavioural Science Institute der Radboud-Universität in Nimwegen (Niederlande). Er hat zahlreiche Artikel in wissenschaftlichen Zeitschriften veröffentlicht, über Themen wie Vergebung und die Art, in der sich Liebespartner gegen attraktive Alternativen abschirmen. Zwar ist er sich nicht sicher, ob wegen oder trotz seiner Kenntnisse über Liebesbeziehungen, aber er ist seit Jahren glücklich verheiratet. Seine Frau und er haben zwei Kinder.

BELGIEN

„Wahre Liebe ist der unzerbrechliche göttliche Kern in jedem von uns."

Der Hauch der Liebe

„Was bleibt uns, wenn nichts mehr da ist? Wenn das Leben uns alles nimmt, woraus wir bestehen: unsere Orientierungspunkte, unsere Denkweisen, unsere Verbindungen zu Lebewesen und Dingen, unsere Gewohnheiten? Was bleibt, wenn alles zerfällt?" **Thomas d'Ansembourg** führt uns zum Zustand der Liebe. Er ist anscheinend nur einen Hauch entfernt.

Gehen Sie hinaus vors Haus, gleich jetzt. Nehmen Sie Ihre Umgebung wahr: Mauern, Häuser und Wege, Städte, Dörfer und Straßen, Kirchen und Schlösser, Parks, Wälder und Landschaft. Alles, was Sie sehen, wurde erbaut, gepflanzt, gepflegt und wird früher oder später abgerissen, verstreut oder weggefegt werden. Also, fühlen Sie die Luft, die zwischen Ihren Fingern hindurchstreicht. Fühlen Sie vom Saum Ihrer Nasenlöcher bis in die Lunge, wie die Luft in Ihnen zirkuliert und Sie am Leben erhält, kosten Sie dieses perfekte Fließen: Die Luft bringt allem das Leben, ohne sich an irgendetwas festzuhalten. Luft ist für die meisten Lebensformen entscheidend, verfängt sich aber in keiner von ihnen. Luft schenkt sich freudig der Bewegung der Welt, aber erwartet nichts als Gegenleistung. Luft ist kraftvoll; sie kann alles umwerfen oder bewegen. Luft ist zart und süß, sie beruhigt und erfrischt. Da sie nicht zusammengesetzt wurde,

zersetzt sie sich auch nicht. Das einzige, was an der Stelle, an der Sie sich genau jetzt befinden, immer ist und immer sein wird, jetzt wie in 5000 Jahren, sind nicht Sie oder die Dinge ringsum, sondern die Luft und der Hauch des Windes.

Wahre Liebe

Erkennen Sie nun, dass die Natur wahrer Liebe ist wie die Natur des Lufthauchs, der alle Lebensformen nährt – unendlich stark, unendlich geschmeidig, unendlich erneuert, von Natur aus überreich vorhanden, großzügig im Wesen und nicht in der Lage, sich an irgendetwas festzuhalten oder zu verfangen. Wenn sie gelagert, abgewogen, bemessen, aufgeteilt und dem Handel oder Tausch unterworfen wird, trocknet sie aus, erstickt und stirbt, denn es ist ihr Charakter, ohne Maß zu schenken. Nun schließen Sie Ihre Augen und genießen Sie Ihre wahre Natur, unseren tiefsten Kern, der durch nichts zersetzt werden kann: Wir sind Liebe. Um diesen Zustand zu kosten, müssen wir natürlich – oft unter Schwierigkeiten – die Stufen des menschlichen Strebens erklimmen. Denn das Kind sagt nach seiner Geburt, „Du liebst mich, also existiere ich." Der Jugendliche, der einen anderen entdeckt, sagt, „Ich liebe dich, also existiere ich." Dann sagen die Partner, „Wir lieben einander, also existieren wir." **In diesen Stadien ist Liebe immer bedingt, verbunden mit der Angst, dass der Zustand entschwinden könnte …**

Aber es kommt eine Zeit, in der Liebe nicht mehr an den sehr menschlichen Kreislauf von Beziehungen gebunden ist, an Rituale von Geben und Empfangen, an die Trennung zwischen Ich und Du, ohne jede Bindung an diese oder jene Form. Es kommt der Moment, in dem wir jenseits der Menschheit unsere wahre Natur bedingungsloser Liebe in dem verankert finden, was Christiane Singer den „unzerbrechlichen göttlichen Kern" in jedem von uns genannt hat.

Der Zustand der Liebe

Während der letzten 20 Jahre, in denen ich andere durch die Kreisläufe und Jahreszeiten des Lebens geleitet habe, bin ich zu der Überzeugung gelangt: Egal was Menschen tun, sie alle streben – manchmal verzweifelt – danach, jenen Zustand der Liebe zu kosten, der ihre einzige Zugehörigkeit darstellt. Wenn sie sich auf dieser Reise oft hinreißen lassen und in einer Weise handeln, die wie das genaue Gegenteil von Liebe wirkt, liegt das schlicht daran, dass sie nicht wissen, wonach sie suchen und wer sie wirklich sind. Niemand hat sie über die tiefere Bedeutung des Lebens aufgeklärt. Ihre Erziehung hat ihnen starre Modelle und Darstellungen vermittelt, an denen sie ersticken – auch wenn sie es nicht merken. Und dann machen sie sich an Formen fest, von denen sie behaupten, sie seien sie selbst (mein Haus, mein Revier, meine Kultur, mein Image, meine Religion). Sie setzen die falsche Strategie ein und missverstehen die eigenen Bedürfnisse: „Ich zwinge mich dir auf, weil ich möchte, dass du mich liebst, und ich weiß nicht, dass hinter diesem Bedürfnis, geliebt zu werden, mein wahres Bedürfnis steckt – zu lernen, mich selbst genug zu lieben, um Frieden im Herzen zu fühlen und nicht mehr davon abhängig zu sein, was du von mir denkst."

Ohne Einsicht bleiben wir quasi im Exil außerhalb unserer selbst: von uns selbst getrennt, von anderen getrennt und vom Ganzen oder von Gott getrennt (welche – unvermeidbar reduzierte – Benennung Sie auch immer vorziehen), in grausamer Ermangelung von Liebe und Einssein. Aus dieser Abtrennung von den innersten Teilen unseres Selbst entstehen all unsere Spaltungen, von Schuldgefühlen über Streitigkeiten bis zum Krieg. Der Mangel an Nähe zu uns selbst lässt unsere ganzen Ausgleichssysteme entstehen, die von Gier aller Art bis zu Sucht und Mechanismen der Monopolisierung von Wohlstand reichen.

Es ist unsere innere Arbeit – das Werk unseres inneren Bürgerseins – die es uns erlaubt, unsere wahre Natur zu entdecken, unseren innersten Antrieb und unsere Zugehörigkeit zur Liebe. So können wir freudig, wo immer wir sind, dem Hauch des Lebens dienen.

Die Liebesformeln

- → **Die Natur wahrer Liebe ist wie die des Lufthauchs, der das Leben nährt. Es ist ihr Charakter, ohne Maß zu schenken.**
- → **Es kommt der Moment, in dem wir unsere wahre Natur bedingungsloser Liebe in unserem unzerbrechlichen göttlichen Kern verankert finden.**
- → **Unsere innere Arbeit erlaubt uns, unsere wahre Natur und unsere Zugehörigkeit zur Liebe zu entdecken und freudig dem Hauch des Lebens und der Liebe zu dienen.**

Thomas d'Ansembourg ist Rechtsanwalt, Schriftsteller und Psychotherapeut in Belgien. Er arbeitet international als Trainer und Vortragsredner zu den Themen menschliche Beziehungen und gewaltfreie Kommunikation. Seine Bücher sind internationale Bestseller und wurden in 28 Sprachen übersetzt, darunter *Endlich ICH sein*. Er erhielt den Preis des Festival des Auteurs Psy in Nîmes (Frankreich). Zusammen mit Guy Corneau (Kanada) ist er Mitgründer der Organisation Cœur.com zur Förderung des kreativen Ausdrucks und Öffnung des Herzens.

„Der Sinn der Liebe ist die Schaffung von Sinn."

Glücklich verliebt

Für moderne Menschen ist alles klar: Die Liebe soll sie glücklich machen. Jede Liebesgeschichte beginnt mit einer gehörigen Portion „Glück". Aber das ist nur der erste Schritt, um wirkliches Glück in der Liebe zu finden. **Wilhelm Schmid** zeigt die weiteren nötigen Schritte.

Haben zwei durch Zufall und glückliche Fügung ihr gemeinsames Glück in einem anfänglichen **Zufallsglück** gefunden, kann ein zweites Glück in dieser Liebe das **Wohlfühlglück** sein: Die Liebenden können sich miteinander wohlfühlen, Freude aneinander haben, sehr viel Sinnlichkeit gemeinsam genießen und Verständnis und Geborgenheit beieinander finden. All dies absichtlich zu suchen, gehört zur Arbeit am Glück in der Liebe, denn anders als das Zufallsglück kann das Wohlfühlglück nicht nur gefördert, sondern auch herbeigeführt werden. Einzige Voraussetzung dafür: Die Liebenden sollten herausfinden und mit immer neuen Experimenten erkunden, wie und womit sie sich wechselseitig gut tun können. Das kann ein köstliches Essen sein, ein langes Gespräch, hingebungsvolle Zärtlichkeit, ein wundervoller Abend, eine leidenschaftliche Nacht und vieles mehr.

Soll die Liebe von Dauer sein, ist jedoch ein drittes Glück nötig, das **Glück der Fülle**. Gemeint ist die gesamte Fülle der Erfahrungen, positive wie negative, Freude und Ärger. Auch für dieses Glück kann jede Hälfte eines Paares selbst etwas tun. Es hängt von der geistigen Haltung ab, die von der Frage ausgeht: Was ist charakteristisch für das Leben und die Liebe? Ist es nicht die Polarität, die Bewegung zwischen Gegensätzen, die sich in allem zeigt? Ist es mir wirklich möglich, sie zu akzeptieren? Erscheinen mir das Leben und die Beziehung in all ihrer Polarität bejahenswert? Dann ist ein Glück möglich, das atmen kann, weil ich nicht mehr verkrampft an schönen Zeiten festhalten muss, die nicht vergehen dürfen, sondern auch die anderen Zeiten des gemeinsamen Lebens annehmen kann.

Wilhelm Schmid

Bedeutung

Das dreifache Glück ist wichtig für die Liebe, am wichtigsten aber ist, dass sie eine starke Erfahrung von Sinn vermittelt. Dann können Menschen sogar Sinn in der Liebe finden, wenn sie nicht glücklich sind. Sinn ist Zusammenhang, und für einen starken Zusammenhang sorgt die Bindung zwischen zweien: Sich mit unterschiedlichen Stärken wechselseitig zu beschützen und gemeinsam stärker zu sein als einer für sich allein. Da ist ein Mensch, den ich kenne und dem ich nicht egal bin, einer, mit dem ich Gedanken austauschen kann und für den ich etwas empfinde, wenngleich im Moment vielleicht nur Ärger. **Liebe ist nicht die einzige Methode, Sinn zu finden, aber eine sehr wirksame.** Dank dieser Zusammenhänge, die sie aufspüren und festigen kann, wird sie in der modernen Epoche der Sinnsuche, in der so viele Zusammenhänge zerbrechen, zur großen Sinnstifterin: Der Sinn der Liebe ist die Schaffung von Sinn. Viele sehen in ihr den einzigen Sinn des Lebens, allerdings mit der Gefahr, dass ihr Scheitern dann zu einer Sinnlosigkeit führt, die das Leben in Frage stellt.

Wohlwollen

Liebende können Sinn auf mehreren Ebenen miteinander erleben: körperlich, seelisch, geistig und transzendent. In der Reihenfolge kommt keine höhere oder geringere Wertschätzung einzelner Ebenen zum Ausdruck. Je nach der Deutung, von der die Liebenden sich leiten lassen, kann ihre Liebe einzelne oder mehrere Ebenen bespielen, und nur sie selbst können die Frage beantworten, was grundlegend sein soll: die körperliche Begegnung, die seelische Empfindung, der geistige Austausch? Um die Beziehung mit ebenso großer Stabilität wie Flexibilität auszustatten, erscheint es sinnvoll, sie auf mehr als einer Ebene zu begründen: Schwierigkeiten auf einer Ebene können dann durch den Wechsel auf eine andere aufgefangen werden. **Die Liebe kann am besten atmen, wenn sie zwischen den verschiedenen Ebenen hin- und herwandern kann** und einer dem anderen auch einmal auf dessen Ebene entgegenkommt, denn eine große Schwierigkeit der Liebe liegt darin, dass die Bedürfnisse der Liebenden nicht immer auf derselben Ebene liegen. Die Liebe neu erfinden, das ist gleichbedeutend damit, die Liebe atmen zu lassen, Atmung

Farbenlehre der Liebe

Im modernen Alltag wird auch die *Synchronisierung* zur ständigen Aufgabe, um *gemeinsame Zeiten* zu definieren, in denen beide füreinander da sein können, gemeinsame Mahlzeiten, Unternehmungen, Plauderstunden, auch Streitzeiten, für die ansonsten nur der Urlaub und hohe Feiertage übrig bleiben. Selbstverständlich ist die Zeit bei jedem immer zu knapp. Hilfreich ist es, bei manchen Tätigkeiten mit Viertelstunden zu geizen, um Zeit zu gewinnen. Hilfreich ist ebenso die Nutzung **goldener** Stunden, in denen Arbeiten besonders leicht von der Hand gehen. Jeder kann sie durch Erfahrung für sich selbst ausfindig machen, um die gesparte Zeit miteinander zu verschleudern, bei allem, was beiden gefällt. Zweifellos dominieren quantitativ die **grauen** Stunden den Alltag, aber für kräftige Kontraste im Gemälde der Zeiten sorgen die **rosaroten** Stunden der erotischen Begegnung, die **roten** Stunden der starken Gefühle, die **blauen** Stunden der intensiven Gespräche, die **purpurnen** Stunden der völligen Selbstvergessenheit, und auch möglichst viele **lindgrüne** Stunden der einfachen Zufriedenheit. Mit dieser bunten Palette gelingt es am ehesten, die hoffentlich seltenen **gelben** Stunden der Eifersucht und **schwarzen** Stunden aller Art durchzustehen, die die Farbenlehre der Liebe erst komplettieren.

auch zwischen der Nähe zueinander und der Distanz zuzulassen, die jeder braucht, um sich wieder auf sich selbst zu besinnen.

Wenn ich auf einen einzigen Nenner bringen soll, was ich in den vielen Jahren der Forschung über die Liebe gelernt habe, dann ist es dieser: Unter den Bedingungen der modernen Zeit ist die Liebe auf ein großes Wohlwollen angewiesen, das zwei einander entgegenbringen, sonst geht gar nichts mehr. Wurde die Bindung zwischen zweien einst von außen, von Religion, Tradition und Konvention gewährleistet, auch erzwungen, muss sie nun von innen kommen, und dabei geht es nicht immer nur um Gefühle. Liebe ist auch eine Entscheidung, die jeder Einzelne für sich selbst treffen muss. Das ist die neue Philosophie der Liebe.

Die Liebesformeln

→ **Soll die Liebe von Dauer sein, brauchen wir neben Zufallsglück und Wohlfühlglück eine drittes Glück, das Glück der Fülle.**
→ **Am wichtigsten ist, dass die Liebe eine starke Erfahrung von Sinn vermittelt, auf verschiedenen Ebenen, damit die Liebe atmen kann.**
→ **Liebe ist eine Entscheidung. Sie muss von innen kommen und ist auf ein großes Wohlwollen angewiesen, das zwei einander entgegenbringen.**

Wilhelm Schmid lebt in Berlin und lehrt Philosophie als außerplanmäßiger Professor an der Universität Erfurt (Deutschland). Viele Jahre lang war er als philosophischer Seelsorger an einem Krankenhaus bei Zürich (Schweiz) tätig. Er hat mehrere Bücher über die Liebe veröffentlicht, darunter *Liebe – Warum sie so schwierig ist und wie sie dennoch gelingt* und *Die Liebe neu erfinden*, als Taschenbuch unter dem Titel *Die Liebe atmen lassen* erschienen.

Liebe in Vietnam: tinh cam

„Liebe hat, wie andere Gefühle auch, keinen Wesenskern. Liebe ist weder übergeschichtlich noch universell. Die Bedeutung der Liebe hängt von der spezifischen Affektkonstellation ab, innerhalb derer sie stattfindet", erläutern Harriet M. Phinney und Khuat Thu Hong. Versuchen wir am Beispiel von *tinh cam* und der Liebe in Vietnam, das zu verstehen.

Wen oder was lieben wir? Wen oder was finden wir liebenswert? Wann ist Liebe angebracht? Unsere Entscheidungen und Ansichten zu diesen Fragen sind formbar – sie werden von wechselnden Regeln, Vorschriften und politisch-wirtschaftlichen Bedingungen geprägt und sind historisch bestimmt.

In Vietnam gibt es 54 ethnische Gruppen, jede von ihnen mit einem eigenen Glauben und eigenen Gebräuchen in Bezug auf Liebe und Ehe. Die größte Gruppe, die 90 % der Bevölkerung umfasst, sind die Kinh, bei denen es zusätzlich regionale Unterschiede gibt. Ihre reiche literarische und überlieferte Tradition zum Thema Liebe prägt die alltägliche Lebenspraxis. Diese religiös gemischte Tradition leitet sich aus Konfuzianismus, Buddhismus und lokalen südostasiatischen Glaubensrichtungen und Gebräuchen ab. Sie kreist um die Beziehungen und Verpflichtungen eines Individuums gegenüber dem Familien- und Verwandtschaftsnetzwerk, insbesondere gegenüber der Familie des Ehemannes. Weil sich die Menschen in erster Linie über ihre Beziehungen zu anderen definieren, ist der Individuumsbegriff der Kinh grundsätzlich eher beziehungsorientiert als atomistisch oder singulär. Wenn jemand an eine Eheschließung denkt, muss er oder sie im allgemeinen die Wirkung dieser Entscheidung auf die Großfamilie bedenken. Das hat Folgen – die Person, in die man sich verliebt, ist nicht unbedingt die, die man heiratet.

Freiwillige Liebe

Diese Trennung hat ihre Wurzeln in der vorrevolutionären Gesellschaft Vietnams (vor 1945). Damals arrangierten Eltern die Ehen ihrer Kinder, die dabei wenig zu sagen hatten. In den höhergestellten Familien war die Polygynie eine gängige Praxis, und Frauen wurden dazu erzogen, den Männern selbstaufopfernd zu dienen. Die konfuzianische Familienlehre betrachtete die eheliche Liebe als ein Gefühl, das sich im Lauf der Zeit entwickeln würde, wenn ein Paar zusammen lebte, alt wurde und sich näher kam. Die Geburt und Erziehung von Kindern lieferte die notwendige Bindung (*soi day*), um ein Paar zusammenzuhalten, bis „ihre Zähne locker und ihr Haar grau" waren (*rang long dau bac*).

In den 1920er- und 1930er-Jahren wurde der Wunsch nach einer Liebesehe zum Thema intellektueller Gesellschaftsdebatten. Das erste Ehe- und Familiengesetz erklärte 1959 arrangierte oder erzwungene Ehen für illegal, und die „angemessene und freiwillige Liebe" wurde zur notwendigen Basis für

Harriet M. Phinney & Khuat Thu Hong

„Der Himmel bestimmt, wer sich in wen verliebt."

eine Ehe. Braut und Bräutigam mussten der Ehe zustimmen, und das Mindestalter für die Ehe wurde heraufgesetzt. Das veränderte Eherecht und die Anerkennung bestehender sozialer Veränderungen machten es jungen Männern und Frauen möglich, romantische Verbindungen auf neue Weise zu erkunden. Trotzdem konnten viele Liebende wegen kommunistischer Verbote und kriegsbedingter Umbrüche nicht heiraten. **In vielen Fällen wurden Menschen ermutigt und gelobt, die ihre Liebe zugunsten kollektiver Ziele opferten** (Familie, Nation etc.). In jener Zeit wurde romantische Liebe als reine, platonische Liebe verstanden; Sex war nur innerhalb der Ehe möglich.

Vorherbestimmt

Seit dem *Doi Moi*, der Erneuerung im Jahr 1986, haben schnelle soziale und wirtschaftliche Veränderungen es vielen jungen Menschen ermöglicht, voreheliche romantische Bindungen einzugehen und selbst auszusuchen, wen sie heiraten wollten. Die Einwilligung der Eltern ist zwar immer noch notwendig, aber Eltern haben nicht mehr so viel Kontrolle wie früher darüber, wen ihre Kinder heiraten. Allerdings wählt man als Ehepartner nicht unbedingt denjenigen, den man liebt: **Ehepartner werden danach ausgesucht, ob sie mit der Familie kompatibel sind.** Zwar bleibt die Ehe weiterhin das einzig angemessene Revier für Sex, aber bei vielen jungen Leuten findet vorehelicher Sex statt; er ist zu einem integralen Bestandteil der Liebe geworden.

Wie sprechen Menschen heute über die Liebe? Liebe zu empfinden, heißt, für jemanden *tinh cam* (Empfindungen/Verständnis/Gefühle) zu haben. *Tinh cam* beinhaltet, jemanden sympathisch zu finden, ihn zu unterstützen und zu respektieren, opferbereit zu sein und wirklich zusammenzupassen. Wenn jemand sich nicht verliebt oder die geliebte Person nicht heiraten kann, wird das oft dem Schicksal zugeschrieben. Wenn sich jemand verliebt, gilt das ebenfalls als Schicksal oder *duyen*. *Duyen* lässt sich ungefähr als „vorherbestimmte Liebe" übersetzen; es erinnert an die Geschichte von Ong To und Ba Nguyet, die im „Himmel" festlegen, welcher Junge und welches Mädchen sich ineinander verlieben werden.

Harriet M. Phinney ist Dozentin für Anthropologie an der Universität Seattle (USA). Sie interessiert sich besonders für Vietnam und das südostasiatische Festland, insbesondere für Studien zu Affekten und Emotionen. **Khuat Thu Hong** (Ph. D. in Soziologie) ist Kodirektorin des Institute for Social Development Studies in Hanoi (Vietnam). Sie erforscht seit Jahrzehnten Liebe und Beziehungen in Vietnam.

„Wie konntest du mich so belügen?"

Der Schatten der Liebe

Wie eifersüchtig sind Sie? Unterhaltungszeitschriften bieten Ihnen an, das zu testen, indem Sie Fragen beantworten, wie besitzergreifend Sie in Liebesbeziehungen sind. Eifersucht, bei Shakespeare das „grüngeäugte Scheusal", versteckt sich in jedem von uns in unterschiedlichem Maße. **Ayala Malach Pines** hat das Monster untersucht – und die Art, wie wir diesen Schatten der Liebe unter Kontrolle bekommen.

Wenn wir eine Bedrohung für die Beziehung wahrnehmen, löst das eine Eifersuchtsreaktion aus. Die wahrgenommene Bedrohung kann real oder eingebildet sein (genau wie die Beziehung real oder eingebildet sein kann). Wenn ein Mann glaubt, seine Frau interessiere sich für andere Männer, wird er mit heftiger Eifersucht reagieren, selbst wenn die Bedrohung ein Ergebnis seiner eigenen überschäumenden Phantasie ist (wie im Fall pathologischer, wahnhafter Eifersucht). Wenn eine Frau dagegen eine enge Freundschaft mit einem anderen Mann pflegt, ihr Ehemann sich aber in der Ehe sicher und nicht von dieser Freundschaft bedroht fühlt, wird er wahrscheinlich nicht mit Eifersucht reagieren.

Liebe macht blind

Das englische Wort für Eifersucht, *jealousy*, leitet sich von dem griechischen Wort *zelos* ab, das für eifriges Streben steht und intensive Gefühle beschreibt. **Eifersucht weckt unterschiedliche Bilder, Gefühle und Gedanken** und wird von verschiedenen Menschen sehr verschieden definiert. Ich möchte folgende Definition vorschlagen: Eifersucht ist eine komplexe Reaktion auf die wahrgenommene Bedrohung einer wertvollen Beziehung.

Ayala Malach Pines

Diese Reaktion hat innere wie äußere Komponenten. Zur inneren Komponente gehören bestimmte Gefühle, Gedanken und körperliche Symptome, die von außen oft nicht sichtbar sind. Die Gefühle, die mit Eifersucht verbunden sind, können Schmerz, Ärger, Zorn, Neid, Traurigkeit, Angst, Kummer oder Demütigung umfassen. Zu den mit Eifersucht verknüpften Gedanken gehören möglicherweise Entrüstung („Wie konntest du mich so belügen?"), Selbstbezichtigungen („Wie konnte ich nur so blind und so dumm sein?"), Vergleiche mit dem Rivalen („Ich bin nicht so attraktiv, sexy, intelligent, erfolgreich"), Sorge um das eigene Image („Alle wissen Bescheid und lachen über mich") oder Selbstmitleid („Ich bin ganz allein auf der Welt, keiner liebt mich"). Als körperliche Symptome von Eifersucht können auftreten: Blutandrang im Kopf, zitternde, schweißige Hände, Atemlosigkeit, Magenkrämpfe, Schwächegefühle, beschleunigter Puls und Schlaflosigkeit. Die äußere Komponente ist für die Umwelt deutlicher sichtbar und drückt sich durch verschiedene Verhaltensweisen aus: offenes Ansprechen des Problems, Schreien, Weinen, Ignorieren des Themas, Humor, Vergeltungsmaßnahmen, Verlassen des anderen oder Gewalt.

Sich wie ein Idiot fühlen

Die Tatsache, dass Eifersucht sowohl innere als auch äußere Komponenten umfasst, hat wichtige Auswirkungen auf mögliche Bewältigungsstrategien. Selbst wenn Menschen die innere Komponente bis zu einem gewissen Grad beeinflussen können, haben die meisten doch relativ wenig Kontrolle darüber, vor allem über ihre emotionalen und körperlichen Reaktionen: „Ich wünschte, ich könnte kühl und rational damit umgehen, aber der Schmerz ist einfach zu groß." Oder: „Ich stand da wie ein Idiot, das Blut stieg mir zu Kopf, und ich konnte nichts daran ändern." Allerdings kann man Menschen beibringen, ihre Gedanken stärker zu kontrollieren. Tatsächlich lautet die Grundannahme der kognitiven Therapie: **Wir können unsere Gefühle verändern, indem wir unsere Gedanken verändern.**

Menschen haben viel stärkere Kontrolle über die äußere Komponente ihrer Eifersucht als über die innere. Es ist ihnen nicht immer klar (und selbst wenn, wollen sie es nicht unbedingt zugeben), aber sie können – wenn sie sich dazu entschließen – über ihre Gefühle reden, sich über das Ganze lustig machen, sich die Augen aus dem Kopf weinen, still und heimlich oder laut und sichtbar leiden, wütend um sich schlagen, die Beziehung beenden, versuchen, ihre Partner eifersüchtig zu machen oder mit Geschirr werfen. Wenn man von Eifersucht überwältigt wird, sollte man nicht vergessen: Es mag zwar schwierig sein, Eifersuchtsgefühle zu kontrollieren, aber sie lassen sich leichter in Schach halten, wenn man die Gedanken verändert, die sie auslösen. Außerdem haben die meisten Menschen erhebliche Kontrolle darüber, was sie gegen ihre Eifersucht tun wollen.

Die Liebesformeln

- → **Eifersucht ist eine Reaktion auf die wahrgenommene Bedrohung einer wertvollen Beziehung. Sie hat sowohl innere als auch äußere Komponenten.**
- → **Menschen haben viel stärkere Kontrolle über die äußere Komponente ihrer Eifersucht als über die innere.**
- → **Eifersuchtsgefühle lassen sich leichter in Schach halten, wenn man die Gedanken verändert, die sie auslösen.**

Professor **Ayala Malach Pines**, die nach der Abfassung dieses Textes verstarb, war Klinische, Sozial- und Organisationspsychologin. Sie schrieb das erfolgreiche Buch *Romantic Jealousy: Causes, Symptoms and Cures* (Eifersucht in Liebesbeziehungen: Ursachen, Symptome und Heilmethoden), das in neun Sprachen übersetzt wurde. Sie war Dekanin der Fakultät für Management an der Ben-Gurion-Universität des Negev (Israel). Zu ihren Forschungsinteressen gehörten Burn-out-Phänomene im Beruf und bei Paaren. Sie publizierte zehn Bücher, 30 Buchbeiträge und über 100 wissenschaftliche Artikel.

Die Grundlage allen Lebens? Liebe!

„Ich behaupte, dass am Beginn allen Lebens und der Vermehrung von Zellen auf der Erdoberfläche die Begegnung steht. Genauer gesagt, sprechen wir von der romantischen Begegnung", sagt der Neurowissenschaftler Jean-Didier Vincent, der sein Leben der Frage nach den Grundlagen des Lebens gewidmet hat. Die Antwort lautet: Liebe.

Liebe stellt der stabilen Geometrie eines Kristalls die Zerbrechlichkeit einer frei wählbaren Anziehung zwischen Molekülen gegenüber – unterschiedlichen, einander ergänzenden Gebilden, die sich als solche wahrnehmen. Liebe wird von ungewissen Kräften angetrieben, die in ihrer leidenschaftlichen Zwangsläufigkeit alles auf ihrem Weg mitreißen, aber schon beim kleinsten Hauch von Gegenwind in sich zusammenfallen können. Liebe liefert die Materie dem Teufel der Vielfalt und dem perversen Spiel der natürlichen Auslese aus.

Ich schlage vor, den Goethe-Aphorismus „Im Anfang war die Tat" durch „Im Anfang war die Liebe" zu ersetzen. Das heißt, das **Begehren wird vor allem dadurch gestützt, dass die Fleischeslust sich im Gehirn ausdrückt** (Emotionen und Gefühle); die Tat spielt erst beim Übergang zum nach außen gerichteten Handeln eine Rolle, insbesondere beim Sexualakt. Aus diesem Grund pflichte ich Schopenhauers Auffassung bei, der schrieb, „Jede Verliebtheit, wie ätherisch sie sich auch gebärden mag, wurzelt allein im Geschlechtstriebe, ja, ist durchaus nur ein näher bestimmter, spezialisierter, wohl gar im strengsten Sinn individualisierter Geschlechtstrieb." Wenn ich eine strikt naturalistische Position einnehme, würde ich also sagen, „Leben ist, wenn Liebe auf Materie trifft."

Begehren und Abneigung

Es ist nicht unvernünftig anzunehmen, dass Liebe und Sex eine Sache der Chemie sind, wie alles im Bereich des Lebens. Ein bestimmter Neurotransmitter, Dopamin, spielt bei der Entstehung von Lust und Begehren eine zentrale Rolle. Wenn man diese Substanz durch winzige Kanülen einer Hirnregion namens Nucleus accumbens zuführt, einer wichtigen Schaltstelle für die Systeme des Begehrens, zeigt sich: Variationen des Dopaminspiegels hängen nicht nur mit Lust und Begehren zusammen, sondern auch mit Abneigung und Leiden. Diese vom Körper ausgehenden Emotionen werden von ihrem Objekt näher bestimmt; es gibt ihnen ihre Bedeutung – zum Beispiel „Ich vergehe vor Liebe zu A" oder „Ich bin voller Abneigung gegen B". Das Neurohormon Oxytocin, das sowohl ins Blut als auch in tieferliegende Hirnregionen ausgeschüttet wird, spielt beim Orgasmus eine Rolle, außerdem danach für die Bindung zwischen beiden Partnern

und sogar für die Treue des Paares. Man kann es daher bis zu einem gewissen Grad als Hormon der Monogamie betrachten, aber auch des Ehebruchs. Sexualhormone sind keine Diener der menschlichen Moral; bei Tieren fungieren sie weiterhin als schlichte Vermittler sexueller Mechanismen.

Verfaulte Früchte

Wir müssen darauf achten, die Rolle des Verursachers nicht ausschließlich einem bestimmten Molekül oder Gen zuzuschreiben. **Die Chemie unserer Gefühle ist machtlos, wenn es darum geht, die existenziellen Probleme jenes seltsamen Tieres namens Mensch zu lösen** (bei Männern wie bei Frauen). Damit Geliebte einander erkennen und dauerhaft zusammenbleiben (für sehr unterschiedliche Zeiträume), genügen sinnliche visuelle, taktile und olfaktorische Reize, oder süße Worte wie ein Hochzeitschoral – es braucht keine Hormone, um Leidenschaft auszulösen, die sich, zumindest anfangs, für ewig hält. Die extreme Geselligkeit von Menschen erlegt uns verschiedene Verhaltensregeln auf. Sie sorgen dafür, dass die Unterschiede zwischen einzelnen Menschen nicht in tödliche Kämpfe ausarten, was die Gruppe und sehr schnell auch die ganze Spezies schwächen würde. So kommt eine kulturelle Evolution in Gang, die die physische Evolution ablöst. Während der Kindheit bilden sich in unserem Gehirn Bilder von der oder dem „Ersehnten". Dieses Objekt der Liebe bleibt bis zur Pubertät verborgen, wenn hormoneller Druck diese kognitiven Landkarten aktiviert. Wenn sie bei einem jungen Menschen beschädigt werden, äußern sie sich später im Erwachsenenalter als perverses Verhalten – verfaulte Früchte der Liebe, dieses unerschöpflichen Antriebs menschlicher Phantasie.

Jean-Didier Vincent ist Neuropsychiater und Neurobiologe. Er war Professor für Physiologie an der medizinischen Fakultät der Universität Paris. Er ist Mitglied der Pariser Akademie der Wissenschaften und der Nationalen Akademie für Medizin. Jean-Didier Vincent hat viel zur Entwicklung der Neuroendokrinologie beigetragen, zu der die Untersuchung des Zusammenspiels von Hormonen und Nervensystem gehört. Er hat mehrere Bücher verfasst; das bekannteste von ihnen ist *Biologie des Begehrens*.

Die Intelligenz der Gefühle

Die US-amerikanische Zeitschrift *Foreign Policy* **zählt sie zu den 100 wichtigsten globalen Denkern. Sie hat die Intelligenz der Gefühle gründlich untersucht.** Martha C. Nussbaum **über Wünsche und Erwartungen an die Liebe.**

Wenn wir normative Fragen über Vorstellungen von Liebe stellen, tun wir gut daran, bei den Problemen anzusetzen, die in der philosophischen Tradition bereits benannt wurden: die Verbindung der Liebe mit exzessiver Bedürftigkeit und der damit einhergehenden Rachsucht sowie mit einer engen, parteiischen Anteilnahme. Tatsächlich sprechen alle von mir untersuchten Therapieberichte diese drei Probleme explizit an und behaupten, eine Liebe bewirkt zu haben, die frei davon ist. Wir müssen diese Behauptungen prüfen. Wenn wir Fragen über exzessive Bedürftigkeit stellen, legt meine Darstellung der frühen Kindheitsliebe nahe, dass wir uns auf pathologische Schamgefühle konzentrieren sollten. Anhaltende Scham angesichts der eigenen bedürftigen Menschlichkeit ist als Gefahrensignal zu sehen, als Warnung, dass sich narzisstische Manipulations- und Kontrollprojekte anbahnen könnten. Wenn wir über die Verbindung zwischen Liebe und Aggression nachdenken, sollten wir auch darauf achten, wie Abscheu gesteuert oder eingedämmt wird. Wenn ein Aufstieg der Liebe Abscheu begünstigt und das Selbst gegen Ansteckung abschirmt, ist es unwahrscheinlich, dass schädliche Aggressionen nachhaltig überwunden wurden.

Für eine angemessene Einschätzung von Therapien, die einen Aufstieg der Liebe bewirken sollen, sind außerdem einige positiv definierte normative Kriterien nötig. Wir können zwar keine vollständige Einschätzung dieser Berichte vornehmen, ohne eine komplette ethische Theorie vorzulegen; zumindest aber können wir uns auf folgende Desiderata konzentrieren, die viele ansonsten unterschiedliche ethische Theorien betonen:

1. Mitgefühl
Die Vorstellung von Liebe (oder eher: die Liebe, die jemandem bleibt, der gemäß dieser Vorstellung lebt) sollte Freiraum und Unterstützung für generelles Mitgefühl bieten. Als Bestandteile des Mitgefühls haben wir identifiziert: vernünftige Einschätzungen, wie ernst verschiedene menschliche Schwierigkeiten zu nehmen sind, wie viel Verantwortung wir für diese Schwierigkeiten übernehmen sollten und welches Ausmaß an Anteilnahme angemessen ist.

2. Gegenseitigkeit
Die Vorstellung von Liebe (oder eher: die Liebe, die jemandem bleibt, der gemäß dieser Vorstellung lebt) sollte Freiraum und Unterstützung für Beziehungen gegenseitiger Anteilnahme bieten, bei

denen Menschen einander nicht als Dinge behandeln, sondern als Handelnde und als Ziele, und bei denen sie in jenem „subtilen Wechselspiel" aufeinander reagieren, das der Psychoanalytiker Donald Winnicott beschrieben hat. Jede Abhandlung über die Liebe, die vorgibt zu zeigen, wie die Liebe in einer Gesellschaft zur Kraft des Guten werden kann, sollte nachweisen können, dass sie diese Herausforderung bewältigt – indem sie Raum für Gegenseitigkeit bietet, sowohl innerhalb einer erotischen Liebesbeziehung als auch in den anderen eng mit der Liebe verbundenen sozialen Beziehungen. Insofern stellen sich hier de facto zwei Fragen: Umfasst die Liebe selbst Gegenseitigkeit? Und unterstützt sie andere auf Gegenseitigkeit beruhende Beziehungen? Diese Punkte sind im Prinzip unabhängig voneinander, denn eine gegenseitige Liebe kann so ausschließlich sein, dass sie alle anderen Beziehungen behindert, ob gegenseitig oder nicht. Und eine Liebe, die eher besitzergreifend als gegenseitig ausgerichtet ist, kann sich in anderen Lebensbereichen als vereinbar mit Beziehungen auf Gegenseitigkeit erweisen. Andererseits erkennen wir eine plausible Verbindung zwischen beiden Bereichen: Wenn ein normatives Bild der Liebe beispielsweise Männer dazu ermutigt, Frauen als Objekte zu sehen, die benutzt und gesteuert werden können, fördert das vermutlich nicht die Gegenseitigkeit von Mann-Frau-Beziehungen im sozialen und politischen Leben. Liebe vermittelt uns Wertvorstellungen, die wir dann in andere Bereiche übersetzen.

3. Individualität

Jede Vorstellung von Liebe, die an sich ethisch gut sein oder weitere soziale Güter fördern soll, sollte die Tatsache anerkennen und in den Mittelpunkt stellen, dass Menschen Individuen sind. Dieser Begriff ist schwer fassbar. Ein Aspekt der Individualität ist *Getrenntsein*. Damit meine ich, dass Menschen unterschiedliche Körper und Leben haben und dass sie alle ihr eigenes Leben führen. Alle Menschen folgen von der Geburt bis zum Tod einem getrennten Lebensweg, einem eigenständigen Weg von Freude und Gram, Begeisterung und Kummer, der niemals organisch mit dem Leben einer anderen Person verschmilzt (außer vor der Geburt eines Kindes, das in unsere Welt der Objekte eintritt). Das Essen, das A bekommt, landet nicht von Zauberhand im Magen von B (außer, B ist jenes ungeborene Kind); die Befriedigung von D kann das Unglück von C weder beheben noch ausgleichen. Außerdem besteht dieses Getrenntsein nicht nur in Raum-Zeit-Kategorien: Jeder Mensch bekommt auf dieser Welt nur einmal die Chance zu leben – die Chance, ein eigenes Leben zu führen und nicht das eines anderen.

Ein zweiter Aspekt der Individualität ist ihre *qualitative Unterschiedlichkeit*. Alle Menschen (selbst eineiige Zwillinge oder sogar zukünftig denkbare Klone) haben unterschiedliche Merkmale, über die rein räumlich-zeitlichen Aspekte des Getrenntseins hinaus. Sie haben eigene, spezielle Talente und Vorlieben, Pläne und Vorhaben, Fehler und Tugenden, und diese sind so zu Paketen gebündelt, dass es natürlich erscheint, jedes mit einem Eigennamen zu bezeichnen.

Von diesen beiden Aspekten der Individualität scheint der, den ich Getrenntsein genannt habe, der bedeutsamere zu sein, wenn wir darunter nicht nur den rein räumlich-zeitlichen Sinn verstehen, sondern die reichhaltigere Bedeutung, die hier vorgeschlagen wird. Wie stark sich Menschen auch in ihren qualitativen Merkmalen ähneln mögen

Martha C. Nussbaum

für eine Anschauung, die den gegenseitigen Respekt der Bürger in einer liberal-demokratischen Gesellschaft fördert – insofern ist wahrscheinlich jede Vorstellung von Liebe, die sie fördert, sozial wünschenswert und jede Vorstellung von Liebe, die sie untergräbt, sozial fragwürdig. Tatsächlich scheint mir, als könnten wir auf diesen drei Merkmalen bestehen, ohne den politischen Konsensbereich überhaupt verlassen zu müssen: Sie können von einer breiten Vielfalt vernünftiger ethischer Konzepte mitgetragen werden. In der Tat sehen wir, dass mehrere unserer Vorstellungen von einem Aufstieg der Liebe sich als förderlich für alle drei Merkmale erweisen – selbst wenn sie vollkommen unterschiedlichen ethisch-religiösen Traditionswelten entstammen.

– die Tatsache, dass sie alle nur ein einziges Leben haben, und zwar ihr eigenes, ist eine überaus bedeutsame ethische Tatsache. Wie stark ich auch von jemand anderem beeinflusst werde oder mit demjenigen verbunden bin – ich kann nur mein eigenes Leben leben. Denken Sie an Schneeflocken. Jede einzelne ist qualitativ unterschiedlich, jedenfalls wird das behauptet. Also hat jede diese Art von Individualität, und jede ist sogar räumlich-zeitlich getrennt. Und dennoch würden wir Schneeflocken keine „Individualität" in dem Sinne zuschreiben, wie wir sie bei Menschen oder in der Ethik für relevant halten.

Diese drei Eigenschaften scheinen für alle ethischen Anschauungen bedeutsam zu sein, die wir wahrscheinlich attraktiv finden, und sie können von unterschiedlichen ethischen Anschauungen geteilt werden. Sie sind wohl auch gute Merkmale

Martha C. Nussbaum ist Ernst Freud Distinguished Professor für Recht und Ethik an der Universität Chicago (USA). Sie ist Autorin einer Vielzahl einflussreicher Bücher, darunter *Upheavals of Thought: The Intelligence of Emotions* (Umbrüche des Denkens: Die Intelligenz der Gefühle), in dem der vorliegende Text erschienen ist. Sie trägt mehr als 40 wissenschaftliche Ehrengrade von Hochschulen in Nordamerika, Europa und Asien.

„Liebe vermittelt uns Wertvorstellungen."

KANADA

*„Behandeln Sie Ihren Partner so,
wie Sie selbst behandelt werden möchten."*

Der Funke ist erloschen

Sonnenuntergang. Endlich der Kuss, auf den wir alle gewartet haben. Wenn die Filmromanze endet, beginnt das wahre Leben … Nach einiger Zeit erlischt der Funke. Aber das Feuer lässt sich erneut entfachen. „Liebe kann von Dauer sein", versichert die Psychologin **Kim Bartholomew**. Sie fasst jahrelange Forschungen in fünf goldenen Regeln zusammen, mit denen sich romantische Liebe lebendig halten lässt.

Romantische Komödien aus Hollywood folgen einem vorhersehbaren Drehbuch: Zwei Menschen kämpfen darum, zueinander zu kommen und überwinden diverse Hindernisse und Missverständnisse, bis sie zuletzt erkennen, dass sie füreinander geschaffen sind. In der Schlussszene erklären die jungen Liebenden einander ihre Liebe, schreiten zum Altar oder reiten in den Sonnenuntergang. Sie haben die wahre Liebe gefunden und leben vergnügt bis an ihr seliges Ende. Wenn die Liebe nur wirklich so wäre wie im Kino! Heftige romantische Liebe neigt dazu, im Lauf der Zeit abzuflauen. Nach zehn gemeinsamen Jahren fühlen und handeln Paare nicht mehr genauso wie im ersten Liebesrausch. Und für viele ist dieses Abflauen eine große Enttäuschung. Liebespartner mögen einander immer noch wichtig nehmen und sich gut verstehen, aber etwas fehlt: Der Funke ist erloschen. Zum Glück zeigen neue Studien, dass romantische Liebe von Dauer sein kann.

Wie können wir die Überlebenschancen der romantischen Liebe maximieren? In der Frühphase entstehen liebevolle Gefühle leicht. Wir benehmen uns gut, wir wollen Dinge tun, die unseren Partner erfreuen und konzentrieren uns darauf, wie wunderbar er/sie ist. Um die Liebe langfristig am Leben zu erhalten, müssen wir genau die Gefühle und Verhaltensweisen kultivieren, die uns anfangs so leicht fielen.

1. Benehmen Sie sich anständig. Wir neigen dazu, diejenigen, die wir angeblich lieben, schlechter zu behandeln als alle anderen Menschen in unserem Leben. Allzu oft nehmen wir sie als selbstverständlich hin und handeln ihnen gegenüber gedankenlos. Derartiges Verhalten muss im Lauf der Zeit unsere Liebe und den Respekt füreinander zersetzen. Wie soll sich unser Partner besonders fühlen – und wie sollen wir ihn weiterhin für etwas Besonderes halten –, wenn wir ihn so behandeln? Also üben Sie sich Ihrem Partner gegenüber in guten Manieren. Sagen Sie bitte (und meinen Sie es auch), wenn Sie etwas möchten, und danke (und meinen Sie es auch), wenn er etwas für Sie tut. Hören Sie zu, wenn er mit Ihnen redet, selbst wenn Sie lieber Zeitung lesen würden. Lassen Sie Ihre schlechte Laune nicht an ihm aus. Seien Sie schnell bereit, sich zu entschuldigen (aufrichtig), wenn Sie die Gefühle des anderen verletzt haben, selbst wenn es nicht absichtlich geschah. Kurz gesagt: Behandeln Sie Ihren Partner so, wie Sie selbst behandelt werden möchten.

2. Schätzen Sie Ihren Partner. Schätzen Sie Ihren Partner für das, was er ist – nicht dafür, wie Sie ihn gerne hätten. Nehmen Sie sich jeden Abend eine Minute Zeit, darüber nachzudenken, was Sie an ihm schätzen. Diese Übung ist besonders hilfreich, wenn Ihr Partner Sie langweilt oder verärgert. Bremsen Sie sich, wenn Sie merken, dass Sie sich auf die Dinge konzentrieren, die Sie nicht mögen – ärgerliche kleine Marotten, physische Unvollkommenheiten, dass er Ihren Geburtstag vergessen hat. Rufen Sie sich lieber ins Gedächtnis, was Sie schätzen – sein schiefes Lächeln, ihr bezauberndes Lachen, seine Freundlichkeit gegenüber Tieren, die kleinen Dinge, mit denen sie Ihnen ihre Wertschätzung zeigt. Sie müssen das dem anderen nicht einmal sagen. Diese Dinge im Kopf zu behalten und sich daran zu erinnern, warum Sie sich ursprünglich verliebt hatten, wird dazu beitragen, Ihre Liebe am Leben zu halten.

3. Brechen Sie aus. Es kann nett sein, sich in einem Beziehungsrhythmus einzurichten. Paare finden Aktivitäten, die sie genießen und wiederholen diese Aktivitäten immer wieder – eine Lieblings-Fernsehserie zusammen anschauen, nach dem Abendbrot spazieren gehen, Essen gehen in einem Restaurant um die Ecke. Diese Rituale sind gemütlich und angenehm. Aber langfristig reichen sie nicht aus. Paare müssen – insbesondere, wenn sie schon länger zusammen sind – weiterhin neue und aufregende Dinge miteinander tun, wenn sie darauf hoffen, ihre Liebe lebendig zu erhalten. Verpflichten Sie sich dazu, regelmäßig etwas Neues miteinander zu tun, wenn möglich, jede Woche. Das kann alles sein: Tanzstunden, ein Comedy-Abend, eine Wanderung in der Wildnis, Bungee-Springen. Manches, was Sie ausprobieren, mag schief gehen, aber dann können Sie Geschichten erzählen und haben gemeinsame Erinnerungen.

4. Halten Sie Ihr Sexleben lebendig. Fast alle Paare werden im Lauf der Zeit sexuell weniger aktiv. Das Leben mischt sich ein, und es ist schwer, die Leidenschaft der ersten gemeinsamen Monate und Jahre aufrechtzuerhalten. Wahrscheinlich wird ein Partner, oder beide, die Intimität und Spannung vermissen, die ein gutes Sexleben mit sich bringt. Während guter Sex zu Beginn leicht fällt, braucht er später etwas Pflege. Es ist wichtig, Zeit dafür zu reservieren und dem Sex

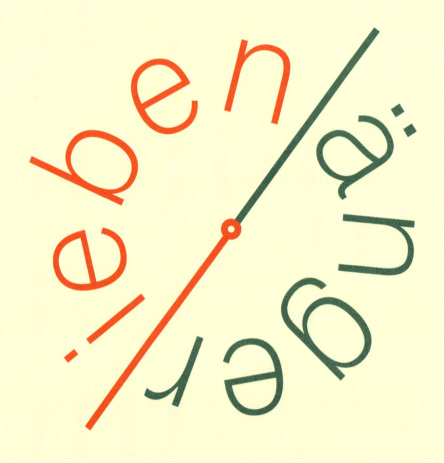

Vorrang einzuräumen. Wenn nötig, setzen Sie einen Termin dafür an. Wenn ein Problem im Weg steht (Erektionsprobleme, mangelndes Begehren), lassen Sie es nicht schleifen; suchen Sie Hilfe. Wenn Sie mit dem Gang der Dinge nicht zufrieden sind, sind Sie es sich selbst und Ihrem Partner schuldig, über Ihre Gefühle zu sprechen. Und wenn Ihr Partner das Gleiche tut, hören Sie zu und seien Sie respektvoll. Falls es langweilig werden sollte, seien Sie wagemutig und peppen Sie die Sache etwas auf. Probieren Sie eine neue Position aus, kaufen Sie sexy Kleidung, bauen Sie Sexspielzeug ein, schauen Sie zusammen Erotika an, was immer Sie interessiert. Zur Erhaltung eines guten Sexlebens braucht es Zeit, Einsatz und die Bereitschaft, ein paar Risiken einzugehen.

5. Hören Sie nicht auf, einander zu berühren. Berühren Sie sich regelmäßig. Kuscheln Sie sich öfter aneinander oder halten Sie sich an der Hand. Massieren Sie sich gegenseitig. Körperliche Zuneigung vermittelt Wertschätzung und Nähe. Zuneigung kann sexuelle Intimität fördern und Paaren über Zeiten hinweghelfen, in denen die Umstände (zum Beispiel die Geburt eines Kindes) oder Gesundheitsprobleme einem aktiven Sexleben im Wege stehen. Ein guter Anfang besteht darin, Guten Morgen und Gute Nacht, Hallo und Tschüss mit echter Wärme und Zuneigung zu sagen – jedes einzelne Mal. Verbannen Sie den flüchtigen Kuss auf die Wange. Stellen Sie sich vor, wie Hunde ihren besten Freund bei einem Wiedersehen begrüßen – breites Hecheln, wedelnder Schwanz, wackelndes Hinterteil. Wäre es nicht nett, wenn wir beim Heimkommen mit dieser Begeisterung von unserem Liebespartner begrüßt würden? Von unseren vierbeinigen Freunden können wir viel über den Wert von Berührungen und Zuneigung lernen.

Diese Maßnahmen kosten Anstrengung, vor allem zu Beginn. Manchmal müssen wir ein bestimmtes Verhalten zeigen, damit wir anfangen, so zu fühlen. Aber wenn wir immer mehr liebevolle Gefühle und Verhaltensweisen zurückerobern, werden wir dafür belohnt.

Die Liebesformeln

→ **Liebe kann von Dauer sein. Um die Liebe am Leben zu erhalten, müssen wir die Gefühle und Verhaltensweisen kultivieren, die uns anfangs so leicht fielen.**

→ **Benehmen Sie sich anständig, schätzen Sie Ihren Partner, halten Sie Ihr Sexleben lebendig, brechen Sie aus und hören Sie nicht auf, einander zu berühren.**

→ **Dauerhafte Liebe kostet etwas Anstrengung. Wir müssen ein bestimmtes Verhalten zeigen, damit wir anfangen, so zu fühlen.**

Kim Bartholomew ist Professorin für Psychologie an der Simon Fraser University (Kanada). Seit über 20 Jahren forscht und lehrt sie auf dem Gebiet der engen Beziehungen. In ihren Studien hat sie Bindungsprozesse in Beziehungen Erwachsener untersucht, außerdem Missbrauchsbeziehungen, gleichgeschlechtliche Beziehungen und in letzter Zeit Sexualität in Beziehungen.

Liebe im Internet

„Im Westen kommen mehr als die Hälfte aller Verabredungen von Menschen zwischen 30 und 40 über romantische oder sexorientierte Internetportale zur Partnersuche zustande", berichtet **Pascal Lardellier**. Er untersucht die Netzwerke der Herzen: Sex, Liebe und Verführung im Internet.

Wenn Soziologen untersuchen, wie Liebesgeschichten heutzutage anfangen, fallen mehrere Fakten auf. Zunächst lässt sich beobachten, dass in westlichen Gesellschaften die Zahl der Alleinstehenden im Lauf der letzten 40 Jahre konstant gestiegen ist. Seit 1970 hat sich die Zahl der Erwachsenen, die ohne Partner leben, verdoppelt. Alle, Männer wie Frauen, stehen unter starkem Druck: sich beruflich weiterzuentwickeln und Erfolg zu haben und gleichzeitig – oft nachdrücklich von Familie und Freunden gedrängt – genug zu verdienen, um „zwei zu ernähren". Denn das Paar ist weiterhin die gesellschaftliche Norm und die Basis der Familie. **Tatsächlich hatten es die Menschen nie zuvor so schwer, einander emotional nahezukommen, wie in unserer Zeit mit ihrem Siegeszug der Kommunikationsmedien.** Ein seltsames Paradox.

Mit geschlossenen Augen

In den „alten Zeiten" trafen wir uns erst im richtigen Leben, bevor wir uns verliebten und darüber nachdachten, mit jemandem zusammenzuleben. Aber das Aufkommen des Internets hat die Regeln der traditionellen romantischen Begegnung erheblich verändert. Alle, die auf der Suche nach Liebe waren, erkannten schnell den Nutzen dieser „Beziehungstechnologie": Sie konnten verführen, frei von der Bürde des Körpers und gesellschaftlicher Konventionen. Wenn man sich im Internet verliebt, geschieht das oft so, dass man Zuneigung zu jemandem entwickelt, den man zunächst „von innen" kennenlernt – man liebt einen „vertrauten Fremden". Kurz gesagt: **Die Logik der Verführung und die Entstehung von Gefühlen kehrt sich um.**

Als weiteren Befund entdeckten Forscher, dass in digitalen Netzwerken die gleiche soziologische Logik wie zuvor herrscht: die Tendenz, Menschen auszusuchen, die so sind wie wir, und Paare zu bilden, die zur gleichen sozialen Kategorie und zur gleichen Religion gehören und ähnliche Wertvorstellungen teilen. In der Tat zeigt sich, dass soziokulturelle Nähe auch hier eine Schlüsselrolle bei der Paarfindung spielt. Dies erscheint umso überraschender, als die Interaktion im Internet immer zwischen anonym bleibenden Personen beginnt. Liebe ist scheinbar nicht so blind, wie wir dachten. **Amor macht es uns möglich, unsere bessere Hälfte mit geschlossenen Augen im Internet zu finden.**

Im Netz gefangen

Natürlich ist das Internet eine echte Lösung, um den eigenen „Seelengefährten" zu finden – allerdings nur, wenn Sie nicht im Virtuellen gefangen bleiben. Es ist wichtig, sich zu öffnen, sich oft vom Bildschirm wegzubewegen und sich daran zu erinnern, dass schon in Ovids *Metamorphosen*

Pascal Lardellier

„Liebe ist scheinbar nicht so blind, wie wir dachten."

Pygmalion eine virtuelle Beziehung mit der von ihm geschaffenen schönen Statue Galatea einging (selbst damals!). Und Narziss, der sich von einem Trugbild zum nächsten bewegte, ertrank, weil er sein eigenes Spiegelbild der zarten Zuneigung der Nymphe Echo vorzog.

Aber auch heutzutage lieben wir noch „in echt", **wie groß die Versuchung auch sein mag, hinter dem letztlich schützenden Bildschirm versteckt zu bleiben.** Natürlich werden wir uns weiterhin im wirklichen Leben treffen, Körper begehren und schöne Geschichten aus dem wahren Leben anfangen. Aber wir werden die Informations- und Kommunikationstechnik und ihre schicksalhaften Möglichkeiten immer stärker nutzen, um einander kennenzulernen und zu lieben. Heutzutage finden im Westen mehr als die Hälfte aller Verabredungen von Menschen zwischen 30 und 40 über romantische oder sexorientierte Partnersuchportale im Internet statt.

Hinter dem Bildschirm

Wenn alles im Fluss ist, tut man gut daran, zur Weisheit der Antike zurückzukehren. Die Liebe schwankt zwischen der *Liebeskunst*, Ovids Handbuch der ungehemmten Verführung, und Platons *Gastmahl* mit seiner wunderbaren Darstellung des Ursprungs symbiotischer Beziehungen: Mal wählt sie das eine, mal das andere, auch beeinflusst von den Sitten des jeweiligen Zeitalters. Das „emotionale Netz" erlaubt es uns, das emotional-sexuelle Modell der „Auswechselbarkeit" zu wählen. Aber nur für kurze Zeit. Denn wie zynisch oder desillusioniert sie auch sein mögen – viele Singles im Internet haben weiterhin das Gefühl, dass sich eine einzigartige, ganz besondere Person direkt hinter dem Bildschirm versteckt und dass sie irgendwann miteinander in Kontakt kommen werden wie die beiden Hälften von Platons Androgyn. **Liebe ist die Intensität gemeinsamer Schwingungen.** Im Internetzeitalter versuchen Liebeshungrige beider Geschlechter, Venus oder Amor über Technologie einzufangen. Manchmal geruhen diese, gemeinsame Schwingungen anzubieten. In diesem Stadium des Spieles ist es an unseren Netzliebhabern, eine Geschichte zu erfinden und zu lernen, wie man ein Paar wird. Hier fängt der schwierigste Teil an. Denn ein im Internet geknüpftes Band ist schnell zu lösen. Und wir schreiben weiter an der unendlichen Geschichte der Liebesbeziehungen …

Pascal Lardellier ist Professor an der Universität von Burgund in Dijon (Frankreich) sowie Autor und Vortragsredner. Sein Spezialgebiet ist die soziale Nutzung des Internets. Zu diesem Thema hat er mehrere Bücher veröffentlicht: *Le Cœur NET. Célibat et @mours sur le Web* (Das vernetzte Herz. Ehelosigkeit und Liebe im Netz), *Le pouce et la souris. Enquête sur la culture numérique des ados* (Daumen und Maus. Untersuchung zur Digitalkultur Jugendlicher) und *Les réseaux du cœur. Sexe, amour et séduction sur Internet* (Die Netzwerke des Herzens. Sex, Liebe und Verführung im Internet). Er hält oft Vorträge zu diesen Themen und schreibt Kolumnen für mehrere Zeitungen und Zeitschriften.

„Die Liebe handelt nicht von etwas. Sie ist."

Lieben ist Sein

„Liebe ist untrennbar mit anderen Erfahrungen – Intimität, Sex, Ehe, Spiritualität, Begehren – verbunden. Insofern ist es nicht leicht, sich die Liebe als reine Erfahrung und transformierende Kraft vorzustellen", sagt die Psychotherapeutin **Jasmeet Kaur**.

Auf der Grundlage meiner Arbeit und meiner persönlichen Erfahrungen in den letzten 22 Jahren glaube ich, dass wir alle durch verschiedene Beziehungen das Phänomen dauerhafter Liebe zu erreichen versuchen und dass die Reise dorthin immenses persönliches Wachstum und Wandlung ermöglicht. Sie ist ein Seinszustand. Für mich heißt Lieben, sich ganz und gar lebendig zu fühlen und Anteil an einer anderen Person zu nehmen, deren Bedürfnisse und Persönlichkeit sich genau so wichtig anfühlen wie die eigenen. Lieben ist nichts Statisches und entzieht sich jeder präzisen Definition; eher ist es etwas, das verschiedene Gefühle und Identitätsfacetten offenlegt und im Lauf der Zeit wächst.

Vier Phasen

Der Prozess, die Liebe als Seinszustand zu erreichen, durchläuft verschiedene Phasen: sich verlieben, sich geliebt fühlen, sich nicht liebenswert fühlen und das Lieben selbst. Das ursprüngliche **Sich-Verlieben** ist nur eine Anfangsphase. In Wirklichkeit besteht es lediglich aus dem ersten Gefühlsrausch von Zuneigung und Anziehung und der Freude darüber, für jemand anderen etwas Besonderes zu sein bzw. selbst jemand Besonderen gefunden zu haben. Man ist gewissermaßen eher in die eigenen, frisch erwachten Gefühle von Lebendigkeit, Zuneigung, Offenheit und Begehren verliebt. Dieser Zustand verschiebt sich, wenn die beiden Beteiligten vertrauter miteinander werden. Wenn uns ein anderer Mensch als etwas Besonderes behandelt, können wir

Jasmeet Kaur

uns **geliebt fühlen** – ein köstliches, verführerisches Gefühl. Es versetzt uns in die Lage der Empfangenden und setzt drei intensive Prozesse in Gang: a) den Wunsch, der geliebte Mensch solle all unsere Bedürfnisse erfüllen, darunter auch die in der Vergangenheit nicht erfüllten, damit wir uns weiterhin „geliebt fühlen"; b) den Wunsch nach ständiger Verschmelzung und Gleichheit, damit wir uns niemals allein oder verwundbar fühlen; c) verstörende und unangenehme Gefühle und Ängste (Eifersucht, Gier, Schmerz, Selbstsucht etc.), die unsere Unvollkommenheit offenbaren – die Erfahrung und die Existenz von Unvollkommenheiten können unerträglich sein. Ganz offensichtlich kann der andere weder all unsere Wünsche erfüllen noch uns vor den eigenen beunruhigenden Gefühlen schützen. Daher fangen wir an, ihn in seiner Begrenztheit zu sehen, als wirklichen Menschen. Wenn wir die eigenen Unvollkommenheiten innerlich nicht akzeptieren, entwickeln wir das Gefühl, **nicht liebenswert** zu sein. Hier beginnt ein heftiger Kampf – ein Prozess des Wandels und das Verständnis des **wahren Liebens**.

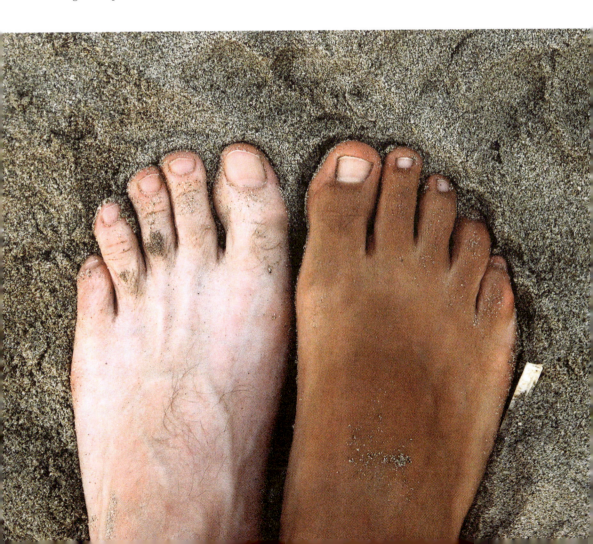

Hingabe

Wenn wir uns zugestehen, diese Vorgänge einfach zu erleben und mit ihnen umzugehen, statt in sie einzutauchen oder darin zu ertrinken, treten wir in einen Prozess der Selbstakzeptanz ein und entfernen uns immer weiter von dem glühenden Wunsch, der oder die andere solle all unsere unerwünschten Gefühle verändern oder auflösen. Wir haben dabei einen inneren Verbündeten – unsere Liebe weckt auch den Wunsch, das Beste für den anderen zu erreichen. Wenn wir mit diesem Wunsch Verbindung halten, gibt er uns die Stärke, unsere Belastungen und inneren Stürme ertragen zu lernen. Wir können Unwohlsein, Enttäuschung oder heftige Wünsche aushalten, wenn wir die gleichermaßen lebendigen Momente von Zärtlichkeit und Leidenschaft für den anderen im Gedächtnis behalten. Wenn wir die Zeit als ein verschmelzendes Kontinuum betrachten, in dem wir das vergangene Gute und den gegenwärtigen Schmerz (oder umgekehrt) koexistieren lassen, können wir unser ganzes Selbst akzeptieren und den geliebten Menschen als Ganzes begreifen. Sobald wir unser wahres Selbst mögen und akzeptieren, fangen wir an, unsere Geliebten so zu sehen und zu schätzen, wie sie sind, und entwickeln Toleranz für ihre Wünsche und Schwächen.

Der Begriff der Hingabe ist entscheidend, um jemanden zu lieben: Man gibt sich dem Phänomen der Liebe hin, mit allen Erfahrungen, die sie mit sich bringt. Dadurch identifiziert man sich weniger stark mit dem eigenen Ich, was tiefe Akzeptanz möglich macht. **Das Ich verschwindet, wenn man sich hingibt.** Wenn man sich ohne Widerstand oder Ablehnung für all die Gefühle und Erfahrungen öffnet, die in der intimen Beziehung aufkommen. Wenn man den Versuch aufgibt, den Gang der Dinge zu kontrollieren und nur in die Richtung zu steuern, die man will oder angenehm findet. Unsere Verwandlung vom identitätsgebundenen, selbstdefinierten Dasein zu einer fließenden, nehmenden und gebenden Person findet nur dann statt, wenn wir uns dem Fluss hingeben. Das Lieben wird zu einem fortlaufenden Seinszustand, wenn wir für die Menschlichkeit des anderen ebenso viel Fürsorge empfinden wie für die eigene und die entstandene Verbundenheit zelebrieren. Jemand anderen zu lieben verwandelt uns tatsächlich und macht uns mit der eigenen Zärtlichkeit, unserer Anteilnahme, dem Überwinden von Selbstbezogenheit, Offenheit, Akzeptanz und Toleranz bekannt.

Kulturelle Schattierungen

Kulturen sehen und definieren die Liebe unterschiedlich. Vergleichen wir beispielsweise die indische Kultur mit den angelsächsischen Kulturen Nordamerikas und Europas (vereinfachend „Osten" bzw. „Westen" genannt): In der östlichen Kultur wird das Sein stärker betont, während man sich im Westen mehr auf das „Tun" konzentriert – das gilt auch in der Liebe. Das Sein richtet sich auf die Verbindung mit dem eigenen inneren Erleben und Bewusstsein und das bewusste Denken an den geliebten Menschen. Diese Seinsform geht davon aus, dass die eigenen äußeren Handlungen von selbst auf natürliche, fürsorgliche Weise in Gang kommen werden, wenn man innerlich „liebevoll" ist. In der westlichen Kultur wird der Blick vor allem darauf gelenkt, ob man Dinge für den anderen tut oder nicht: ob man demonstrativ das eigene Verhalten oder die Außenwelt verändert, um Liebe zu spüren. Taten und aktive Dimensionen der Liebe sowie die Schaffung äußerer Räume, in denen die Liebe sich manifestiert, stehen stärker im Mittelpunkt. Ein weiterer Unterschied liegt in der Art und Weise, in der die Liebe von den meisten Denkern, Forschern und Praktikern untersucht wird. Im Westen wird sie auf analytische, kategorisierende, ordentliche Weise erklärt oder in einzelne, kleinere Einheiten aufgeteilt. **Im Osten dagegen erkundet man den Zustand oder die innere Erfahrung der Liebe und spricht von ihr als umfassende Haltung oder Erscheinung.** Diese Sicht wird dann in der Mehrheitsgesellschaft breit kommuniziert – das beeinflusst die Art, in der Menschen Liebe definieren und wahrnehmen.

Diese Unterschiede können problematisch werden, wenn zwei Menschen aus unterschiedlichen Kulturen Liebe füreinander empfinden. Beide Partner fühlen Liebe, aber sie drücken sie unterschiedlich aus und erwarten, sie in einer Form zu erleben, die sie auf Basis ihrer inneren kulturellen Prägung als Liebe erkennen. Solche Definitionen von Liebe sind implizit und daher in den frühen Stadien selten erkennbar. Es ist befreiender, wenn man aktiv nach den gegenseitigen Definitionen der Liebe und nach Ausdrucksmöglichkeiten dafür sucht. In den Worten des Psychoanalytikers Sudhir Kakar: „Die Liebe handelt nicht von etwas. Sie ist."

Die Liebesformeln

→ **Der Prozess, die Liebe als Seinszustand zu erreichen, durchläuft vier Phasen: sich verlieben, sich geliebt fühlen, sich nicht liebenswert fühlen und das Lieben selbst.**

→ **Der Begriff der Hingabe ist entscheidend, um jemanden zu lieben: Das Ich verschwindet.**

→ **Im Osten wird das „Sein" stärker betont, während man sich im Westen mehr auf das „Tun" konzentriert – das gilt auch in der Liebe.**

Jasmeet Kaur ist Psychotherapeutin und Trainerin für Gruppendynamik in Neu-Delhi (Indien). Sie hat ihren B. A. in Psychologie mit Auszeichnung an der Universität Delhi abgelegt und trägt einen M. Sc.-Titel in Ehe-, Familien- und Kinderberatung von der California State University (USA). Anfang der 1990er-Jahre kehrte sie nach Indien zurück und arbeitete dort als eine der ersten professionell ausgebildeten Paartherapeutinnen. Sie war Vorstandsmitglied der Indischen Gesellschaft für Angewandte Verhaltensforschung (ISABS) und der Indischen Gesellschaft für Familientherapie (IAFT). 2012 leitete sie eine internationale Konferenz über intime Beziehungen und Paartherapie in Indien.

CHINA / USA

"Wir gehen einen Weg voller Geheimnisse und Aufregung."

Die Zauberformel

Die Zauberpille, der Zaubertrank und der verzaubernde Blick: Wir alle möchten gern glauben, dass es sie gibt. **Xiaomeng Xu** hat untersucht, ob es empirisch untermauerte, universell gültige Ratschläge für dauerhafte Liebe gibt: die Zauberformel.

Zu den interessanten Fragen über die romantische Liebe gehört, ob sie sich zwischen verschiedenen Kulturen nennenswert unterscheidet. Studien haben mittels Befragungen Unterschiede zwischen Menschen aus ostasiatischen Kulturen (z. B. China) und westlichen Kulturen (z. B. USA) ermittelt: Menschen aus dem Osten neigen dazu, zurückhaltender über die Liebe zu sprechen und pragmatische Fragen wie Sicherheit und Familientraditionen stärker zu betonen als Themen wie Leidenschaft oder Begeisterung. Allerdings beeinflusst unsere Kultur auch die Art, in der wir über unsere Gefühle sprechen. Insofern ist es schwer festzustellen, ob diese interkulturellen Unterschiede tatsächlich in der Art und Weise bestehen, wie Menschen die Liebe erleben oder nur in der Art, wie sie über diese Erfahrung sprechen. Weil die chinesische Kultur eher Zurückhaltung und Bescheidenheit schätzt, könnte es sein, dass Chinesen ihre Gefühle auf einem Fragebogen weniger deutlich ausdrücken. Gleichzeitig könnte die amerikanische Kultur Amerikaner unbewusst dazu drängen, besonders ausdrucksstark über ihre Gefühle zu sprechen.

Universelle Liebe

Diese Frage begann mich sehr zu interessieren, und ich wollte eine nicht fragebogengestützte Methode einsetzen, um gründlicher zu untersuchen, ob die Erfahrung der Liebe interkulturell verschieden ist. Wissenschaftler hatten schon angefangen, Frühstadien der Liebe mit Techniken der Hirnbildgebung zu erforschen, allerdings nur an Menschen aus westlichen Ländern. Daher beschloss ich, funktionelle Kernspintomografie (fMRT) in einer östlichen Kultur anzuwenden, um zu sehen, ob die Gehirntätigkeit interkulturell variiert oder nicht. Glücklicherweise fand ich wunderbare Kollegen, die mir halfen, eine gemeinsame Studie in Peking durchzuführen. Wir fanden heraus, dass die Hirntätigkeit verliebter Chinesen, wenn sie sich ein Bild des oder der Geliebten ansahen, fast identisch war mit der von Amerikanern. Daraus konnten wir schließen: Trotz der erheblichen Unterschiede in der Art, wie Chinesen und Amerikaner über Liebe reden – **tatsächlich geht in ihren Gehirnen praktisch das Gleiche vor, wenn sie sich verlieben.** Andere Wissenschaftler haben diese Befunde weiterentwickelt und gezeigt, dass die Hirnaktivität Verliebter bei Männern und Frauen sehr ähnlich ist, ebenso bei heterosexuellen und homosexuellen Menschen. Trotz der unendlichen Nuancen, in denen wir Liebe ausdrücken und definieren, scheint die Erfahrung selbst universell zu sein.

Bis an ihr seliges Ende

Ich werde oft um Rat in Beziehungsfragen gebeten, als ob wir eine Zauberformel gefunden hätten, die eine Hollywood-Version von „glücklich bis an ihr Lebensende" garantiert. Aber auch wenn die Liebe grundsätzlich ähnlich ist, unabhängig von der Person, zeigt jahrzehntelange Forschung: Es gibt keinen „richtigen Weg", den die Liebe einschlagen sollte. Manche Menschen verlieben sich schnell und heftig, andere langsam, vielleicht sogar über viele Jahre hinweg. Liebesbeziehungen können sich mit der Zeit über viele Höhen und Tiefen entwickeln oder immer ungefähr gleich bleiben. Sie könnten als das süße alte Pärchen enden, das händchenhaltend im Park spazieren geht, in einer sehr kameradschaftlichen Form der Liebe. Sie könnten als das alte Paar enden, das Jahrzehnte nach dem ersten Treffen immer noch übereinander herfällt. Oder vielleicht enden Sie in einem riesigen, vielfältigen sozialen Netz von Freunden und Familie, in dem Ihr Partner nur ein Teil ist. Es gibt viele Möglichkeiten in ganz verschiedenen Ausprägungen, und eine fast unendliche Zahl von Variationen dazwischen. Sie alle können gleichermaßen zulässig, befriedigend und wunderbar sein. **Insofern sollten Sie aufpassen, wenn Sie die eigene Beziehung mit anderen vergleichen**, vor allem mit solchen in Filmen oder anderen Medien (die oft weniger realistisch sind). Andere Beziehungen können zwar inspirieren, aber es ist möglicherweise schädlich, wenn Sie immer darüber nachdenken, wie es sein „sollte", oder versuchen, eine „perfekte" Beziehung zu führen – vor allem, wenn solche Vergleiche dazu führen, dass Sie sich als Versager fühlen. Viele Faktoren beeinflussen die Qualität und Dauerhaftigkeit einer Beziehung, darunter auch äußere (Gesundheitsprobleme, finanzielle Schwierigkeiten, andere Stressfaktoren und traumatische Erlebnisse etc.). Es spiegelt also nicht unbedingt Ihre eigenen Schwächen, wenn Ihre Beziehung nicht funktioniert, oder anders ist als die Beziehungen, die Sie ringsum wahrnehmen.

Die besten Chancen

In der Literatur finden sich ein paar allgemeine Ratschläge, wie man einer kriselnden Romanze bessere Überlebenschancen verschafft oder den Reiz einer bestehenden Beziehung bewahrt:

→ Seien Sie respektvoll.
→ Zeigen Sie Zuneigung.
→ Achten Sie auf häufige und gute Kommunikation.
→ Pflegen Sie soziale Verbundenheit und suchen Sie Unterstützung außerhalb Ihrer Beziehung.
→ Unternehmen Sie lustige, aufregende Sachen miteinander.
→ Setzen Sie sich miteinander vereinbare Ziele und helfen Sie sich gegenseitig, sie zu erreichen.

Die Sache ist allerdings die: Es gibt keine allgemeingültigen Regeln, die den Ausgang der Sache garantieren können. **Jede Beziehung ist eine besondere Geschichte**, und Ihre persönliche Erzählung macht da keine Ausnahme. Nur Sie können sie erleben, und nur Sie können beurteilen, ob sie richtig ist. Genießen Sie sie in dem Wissen, dass Sie an einer universellen, grundlegenden Erfahrung teilhaben. Und seien Sie sich bewusst, dass Sie einen einzigartigen Weg gehen – einen Weg voller Geheimnisse und Aufregung, der ein unglaubliches Potenzial für Lebenssinn und Glück bietet.

Die Liebesformeln

→ **Trotz erheblicher Unterschiede in der Art, wie wir über Liebe sprechen, ist die Hirnaktivität, wenn wir uns verlieben, bei Männern und Frauen, Heterosexuellen und Homosexuellen, Chinesen und Amerikanern ziemlich gleich.**
→ **Jeder Weg, jede Beziehung ist anders. Vergleichen Sie nicht, vor allem nicht mit dem, was Sie in Filmen und anderen Medien sehen.**
→ **Zu den allgemeinen Ratschlägen, wie man einer Beziehung bessere Chancen gibt, gehören Respekt, Zuneigung, Kommunikation, Verbundenheit, Spaß und Ziele.**

Xiaomeng (Mona) Xu ist in Fuling (China) geboren und zog im Alter von fünf Jahren in die USA. Sie wuchs in New York auf und studierte an der New York University, wo sie als Forschungsassistentin im Labor für Paarforschung arbeitete und sich prompt in das Thema Beziehungsforschung verliebte. Sie legte 2011 ihren Ph. D. im Fach Sozial- und Gesundheitspsychologie an der Stony Brook University (USA) ab und hat in Peking an der Chinesischen Akademie der Wissenschaften geforscht.

Liebe ist nicht die Frage⁽*⁾

⁽*⁾
Liebe ist die Antwort

Sex in der Liebe

„Sex ist der körperliche Ausdruck der Liebe."

Als Sexualwissenschaftlerin in Singapur lernt Martha Tara Lee in der Therapie ganz unterschiedliche Paare kennen. Wie lautet ihr bester Rat? „Wenn Sie die liebevolle Beziehung und den überwältigenden Sex suchen, die Sie immer haben wollten, müssen Sie zur Liebe zurückkehren. Liebe ist nicht die Frage, sie ist die Antwort."

Sex, Liebe und Intimität gelten als verwandt. Da Sex oft als körperlicher Ausdruck der Liebe gesehen wird, kann fehlender Sex in einer Beziehung Probleme schaffen, vor allem, wenn es darum geht, sich geliebt und bedingungslos akzeptiert zu fühlen. Während Sex nicht das Wichtigste in einer Beziehung ist, kann das Fehlen von Sex zum Problem werden, sobald ein Partner das so empfindet. Besonders ausgeprägt tritt das auf, wenn eine unausgewogene Kräftedynamik entsteht, weil ein Partner Alleinverdiener ist und der andere die Hausarbeit übernimmt und finanziell abhängig ist. Es kommt aber auch bei Paaren vor, die in der gleichen Firma zusammenarbeiten (normalerweise der eigenen). Es wird oft dadurch zusätzlich kompliziert, dass die eigenen Männer- und Frauenrollen in Frage gestellt und – meist unausgesprochene – Erwartungen an den Partner gerichtet werden.

Immer wieder bin ich gerührt von den offensichtlichen Liebesbekundungen der Paare, die mir gegenübersitzen – wie sie ihre Finger ineinander flechten, sich in die Augen sehen oder von Herzen lächeln. Es ist fast, als ob sie sich unbewusst sagten, „Jetzt heißt es: wir gegen den Rest der Welt", wenn sie sich für ihre Sitzung mit mir wappnen. Ich habe auch schon, meist still dabeisitzend, Stürme von Tränen, Schreien und Gebrüll beobachtet, wenn Paare ihren tiefsten seelischen Schmerz ausdrücken. Nach wie vor bin ich erstaunt über die Widerstandskraft, die wir Menschen besitzen. Inzwischen habe ich erkannt, dass ich dann am nützlichsten bin, wenn ich meinen Klienten zunächst dabei helfe, sich mit der Person innerlich auszusöhnen, die sie sein wollen. Dann erst sprechen wir über die Beziehung, die sie sich wünschen (einschließlich des sexuellen Aspekts). Davon ausgehend ermögliche ich ihnen, besser zu verstehen, auf welche Art sie geliebt werden möchten.

Kurz gesagt: Erst müssen beide daran arbeiten, (innen) ganz zu werden, sich zu vervollständigen. Dann können sie anfangen, sich zu äußern und auf ihre Partner zuzugehen (von innen nach außen). Die Redensart „Lerne erst, dich selbst zu lieben, bevor du jemand anderen lieben kannst" klingt sicherlich richtig. Nach all den Jahren würde ich gern einige Tipps zur Liebe an Sie weitergeben:

1. Sorgen Sie gut für sich. Selbstfürsorge heißt: Kümmern Sie sich um Ihre Bedürfnisse. Hören Sie auf Ihren Körper und ruhen Sie sich aus, wenn Sie müde sind, statt sich zu überanstrengen. Sorgen Sie für sich, wie Eltern für ihr Kind sorgen würden.

2. Lieben Sie sich selbst. Selbstliebe besteht aus Ihrem inneren Dialog von Selbstgesprächen und der Art, wie Sie sich selbst behandeln, wenn Sie etwas falsch gemacht haben. Oft suchen wir nach äußerlichen Bestätigungen unseres Werts.

Bedingungslose Liebe zu uns selbst entstammt dagegen der Erkenntnis, dass wir erst dann jemand anderem wirklich gut tun können, wenn wir uns selbst lieben und akzeptieren.

3. Verpflichten Sie sich zu Ehrlichkeit. Viele Beziehungen zerbrechen oder bringen keinen sehr guten Sex mehr mit sich, weil Paare in eingefahrene Gleise geraten und anfangen, sich gegenseitig für selbstverständlich zu halten. Seien Sie ehrlich zu sich selbst, was Ihr Glück angeht. Und arbeiten Sie daran, ehrlich zu Ihrem Partner zu sein, damit Ihre Beziehung wächst und immer neue Stärken entwickelt.

4. Öffnen Sie sich für Intimität. Intimität heißt: Legen Sie Ihre Schutzschichten und Fassaden ab, offenbaren Sie sich, verbinden Sie sich geistig, emotional und sexuell mit Ihrem Partner. Das kann heißen, sich ganz neu kennenzulernen und nichtsexuelle Gebiete zu erkunden, bevor man sich zu primär erogenen Zonen wie Brüsten und Genitalien vorarbeitet.

5. Seien Sie nett. Jede Art von Missbrauch – ob physisch, emotional oder physiologisch – beeinträchtigt die Intimität. Wenn geistiger und emotionaler Austausch in einer Beziehung nicht mehr stattfindet, verschwinden Gefühle wie Liebe, Intimität und sexuelle Leidenschaft wenig später. Echtes Lob, Wertschätzung und kleine Gesten der Freundlichkeit tragen stark dazu bei, die Nähe in einer Beziehung zu erhalten und die Liebe zu nähren.

Martha Tara Lee ist klinische Sexualwissenschaftlerin und Gründerin von Eros Coaching in Singapur. Sie bietet Individual- und Paarcoaching zu Sexualität und Intimität an, leitet Seminare zur Sexualerziehung und hält öffentliche Vorträge in Asien. Sie trägt einen Doktortitel im Fach Menschliche Sexualität vom Institute for Advanced Study of Human Sexuality (San Francisco, USA), außerdem Diplome in praktischer Beratung, Lebensberatung und Sexualtherapie.

„Liebe ist nicht ausschließlich, dauerhaft oder bedingungslos."

Wenn Ihr Körper sprechen könnte

Was ist Liebe? Menschen in aller Welt geben zahllose verschiedene Antworten auf diese Frage. Oft spiegeln sie sowohl die Kultur, in der sie aufgewachsen sind, als auch ihre eigenen, einzigartigen Lebensweisheiten über Intimität. Aber was wäre, wenn Ihr Körper sprechen könnte und Ihnen sagen würde, wie er Liebe definiert? Die Psychologin **Barbara L. Fredrickson** präsentiert einen neuen Ansatz: Liebe 2.0.

Als Wissenschaftlerin, die menschliche Gefühle erforscht, finde ich, Ihr Körper liefert eine besonders wertvolle Definition der Liebe. Um sie zu offenbaren, möchte ich untersuchen, wie sich dieser kraftvolle, hochgeschätzte Gefühlszustand bei unseren Vorfahren über Jahrtausende entwickelt hat und wie er Sie heute noch körperlich beeinflusst, auf Wegen, die Sie vielleicht gar nicht kennen.

Kleine Momente guter Gefühle – ob sie als Ausbrüche von Enthusiasmus, Stolz oder Freude oder stiller in Form von Dankbarkeit, Inspiration oder Heiterkeit auftreten – haben eines gemeinsam: Sie versetzen Sie in eine offene Geistesverfassung. Wenn Sie sich gut fühlen, können Sie also, anders formuliert, buchstäblich mehr sehen und das große Ganze wahrnehmen, das Sie umgibt. Diese Momente erweiterten Bewusstseins sind insofern folgenreich, als sie Ihnen helfen, nützliche Wesenszüge und Gewohnheiten zu entwickeln. Diese werden zu fest verwurzelten Aspekten Ihres Charakters, auf die Sie zurückgreifen können, um mit den Herausforderungen fertig zu werden, die das Leben unausweichlich mit sich bringt. Mit anderen Worten: **Gute Gefühle sind zwar flüchtig, aber wertvoll. Sie erweitern unsere Perspektive und**

bauen überlebenswichtige Ressourcen auf. Diese evolutionäre Logik habe ich zu meiner „Broaden-and-Build-Theorie" guter Gefühle destilliert, die eine Aufwärtsspirale von innerem Wachstum und Gedeihen beschreibt.

Gute Gefühle teilen

Oft fühlt man sich ganz allein gut: Eine individuelle Leistung bringt Ihnen ein inneres Gefühl von Befriedigung und Stolz. Ein Puzzle oder Spiel weckt Ihr Interesse und fesselt Sie, während Sie seine vielen Facetten durchdenken. Ein andermal fühlen Sie sich mit anderen wohl. Beim Bezahlen im Lebensmittelladen lachen Sie mit der Kassiererin über das Gesicht, das Ihnen von der ungewöhnlich knautschigen Tomate in Ihrem Korb entgegenstarrt. Als Sie die Post aus dem Briefkasten holen wollen, treffen Sie zufällig einen Nachbarn, den Sie lange nicht gesehen haben, und schieben einen Plausch ein. Schon nach wenigen Minuten sind Sie lebhaft dabei, Geschichten über gemeinsame Interessen auszutauschen. Bei der Arbeit feiern Sie mit ihren Teamkollegen einen gemeinsamen Erfolg mit Umarmungen und Abklatschen. Morgens beim Joggen lächeln und nicken Sie anderen Läufern zu und wünschen ihnen im Stillen einen schönen Tag. Sie umarmen ein Familienmitglied ausgiebig, das wegen einer Reise zu lange von Ihnen getrennt war. Zwar dienen alle guten Gefühle dazu, Ihr inneres Wachstum und Gedeihen zu fördern („broaden and build") und Sie zum Besseren zu verändern, aber **Augenblicke, in denen man gemeinsam Gutes erlebt, sind besonders bedeutsam.** Sie scheinen die Fähigkeit zu haben, Ihr Wachstum, Ihr Wohlbefinden und Ihre körperliche Gesundheit auf tiefere, umfassendere Weise zu fördern.

So sehe ich die Liebe. Liebe, wie Ihr Körper sie wahrnimmt, tritt in den kleinen Momenten auf, in denen Sie und ein anderer Mensch durch ein gemeinsames gutes Gefühl in Verbindung treten. Insofern kann sich jede positive Emotion – Freude, Interesse, Heiterkeit, Inspiration – sofort in einen Moment der Liebe verwandeln, wenn zwei oder mehr Menschen sie zusammen erleben. Geteilte gute Gefühle schaffen einen kraftvollen Zustand positiver Resonanz: Die positiven Emotionen eines Menschen lösen die eines anderen aus – und umgekehrt.

Synchronizität

Über geteilte Positivität hinaus zeichnen sich kleine Momente der Liebe durch Einheit oder Synchronizität in Verhalten und biologischen Abläufen aus: Wenn zwei oder mehr Menschen einen positiven emotionalen Moment teilen, spiegeln sie die nonverbalen Gesten des oder der anderen ebenso wider wie die innere Biochemie. Sie beginnen, sich in sichtbarer wie in unsichtbarer Weise „als eins" zu bewegen. Außerdem sind sie zeitweilig und aufrichtig am gegenseitigen Wohlergehen beteiligt. Sie entwickeln Interesse und Fürsorge füreinander.

Barbara L. Fredrickson

Ich betrachte die Liebe als das höchste menschliche Gefühl – sie lässt Momente von Positivität und gegenseitiger Fürsorge zwischen Menschen aufscheinen, auf tief greifend biologischen, dynamischen Wegen. **Solche kleinen Momente der Verbundenheit sind die Nährstoffe, die unsere Gesundheit, unser Wohlergehen und unser spirituelles Wachstum speisen.**

Wenn wir die Liebe auf diese neue Art betrachten, eröffnen sich unendliche Möglichkeiten, diesen lebensspendenden Zustand zu erfahren. Auf einmal ist sie weit davon entfernt, ein seltener Gefühlszustand gegenüber den wenigen Menschen zu sein, mit denen uns feste Bande verknüpfen: Sie findet sich in jedem kleinen Moment positiver Verbundenheit zwischen Ihnen und anderen Menschen – sogar Fremden. Damit ist die Liebe nicht mehr ausschließlich, dauerhaft oder bedingungslos, sondern eher eine endlos erneuerbare Ressource, die jede zwischenmenschliche Beziehung durchdringen und mit Energie versorgen kann, wenn bestimmte Bedingungen gewahrt bleiben. Zu diesen Bedingungen gehört ein Gefühl der Sicherheit, außerdem die gemeinsame körperliche wie zeitliche Anwesenheit, insbesondere vielleicht der Blickkontakt von Angesicht zu Angesicht. Wenn Sie die Vorbedingungen der Liebe besser verstehen, werden Sie begreifen, dass Liebe kein unvorhersehbarer, flüchtiger Zustand bleiben muss. Diese Erkenntnis wollte ich in meinem Buch *Love 2.0* darlegen. Mit etwas Übung können Sie lernen, Liebe zu erzeugen, wann immer Sie wollen. Damit führen Sie sich und diejenigen, mit denen Sie in Verbindung treten, auf den Weg zu Gesundheit, Glück und höheren Ebenen.

Die Liebesformeln

- → **Alle guten Gefühle fördern Ihr inneres Wachstum und Gedeihen und verändern Sie zum Besseren.**
- → **Liebe, wie Ihr Körper sie wahrnimmt, ereignet sich in den kleinen Momenten, in denen Sie und ein anderer Mensch durch ein gemeinsames gutes Gefühl in Verbindung treten.**
- → **Liebe ist eine endlos erneuerbare Ressource, die jede zwischenmenschliche Beziehung durchdringen und mit Energie versorgen kann.**

Barbara L. Fredrickson ist Professorin für Psychologie und Direktorin des Labors für positive Emotionen und Psychophysiologie (PEP-Lab) an der University of North Carolina (USA). Als Wissenschaftlerin spielt sie eine führende Rolle bei der Erforschung positiver Emotionen und des Aufblühens von Menschen. Ihre wissenschaftliche Arbeit wird von den Nationalen Gesundheitsinstituten der USA (NIH) gefördert und hat weltweit Wissenschaftler und Praktiker in Bildung, Wirtschaft und Gesundheitswesen beeinflusst. Barbara Fredrickson hat mehr als 100 Artikel in Fachzeitschriften und Buchbeiträge veröffentlicht, außerdem die internationalen Bestseller *Die Macht der guten Gefühle* und *Love 2.0*.

FINNLAND

„Die Zauberworte der Liebe sind positive Wörter, die man laut ausspricht."

Liebe geht nicht in Rente

Liebe schaut nicht aufs Alter und zählt keine Falten – ganz im Gegenteil. Mit dem Alter vertieft sich die Vorstellung vom Wert der Liebe. Eine lange, enge Beziehung kann als körperlich und geistig bereichernd empfunden werden, als eine Art sichere Burg nach den Stürmen und Fallstricken des Lebens. Nach intensiven Studien in Lappland hat **Kaarina Määttä** die sieben Stufen zur dauerhaften Liebe gefunden.

Jedes junge Paar glaubt, seine Liebe werde ewig dauern. Aber die Scheidungsraten sind hoch. Trotzdem gibt es Ehen, die halten. Wie schafft man das? Ich habe diese Frage Hunderten von finnischen Paaren gestellt, die seit langem zusammen sind. Hier sind ihre Tipps zum Wie und Warum:

Warum? Vier Gründe!

1. Eine befriedigende Beziehung ist eine ausgezeichnete Gesundheitsvorsorge. Menschen, die mit ihrer Beziehung zufrieden sind, leben nicht nur gesünder, sondern auch länger. Außerdem scheint eine zufriedenstellende Beziehung einen wirksamen Schutzwall gegen Stress zu bilden. Dagegen ist Einsamkeit ein Gesundheitsrisiko, ebenso wie das Fehlen enger Beziehungen und vertrauenswürdiger Gesprächspartner.

2. Die beste Wiege für ein Kind ist eine gute Beziehung der Eltern. Eine gute Beziehung ist eine wichtige Voraussetzung für Elternschaft. Es ist daher wichtig, die Beziehungen von Eltern zu unterstützen, denn sie spiegeln sich im Wohlergehen, der Sicherheit und der ausgewogenen Entwicklung von Kindern.

3. In einer Konkurrenz- und Leistungsgesellschaft bietet eine gute Beziehung Intimität. Menschliche Beziehungen sind begrenzter und seltener geworden, das trägt zur steigenden Attraktivität intimer Beziehungen bei. Menschen brauchen Nähe, Zuneigung und Privatsphäre. Diese Aufgaben erfüllen intime Beziehungen gut. Wenn zu Hause alles in Ordnung ist, kommt man mit den Anforderungen der Arbeit und dem Leben generell besser zurecht.

4. Eine zufriedenstellende Beziehung verhindert eine schmerzhafte Scheidung. Dass Scheidungen so häufig sind, hat sie nicht zu einfacheren menschlichen Erfahrungen gemacht. Eine Scheidung ist ein schmerzhaftes Erlebnis. Allerdings sollte sie nicht zu Anschuldigungen führen: Manchmal ist Scheidung die einzig richtige, vernünftige Lösung.

Wie? Sieben Schritte!

1. Akzeptieren Sie Unterschiede und Veränderung. Menschen würden ihr Leben am liebsten nach ihren eigenen Hoffnungen und Bedürfnissen behaglich ausgestalten und den anderen so umformen, dass er auch hineinpasst. Die Beziehung wird dann aufblühen, wenn beide ihre Individualität und Unterschiede behalten dürfen und sogar dazu ermutigt werden, diese weiterzuentwickeln. Um Veränderungen zu akzeptieren, braucht es Kompromisse, Flexibilität und Verhandlungen, aber Sie müssen nicht alles hinterfragen. Sie müssen klarstellen, worüber Sie zu verhandeln bereit sind und worüber nicht. Ein Märtyrerdasein ist unbefriedigend.

2. Genießen Sie das Alltagsleben. Wenn man überleben und Erfolg haben möchte, ist es wichtig, den Alltag zu bewältigen. Das Schatzkästchen des Alltagslebens ist nicht leicht zu finden, wenn man nur nach großartigen Erfahrungen und Genüssen sucht. Ohne Alltagskost gibt es kein Festessen; ebenso wenig kann man Momente des Glücks empfinden, ohne Kummer erlebt zu haben. Tatsächlich kann Liebe das Wertvollste im Alltagsleben sein, wenn Menschen sich von der Arbeit ausgelaugt und müde fühlen. In Familien brauchen sowohl Kinder als auch Erwachsene Liebe – insbesondere dann, wenn sie sie scheinbar nicht verdient haben.

3. Bekennen Sie Ihre Liebe und machen Sie andere glücklich. Die Zauberworte der Liebe sind positive Wörter, die man laut ausspricht: „Danke", „Großartig, dass du das gemacht hast", „Du bist wunderbar", „Du bist mir wichtig". Es gibt keinen Grund, solche Äußerungen von Dankbarkeit und Bewunderung zu unterdrücken. Sie nutzen sich nicht ab und verlieren auch dann ihre Wirkung nicht, wenn man sie ausgiebig einsetzt. Schon die kleinste positive Geste kann wie ein Lebenselixier wirken und eine gute Stimmung fördern.

4. Engagieren Sie sich bewusst für Ihren Partner. Eine dauerhafte Beziehung ist nur dann garantiert, wenn Sie willens und fähig sind, sich ihr zu widmen und sich für sie zu engagieren. Dann können die Ehepartner ihrem gegenseitigen Versprechen zusammenzubleiben, trauen

– ein Vertrauen, das sich in Stärke wandelt. Starke Liebe blickt nach vorne; Partner sehen ihre gemeinsame Zukunft, wenn sie sowohl ihr Alltagsleben als auch die größten Träume teilen.

5. Schätzen Sie sich selbst. Wenn Menschen mit sich selbst im Einklang sind, fällt es ihnen leichter, Fehler und Schwächen anderer zu akzeptieren. Beide Partner können authentisch sein und sich gut fühlen, wie sie sind. In einer harmonischen Beziehung ist das vertrauensvolle Gefühl, dass einem der oder die andere wie ein Fels in der Brandung zur Seite steht, eine Kraftquelle – man fühlt sich sicher und bedeutsam.

6. Erleichtern Sie die Bürde des Schicksals. Unterstützung und Trost durch den anderen sind in der Liebe etwas Wertvolles. Eine Ehe wird dann Bestand haben, wenn die Partner bereit sind, sich zu beruhigen und zu trösten, einander beizustehen, neue Perspektiven zu eröffnen, sich zu ermutigen und Ausschau zu halten nach dem besseren Leben, das selbst aus den unerträglichsten Situationen erwachsen könnte. Im besten Fall fühlt sich die Bürde gemeinsam getragen leichter an.

7. Seien Sie tolerant und legen Sie Streitigkeiten bei. Niemand ist vollkommen, und niemand schafft es, Streitigkeiten oder Meinungsverschiedenheiten zu vermeiden. Es ist entscheidend, wie gut Partner miteinander auskommen und die unvermeidlichen Konflikte tolerieren oder möglicherweise lösen. In einer langjährigen Beziehung gibt es mehr harmonische Phasen als Konflikte. Probleme kommen und gehen, solange die positiven Seiten überwiegen. Deshalb ist es wichtig, in einer Ehe Freuden miteinander zu teilen und dem Partner jene einmaligen Momente und Ausflüge zu bieten, die für beide die Liebe attraktiv machen.

Die Liebesformeln

→ Gefühle oder soziale und geistige Fähigkeiten sind nicht ans Alter gebunden. Mit dem Alter vertieft sich die Vorstellung vom Wert der Liebe.
→ Es gibt gute Gründe, lange zusammenzubleiben: Es ist gesund, gut für die Kinder, fördert die Leistungsfähigkeit und ... verhindert eine schmerzhafte Scheidung.
→ Sieben Schritte fördern eine lange Beziehung: akzeptieren, genießen, bekennen, sich engagieren, sich selbst schätzen, erleichtern und tolerieren.

Kaarina Määttä ist Professorin für Pädagogische Psychologie an der erziehungswissenschaftlichen Fakultät der Universität Lappland in Rovaniemi (Finnland). In Finnland ist sie wegen ihrer zahlreichen Fernseh- und Medienauftritte als „Liebesprofessorin" bekannt geworden. Im Lauf der Jahre hat sie die vielfältigen Formen menschlicher Beziehungen und Liebe anhand der Erfahrungen von Tausenden von Finnen untersucht. Sie hat zu diesem Thema Dutzende von Artikeln und acht Bücher auf Finnisch und Englisch geschrieben, beispielsweise *Rakastumisen lumous* (Der Zauber der Verliebtheit), *Seniorirakkaus* (Späte Liebe) und *Kestävä parisuhde* (Die Geheimnisse langjähriger Ehebeziehungen).

USA

„Alle Beziehungen sind zeitabhängig. Sie frieren nicht in ihren angenehmsten Phasen ein."

Was wir über die Liebe wissen

Ellen Berscheid ist Jahrgang 1936 und hat ein Leben lang untersucht, wie und warum Menschen sich verlieben. Im Jahr 1974 bezeichnete ein amerikanischer Senator es als Skandal, dass Universitäten für derart „frivole" Forschung Geld bekamen. Aber die Sozialpsychologin machte weiter und erhielt bedeutende Preise für ihre international anerkannte Arbeit. Jetzt ist sie im Ruhestand und schreibt: „Mein Beitrag zu diesem Buch ist als mein letzter beruflicher Text gedacht. Sie hatten mich gebeten, 1000 Wörter zu schreiben. Ich habe mein Bestes getan. Schließlich sind es 1058 Wörter geworden. Sie können gerne kürzen, wie Sie möchten." Wir haben kein Wort geändert: Was wir letztendlich über die Liebe wissen.

In meiner fast 50-jährigen Laufbahn als Sozialpsychologin habe ich mich auf das Verständnis zwischenmenschlicher Beziehungen konzentriert, vor allem auf enge Beziehungen. Die meisten Wissenschaftler sind sich einig, dass zwei Menschen dann eine Beziehung haben, wenn sie die Aktivitäten des jeweils anderen beeinflussen – darunter die Gedanken, Gefühle und Emotionen sowie andere, leichter zu beobachtende Verhaltensweisen. Die Beziehung gilt als eng, wenn die Partner sich gegenseitig stark beeinflussen, wenn also eine große gegenseitige Abhängigkeit besteht. Wie und warum bilden sich enge Beziehungen? Warum halten einige, während andere sich auflösen? Wie lassen sich die vielen Phänomene erklären, die innerhalb von Beziehungen auftreten? Diese Fragen lassen sich erst beantworten, wenn wir das faszinierendste dieser Phänomene verstanden haben: die Liebe.

Menschen verwenden das Wort „Liebe", um die Gedanken, Gefühle und Verhaltensweisen zu beschreiben, die sie mit ihrem Partner erleben. Untersuchungen zeigen, dass keine zwei Menschen das Wort auf genau gleiche Weise verwenden. Wahrscheinlich ist die Bedeutung des Wortes „Liebe" (d. h. die Gefühle und Gedanken, für die es steht) nicht nur bei verschiedenen Individuen unterschiedlich – sogar für einen einzelnen Menschen kann das Wort sehr verschiedene Bedeutungen haben, wenn es in unterschiedlichen Beziehungen verwendet wird. Selbst in einer einzigen Beziehung kann das Wort „Liebe" jedes Mal, wenn jemand es verwendet, etwas anderes heißen. Die unzähligen Bedeutungen des Wortes Liebe sind eine gängige Quelle von Missverständnissen zwischen Partnern: Wenn diese nicht wahrnehmen, dass der oder die andere mit der Aussage „Ich liebe dich" etwas ganz anderes meinen könnte, als sie darunter verstehen.

Romantische Liebe

Weil die Bedeutung des Wortes „Liebe" schwer greifbar ist, haben Wissenschaftler versucht, die Gemeinsamkeiten jener Situationen herauszukristallisieren, in denen Menschen das Wort verwenden. So entstanden mehrere Kategoriensysteme für die verschiedenen Arten von Liebe. Vier Arten scheinen relativ klar unterscheidbar zu sein. Eine von ihnen taucht in praktisch allen Kategorisierungen auf: die romantische Liebe, oft auch „leidenschaftliche Liebe", „erotische Liebe" oder „Verliebtsein" genannt.

Romantische Liebe tritt normalerweise in neuen Beziehungen auf, wenn die Partner noch nicht sicher wissen, ob sie die Beziehung fortsetzen wollen und sexuelles Begehren nach dem oder der anderen verspüren. Sexuelles Begehren scheint ein notwendiger Bestandteil der romantischen Liebe zu sein – Menschen, die sich nicht sexuell zu ihrem Partner hingezogen fühlen, beschreiben ihre Gefühle wahrscheinlich nicht als romantische Liebe und sich selbst nicht als verliebt. Allerdings ist sexuelles Begehren zwar notwendig, aber nicht ausreichend, damit Menschen ihre Gefühle als romantische Liebe beschreiben. Untersuchungen zeigen eher, dass sexuelles Begehren von einer anderen Art von Liebe begleitet werden muss: der kameradschaftlichen Liebe.

Kameradschaftliche Liebe

Kameradschaftliche Liebe wird manchmal auch „Freundesliebe" genannt oder einfach den Partner „sehr gern mögen". Diese Art von Liebe beruht auf gemeinsamen Interessen, Zielen, Familienverhältnissen und anderen Ähnlichkeiten. Menschen, die sowohl sexuelles Begehren als auch starke Sympathie für den anderen empfinden, beschreiben ihr Gefühl für den Partner mit der größten Wahrscheinlichkeit als „Liebe". Solange die Partner Gemeinsamkeiten teilen, was oft der Fall ist, bleibt die kameradschaftliche Liebe relativ stabil. Das sexuelle Begehren scheint allerdings im Lauf der Zeit nachzulassen, weil der Reiz des Neuen und die Unsicherheit über die Gefühle des Partners abnehmen und Konflikte auftreten – generell eine Begleiterscheinung wachsender Nähe. Außerdem können körperliche Veränderungen die sexuellen Bedürfnisse vermindern, wenn die Partner älter werden. Leider interpretieren manche Menschen das Nachlassen ihres sexuellen Verlangens nach dem Partner als Beweis für dessen – oder ihr eigenes – Ungenügen, oder dafür, dass etwas mit der Beziehung „nicht stimmt". Dabei kommt es nur sehr selten vor, dass das für junge Leute in frischen Beziehungen typische sexuelle Begehren über längere Zeiträume anhält. Es ist normal, dass die romantische Liebe abflaut und andere Arten von Liebe für den Bestand der Beziehung wichtiger werden. Dazu gehört die kameradschaftliche Liebe, die normalerweise übersehen wird.

Mitfühlende Liebe

Mitfühlende Liebe, manchmal auch fürsorgliche, altruistische oder selbstlose Liebe genannt, bezeichnet die Sorge um das Wohlergehen des Partners und die Bereitschaft, auf Nöte des Partners mit Unterstützung und Hilfe zu reagieren – selbst wenn solche Versuche für den einzelnen aufwendig sind und selbst wenn man dem Partner keine positiven Gefühle entgegenbringt. **Derartiges Unterstützungsverhalten gibt es normalerweise zu Beginn einer Liebesbeziehung,** außerdem in Freundschaften und anderen Arten von Beziehungen. Allerdings kann es ebenfalls im Lauf der Zeit abflauen, weil Beziehungskonflikte auftreten oder der Widerwille gegen zu häufige und zu aufwendige Fürsorge für den Partner steigt. Tendenziell gehen Menschen enge Beziehungen ein, weil sie glauben, dass diese ihr Wohlbefinden steigern. Wenn sich also die Beweise dafür häufen, dass der Partner wenig oder gar keinen Anteil an ihrem Wohlbefinden nimmt oder ihm sogar schadet, versetzt das der Beziehung wahrscheinlich den Todesstoß.

Bindungsliebe

Es gibt noch einen weiteren Grund, warum mitfühlende Liebe wichtig für die Dauerhaftigkeit einer Beziehung ist: Anscheinend ist sie der Prozess, über den sich im Lauf der Zeit Bindungsliebe („attachment love") zum Partner entwickeln kann. Es ist eindeutig, dass Menschen biologisch darauf gepolt sind, eine Bindung zu der Person zu entwickeln, die Fürsorge, Trost und Schutz bietet. **Bindungsliebe wächst im Lauf der Zeit langsam** – oft ohne dass die Partner es bemerken. Aber sobald die Bindung entstanden ist, wird sie wahrscheinlich bestehen bleiben, selbst wenn die romantische und die kameradschaftliche Liebe verflogen sind. Bindungsliebe hängt nur von langer Vertrautheit und einer Vorgeschichte ab, in der man über einen beträchtlichen Zeitraum Trost und Schutz vom anderen bekommen hat. Weil sich die meisten Menschen dieser Bindung nicht bewusst sind, überrascht es sie oft, dass eine dauerhafte Trennung vom

Partner sie stark erschüttert – insbesondere, wenn sie ansonsten keine Liebe oder Sympathie mehr verspüren. Das kann sogar vorkommen, wenn sie den Partner inzwischen nicht mehr ausstehen können und die Trennung selbst durch eine Scheidung oder auf andere Weise eingeleitet haben.

Zusammenfassend kann man sagen: Alle Beziehungen sind zeitabhängig. Sie entwickeln sich im Lauf der Zeit durch Veränderungen ihres sozialen und physischen Umfeldes und durch biologische und andere Veränderungen bei den Partnern selbst. Insofern werden sich auch die Arten und die Intensität der Liebe in der Beziehung im Zeitablauf wandeln. Leider frieren Beziehungen nicht in ihren angenehmsten Phasen ein – für die meisten Menschen in Liebesbeziehungen ist das die Zeit, in der die romantische Liebe am stärksten ist. In den Beziehungen, die langfristig überdauern, wird wahrscheinlich der Trost der kameradschaftlichen, der mitfühlenden und der Bindungsliebe wichtiger für das partnerschaftliche Glück und Wohlbefinden.

Die Liebesformeln

- → **Die Bedeutung der Wörter „Ich liebe dich" ist bei jedem Menschen anders und selbst ein Mensch kann sie in unterschiedlichen Beziehungen in verschiedenen Bedeutungen verwenden.**
- → **Vier Arten von Liebe scheinen relativ klar abgrenzbar zu sein: romantische, kameradschaftliche, mitfühlende und Bindungsliebe.**
- → **Alle Beziehungen sind zeitabhängig, und die Arten und Intensität der Liebe in der Beziehung werden sich im Zeitablauf wandeln.**

Ellen Berscheid ist Sozialpsychologin. Sie legte 1965 ihren Ph. D. in Psychologie an der Universität von Minnesota (USA) ab und verbrachte ihre gesamte berufliche Laufbahn in Minnesota. Seit 2005, nach dem Tod ihres Mannes, zog sie sich schrittweise aus dem Berufsleben zurück. Seit 2010 ist sie als Regents' Professor of Psychology Emeritus im Ruhestand. Ihre wissenschaftliche Arbeit konzentrierte sich auf enge Beziehungen, vor allem Phänomene im Zusammenhang mit zwischenmenschlicher Anziehung. Sie ist Autorin des Buches *The Psychology of Interpersonal Relationships* (Die Psychologie zwischenmenschlicher Beziehungen) sowie zahlreicher Artikel über Liebe. Ellen Berscheid wurde zum Mitglied der American Academy of Arts and Sciences gewählt und hat verschiedene Preise erhalten; unter anderem wurde sie vom US-amerikanischen Psychologenverband APA als Herausragende Wissenschaftlerin ausgezeichnet.

„

Lieber Leo!

Mein Beitrag zu diesem Buch ist als mein letzter beruflicher Text gedacht, denn meine gegenwärtigen Lebensumstände sind der wissenschaftlichen Arbeit nicht zuträglich: Ich muss zwei junge Hunde gesund und glücklich halten, mich um die Käfer kümmern, die meine Rosen anknabbern, um die Rehe, die meine Begonien fressen und um den Sanddorn, der mein Seeufer erobert; außerdem lese ich wunderbare Bücher. Ich hatte vorher nie Zeit zum Lesen, und gesundheitliche und häusliche Angelegenheiten lassen mir kaum Zeit für irgendetwas außer meiner Familie, die in der Nähe lebt.

Vielen Dank für Ihre netten und gütigen Worte über meine Arbeit. Viel Glück und viel Erfolg für The World Book of Love. *Danke für die Einladung, dazu beizutragen.*

Ellen

"